KB271825

악학궤범

韓國學資料院

북한 번역판

● 현 태백산 서고산영인본의
원문 및 원주의 북한번역문

37	38	39	40	41	42	43	44	45	46	47	48	49
〃	四	〃	〃	〃	〃	〃	四	〃	〃	〃	〃	〃
〃	2	〃	3	4	〃	5	7	8	8	〃	〃	9
〃	前	〃	後	前	〃	後	前	〃	〃	〃	後	〃
〃	4	10	4	9	9	7	11	4	6	〃	1	1
〃	注	〃	〃	〃	〃	〃	注	〃	〃	〃	〃	〃
臺○頭	悌○航	登○山	四○手舞	八○手舞	八手舞	代○舞	嬌饒○	花竅○	大家着衣○	晝○汚	褒○頭	入○舞
擡頭	梯航	燈山	回手舞(手袖通用)	入袖舞	入手舞(手袖通用以下同)	對舞	嬌嬈	花窺○	大家着意	畫汚	裹頭	人舞
			此外多數	卷4、3張後葉第三項參照以下同	〃	此外一箇所						參照卷五、13張後葉第六行

No.	卷數	張數	前後	行	文別	誤	正	備考
50	〃	14	前	9	〃	之唱。	之昌	
51	〃	〃	後	4	〃	方間。	方閒	
52	〃	15	後	7	〃	廣手舞	廣袖舞	卷四、9張後葉第四行參照
53	〃	16	前	6	圖	龍節。	龍扇	
54	〃	20	〃	1	本	八掛。	八卦	
55	〃	21	〃	8	注	不慣。	不管	
56	〃	23	〃	3	本	備衮。	備袞	此外數箇所
57	五	5	〃	11	題	醉豐亨。	醉豐享	
58	〃	8	〃	9	注	嘉俳니。리	嘉俳나리	
59	〃	10	〃	11	〃	이。거야	어거야	
60	〃	12	後	6	〃	이。븨	아븨	
61	〃	13	〃	5	〃	紅程。	紅綃	

62	63	64	65	66	67	68	69	70	71	72	73	74
〃	〃	〃	〃	五	〃	〃	〃	〃	六	〃	〃	〃
14	15	〃	〃	15	〃	〃	16	18	3	7	〃	〃
前	〃	〃	〃	前	〃	後	前	〃	後	前	〃	〃
10	3	5	6	7	〃	6	9	2	2	1	4	6
〃	〃	〃	〃	注	本	〃	注	〃	圖	本	〃	〃
楊瑞命	五雲高모다나	解慍風이모다나	撫五晨。	쇼녀。	後庭。	弥。弛。	無畏言。	倉稟。	盧。	東。鼓	娼。始之鼓	禮器。曰
錫瑞命	五雲高모다나ᄂᆞᆫ。	解慍風이모다나ᄂᆞᆫ。	撫五辰	소셔	後庭	彌陁	無畏를	倉廩	[illegible]	[illegible]皷	唱始之皷	禮記曰
	ᄂᆞᆫ字脫落	〃										

No.	卷數	張數	前後	行	文別	誤	正	備考
75	〃	10	〃	2	〃	容皷馬。	容皷爲	
76	〃	12	〃	7	〃	三櫟。	三櫟	
77	〃	14	〃	6	〃	然。燭於中	燃燭於中	
78	〃	27	〃	5	〃	以漆䟦。	以漆脥	
79	〃	〃	〃	6	〃	樂器。	樂記	
80	七	11	後	2	〃	笛之滌也	笛之言。滌也	言字脫落
81	〃	14	前		柱圖	三筩。同	三箇同	
82	〃	〃	〃	4	注	夷則南宮。	夷則南呂	
83	〃	19	〃	〃	〃	雖生石生。者	雖生石上者	
84	〃	25	後	2	〃	下二。	下三	
85		26	前		圖	羽商角徵羽宮商角徵羽宮商	徵宮商角徵羽宮商角徵羽宮	
86	八	14	後	1	本	全珠。	全株	

권 六

아부악기의 그림과 해설

권 七

(一) 당부 악기도설

권 九

(一) 관복(冠服) 도해와 설명

(五) 녀기복식(女妓服飾)

어 상

머릿말

악학궤범은 우리 나라 음악 예술의 귀중한 고전이다.

우리 민족 음악은 유구한 력사 행정에서 상당한 수준의 발진을 가져 왔음에도 불구하고 이를 보존하는 문헌이 불비하고 또한 실제에 따르는 리론적 정비가 불충분하였다.

본서가 편찬되기 이전의 기록으로서 三국사기, 고려사 악지(樂志) 같은 문헌들이 우리 음악 발전의 개략을 말하고 있으며 그 외에 약간의 보표(譜表)와 의궤(儀軌)들이 음악 시설의 기록으로 사용되고 있을 뿐, 우리 음악 발전의 구체적인 면모를 전하는 저술이 없었고 악의 근본 원리를 설명하는 리론에 대하여는 주로 채원정(蔡元定)의 률려신서(律呂新書)나 진 양(陳暘)의 악서(樂書) 등에 의존하였다. 그 중에도 특히 률려신서를 애독하고 있은 사실을 문헌에서 찾아 볼 수 있으니

세종 八년에 "왕이 경연(經筵)에서 채원정의 률려신서를 읽고 그 법이 심히 정확하고 질서 정연하다고 찬탄하였다" 하였으며 성종 十五년에 "정랑(正郞) 김 응기(金應箕)에게 경연에서 률려신서를 강의하게 하고 격八 상생법(隔八相生法)을 여러 번 질문하였다" 하였다. (실록 참조)

우리의 음악 리론 서적이 없는 조건하에서 률려신서를 애독한 것은 당연한 일이며 또한 부득이한 일이였다.

그러나 동서는 우리 나라의 음악 실정을 설명하기에는 불충분한 점이 많았으니 우리 나라 아악이나 향악에 관한 리론적 해명을 줄 수 없으며 더우기 그 운용성에서 나타난 력사적인 관례나 특수성을 해명할 수는 도저히 불가능하였다。 또한 그 시설들의 구체적인 기록이 없이는 이미 쟁취한 성과들을 공고화시키며 발전시킬 수도 없는 것이였다。

박 연(朴堧)의 황종관(黃鐘管)의 창제와 이에 의한 十二률의 정비는 우리 나라 음악상에 있어서의 전면적인 일대 혁신을 의미하는 것이며 그 후에 있어서 사실상 획기적인 발전을 가져 왔음에도 불구하고 이에 대한 리론적 정리와 발전된 음악 시설들에 대한 구체적인 기록 사업이 계속되지 못한 채 六十여년의 세월이 흘렀던 것이다。 그러다가 드디여 一四九三년 지금으로부터 四六四년전 리조 성종 二十四년 八월에 당시 례조판서 겸 장악원 제조(提調) 성현(成俔)、동 제조 류자광(柳子光)、동 주부(主簿) 신말평(申末平)、동 전악(典樂) 박곤(朴棍) 동 전악 김복근(金福根)등의 공저로 본서의 편찬을 보게 되였으니 전부 九권 三책의 一질(帙)을 이루고 있다。

본서는 해당 사회의 요구와 지향에 의하여 모처럼 출현된 것이니만치 편찬과 동시에 응당 개간되였어야 할 성질의 것이였다。 그러나 거의 동 시대에 편찬되고 간행된 동국통감(東國通鑑)이나 여지승람(輿地勝覽)등은 그 편찬된 년월일과 간행된 년월일이 각각 실록에 명시되여 있으나 본서에 한하여는 실록에서 그런 기사를 찾아 볼 수 없고 다만 국조보감(國朝寶鑑) 성종 二十四년 조에 『秋八月 樂學軌範成』이라 쓰고 다시 그 전말에 대한 약간의 설명을 첨가하였을 뿐이므로 그 후의 간행 여부에 대하여는 실물이 나오지 않는 한 알 길이 없었다。 그러던 차에 지금으로부터 약 十년 전에 이 책의 초간본으로 인정되는 임진 조국전쟁 이전 판본이 국외에서 발견되여 과연 광해 二년본 이전에 판본이 있었다는 사실이 명백하게 되였다。(동아음악론총 참조)

초간본과 광해 二년본과를 대비하여 보면 그 자양도 매우 흡사하며 체재의 대소와 권수 및 책수가 같은 것으로 보아 재간할 때에 초간본을 모방하여 한 것으로 추측된다。 그러나 량자간에는 도판(圖版)의 상이한 것이 三개소、 항과 배자(配字)의 상이한 것이 三개소、 국문자 및 한자(漢字)의 상이한 것이 十수개소가 있어 모두 十六개소 이상의 상이한 개소가 있으며 그 중 권七 첫장 방향(方響)의 도판과 그 후면의 해설은 전연 상이한 것임이 판명되였다 (초간본 영인 참조)。

광해 二년본은 임진 조국전쟁이 끝난지 十三년 뒤인 一六一〇년에 개간된 것으로 그 잔존하는 것으로는 이 국문본의 원본인 내사 태백산 사고본(內賜太白山史庫本)과 내사 五대산(五臺山) 사고본이 현존하는 외에 광해 三년에 중인(重印)한 五대산본이 잔존하고 있으며 그 후 一六五五년(효종 六년)에도 례조판서 리후원(李厚源)의 제의에 의하여 광해 二년 판본에 의하여 인출하였으니 그 태백산 사고본과 적상산(赤裳山) 사고본의 二부가 현존하고 있다。 그 후 또 一七四四년 즉 영종(英宗) 十九년에도 광해 二년본의 번각(飜刻)본을 인출하였으니 이 인본에는 영종의 서문과 하황은(荷皇恩)의 어제시(御製詩) 三편을 첨부하여 놓은 것이 타본과 상이한 점이다。 (영종실록 五八권、 十九년 九월 경인 조、 승정원일기「承政院日記」 九월 十一일부 기사 참조)

이상에서 말한 바와 같이 본서는 리조 봉건정부에 의하여 찬술되고 개간되였으나 우리 민족 문화 발전 단계에 있어서 력사적인 의의를 가진 저작으로서 초간본 이외에 수차에 걸친 재간 또는 번각으로 인출되어 각 사고(史庫)에 장치되여 옴으로써 음악 유산의 보존에 큰 의의를 가지고 있다。

전 사람들은 본서의 내용을『아、 당、 향』의 三 부문으로 나누어 분류 개관하고 있으나 이제 이것을 다시 악리편、 운용편(運用篇)、 기물 의상편(器物 衣裳篇)의 세 부분으로 분류하여 놓고

이 세 부분에 각각 아、당、향의 세 종류로 분류하여 설명한 것이라고 보는 것이 더욱 리해하기 쉬울 것이라고 생각한다。 즉 제一권에는 아、당、향악의 원리로서 十二률 선궁법에 의하여 발생하는 六十조의 도표와 해설 및 우리 아악에서의 十二률 七성 도표와 해설을 비롯하여 률려의 격팔 상생론(隔八相生論)、변률론(變律論)등 중요한 악리론이 실려 있으며

제二권으로부터 제三、제四、제五권은 우리 나라 악(아、당、향)의 운용에 관한 력사적 변천과 차이점을 서술한 것으로、제二권에는 악의 용도에 따라 다시 그것을 제악(祭樂)、회례연악(會禮宴樂) 및 행악(行樂)으로 구분하고 또 그 진설 양식에 따라서 등가(登歌)、헌가(軒架)악 및 고취악(鼓吹樂)으로 구분하고 또 그 진설 위치에 따라 전상(殿上)、전정(殿庭) 또는 당상(堂上)、당하(堂下)악 및 전부고취(前部鼓吹) 후부고취(後部鼓吹)악으로 구분하여 그 진설 양식의 력사적인 차이를 도표와 해설로써 설명하고 있으니 이 부분에서 우리 고전악의 즉 아、당、향악의 진설 방식의 차이 및 그것들의 각각 시대적인 차이점을 보여 주고 있으므로 이것은 곧 우리 고전악의 연주 양식을 연구하는 데 중요한 참고 문헌이 되고 있다。

제三권부터 五권까지는 주로 연악(宴樂、燕樂)으로 음악 무용의 종합 연주인 소위 정재(呈才)에 대하여 그 시대적 운용의 변천을 서술하였으되

제 三권에는 고려 시대의 당、속악 정재、제 四권에는 리조 당악 정재、五권에는 리조 향악 정재를 취급하였다。

이 三、四、五권의 중요한 내용으로 우리의 주목을 끌고 있는 것은 고려 리조를 통하여 당악곡 회八선인자(會八仙引子)、헌천수 만(獻天壽慢)、금잔자령(金盞子令)、수룡음인쇄(水龍吟引殺) 등 五十 여곡을 전하고 있으며 리조 향악곡으로 동동곡(動動曲)、정읍곡(井邑曲)、 보대평

(保大平)、정대업 (定大業)、봉황음 (鳳凰吟)、여민락령 (與民樂令)、처용 만기 (處容 慢機)、북전 급기 (北殿急機)、령상회상 (靈山會相) 등 二十 여곡의 대악곡들을 전하고 있는 것이다。그리고 무용에 있어서 리조 정재무로 그 형태상으로 지어진 명칭이라고 생각되는 절화무(折花舞)、수보록무 (受寶籙舞)、금척무 (金尺舞)、파자무 (破子舞)、오양선무 (五羊仙舞)、금전악무 (金殿樂舞)、롱구무 (弄毬舞)、처용무 (處容舞) 학무 (鶴舞)、환장무 (懽場舞)와 그 동작상으로 지어진 명칭이라고 생각되는 회수무 (回袖舞) 입수무 (入袖舞)、협수무 (狹袖舞)、광수무(廣袖舞)、젤춤、도듬 춤、발바짓춤、수양주 무릎짚이 춤、수양주 五방무 등 三十 여종의 춤을 전하고 있다。오늘날 춤은 전하고 있을지 모르나 그 명칭을 대부분 잊어 버리고 있는 형편에서 이 얼마나 귀중한 문헌인가 함은 새삼스러이 말할 것도 없는 것이다。이 밖에도 二백 여수의 가곡、가사(歌詞)와 오랜 구전 민요인 정읍사、동동、처용가 등 고귀한 인민 문학 유산들이 들어 있다。

다음 악기 기물 의상편인 제 六、제 七、제 八、제 九권 중에는 특종 (特鐘)、특경 (特磬)、편종 (編鐘)、편경 (編磬)등 三十九 종의 아악기와 방향 (方響)、월금 (月琴)、당비파등 十三종의 당악기 및 현금、향비파、가야금、대함 (大笒)、소함 (小笒)등 十七 종의 향악기들의 제조법、탄법 (彈法)、주법 (奏法)、조률법 (調律法)、지법 (指法)、보법 (譜法)들이 도표와 해설로써 설명되고 있으며 독 (纛) 휘 (麾)、조촉 (照燭)등 三十九 종의 외물 (儀物)들이 역시 도표와 해설로써 그 제작법과 사용법 및 소요 자재들의 설명이 도표와 해설로써 서술되였으며 복두 (幞頭)、개적 (介幘)、길경 (吉慶)、천의 (天衣) 및 의(衣)、상 (裳)등 七十三 종의 관、복、의상들의 제조법、사용법 그 소요 자재 및 색채등에 대하여 역시 도표와 해설로써 서술되여 있다。오늘날 무대 의상 소도구의 연구 문헌으로서 또는 우리 나라 민속을 연구하는 데 좋은 참고 문헌으로 되고있다。

이 고귀한 민족적 문화 유산이 근 五세기 동안 통치 계급의 전유물로 되여 광범한 인민들의 리용에 이바지하지 못하고 있었다.

이제 우리 당과 공화국 정부의 옳은 문예 정책에 의하여 이 책이 인민들의 수중으로 돌아가게 되였다. 우선, 원문 그대로를 영인(影印)하여 전문가들에게 주었고 또 이 고전의 내용이 한문으로 서술되여 있을 뿐만 아니라 그 내용이 음악 예술 관계 전반에 걸치는 넓은 폭을 가지고 있는 우에 난삽한 고전적 표현으로 서술되여 있기 때문에 일반 독자들에게 광범히 리용되기 곤난한 실정에 비추어 지간 이에 대한 번역 사업을 착수하였던바 원문의 번역과 난해어와 인용된 사물에 대한 주해를 첨부한 이 국문 번역본을 이제 또 독자들 앞에 내놓게 되였다. 비록 이것이 성과에 있어서 당과 정부의 기대한바 수준에 도달하였다고 말할 수 없으나 고전 예술 발굴에 대한 인민들의 지향이 높아가고 있는 오늘날 언제까지나 인민들 앞에 내놓기를 주저할 겨를이 없으므로 부득이 부끄러움을 무릅쓰고 불충분한 그대로 인민들 앞에 내놓고 앞으로 이에 대한 집체적인 연구와 토의에 의하여 그 완벽을 기하기로 하였다. 독자 및 전문 대가들의 교시와 편달이 있기를 바라마지 않는 바이다.

끝으로 원본에는 상당 수의 오자(誤字), 탈자(脫字)가 있으며 개중에는 연문(衍文)도 없지 아니하다. 이것은 대부분이 판각의 오유라고 인정되나 이것이 비장본으로 되여서 일반에게 알려지지 않았기 때문에 그대로 시정되지 못하고 있었던 것이다. 그러므로 역자의 보는 바에 의하여 교감표(校勘表)를 권말에 첨부하여 독자들의 참고에 제공한다.

一九五六년 五월 역자 렴 정권

악학궤범 (樂學軌範)

원서 (原序)

악이란 것은 천연으로 생겼으나 사람에게 매여 있으며 허에서 발하여 자연으로 이루어지는 것이니 사람의 마음으로 하여금 느껴 혈맥을 고동치게 하며 정신을 류통케하는 것입니다。느낀 바가 같지 않으면 발하는 소리도 같지 않아 기쁨을 마음에 느끼면 소리 흐트러지며、노염을 마음에 느끼면 소리 거칠어지며、슬픔을 마음에 느끼면 소리 급해지며、즐거움을 마음에 느끼면 소리 늘어지는 것입니다。 그 소리의 같지 않음을 잘 모도와 그 통일을 가지게 하는 것은 웃사람의 지도 여하에 있으니 지도하는 바의 잘 잘못에 따라 사회의 륭성과 침체가 달려 있는바 이것은 악의 작용이 정치 교화에 크게 관계되는 까닭입니다。

멀리 *오제(五帝) 시대의 악을 론한다면 당우(唐虞) 시대보다 더 륭성한 시대가 없는데 이는 오로지 *후기(后夔)에게 찬양(贊襄)케 한 바이고 삼왕(三王) 시대의 악을 론한다면 주대(周代) 보다 더 구비한 시대가 없었는데 그것은 오로지 *주공(周公)에게 일임하여 제작케 된 것이니 그 당시 이에 대한 시설(施設)의 방법이 모두 *전、모(典、謨)와 *주례(周禮) 등 전적(典籍)에 보였습니다。 이는 다 례와 악을 먼저하고 형과 벌(刑罰)을 나중에 하여 인민의 교양를 발양

시켰던 것으로서 사방을 풍동하는 효과를 얻어 *四十년 동안 형벌을 모르는 태평과 륭성을 보았습니다。

그러나 교양 정치가 쇠퇴한 뒤로부터 인심의 순박성이 희박하게 되여 전혀 형벌로써 정치를 보조하게 되였기 때문에 치옥(治獄)하는 아전을 귀히 여기고 례의(禮義)의 선비를 천히 여기게 되였습니다。 그리하여 고대의 음악 유산은 탕진하여 남음이 없게 되고 숭상하는 것은 다 지나치고 사치하는 경향을 띠게 되여 흘러서는 *정、위、상、복(鄭衛桑濮)의 퇴페적 음악으로 변하고 혹은 흘러서、*진、초(陳楚) 지방의 무격(巫覡)의 속가가 되여 결국은 정궤(正軌)에 버스러지는 풍조가 교리를 맞물어 점차적으로 악의 옛 모습을 잃게 되였습니다。 이렇게 된바 *장홍(萇弘)과 *사광(師曠)의 귀밝음과 *계찰(季札)과 *중니(仲尼)의 탁월함이 있더라도 이를 능히 수습할 수 없게 되였습니다。

한대(漢代)가 시작되여 *숙손통(叔孫通)이 진대(秦代)의 불타고 남은 것으로부터 주어모아 겨우 문물의 형체를 갖추게 되였으나 악에 있어서는 오직 진대(秦代)의 구태를 그대로 인습하여 다만 종묘 제향에 쓰는 악장만을 모았을 뿐、아직도 악의 본원에 대한 원리를 갖춰 모아놓지 못하였습니다。

그러므로 *문제(文帝)는 『아직 그리할 겨를이 없다』하였고 *무제(武帝)는 비록 뜻은 있었으나 협찬(協贊)하는 사람이 적당하지 못하였습니다。

*리 연년(李延年)이 *방중악(房中樂)을 제작하였으나 결국 보롱 유희 향락의 편향에 그치고、*경방(京房)은 륙십률(六十律)을 창제하였으나 아직도 진부한 부회(附會)를 면치 못하였고、진(晉)의 *순욱(荀勗)、*장화(張華)와 진、수(陳、隋) 시대의 *정역(鄭譯)、*우홍(牛弘)과

당(唐) 시대의 *조 효손(祖孝孫)、송(宋) 시대의 *진 양(陳暘)、*화현(和峴)과 같은 대가들이 각 시대에 있어서 음악을 제정하지 않은바 아니지마는 그러나 다만 그 부차적인 것에 종사하여 그 근본을 파악하지 못하였으니 어찌 그들과 음악 예술의 묘리를 론할 수 있겠습니까?

오직 *채 원정(蔡元定)의 저서만은 깊이 률려(律呂)의 근원을 파악하였다고 할 것이나 그 역시 실천적 리론을 떠나 성률에 대해서만 맞추었으니 이는 호미와 따비를 안고서도 밭 갈고 김 맬 줄을 알지 못한 것과 일반이였습니다.

이렇고 보니 악이 저절로 이루어지는 것이 아니라 사람의 힘을 빌어서 이루어지는 것이며 또 악이 제 스스로 퇴폐해지는 것이 아니라 역시 사람의 소위로 그리 되는 것임을 알 수 있습니다. *함、영、소、호(咸、英、韶、頀)의 소리를 사람마다 다 례찬하는 것은 그 시대의 백성이 태평을 누렸기 때문이고 악 자체의 공을 례찬하는 것은 아니며 *옥수、후정화(玉樹、後庭花)와 *예상 우의곡(霓裳羽衣曲)을 사람마다 미워하는 것은 당시의 임금이 방탕하였기 때문이고 악 자체가 나쁜 것이 아닙니다.

우리 조선은 *三한 분립 시대로부터 모두 고유한 악이 있었지마는 악기가 갖추어 있지 못하였으며 악음을 다 구비하게 갖지 못하였기 때문에 규정이 없고 비속한 음악 가운데 섞기게 되였으나 누가 이 악곡을 바로잡아 정리하겠습니까?

고려 중엽에 이르러서 송 나라에서 *태상(太常)의 악을 보내였고 우리 조선조에 이르러 명 나라에서 궁중 비장의 악기를 보내주어서 그때부터 경、관、생、우、금、슬(磬、管、笙、竽、琴、瑟)의 악기가 더 갖추어졌고 우리 *세종대왕이 하늘이 내신 탁월하신 지혜로써 악리에 밝아 종전의 루습을 씻어 버리려고 할 때에 마침 *거서(巨黍)가 해주(海州)에 났었고 채석(彩石)이 *남양(南陽)에서 발현되였으니 이것은 하늘이 화기(和氣)를 동방에 펴서 크게 유위할 임금에게 새로운 제작을 위탁하려는 것입니다.

이에 기장을 가져다가 *률수(律數)를 정하고 돌을 가져다가 경(磬)을 만들며 또 *악강(樂腔)을 창작하고 악강에 의하여 악보(樂譜)를 만들어 *절주(節奏)의 빠르고 더딤을 심정(審定)하였습니다.

당시 악을 맡은 사람은 *박연(朴堧)한 사람 뿐인데다가 그의 아는 바도 조박(糟粕)에 불과하였으니 세종 임금의 기대하신 바의 만분일이라도 어찌 비보(裨補)한바 있겠습니까. 그저 다만 찬조하여 드렸을 뿐이였습니다.

*세조(世祖)대왕께서 더욱 악에 정통하사 가곡을 많이 제작하셨으며 또 능히 제악(祭樂)을 찬정(撰定)하여 종묘(宗廟)에 드리였으니 그 작성하신 방도는 곧 세종 임금의 뜻을 받들어 지으신 것이나 그러나 그 당시 세조대왕을 찬조하여 드릴만한 사람이 없었던 것은 유감스러운 일이였습니다.

이제 우리 전하(*성종=成宗을 가리키는 말인데 봉건시대에 왕에 대한 존칭 대명사=역자)께서 탁월하신 자질로 선왕의 업적을 계승하여 려대의 성헌(成憲)을 우러러 받자와 선왕들의 천명치 못하신 문제들을 천명하여 례악을 태평시대에 발흥시키시니 이야말로 바로 시기에 적절한 조치일 것입니다.

악원(樂院)에 소장된 *의궤(儀軌)와 보표(譜表)들이 해가 오래됨에 따라 모두 제대로 있지 못하고 다행히 남아 있는 것들도 또한 구비하지 못하며 틀리고 잘못 되였으며 빠지고 잃어버린 것이 허다합니다。 이에 *무령군(武靈君) 신 류자광(臣柳子光) 및 신 *현(臣俔)과 *주부(主簿) 신 신말평(臣申末平)、*전악 신 박곤(臣朴棍)、신 김복근(臣金福根)등에 명하사 다시 수정과 교정을 더하게 하시니 먼저 *률 제작의 원칙을 론하고 다음에 률의 운용방법과 및 악기 의물(儀物)의 형체와 제작하는 방법이며 무도(舞蹈)의 위차(位次)와 진퇴(進退)의 절차를 론하여 갖추 서술되지 않은 것이 없습니다。

이 책을 완성하여 이름을 『악학궤범』이라 하였습니다。 신이 그윽히 생각하건대 오음 십이률(五音、十二律)은 악의 근본이라 만물이 나면 정(情)이 있고 정이 발해서 성음이 됩니다。 음에는 다섯 종류가 있어 *오행(五行)에 배합되고 관(管)의 길고 짧음에 따라 성음에 *청탁(淸濁)이 생기며 률(律)에는 열 둘이 있어 열두 달에 배속되였으니 음과 률이 서로 조화되여 *상하손익법(上下損益法)으로 그 운용이 무궁하여 이 법을 여덟 종류 악기에 붙여 써도 다 그리 맞지 않는 것이 없습니다。

노래는 말을 길게 하며 률에 맞게 하는 것이며 춤은 *팔풍(八風)을 행해서 그 절주(節奏)를 이루게 하는 것이니 이는 모두 자연에서 법받은 것이고 사람의 사사로운 지혜(개인의 독단=역자)를 가지고 만들어 낸 것은 아닙니다。 자연의 조화성(調和性)에 부합되면 정당하여 옳게 맞을 수 있고 그 조화성을 잃어 버리면 바르지 못한 생각에 치우쳐 비뚤어진 데로 달리게 될 것입니다。 二변음(二變音)이 그 진성(眞聲)을 모손시키며 四청성(四淸聲)이 그 본성(本聲)을 빼앗아 그 고유한 질서를 문란케 합니다。 그러나 성음의 변음과 청성이 있는 것은 음식의 짜고 싱거움이 있는 것과 같아서 오로지 *대갱(大羹)과 *현주(玄酒)의 맛、그것만을 쓸 수 없으니 정성(正聲)으로 하여금 항상 주가 되고 변음을 지배하여서 조화된 운영에 어긋나지 않으면 괜찮습니다。

우리 나라의 악에 세 종류가 있으니 아악(雅樂)、당악(唐樂)、향악(鄕樂)이 그것입니다。 이것들은 제사에 쓰는 것이 있으며 조회(朝會)와 연향(宴饗)에 연주하는 것이 있으며 향당(鄕黨)에서 속어로 익히는 것이 있는 것입니다。 그러나 그 어느 것을 막론하고 그 대체는 *七균(七均)、十二률(十二律)의 운용에 불과한 것입니다。

사람의 재분의 능함과 능치 못함이 한결같지 않아서 악을 리해하는 데 있어서도 어렵고 쉬움이 있기 때문에 수법의 묘를 얻은 자가 혹 절주에 밝지 못하며 절주에 능한 자가 혹 그 원리를 알지 못하고 한 모퉁이를 아는 사람은 많지마는 전체를 모두 잘 통달한 사람은 대개 적습니다。 악이란 과연 어렵다고 할 것입니다。

좋은 음악도 귀에 지나면 그만 사라지고 사라지면 자취가 없어 마치 그림자가 물형이 있으면 따라 있고 물형이 없어지면 따라 사리짐과 같습니다。 그러므로 보표(譜表)만 있으면, 절주의 완급(緩急)을 알 수 있으며 그림이 있으면 기물(器物)의 형체를 짐작할 수 있으며 전적(典籍)이 있으면 조시(措施)하는 방수를 알 수 있을 것입니다。 그리하여 신 등이 식견의 비졸함을 헤아리지 않고 이 책을 갖추어 논 바입니다。

*홍치(弘治) 六년―一四九三년― 계축 八월 상한(上澣)

*자헌대부(資憲大夫) *례조판서(禮曹判書) 겸 *동지춘추판사(同知春秋館事) *세자우빈객(世子右賓客) 신 성현(臣 成俔) 삼가 씀

(卒)

二三 * 오제(五帝)＝중국 상고의 전설적 다섯 임금으로서 그에 대한 두 가지 설이 있다。즉 첫째는 태호 복희씨(太皡伏羲氏)、염제 신농씨(炎帝 神農氏)、황제 헌원씨(黃帝 軒轅氏)、소호 금천씨(少皡 金天氏)、전욱 고양씨(顓頊 高陽氏)를 五제라고 하고(례기 월령) 둘째는 황제 헌원씨(黃帝 軒轅氏)、전욱 고양씨(顓頊 高陽氏)、제곡 고신씨(帝嚳 高辛氏) 제요 도당씨(帝堯 陶唐氏) 제순 유우씨(帝舜 有虞氏)를 五제라고도 한다(세본「世本」、대대례「大戴禮」、사기「史記」)。이 책의 저자 성현(成俔)도 제 二설을 근거한 것이다。

* 후기(后夔)의 찬양(贊襄)＝후기는 제순(帝舜)시대의 음악을 맡은 악관의 이름이며 찬양은 보좌(輔佐)하여 일을 성취시킨다는 말이다。

* 주공(周公)＝성은 희(姬)요 이름은 단(旦)이니 중국 주대 무왕(武王)의 아우며 성왕(成王)의 숙부이다。무왕이 죽은 뒤 어린 성왕을 도와 관숙(管叔)、채숙(蔡叔)의 란을 평정하고 례악과 문물 제도를 정비하여 주대 문화의 기초를 닦아 놓았다 한다。

* 전、모(典謨)＝중국 고전의 하나인 서경(書經)을 가리켜 말한 것이니 서경에 요전、순전과 대우모、고요모(堯典、舜典、大禹謨、臯陶謨) 등 편명이 있기 때문이다。

* 주례(周禮)＝중국 고대의 문물 제도를 기록한 서명이니 본명은 주관(周官)이라 하는 것인데 한 나라 류흠(劉歆)이란 학자가 이를「주례」라고 개칭하였다。대개 주공의 저작이라 한다。

二四 * 四十년＝주공이 성왕을 도와 문물이 정비된 이후의 치세 기간을 말한 것。

* 정위、상복(鄭衛、桑濮)＝정、위(鄭、衛)는 중국 춘추시대의 나라 이름들이니 이 나라들에 퇴폐적인 시와 노래가 많이 발생하였다 하며「상、복」(桑、濮)은 상간、복상(桑間、濮上)이란 위 나라의 두 지명의 략칭이니 한서 지리지에「이곳에는 고운 계집이 많고 음탕한 노래가 성행하였으므로 세상에서 정、위의 음악이라 말하게 되었다」하였다。상간 복상지방은 지금 하남성 활현(滑縣)동북에 해당한다。

* 진、초(陳、楚)＝진(陳)은 중국 봉건시대의 제후 나라 이름이니 지금 하남성 개봉현(河南省 開封縣) 동쪽에서

안휘성 박현(安徽省 亳縣) 북쪽 지역이며 초(楚)는 일반적으로는 중국 호북성(湖北省) 호남성(湖南省) 지방의 통칭으로 부르고 있으나 한때는 안휘(安徽)、절강(浙江)、강소(江蘇)등 지역을 포괄하였던 시기도 있었는데 대개 중국의 유명한 가사집인 초사(楚辭)와 무가(巫歌)가 많이 이 지방에서 나왔다。

二四 * 장홍(萇弘)=중국 주 경왕(周 敬王 기원전 五二七—五一八년) 때의 음악에 조예가 깊었던 귀족으로 공자(孔子)가 그에게 음악을 배웠다는 기록이 있다 (국어)。

* 사광(師曠)=춘추시대 진 나라(晋)의 유명한 음악가이니 자는 자야(子野)라 한다。

* 계찰(季札)=춘추시대 오(吳—강소성지역)나라의 명주 수몽(壽夢)의 작은 아들이였다。총명하고 외티에 밝았으며 음악에도 조예가 깊어 당시 외교 무대에 명성이 자자하였다。

* 중니(仲尼)=공자(孔子)의 자(字)이니 이름은 구(丘)다。

* 숙손통(叔孫通)=중국 진말 한초(秦末 漢初) 때 기원전 二六〇—一九〇년)에 생존하였던 사람으로 례와 악에 밝았다。한 고제 류방(劉邦)이 비로소 천자가 되매 그를 기용하여 례악 문물 제도를 수립하였다。관은 봉상박사로 태자태부에 승진하였다。

* 문재(文帝)=한 고제의 아들、이름은 항(恒)이니 제 三세 임금。

* 무제(武帝)=한 나라 제 五세 임금、경제(景帝)의 아들 이름은 철(徹)이다 (기원전 一四〇년—八八년)。

* 리연년(李延年)=한 무제 때 사람。한 무제의 애희 리부인(李夫人)의 형으로 무제에게 등용되여 협률도위(協律都尉)라는 음악의 총지휘관이 되였었다。노래를 잘 부르는 성악가요 작곡가였다。

* 방중악(房中樂)=악가(樂歌)의 이름。의례、연례(儀禮、燕禮)주에 의하면 녀성들이 현악기를 가지고 병창하는 음악을 가리키는 것으로 종이나 경과 같은 대악기들은 방중악에는 사용하지 않는다 하였다。한 나라 초년에 관악기까지 사용하여 안세악(安世樂)이라고 고쳐 부르고 그 후 정시악(正始樂) 또는 향신가(享神歌)등의 이름으로 부르기도 하였다。우리 아악에서 쓰는 헌가악(軒架樂)이니 등가악(登歌樂)이니 하는 구별이 있는데 방중악은 등가악에 해당한 것이다。

* 경방(京房)=한 나라 원제(元帝) 때(기원전 五〇년대) 사람으로 량(梁)땅 사람。초연수(焦延壽)에게서 역학(易學)

파 음악 리론을 수합하여 륙십률(六十律)을 재정하였다 한다。

二四 * 순욱(荀勗)=대략 기원 二一〇—二八〇년 간의 사람으로 조위(曹魏)시대로부터 진(晋—司馬氏)에 복무한 사람이다。학자이며 음악 리론가로 진대의 아악을 정리하였다。

* 장화(張華)=순욱과 거의 동시대의 사람으로 다방면으로 박학한 학자이다。순욱과 같이 진대의 전적을 정리한 사람이다。

* 정역(鄭譯)=기원 六세기 중엽에서 七세기 초의 사람으로 중국 수대(隋代)에 음악에 정통하였던 학자。

* 우홍(牛弘)=정역과 동시대 사람 독학하는 학자로서 수 나라가 처음 일어나매 기용되여 문화 사업에 공헌한바 컸다。

二五 * 조효손(祖孝孫)=기원 六세기 말엽에서 七세기 중엽까지의 사람으로 수 나라 개황(開皇)년간에 협률랑으로 기용되였으며 당 나라가 교체되매 계속 음악 부문에 봉사하여 선궁법(旋宮法)을 복구시켜 놓았으며 대당아악(大唐雅樂)을 정비하였다。

* 진양(陳暘)=기원 一〇七〇—一一三〇년간 송 휘종 시대에 활약하던 학자로서 음악 리론에 통달하였다。저서로 악서 二백권이 있다。

* 화현(和峴)=중국 송대의 사람으로서 진양과 거의 동시대의 사람이다。

* 채원정(蔡元定)=기원 十二세기 후반기에서 十三세기 중엽까지 생존하였던 송대의 학자로서 주 희(朱熹)와 동년배였으며 주 희에게 학우로서 존경을 받았다。저서에 률려신서(律呂新書)、연악원변(燕樂原辨)등 음악 리론에 관한 것이 있다。세상에 「서산(西山) 선생」이라 칭한다。

* 함、영、소、호(咸英 韶濩)=고대 악곡의 이름들이니 함영(咸英)은 황제(黃帝) 때 지은 악곡이라고 하는 대함(大咸)또는 함지(咸池)를 가리킴인듯 하나 「英」자를 붙인 의사를 알 수 없다。소호(韶濩)는 은대(殷代) 임금 성탕(成湯)의 지은 악곡명이라 한다。소(韶)는 우순씨(虞舜氏)가 지은 악곡 대소(大韶)와 은 나라 성탕이 지은 대호(大濩)의 략칭이다。

* 옥수、후정화(玉樹、後庭花)=중국의 소위 六조 말기(五八三—五八八년)에 진 후주(이름은 숙보—叔寶)가 청상곡(淸商曲)으로 「황리류」(黃鸝留) 및 옥수후정화 「금차량빈수」(金釵兩鬢垂)등 악곡을 짓고 근신들과 함께 그 가사

뜬 지어 남녀가 서로 창화하게 하니 그 곡조는 애원성이 많고 가사는 기려 경박하다 하였다 (수서 악지)。

二五 * 예상우의곡(霓裳羽衣曲)＝악원(樂苑)에 의하면 예상우의곡은 당 개원년간 (기원 七一三—七四二년) 서량부 (감숙성 무위현「甘肅省 武威縣」)절도사 양경술(楊敬述)이 현종에게 진상하였다 하고 이에 대하여 정우(鄭愚)는 말하되「현종이 월궁(月宮)에 이르러 선악을 듣고 돌아오매 그 반만을 마음속에 간직하였더니 양경술의 올린 파라문곡(婆羅門曲)을 보니 성조(聲調)가 서로 부합하므로 월궁에서 들은 곡조를 산서(散序—박(拍)을 치지 않는 서곡) 로 하고 경술의 올린 곡조로 본곡을 삼아 예상우의곡이라 이름지었다 한다。이런 전설적 기사로 보아 본곡은 서량 지방에서 류입한 악곡에 당 현종이 꿈에 지은 서곡을 붙여 일대 무곡(舞曲)을 형성한 것으로 당대에 시작된 악곡명으로 료해된다。

* 三한(三韓)＝대체로 三한이라 하면 진한(辰韓)、변한(弁韓)、마한(馬韓)을 가리키는 것이나、여기서는 신라(新羅) 백제(百濟) 고구려(高句麗)의 분립한 시기를 가리켜 말하는 것으로 보아도 무방하다。

* 태상(太常)＝관서명이니 종묘의 제사하는 의식에 관한 일을 맡은 부서이다。우리 나라에서도 봉상시 (奉常寺)라고 하는 그와 같은 부서가 있었다。

* 세종대왕(世宗大王)＝조선조 제四대왕、태종왕의 제三자 재위기간 三十二년。내치 외교에 많은 업적을 남긴 봉건군주이다。특히 그 시대에 창의고안한 훈민정음(訓民正音)의 제작은 우리 나라의 문자 혁명이라고 한다。

二六 * 거서(巨黍)＝「巨」는「秬」의 략자이니「거서」는 검은 기장의 일종이다。

* 남양 (南陽)＝경기도 수원 서쪽에 있는 지명인데 여지승람 권九 남양도호부 토산(土産)조에 「磬石 出府東 舍那寺西、石色 靑白相雜、有文理、本朝 世宗九年、採之作磬 磬中音律」이라고 써 있다。

* 률수(律數)＝十二률의 성음의 고저를 표시하는 수량적 차이 (差異)를 말하는 것이니 이 수량의 차이는 十二률관(十二律管)의 공간의 대소 즉 용적의 차이를 가지고 산출하니 률관의 대소는 성음의 고저(高低)를 산생하기 때문이다。이 률수를 측정하는데 예전에 천연생인 기장(黍)의 낟알(粒)을 가지고 한 것은 예전 사람들이 측정하기에 편리하였던 관계에 불과한 것이였다。

* 악강(樂腔)＝악률(樂律)을 조(調)라 하고 가조(歌調)를 강(腔)이라 하나 통칭하면 악곡의 성률(聲律)을 강조 (腔

調)라 한다。그러므로 악강이라 하면 악조 또는 악곡(樂曲)과 같은 뜻으로 리해된다。

二六 ◉ 절주(節奏)=지금 보통 악조의 억양 완급을 절주라 한다。즉 음의 장, 단, 강, 약(長, 短, 强, 弱)이 서로 반복하여 배합되므로 절주를 형성한다。절주는 지금 흔히 말하는 리듬에 해당한다。

◉ 박 연(朴堧)=밀양(密陽) 박씨로서 충청도 영동(永同)에 살았다。자(字)는 탄부(坦夫) 호는 란계(蘭溪)라 하고 처음 이름은 「然」이라 하였다가 후에 「堧」으로 고쳤다 한다。고려 우왕(禑王) 四년(기원 一三七八년)에 탄생하여 조선조 세조(世祖) 三년(기원 一四五八년)三월 二十三일 八十一세의 고령으로 서세하였다。

조선 고전악의 대성자로 세종의 지우를 얻어 조선 아악을 정비하는 큰 공을 세웠다。그의 경력을 소개하면 태종 五년에 진사 시험에 장원으로 급제하고 태종 十一년에 문과 본 시험에 급제하여 집현전 교리(集賢殿 校理), 사간원 정언(司諫院 正言), 사헌부 지평(司憲府 持平)등 문직에 있다가 세종조에 악학부사(樂學副使)로 중추원사(中樞院使)에 투배되였고 다시 관습도감 제조(慣習都監 提調), 례조판서(禮曹判書) 예문관 대제학(藝文館 大提學)등 요직을 력임하였다。그의 문집으로 「란계유고」(蘭溪遺稿)가 전해지고 있다。

◉ 세조대왕(世祖大王)=조선조 제 七대왕 세종왕의 제 二자다。

◉ 성종(成宗)=조선조 제 九대왕 세조왕의 손자다。

◉ 의궤(儀軌)=의식과 법칙을 기록한 도서를 말한 것。

二七 ◉ 무명군 신 류 자광(武靈君 臣 柳子光)=령광(靈光)류씨 류 규(柳規)의 서자, 세조 十二년(기원 一四七六년) 리 시애(李施愛)란에 자원 종군하여 공을 세워 병조정랑(兵曹正郞), 병조판서에까지 이르렀다。예종(睿宗)초년에 남이(南怡)가 모반한다고 무고한 공으로 무명군의 봉직을 받았고 그 후 연산주(燕山主) 四년(기원 一四九八년)에는 소위 무오사화(戊午士禍)를 비져낸 장본인이다。

◉ 성 현(成俔)=창령 성씨로서 자는 경숙(磬叔), 호는 용재(慵齋), 지중추부사 성 념조(知中樞府事 成念祖)의 제三자요 리조판서 성 임(成任)의 아우로 혁혁한 량반이다。

세종 二十一년(기원 一四三九년)에 탄생, 세조 三년에 진사 시험에 급제하여 세조 七년에 문과 본시에 발탁되고 예종 초년에 경연관(經筵官)에 선발되여 청환을 력임하고 수차 명나라에 가는 사절단에 수행하여 그의 문·

장은 중국 인사들을 탄복하게 하여 조국을 빛내였으며 성종조에 예조판서로 승진하여 악률을 정리하는 사업에서와 악학궤범을 찬술하는 데 주도적 역할을 하였다.

그 외 저서로는 허백당(虛白堂)시문집 三十권, 보집(補集) 五권, 외에 용재총화(慵齋叢話)十권, 악학궤범 六권, 상유비람(桑楡備覽) 四十권등, 거대한 저작들이 전해지고 있다. 중종 十년(一五〇四년) 정월 六十六세에 서세하였다.

三七 * 주부(主簿)=봉건 관제(封建官制)의 종六품(從六品)의 관직으로 해당 부서의 실무 집행자이다. 여기서는 장악원(掌樂院) 주부를 말한 것이다.

* 전악(典樂)=장악원 정六품관으로 음악을 전문으로 하는 기술관이다.

* 률(律)=악음의 기준 또는 그 기준을 운용하는 법칙을 가리켜 말한 것.

* 상하손익법(上下損益法)=악음의 기준 률수를 측정하는데 한 기준음에서 八률을 격하여 상응하는 음의 률수를 계산하는 법이니 본 기준률수를 三분하여 그 一을 본 기준률수에 가하여 그 음의 률수를 만들면 기준음보다 五도 낮은 률이 되고 본 기준률수를 三분하여 그 一을 본 기준률수에서 감한 것으로 그 음의 률수를 만들면 기본률보다도 높은 률이 된다. 례하면 황종을 기준음으로 하고 기타음의 률수를 측정하는 법은 가령 황종관의 길이를 九촌으로 가정하면 황종관 률수「九」를 三분하여 그 一을 감한 六촌을 림종의 률관 길이로 하고, 림종관의 률수 六촌을 三분하여 그 一을 가한 八촌을 태주의 률수로 하여 기준음 황종보다 五도 높은 림종률을 산생하고 림종은 림종보다 五도 낮은 태주률을 산출한다. 이리하여 점차로 十二률을 산출하여 十二기준음을 측정하는 것이다.

* 五행=중국의 소위 고대 우주 생성철학(宇宙生成哲學)에서 만물의 구성 요소를 금, 목, 토, 수, 화(金, 木, 土, 水, 火)의 다섯 물질로 보고 이것들이 상생, 상극하는 관계를 맺는다고 한다.

* 청탁(淸濁)=기준음보다 八도 높은 것을 청음이라 하고 기준음보다 八도 낮은 음을 탁음이라 하였다.

* 팔풍(八風)=팔방의 바람을 가리켜 말하는 것이니 팔방의 바람은 차고 덥고 따뜻하고 서늘한 정도가 다르며 또한 그 속도도 다르다. 이것을 기준하여 음의 률동의 속도와 감정의 표현의 모범을 삼는다는 뜻.

二七 * 대갱(大羹)=조미료를 넣지 않은 국을 말한 것。 례기의 악기편에 「大羹不和」라고 있다。

* 현주(玄酒)=물을 가리켜 말한 것。 례기 례운편(禮運)에 「玄酒在室」이라 하는 본문이 있는데 주소에 「玄酒는 淵水」라 하고 설명하되 『그 빛이 검은 고로 「玄」이라 하고 태고에 술이 없었던 까닭에 물로 술 대신 썼던 고로 「玄酒」라 하였다』 하였다。

二八 * 七균 十二률=十二률이 모두 기조음이 되며 十二 기조음이 또 각각 궁、상、각、변치、치、우、변궁의 七 악조를 가지게 되여 도합 八十四조를 형성하는 것이니 이 악리를 다 七균 十二률이라고 칭한다。

* 홍치(弘治) 六년 계축 八월=홍치는 명 효종(孝宗)의 년호이며 계축(癸丑)은 우리 나라 조선조 성종 六년에 해당하는바 一四九三년에 해당한다。

* 자헌대부(資憲大夫)=리조 관제의 정二품 제 二계의 자품 칭호。

* 례조판서(禮曹判書)=리조 관제의 정二품 관아인 六조의 하나인 례조의 장관。

* 동지 춘추관사(同知 春秋館事)=정三품 관아인 춘추관(정치사항을 기록하는 책임을 맡은 관직)의 겸임 관직으로 동지사 二인이 정원으로 되였으며 종二품직이나 정二품관이 겸하게 될 때에는 행직이 된다。

* 세자우빈객(世子右賓客)=정三품 관아인 세자시강원(世子侍講院)의 겸임직으로 정一품 겸임직 「師」、「傅」 각 一원과 종一품 겸임직인 「貳師」외에 정二품 겸임직인 「左右賓客」 각 一원이 정원으로 되여 있다。

악학궤범 권一

六十조

예전에는 정률(正律)은 먹으로, 그 반성(半聲)은 주(朱)로 쓰고, 변률(變律)은 주로, 그 반성은 먹으로 쓰되 주로 쓴 것은 다 음각자(陰刻字)로 하고 그 밑에 또 반자(半字)를 써서 구별하고 있었으나 지금은 정률은 먹으로 쓰고 변률은 음각자로 하며 반성에 대하여는 반성은 청성(淸聲)이기 때문에 반자를 따로 쓰면 번폐스럽기로 본 글짜 윈 편에 「氵」를 가해서 청성의 표시를 삼았다.

	宮	商	角	變徵	徵	羽	變宮
宮調	黃 下五 宮	太 下四 上一	姑 下三 上二	蕤	林 下二 上三	南 下一 上四	應
商調	無 下一 上四	**潢** 下五 宮	**汰** 下四 上一	**氵姑**	沖 下三 上二	**淋** 下二 上三	**湳**
角調	夷 下二 上三	無 下一 上四	**潢** 下五 宮	**汰**	浹 下四 上一	沖 下三 上二	**淋**
徵調	仲 下三 上二	**林** 下二 上三	**南** 下一 上四	**應**	**潢** 下五 宮	**汰** 下四 上一	**氵姑**

調	1	2	3	4	5	6	7
羽調	夾 下四上一	仲 下三上二	林 下二上三	南	無 下一上四	潢 下五宮	汰
宮調	大 下五宮	夾 下四上一	仲 下三上二	林	夷 下二上三	無 下一上四	潢
商調	應 下一上四	汏 下五宮	浹 下四上一	沖	㶝 下三上二	洟 下二上三	潕
角調	南 下二上三	應 下一上四	汏 下五宮	浹	㴌 下四上一	㶝 下三上二	洟
徵調	蕤 下三上二	夷 下二上三	無 下一上四	潢	汏 下五宮	浹 下四上一	沖
羽調	姑 下四上一	蕤 下三上二	夷 下二上三	無	應 下一上四	汏 下五宮	浹
宮調	太 下五宮	姑 下四上一	蕤 下三上二	夷	南 下二上三	應 下一上四	汏
商調	黃 下一上四	太 下五宮	姑 下四上一	蕤	林 下三上二	南 下二上三	應
角調	無 下二上三	潢 下一上四	汰 下五宮	㴌	沖 下四上一	淋 下三上二	湳
徵調	林 下三上二	南 下二上三	應 下一上四	汏	汰 下五宮	㴌 下四上一	㶝
羽調	仲 下四上一	林 下三上二	南 下二上三	應	潢 下一上四	汰 下五宮	㴌
宮調	夾 下五宮	仲 下四上一	林 下三上二	南	無 下二上三	潢 下一上四	汰
商調	大 下一上四	夾 下五宮	仲 下四上一	林	夷 下三上二	無 下二上三	潢

調	1	2	3	4	5	6	7
角調	應 上下 / 三二	汏 上下 / 四一	浹 宮下 / 五	沖	[氵蕤] 上下 / 一四	洟 上下 / 二三	潕
徵調	夷 上下 / 二三	無 上下 / 三二	**潢** 上下 / 四一	**汰**	浹 宮下 / 五	沖 上下 / 一四	**淋**
羽調	蕤 上下 / 一四	夷 上下 / 二三	無 上下 / 三二	**潢**	汏 上下 / 四一	浹 宮下 / 五	沖
宮調	姑 宮下 / 五	蕤 上下 / 一四	夷 上下 / 二三	無	應 上下 / 三二	汏 上下 / 四一	浹
商調	太 上下 / 四一	姑 宮下 / 五	蕤 上下 / 一四	夷	南 上下 / 二三	應 上下 / 三二	汏
角調	黃 上下 / 三二	太 上下 / 四一	姑 宮下 / 五	蕤	林 上下 / 一四	南 上下 / 二三	應
徵調	南 上下 / 二三	應 上下 / 三二	汏 上下 / 四一	浹	[氵姑] 宮下 / 五	[氵蕤] 上下 / 一四	洟
羽調	林 上下 / 一四	南 上下 / 二三	應 上下 / 三二	汏	汰 上下 / 四一	[氵姑] 宮下 / 五	[氵蕤]
宮調	仲 宮下 / 五	**林** 上下 / 一四	**南** 上下 / 二三	**應**	**潢** 上下 / 三二	**汰** 上下 / 四一	**[氵姑]**
商調	夾 上下 / 四一	仲 宮下 / 五	**林** 上下 / 一四	**南**	無 上下 / 二三	**潢** 上下 / 三二	**汰**
角調	大 上下 / 三二	夾 上下 / 四一	仲 宮下 / 五	**林**	夷 上下 / 一四	無 上下 / 二三	**潢**
徵調	無 上下 / 二三	**潢** 上下 / 三二	**汰** 上下 / 四一	**[氵姑]**	沖 宮下 / 五	**淋** 上下 / 一四	**湳**
羽調	夷 上下 / 一四	無 上下 / 二三	**潢** 上下 / 三二	**汰**	浹 上下 / 四一	沖 宮下 / 五	**淋**

宮調	商調	角調	徵調	羽調	宮調	商調	角調	徵調	羽調	宮調	商調	角調
蕤 宮下 五	姑 上下 四一	太 上下 三二	應 上下 二三	南 上下 一四	林 宮下 五	仲 上下 四一	夾 上下 三二	黃 上下 二三	無 上下 一四	夷 宮下 五	蕤 上下 四一	姑 上下 三二
夷 上下 一四	蕤 宮下 五	姑 上下 四一	汏 上下 三二	應 上下 二三	南 上下 一四	林 宮下 五	仲 上下 四一	太 上下 三二	潢 上下 二三	無 上下 一四	夷 宮下 五	蕤 上下 四一
無 上下 二三	夷 上下 一四	蕤 宮下 五	浹 上下 四一	汏 上下 三二	應 上下 二三	南 上下 一四	林 宮下 五	姑 上下 四一	汏 上下 三二	潢 上下 二三	無 上下 一四	夷 宮下 五
潢	無	夷	沖	浹	汏	應	南	蕤	⿰氵姑	汏	潢	無
汏 上下 三二	應 上下 二三	南 上下 一四	⿰氵蕤 宮下 五	⿰氵姑 上下 四一	汏 上下 三二	潢 上下 二三	無 上下 一四	林 宮下 五	沖 上下 四一	浹 上下 三二	汏 上下 二三	應 上下 一四
浹 上下 四一	汏 上下 三二	應 上下 二三	洟 上下 一四	⿰氵蕤 宮下 五	⿰氵姑 上下 四一	汏 上下 三二	潢 上下 二三	南 上下 一四	淋 宮下 五	沖 上下 四一	浹 上下 三二	汏 上下 二三
沖	浹	汏	潕	洟	⿰氵蕤	⿰氵姑	汏	應	湳	淋	沖	浹

調	一	二	三	四	五	六	七
徵調	大 上二下三	夾 上三下二	仲 上四下一	**林**	夷 宮下五	無 上一下四	**潢**
羽調	應 上一下四	汏 上二下三	浹 上三下二	㳞	⿰氵蕤 上四下一	洟 宮下五	潕
宮調	南 宮下五	應 上一下四	汏 上二下三	浹	㴌 上三下二	⿰氵蕤 上四下一	洟
商調	林 上四下一	南 宮下五	應 上一下四	汏	汰 上二下三	㴌 上三下二	⿰氵蕤
角調	仲 上三下二	**林** 上四下一	**南** 宮下五	**應**	**潢** 上一下四	**汰** 上二下三	**㴌**
徵調	太 上二下三	姑 上三下二	蕤 上四下一	夷	南 宮下五	應 上一下四	汏
羽調	黃 上一下四	太 上二下三	姑 上三下二	蕤	林 上四下一	南 宮下五	應
宮調	無 宮下五	**潢** 上一下四	**汰** 上二下三	**㴌**	㳞 上三下二	**淋** 上四下一	**湳**
商調	夷 上四下一	無 宮下五	**潢** 上一下四	**汰**	浹 上二下三	㳞 上三下二	**淋**
角調	蕤 上三下二	夷 上四下一	無 宮下五	**潢**	汏 上一下四	浹 上二下三	㳞
徵調	夾 上二下三	仲 上三下二	**林** 上四下一	**南**	無 宮下五	**潢** 上一下四	**汰**
羽調	大 上一下四	夾 上二下三	仲 上三下二	**林**	夷 上四下一	無 宮下五	**潢**
宮調	應 宮下五	汏 上一下四	浹 上二下三	㳞	⿰氵蕤 上三下二	洟 上四下一	潕

商調	南 下一上四	應 下五宮	汏 下四上一	浹	㴌 下三上二	㶋 下二上三	洟
角調	林 下二上三	南 下一上四	應 下五宮	汏	汰 下四上一	㴌 下三上二	㶋
徵調	姑 下三上二	蕤 下二上三	夷 下一上四	無	應 下五宮	汏 下四上一	浹
羽調	太 下四上一	姑 下三上二	蕤 下二上三	夷	南 下一上四	應 下五宮	汏

*률려신서(律呂新書)에 이르기를 『十二률이 서로 번갈아 궁(宮=기조음「起調音」=역자)이 되어 각각 七성을 가져 합 八十四성이 되나 그중 궁성 十二、상성 十二、각성 十二、치성 十二、우성 十二의 六十성만이 六十조가 될 수 있다。그 원인은 그 변궁 十二성이 우(羽)의 뒤 궁(宮)의 앞에 있고、변치 十二성이 각(角)의 뒤、치(徵)의 앞에 있기 때문에 궁이 궁을 이룰 수 없고 치가 치를 이룰 수 없어서 이 二十四성은 조가 될 수 없다。

황종궁은 협종우(夾鐘羽)에 이르기까지 다 황종에서 기조(起調)하여 황종으로 필곡하는 것이며 대려궁은 고선우(姑洗羽)에 이르기까지 대려에서 기조하여 대려로 필곡하는 것이니(다른 궁도 이와 같다=원주) 이것을 六十조라 한다。六十조는 곧 十二률이며 十二률은 곧 한 황종이다。황종이 十二률을 낳고 十二률이 五성과 二변성을 낳아서 五성이 각각 벼리(綱)가 되어 六十조를 이루니 六十조는 다 황종의 손익(損益)법에 의한 변화인 것이다。궁、상、각의 三十六조는 로양(老陽)이며 치、우의

의 二十四조는 로음(老陰)이니 조가 이루어져서 음양이 갖추는 것이다」하였고 그 주에 설명하기를

번갈아 서로 궁이 되어 만일 응종이 궁이 되면 그 아래의 四성은 모두 응당 낮추어야 할 것이므로 반성(半聲)을 둔다. 반성은 자성(子聲)이라고도 하니 근래의 소위 청성(淸聲)이라 하는 것이 이것이다. 악가들이 대개 다 신민(臣民—궁소리 아래 오는 상, 각 두 소리를 말한 것—역자)이 군상(君上—궁 소리를 말한 것—역자)을 릉가하는 것을 가장 꺼리기 때문에 상 소리는 궁 소리를 넘지 못한다. 만일 응종이 궁이 되면 그 소리는 가장 짧고 높기 때문에 혹시 유빈이 상이 되면 이는 상 소리의 높이가 궁 소리에 가깝게 되여 신하가 군상을 릉가하는 것이 되므로 쓸 수 없다. 그러기 때문에 유빈률을 반감하여 높은 소리를 만들어 이에 응하게 한다. 비록 반감한다 해도 률은 의연히 유빈률이기 때문에 역시 서로 응할 수 있다. 만일 황종으로 궁을 삼으면 그 다음 률들이 다 순하나 만일 다른 률로 궁을 삼으면 문득 서로 거슬리는 곳이 생기게 된다. 이제 좀더 황종을 가지고 론한다면 *제 九궁으로부터 *뒤 四궁에 있어서 혹은 각이 되고 혹은 우가 되고 혹은 상이 되고 혹은 치가 되므로 만일 황종으로 각을 삼는다면 이는 민(民)이 그 군상(君上)을 릉가함이며 만일 황종으로 상을 삼는다면 이는 신하가 그 군상을 릉가함이 된다. 치(徵)는 일이며 우(羽)는 물건이니 다 미루어 생각하면 알 수 있기 때문에 황종을 四청성으로 만들어 쓰니 청성은 그 률의 반으로 짧게 한 것이다. 이것이 황종청(黃鐘淸)이니 길이는 四촌반이다. 만일 뒤 四궁에서 황종으로 각, 치, 상, 우,를 삼을 경우에는 이 청성으로 대치할 것이며 황종 본률을 써서는 아니된다. 그것은 아래가 군상을 릉가하는 혐의를 피하기 위함이다. *심 존중(沈存中)이 말하기를 《오직 궁과 상, 각(군과 신, 민=역자) 사이에는 서로 릉가하는 것을 용허할 수 없으나 궁과 치, 우(군상과 사, 물=역자) 사이에는 반드시 이 관계를 피할 필요는 없다》고 하였다. 률법에 《응종이 궁이 되면 대려와 반성이 상이 된다》고 하였다. 이 주를 상고해 보면 《응종이 궁이 되고 혹 유빈이 상이 되면……》 한 것은 무엇에 근거하였는지 알 수 없다. 혹시 유빈이 대려의 잘못 쓴 것이 아닌가 한다

라고 하였다.

상고해 보면 률은 十二성이 있는데 다만 七성만을 사용하고 번갈아 서로 五조가 되어 六十조를 이루었다. 우리 나라에서 률을 사용하는 것은 아악엔 七성을 사용하나 속악(俗樂)은 二변성을 쓰지 아니하고 다만 五성만을 사용하며 五성에는 청 탁의 구별이 있으니 『下五』『下四』『下三』『下二』『下一』은 탁한 궁, 상, 각, 치, 우를 가리키고 『宮』『上一』『上二』『上三』『上四』는 청한 궁, 상, 각, 치, 우를 가리키는 것이다. 이제 六十조 각률 아래에 따로 『上, 下, 一, 二』의 법을 붙여 써서 보기에 편케 한다.

상고해 보면 六十조 주(註)에 말하기를『제 九궁으로부터 뒤 四궁에 황종으로 각, 치, 상, 우를 삼으면 四청성으로 대치한다』하는 것은 이는 다만 황종의 四청성만을 이름이다. 四궁은 곧 이측, 협종, 무역, 중려를 말하는 것이니 황종이 이측궁에서는 각이 되고 협종궁에서는 우가 되고 무역궁에서는 상이 되고 중려궁에서는 치가 되니 황종의 반성을 취해 쓰고 응종궁에 이르러서는 다 모든 률의 반성을 취해서 상, 각, 치, 우를 삼은 것이다. 그러나 지금 아악 (조선 성종「成宗」시대의 아악을 말한 것=역자) 에서는 다만 황종, 대려, 태주, 협종의 반성만 두니 이는 곧 四청성이다. 그 까닭을 고구하면 대개 궁과 상, 각(군과 신, 민) 사이에는 상 하가 서로 릉가하지 못하나 궁과 치, 우(군과 사, 물) 사이에는 반드시 피하지 않아도 무방하다는 뜻일 것이다. 그러므로 이측, 남려, 무역, 응종의 四궁조에서는 비로소 청성을 써서 상, 각을 삼았으니 이측궁조의 각과 무역궁조의 상은 청황종을 쓰고, 남려궁조의 각과 응종궁조의 상은 청대려를 쓰고, 무역궁조의 각은 청태주를, 응종궁조의 각은 청협종을 각각 써서 신, 민이 군상을 릉가하는 혐의를 피하였고 림종이하 응종궁까지는 다시 전성(全聲)을 취하여 치, 우를 삼았으니 곧 사, 물에는 반드시 피하지 않아도 무방하기 때문이다. 이제 시용 아악 十二률 七성을 도표로 다음에 보인다.

시용 아악 十二률 七성 도표

(다만 황종、대려、태주、협종의 四청성만 쓴다。)

궁	상	각	변치	치	우	변궁
황	태	고	유	림	남	응
대	협	중	림	이	무	청황
태	고	유	이	남	응	청대
협	중	림	남	무	청황	청태
고	유	이	무	응	청대	청협
중	림	남	응	청황	청태	고
유	이	무	청황	청대	청협	중
림	남	응	청대	청태	고	유
이	무	청황	청태	청협	중	림
남	응	청대	청협	고	유	이
무	청황	청태	고	중	림	남
응	청대	청협	중	유	이	무

율려의 격八 상생법과 응기설의 도표와 해설 (律呂 隔八相生 應氣圖說)

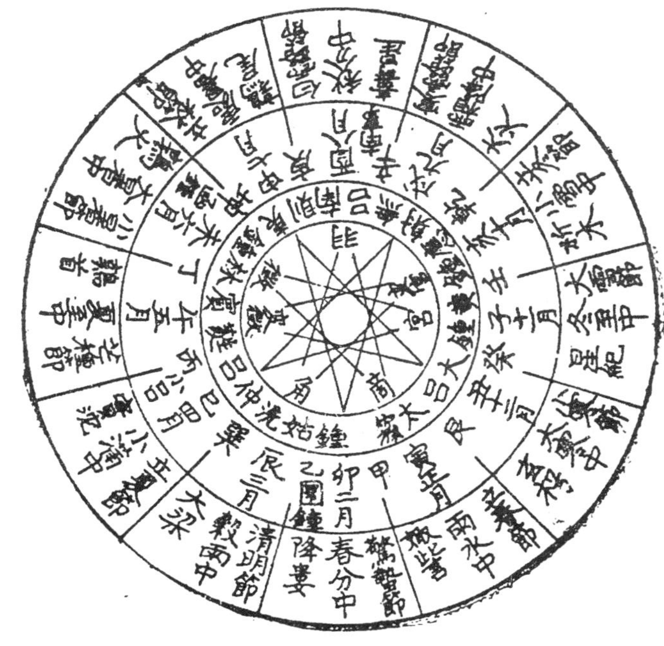

옛적 황제(黃帝)라는 임금이 악공 령륜(伶倫)을 시켜 *대하(大夏)의 서쪽 곤륜산(崑崙山)의 북편에 있는 *해곡(解谷)에서 둥굴고 속이 비고 그 구멍 두께가 고른 대(竹)를 가져다가 두 마디 사이를 끊어서 황종의 궁 소리를 정하고 또 통(筒) 열 두개를 만들어 봉황(鳳凰)의 우름 소리를 본떠 숫놈의 소리 여섯, 암놈의 소리 여섯을 만들었다。 숫놈의 소리 여섯을 률(律)、암놈의 소리 여섯을 려(呂)로 하여 이를 통틀어 十二률이라 이르고 十二월에 배합시키니 황종(黃鐘)、태주(太簇)、고선(姑洗)、유빈(蕤賓)、이측(夷則)、무역(無射)은 양성(陽聲)이며 대려(大呂)、응종(應鐘)、남려(南呂)、림종(林鐘)、소려(小呂)、협종(夾鐘)은 음성(陰聲)이다。 대체 일、월(日、月)은 十二위차(位次)에서 맞나되 우전(右轉)하니 성인(聖人)이 六려를 제정하여 이를 형상하였고 *두병(斗柄)은 十二신(十二辰)에 운행하되 좌선(左旋)하니 성인이 六률을 제정하여 이를 형상하였다。 그러므로 양률은 좌선(왼 편으로 거슬며 도는 것)하여 음려에 합하고 음려는 우전(오른 편으로 순히 도는 것)하여 양률에 배합하여 천지 사방의 음、양소리가 갖추게 된다。 대체 十二률의 상생하는 위차는 황종으로부터 헤여 여덟째가 림종이 되고 림종에서 헤여 여덟째가 태주、태주에서 헤여 여덟째가 남려、남려에서 헤여 여덟째가 고선、고선에서 헤여 여덟째가 응종、응종에서 헤여 여덟째가 유빈이 되여 이렇게 계속하여 十二률을 일주하고 다시 되풀이한다。

황종은 「황」은 중앙(中)의 빛이며、「종」은 「종자(種子)」의 「종」이다。 양기(陽氣)가 *황궁(黃宮)에서 가만히 맹동(萌動)하여 만물이 *자(子)에서 싹트기 시작하는 것을 의미한다。 즉 황종은 「자—子」의 기운으로 절후(節候)로는 동지(冬至)에 해당하고 *괘(卦)로는 *건(乾)의 *초구(初九)에 해당한다。 그러므로 대려와 배합하여 아래로 림종을 낳는다。

대려는 「려」(呂)는 *려(旅)의 뜻이다。 즉 음률(陰律)인 대려가 양률(陽律)인 황종을 도와 양기를 발동시켜 물건을 싹트게 한다는 뜻이다。 만물이 *축(丑)에서 싹을 기르는 것이므로 대려는 「축」의 기운이다。 절후로는 대한(大寒)에 해당하고 괘로는 *곤괘(坤卦)의 「六四」에 해당한다。 그러므로 황종과 배합하여 아래로 이측을 낳는다。

태주는 「주—簇」는 *주(湊)의 뜻이니 양기가 크게 땅에 폭주(輻湊)하여 만물에 달하는 것을 의미한다。 즉 만물은 *인(寅)에서 양기를 끌어 미치게 한다。 태주는 「인」의 기운이므로 절후로는 계칩(啓蟄)에 해당하고 괘로는 건(乾)의 「九二」에 해당한다。 그러므로 응종에 배합하여 아래로 남려를 낳는다。

협종은 음률(陰律) 협종이 태주를 도와 四방에 양기를 선포하여 물건을 심는다는 말이다。 만물이 *묘(卯)에서 대가리를 물고 나오며 한다。 협종은 「묘」의 기운이므로 절후로는 춘분(春分)에 해당하고 괘로는 「곤」의 「六五」에 해당한다。 그러므로 무역과 배합하여 아래로 무역을 낳는다。

고선은 「고—姑」는 고(故＝묵은 것)이란 뜻이며 「선—洗」은 「신—新」 새 것이란 뜻이다。 양기가 생명을 길러서 옛것을 버리고 새 것에로 발전한다는 뜻이다。 만물이 「*진—辰」에서 미(美)를 발휘하므로 절후로는 청명(淸明)에 해당하고 패로는 건(乾)의 「九三」에 해당한다。 남려(南呂)에 배합하여 아래로 응종을 낳는다。

중려(仲呂)는 양기가 지나쳐 음기가 맹동하면 만물이 다 자리를 떠서 서방으로 향하는 것을 말하는 것이다。 만물이 *사(巳)에서 너무 성하는 것으로 절후로는 소만(小滿)이며 패로는 곤(坤)의 「상륙—上六」에 해당한다。 그러므로 이측에 배합하여 우으로 황종을 낳는다。

유빈(蕤賓)은 「유—蕤」는 계속한다는 뜻이며 「빈—賓」은 인도한다는 뜻이다。 양기가 비로소 음기를 인도하여 만물을 계속 성장시키는 것을 말한 것이다。 만물이 「*오—午」에서 활짝 펴지므로 유빈은 「오」의 기운이다。 절후로는 하지(夏至)에 해당하고 패로는 건(乾)의 「九四」에 해당한다。 그러므로 림종에 배합되여 우으로 대려를 낳는다。

림종(林鐘)은 「림—林」이 군주(君主)의 뜻이다。 음기가 소임을 받아 유빈을 도와 물진을 심어 크고 무성하게 하는 것을 주장한다는 뜻이다。 만물이 「*미—未」에서 무성하므로 림종은 「未」의 기운이다。 절후로는 대서(大暑)에 해당하고 패로는 곤(坤)의 「六二」(「初六」의 오(誤)로 인정된다。 주 참조=역자)에 해당한다。 그러므로 유빈에 배합하여 우으로 태주를 낳는다。

이측(夷則)은 인민이 기운을 펼 때 만물이 꽃피고 열매맺지 않는 것이 없다는 것이다。 비록 지나침이 있을지라도 역시 일정한 의범(儀範)이 있는 것을 말한 것이다。 만물이 「*신—申」에서 기를 떠고 굳어지므로 이측은 「신」의 기운이다。 절후로는 처서에 해당하고 패로는 건(乾)의 「九

丑」에 해당한다。 그러므로 *소려(小呂)에 배합하여 우으로 협종을 낳는다。

남려(南呂)는 「남─南」은 「님─任」의 뜻이다。 음기가 이측을 방조하여 만물을 맡아 성취시킨다는 의미다。 만물이 「*유─酉」에서 휴식을 얻어 성숙되므로 남려는 「유」의 기운이다。 절후로는 추분(秋分)에 해당하고 괘로는 곤(坤)의 「六二」에 해당한다。 그러므로 고선에 배합하여 우으로 고선을 낳는다。

무역(無射)은 「역─射」은 역(厭=싫다=역자)의 뜻이다。 양기가 물건을 왕성케 하여 기운을 거두어 끝마치고 다시 시작하는 것을 싫어하지 않는 것을 말한 것이다。 만물이 다 「*술─戌」에 갊아 몰어가므로 무역은 「술」의 기운이다。 절후로는 상강(霜降)에 해당하고 괘로는 건(乾)의 「上九」에 해당한다。 그러므로 협종에 배합하여 우으로 중려를 낳는다。

응종(應鐘)은 음기가 무역에 응하여 만물을 폐장(閉藏)하여 양기를 간직하고 씨를 쌓아두는 것을 말한다。 만물이 속 깊이 폐장되여 뿌리에 돌아가서 생명의 회복을 위하여 「*해─亥」에 은폐되므로 응종은 「해」의 기운이다。 절후로는 소설(小雪)에 해당하고 괘로는 곤(坤)의 「六三」에 해당한다。 그러므로 태주에 배합하여 우으로 유빈을 낳는다。

*악서(樂書)에 이르기를 『선왕(先王)이 六률、*六동(六同)의 의기를 제작하여 六음、六양의 소리에 맞게 하였으니 황종、태주、고선、유빈、이측、무역은 六양의 소리이며 대려、응종、남려、함종(函鐘)、소려(小呂)、협종은 六음의 소리이다。 대개 일 월이 교회(交會)하는 위차는 하늘에

있어서 우전(右轉)하고 북두 자루(斗柄)가 꽂히는 곳은 방에 있어 좌선(左旋)하여 서로 교착(交錯)하고 번갈아 나타나는 것이 표리(表裏)와 같기 때문에 「자-子」는 「축-丑」에 합하고 「인-寅」은 「해-亥」에、「진-辰」은 「유-酉」에、「오-午」는 「미-未」에、「신-申」은、「사-巳」에、「술-戌」은 「묘-卯」에 합한다。 황종은 「자」의 기운으로서 十一월이 이에 서고 *진(辰)은 *성기(星紀)에 있으며、대려는 「축」의 기운으로서 十二월이 이에 서고 진은 현효(玄枵)에 있으며、태주는 「인」의 기운으로서 정월이 이에 서고 진은 추자(娵訾)에 있으며 응종은 「해」의 기운으로서 十월이 이에 서고 진은 석목(析木)에 있으며 고선은 「진」의 기운으로서 三월이 이에 서고 진은 대량(大梁)에 있으며 남려는 「유」의 기운으로서 八월이 이에 서고 진은 수성(壽星)에 있으며 유빈은 「오」의 기운으로서 五월이 이에 서고 진은 순수(鶉首)에 있으며、림종은 「미」의 기운으로서 六월이 이에 서고 진은 순화(鶉火)에 있으며 이측은 「신」의 기운으로서 七월이 이에 서고 진은 순미(鶉尾)에 있으며 중려는 「사」의 기운으로서 四월이 이에 서고 진은 실침(實沈)에 있으며 무역은 「술」의 기운으로서 九월이 이에 서고 진은 대화(大火)에 있으며 협종은 「묘」의 기운으로서 二월이 이에 서고 진은 강루(降婁)에 있다』하고

악서에 이르기를 『협종을 또 「환종(圜鐘)」이라고도 하는데 봄은 규(規=規竇)하는 것을 위주한다는 의미에서 이렇게 말한 것이며 「함종(函鐘)」을 또 림종(林鐘)이라고도 하는데 여름은 생물을 비(庇=庇廕)하는 것을 위주한다는 의미에서 이렇게 말한 것이다』하고 또 이르기를 『림종

음「함종(函鐘)」이라 하는 것은「미ㅡ未」가 지통(地統)이 되어 *함홍(含洪ㅡ含弘)의 뜻이 있다는 의미이며 남려(南呂)를 또「남사(南事)」라고도 하는데 이것은 곧「음기」의 이룩하는 바는 일일 뿐인 때문이다』하고 또 이르기를『*성남(成南)으로써 위주하기 때문이다』라고도 하였다。 중려(中呂)를 또 소려(小呂)라고 하는 것은『음기의 싹트는 것이 적기 때문이다』하고 또 말하기를『대려에 대하여 적기 때문이다』라고도 하였다。

악서에 또 이르기를『六률을 六시 (六始)라고 하니 그것은 그 위치가 음 (陰)에서 시작하는 까닭이며、六려(六呂)를 六간(六間)이라고 하는데 그것은 그 위치가 양(陽)의 사이에 있기 때문이며、또 六동(六同)이라고도 하는데 그것은 그 실정이 양률에 같기 때문이다。 구별하여 말하면 그러하지마는 통털어 말하면 모두 양기가 상하로 통하는 것을 말하는 것이니 이것이 다 같이 十二률이라고 이르는 까닭이다』라 하였고。

또 이르기를『악성(樂聲)이 중음(衆音)에 비교하여 가볍고 높은 것은 청음이 되고 무겁고 큰 것은 탁음이 된다。 그러나 률의 증、손(增、損)과 장、단(長、短)은 고정된 것이 아니고 소리의 억양(抑揚)과 청탁(淸濁)은 일정한 것이 아니기 때문에 증률(增律)하면 탁하여지고 감률(減律)하면 더욱 청하여진다。 청함과 탁함이 비록 다르지마는 본음(本音)은 잃지 않는 것이다。 일정한 길이와 짧이가 어찌 고정하게 고 하음(高下音)에 배속할 수 있을가? 례하면 황종은 길이가 九촌으로서 소리의 가장 탁한 것인데 반감하면 소리가 청하여지고、응종은 길이가 四촌나마로서 소리의 가장 청한 것이지마는 배가하면 소리가 탁하여진다。 한 률이 이와 같으면 다른 률도 알 수 있는 것이다』하였고 또 이르기를 『전하는 말에 〃황종을 三배하면 크기가 뢰정(雷霆)과 같고 황종을 三분의 一로 하면 가늘기 버레 소리 같다〃 하였다。 이것은 황종 뿐만 아니라 다른 높은 소리나 낮은 소리도 다 일반인 것이다。 이것이 즉 성음의 본질이다』 하였다。

상고하여 보면 우리 나라에서 사용하는 악성은 아악에서는 十二률의 정성(正聲)과 四청성을 쓰며 속악에서는 十二률의 정성과 十二청성을 쓰며 또 그 외에 청중청(淸中淸)、탁중탁(濁中濁)을 쓴다。 이것이 소위 三배、三감(三倍、三減)의 법이 아닌가 한다。

十二률관(律管)의 둘레와 길이의 도표와 해설 (률관에 대한 설명도 첨부)

律 黃鍾

呂 大呂 半下生長 全倍數量上生長

律 太簇

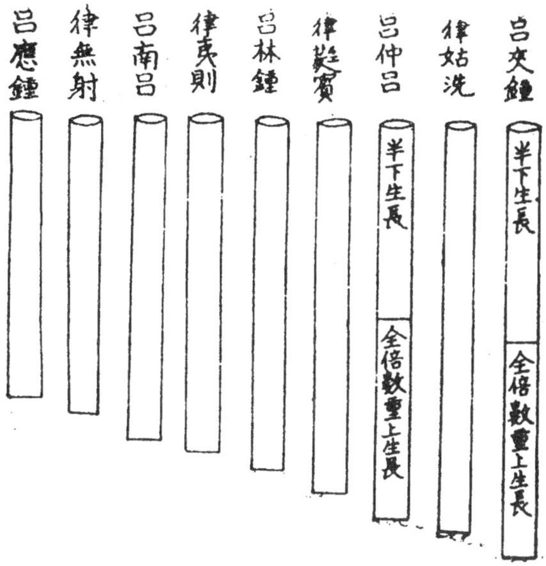

呂夾鐘 半下生長 全倍數重上生長

律姑洗

呂仲呂 半下生長 全倍數重上生長

律蕤賓

呂林鐘

律夷則

呂南呂

律無射

呂應鐘

황종。 길이 九촌。 둘레 九푼 (이하 十一률관의 둘레는 다 갈다。) 이니 三분하여 그 一을 감손하면 아래로 림종을 낳는다。

대려。 길이 四촌一푼八리三호이니 三분하여 그 一을 증가하면 우으로 이측을 낳고 배가한 길이는 八、三七六촌이다。

태주。 길이 八촌이니 三분하여 그 一을 감손하면 아래로 남려를 낳는다。

협종。 길이 三촌六푼六리三호六사이니 三분하여 그 一을 증가하면 우으로 무역을 낳고 배가한 길이는 七、四三七三촌이다。

고선。 길이 七촌一푼이니 三분하여 그 一을 감손하면 아래로 웅종을 낳는다。

중려。 길이 三촌二푼八리六호二사三홀이요 배가한 길이 六촌五푼八리三호四사六홀이니 三분하여 그 一을 증가하면 다시 변황종을 낳는다。

유빈。 길이 六촌二푼八리이니 三분하여 그 一을 감손하면 아래로 대려를 낳는다。

림종。 길이 六촌이니 三분하여 그 一을 증가하면 우으로 태주가 된다。

이측。 길이 五촌五푼五리一호이니 三분하여 그 一을 감손하면 아래로 협종이 된다。

남려。 길이 五촌三푼이니 三분하여 그 一을 증가하면 우으로 고선을 낳는다。

무역。 길이 四촌八푼八리四호八사이니 三분하여 그 一을 감손하면 아래로 중려를 낳는다。

웅종。 길이 四촌六푼六리이니 三분하여 그 一을 증가하면 우으로 유빈을 낳는다。

악서에 이르기를『대개 물의 판을 만드는 대는 하늘이 내인 자연의 의기(儀器)이며 용적을 측정하는 기장도 하늘이 내인 자연의 물건이다。 천생한 자연의 물건을 가지고 천생한 자연의 의기(儀器)의 용적을 측정하면 푼 촌의 길고 짧음과 용적의 많고 적음과 성음의 청하고 탁함과 저울(權衡)의 경중이 다 자연에 기초한 것으로서 사람의 조작은 관여되지 아니 하였으니 이것이 중화(小和)한 소리가 나는 까닭이며 위대한 악이 이루어지는 소이이다。 후세에 사람이 조작하여 대률 동(銅)과 교체함이 있다。 이것은 사람이 만든 기구에 천생한 기장을 담아 용적을 측정함이니 푼、촌의 용적이 어찌 틀리지 않을 수 있으며 성음의 경중이 어찌 문란하지 않을 수 있으랴」하였다。

상고해 보면 률관의 제법은 여러해 묵은 *해죽(海竹)의 둘레와 직경이 서로 알맞는 것을 취하여 두 마디 사이를 끊어서 황종으로부터 응종에 이르기까지 본률(本律) 촌 푼수에 의하여 재제(裁製)하는 것이다。 그러나 대 구멍의 둘레가 아래는 넓고 우는 좁으므로 만일 넓은 구멍으로부터 불면 소리가 높고 좁은 구멍으로부터 불면 소리가 낮아지니 반드시 좁은 곳을 후비여 파서 우 아래 구멍의 둘레가 상등하게 한 뒤에야 성음을 바로잡을 수 있을 것이나 혹 동이나 철을 가지고 부어 만들면 비록 해가 오래 되여도 소리가 틀리지 않는다。 황종관의 길이는 九촌、구멍 둘레는 九푼、용적은 八百十푼—기장 一千二百낟알을 넣는—으로 하여 황종률을 맞춘다。 이제 장악원(掌樂院)중에 동률관 二부(二部)가 있는데 *영조척(營造尺)으로 재면 황종 길이는 一척에 알맞는다。 그런데 도척(度尺)의 제법이 영조척 길이를 *황종척(黃鍾尺)으로 재면 八、九九촌이다。 만일 一리만 가하면 곧 九촌이 된다。 그러므로 우에 보인 十二관의 둘레와 직경이 거의 터럭 끝만한 차이가 있으나 그러나 이 률관이 옛 제도와 심히 멀지 않기 때문에 사용 악기는 다 이 관으로 바로잡은 것이다。 *경자년의 중국 사신 저동(鄒同)이 악공을 대동하고 대조하였는데 그의 가지고 온 태평소(太平簫)의 소리가 우리 나라 악성과 거의 맞는 것을 보았다、

변률(變律)

률서(律書)를 상고하여 보면 중려 아래에 또 황종、림종、태주、남려、고선、응종의 六변률을 무어 혹은 그 전성(全聲)을 취하거나 혹은 그 반성(半聲)을 취해서 유빈 이하의 상(商)、각(角)、

치(徵)、우(羽)、변궁、변치의 역할을 하게 하였다. 대체 률려의 도수는 앞으로 나가는 것이고 뒷걸음질하는 법이 없으므로 상、각、치、우가 궁을 넘지 못한다.

이제 우리 나라 아악은 다만 황종、대려、태주、협종의 四청성만을 쓰고 중려이하 응종까지는 도리어 전성(全聲)을 써서 치、우、변궁、변치를 삼으니 대체 상、각은 궁을 넘지 못하나 치、우는 반드시 피할 필요가 없기 때문이다.

그러나 률서에 혹은 변성을 쓰고 혹은 변반성을 쓰는 곳이 있으니 즉 대려궁의 변치는 곧 변림종이며 변궁은 곧 변반성 황종이며 협종、중려、이측、무역궁에 변성、변반성을 병용하는 곳도 있다. 이것은 변성이 정률보다 조금 높고 변반성이 본률 반성보다 조금 높아야만 고제(古制)와 거의 상합하게 되는 까닭이다.

그런데 지금 아악의 四청성은 다 정률 반성이며 변률 반성의 제도는 없으나 속악(俗樂)에 이르러서는 제도가 기교(奇巧)하고 현의 괘도 또한 많기 때문에 十二성의 청、탁이 다 있으며 또 청중청(淸中淸)도 있다.

*반고 률려지(班固律曆志)의 률려 상생 도표와 해설(*상서통고(尙書通攷))

九寸 黃鍾夫 —下生— 林鍾妻 六寸

林鍾妻 —上生 子— 太簇夫 八寸

八寸 太簇夫 —下生— 南呂妻 五寸三分奇

南呂妻 —上生 子— 姑洗夫 七寸一分奇

七寸一分奇 姑洗夫 —下生— 應鍾妻 四寸七分奇

應鍾妻 —上生 子— 蕤賓夫 六寸三分奇

六寸三分奇 蕤賓夫 —下生— 大呂妻 四寸二分奇

大呂妻 —上生 子— 夷則夫 五寸六分奇

五寸六分奇 夷則夫 —下生— 夾鍾妻 三寸七分奇

夾鍾妻 —上生 子— 無射夫 四寸九分奇

四寸九分奇 無射夫 —下生— 仲呂妻 三寸三分奇

* 중려의 길이는 원본에 二촌三푼奇로 되였음。「三촌二푼奇」의 간오로 인정됨=역자。

동위(同位)는 부、처(夫妻)를 상징하고 이위(異位)는 자、모(子母)를 상징하는 것이니 이른바 률은 처에 장가들고 려는 자(子)를 생한다는 것이다。 이는 음、양이 상생하는 원칙이다。 그 법은 모두 양은 아래로 음을 낳고 음은 우으로 양을 낳는 것이며 하생(下生)하는 것은 모두 三분하여 一을 덜고 상생(上生)하는 것은 다 三분하여 一을 더하는 것이니 이는 *사마천(司馬遷)、 반고(班固)가 말한 바 률려의 상생하는 촌수이다。

악서에 이르기를 『건효(乾爻)에 기본한 것은 六률이 되고 곤효(坤爻)에 기본한 것은 六동

(六同)이 된다。 六률은 왼 편으로 돌아 동을 낳아 동위(同位)가 되니 부부 관계를 상징하는 바이며 六동은 오른 편으로 돌아 률을 낳아 이위(異位)가 되니 자모 관계를 상징한 바이다」하였다.

양률 음려의 소재위치 도표와 해설(陽律 陰呂在位圖說)

률서에 이르기를 『*六양진(六陽辰)은 자기 위치에 있서 자기 본률을 차지하나 *六음진은 그 충(衝=對位=역자)에 당하여 림종、남려、응종의 三려는 음위(陰位)에 있으므로 증감 손익(增減損益)함이 없지마는 대려、협종、중려의 三려는 양위(陽位—八도상의 상、각、변치의 위치=역자)에 있은즉 본률에 대하여 다만 그 반성을 얻을 뿐이니 반드시 배수(倍數=본률=역자)를 써야 비로소 열두 달의 절기와 서로 응하게 될 것이다。 대개 음이 양을 좇음은 자연의 리치다』 하였다. 「자(子)는 양진이니 황종이 그 위치에 있어 자기 역할을 하는 것이며 축(丑)은 미(未)의 대위(對位)니 림종은 원래 미진(未辰)의 률로서 「축위에 있어서 충(衝)에 있다는 것이다。 다른 것들도 다 이와 같다。

五성(五聲) 도표와 해설

악서에 이르기를『대체 생명이 있는 물건은 감정이 있고 감정이 움직이면 소리가 되는 것이다 그러므로 천수(天數)「五」가 지수(地數)「十」과 합하여 토(土)를 중앙(中央)에 생하니 그 소리 궁(宮)이 되고, 지수 「四」가 천수 「九」와 합하여 금(金)을 서방(西方)에 생하니 그 소리 상(商)이 되고, 천수 「三」이 지수 「八」과 합하여 목(木)을 동방(東方)에 생하니 그 소리 각(角)이 되고, 지수 「二」가 천수 「七」과 합하여 화(火)를 남방(南方)에 생하니 그 소리 치(徵)가 되고, 천수 「一」이 지수 「六」과 합하여 수(水)를 북방(北方)에 생하니 그 소리 우(羽)가 된다」하였다.

궁(宮)은 중(中)이란 뜻이니 중앙에 있어서 四방에 통해 미치며 악의 시초를 창도(唱導)하며 생명을 베풀어 四성(상、각、치、우=역자)의 벼리가 된다. 그 성질은 원만하고 그 소리는 소(牛)가 굴 안에서 우는 것 같아 화합을 위주하므로 궁은 무위(無爲)하여 만물을 덮어 주니 군상(君上)의 형상이다. 신민(臣民)을 능히 통어할 수 있으며 그 소리 웅혼하여 조화하면 정사가 화합하며 나라가 편안하고 어지러우면 나라가 위태롭다. 그 사수(絲數)는 「八十一」이며 三분하여 一분을 덜어 아래로 치(徵)를 낳는다.

치(徵)는 지(祉)의 뜻이니 물건이 성하고 장대하여 번영하고 행복되는 것을 이름이다. 그 성질은 명쾌하여 사물을 변별하며 그 소리는 지고가는 돼지 소리 같아 분별함을 위주한다. 치는 사물의 존재를 실증하는 것이니 일의 형상이다. 물(物)을 능히 성취시킬 수 있으며 그 소리는 감탄적이다. 조화되면 온갖 일이 정리되며 어지러우면 모든 업적이 무너진다. 그 사수(絲數)는 「五十四」이며 三분하여 그 一을 더하여 우으로 상을 낳는다.

상은 장(章)의 뜻이니 물(物)이 성숙하면 문채를 이루며 모범이 될 수 있다는 뜻이다. 그 성질은 모가 지고 그 소리는 양(羊)의 무리가 흩어지는 것 같아 벌여 퍼지는 것을 주로 한다。 상은 포부가 있고 사물에 통달하기 때문에 신하의 형상이다。 백성을 능히 다스릴 수 있으며 그 소리는 쨍쨍하여 조화되면 형법을 쓰지 아니하여도 위령이 행하여지고 어지러우면 그 관기(官紀)가 퇴상한다。 그 사수(絲數)는 「七十二」이며 三분하여 一을 덜어 아래로 우(羽)를 낳는다。

우(羽)는 우(宇)의 뜻이니 물건이 모이면 간직하고 덮어야 하는 것을 이름이다。 그 성질은 축축하여 물건을 추기며 그 소리는 말(馬)이 들에서 우는 것과 같아 토설하는 것을 위주한다。 위는 때에 따라 걷고 베프니 물건의 형상이므로 능히 활용할 수 있다。 그 소리 *후후(詡詡)하여 조화되면 창름(倉廩)이 차며 백물이 구비하고 어지러우면 재용(財用)이 결핍한다。 그 사수는 「四十八」이며 三분하여 그 一을 더하여 우으로 각(角)을 낳는다。

각(角)은 저축의 뜻이니 풀이 흙을 떠받고 나와 까락과 뿔을 이고 있는 것을 이름이다。 그 성질은 직(直)하고 그 소리는 닭이 나무에서 우는 것과 같아 솟아 나는 것을 위주한다。 각은 발기를 잘하여 어거하기 어려웁기 때문에 백성의 형상이다。 능히 일을 일으킬 수 있으니 그 소리는 *악악(喔喔)하여 조화되면 四민이 편안하며 어지러우면 백성이 원망한다。 그 사수는 「六十四」이며 변궁 변치를 낳는다。

그 공용(功用)은 *민(敏)、 경(經)、 질(迭)、 억(抑)、 중(重)이며 그 위치는 좌(左)、 우(右)、 상(上)、 하(下)、 중(中)이며 그 색조(色調)는 청(青)、 황(黃)、 적(赤)、 백(白)、 흑(黑)이며 그

성품은 인(仁)、의(義)、례(禮)、지(智)、신(信)이며 그 감정은 희(喜)、노(怒)、비(悲)、우(憂)―혹은「憂」를「樂」으로 대치한 데도 있다―역자)、공(恐)이며 그 사위(事爲)는 모(貌)、언(言)、시(視)、청(聽)、사(思)며 그 미감(味感)은 감(甘)、신(辛)、산(酸)、고(苦)、함(鹹)이며、그 냄새는 향(香)、성(腥)、전(羶)、초(焦)、후(朽)이다。 하늘에서는 *五기(五氣)가 되여 운행하고 땅에서는 五행(五行)이 되여 벌여 있으며 사람에 있어서는 五장(五臟)이 되여 문호를 이루고 있으니 *중성(中聲)은 어디에나 닿지 않는 곳이 없다。

악서(樂書)에 이르기를『二변음은 五성에서 나와 五성보다 지나치니 남겨 둠이 리익될 것 없고 삭제함이 옳다。

악에 있어서의 五성은 하늘에 있어서의 오성(五星)、땅에 있어서의 오행(五行)、사람에 있어서의 오상(五常)과 같은 것이다。 그러면 五성을 七음으로 증가시킬 수 있다면 오성(五星)、오행、오상도 또한 七로 증가시킬 수 있겠는가、그러한 주장은 반드시 성립되지 못할 것이다』하였고、

동서에 또『사람이 사물에 느껴서 소리로 표현하는 것이다。 소리는 발하기 전에는 무형한 것이지마는 발하면 유형한 것으로 되기 때문에 五성의 구별은 궁이 상평성(上平聲)、상이 하평성(下平聲)、각이 입성(入聲)、치가 상성(上聲)、우(羽)가 거성(去聲)이 된다。 이 리치를 안다면 성률(聲律)을 함께 말할 수 있을 것이다』라고 하였다。 동서에 또『소리가 비장(脾臟)에서 나와 입을 다물고 통케 하는 것은 궁 소리라 이르고、간장(肝臟)에서 나와 이(齒)를 벌리고 입술을 솟구고 내는 소리를 각 소리라 이르고, 심장(心臟)에서 나와 이(齒)는 합하고 입술은 열어 내는 소리를 치 소리라 이르고, 신장(腎腸)에서 나와 이(齒)는 열고 입술은 모두어 내는 소리를 우 소리라 한다」하였다。

(주)

四一 * 률려신서(律呂新書)=중국 송대 채 원정(전주 참조)의 저인 상하 二권인데 모두 二十三편의 론문이 실려있다。

四二 * 제 九궁(第九宮)=六十조의 황종궁으로부터 제 아홉 번째의 이측궁을 말하는 것(六十조 모표 참조할 것)。

* 뒤 四궁(後四宮)=六十조의 제 아홉 번째의 궁조인 이측궁 이후의 남려궁 무역궁 응종궁을 가리켜 말한 것。

* 심존중(沈存中)=이름은 괄(括), 자는 존중(存中)이니 중국 송 인종(仁宗)때에 진사 시험에 급제하여 신종(神宗) 때 관이 태상승(太常丞), 한림 학사(翰林學士)에 올랐고 박학하여 문장에 능하였고 천문, 지리, 력상(曆象), 음악, 의약, 복서 등 각종 학문에 달통하였다。저서로 장흥집(長興集), 몽계필담(夢溪筆談), 소심량방(蘇沈良方)이 저명하다。

四六 * 대하(大夏)=한대(漢代)에 부르던 중국 서쪽에 있던 지역명, 사기 대완(大宛)전에 「대하는 대완국 서남 二천여리에 있다」고 하였다。

* 해곡(解谷)=한서 률력지(漢書 律曆志)주에 곤륜산 북쪽 골짜기 이름이라 하였다。

* 무병(戊柄)=무표(戊杓)라고도 하며 북두 七성의 다섯째 별에서 일곱째 별 까지의 三성을 가리켜 말한 것。

* 황궁(黃宮)=황천(黃泉)과 같은 말。지하(地下)의 뜻。

* 자(子)=十二지의 머리니, 방위로는 북방이오 시간으로는 밤중이니 동양 철학에서 음의 극은 양의 시초라는 견해가 성립된다。자는 음의 극이며 양의 싹이 속에 내포되었다는 것으로서 절후로는 동지(冬至)에 해당하다고 한다。

四七 * 괘(卦)=복희씨(伏羲氏)가 만들었다 하는 역괘(易卦)를 가리키는 것. 음과 양의 두 기운을 상징적으로 표시하는 부호다. 처음에는 세 획으로 표시하면 것을 겹쳐서 六획으로 하니 이것을 大효(大爻)라 한다.

* 건 괘초九(乾卦初九)=건 괘(☰☰)는 순양(純陽)을 표시하는 괘요 초九라 함은 그 초효(初爻)를 말함이니 「九」는 양효(陽爻)를 통칭하는 말이요 「初」는 그 순위를 이름이니 순서에 따라 아래로부터 「初九」, 「九二」, 「九三」 「九四」, 「九五」, 「上九」에 이른다.

* 려(旅)=려(旅)는 「侶」 즉 짝한다는 뜻으로 볼 것이다.

* 축(丑)=十二지(十二支)의 제 二위니, 방위로는 동북 간방이며 시간으로는 오전 한시 후 세시까지니 「축」은 「紐」의 뜻 즉 「기른다」는 말로 리해할 것이다.

* 곤 괘 六四(坤卦六四)=곤 괘(☷☷)는 순음을 상징하는 괘요 「六四」는 六은 음효(陰爻)를 통칭하는 말이요 「四」는 그 순위를 가리키는 말이니 아래로부터 「初六」, 「六二」, 「六三」, ……「上六」에 이른다.

* 추(湊)=주(湊)는 곧 「전진한다」의 뜻과 「濟」 즉 물을 「갈어 대인다」는 뜻으로 리해할 것이다.

* 인(寅)=十二지의 제 三위이니, 방위로는 동북 간방으로 동에 가까우며 시간으로는 오전 三시 후에서 五시까지를 가리키니 해 돋을 때에 접근한다. 자의(字義)로는 곧다 「引」의 뜻으로 리해할 것이다.

* 묘(卯)=十二지의 제 四위, 방위로는 동방이요 시간으로는 오전 五시—七시 사이니 해 돋을 시간이다. 자의로는 싹 「苗」의 뜻으로 리해할 것이다.

* 진(辰)=十二지의 제 五위, 방위로는 동남 간방으로 동에 가까웁고 시간으로 오전 七시—九시 사이니 해가 四방에 떠질 시간이다. 자의로는 떨친다는 「振」의 뜻으로 리해할 것이다.

四八 * 사(巳)=十二지의 제 六위, 방위로는 동남 간방으로 남에 가까웁고 시간으로는 九시—十一시 사이니 자의로는 「巳」 「弛」의 고음이 같으므로 로쇠의 뜻이 있다.

* 오(午)=十二지의 제 七위, 방위로는 남방이요 시간으로 정오이니 자의로는 종횡으로 교차함을 말함이니 분기점으로 리해할 것이다.

* 미(未)=十二자의 제 八위, 방위로는 서남 간방으로 남쪽에 가까웁고 시간으로는 오후 一시—三시 사이니 자의는 무

성하여 어둡다는 뜻이 있다.

* 신(申)=十二지의 재 九위, 방위로는 서남 간방으로 서에 가까웁고 시간으로는 오후 三시—五시 사이니 해가 질 때에 가까웁다. 자의는 편다 「伸」의 뜻으로 리해할 것이다.

四九 * 소려(小呂)=중려의 별칭이니 주례 춘관 대사악(周禮 春官 大司樂) 「歌小呂」 주에 『小呂는 一名이 中呂이다』라고 하였다.

* 유(酉)=十二지의 재 十위, 방위로는 서방이요 시간으로는 五시—七시 사이니 해가 지는 시간이다. 자의는 「留」 또는 「入」의 뜻으로 리해할 것이다.

* 술(戌)=十二지의 제 十一위, 방위로는 서북 간방으로 서쪽에 가까웁고 시간으로는 오후 七시—九시 사이니 자의는 걷다 「敗」의 뜻으로 리해할 것이다.

* 해(亥)=十二지의 제 十二위, 방위로는 서북 간방으로 북에 가까웁고 시간으로는 九시—十一시 사이니 자의는 「核」 즉 원기를 속 깊이 폐색한다는 뜻으로 리해할 것이다.

* 악서(樂書)=중국 송(宋)대 진 양(陳暘—전주)이 찬술한 서명, 모두 二백권으로 되였는데 九五권은 모든 고전 가운데 악을 론한 부분을 끌어서 전래하는 견해들을 설명하고 나머지 百五권은 률려에 대한 자기 견해와 악기 악장에 대한 도해를 붙여 악도론(樂圖論)을 삼았다. 인거(引據)와 고증이 광범하고 상세하다.

* 六동(六同)=「大呂」와 같은 말로 음률(陰律)이란 뜻이니 周禮 春官 典同條 본문 「掌六律六同之和」 주에 「六同」의 「同」은 고본에 「六銅」이라 하였다 하고 후한(漢) 때 정중(鄭衆)이란 학자는 주하되 양률(陽律)은 대로 률관을 만들고 음률(陰律)은 동(銅)으로 률관을 만들었으니 대는 양이요 동은 음이라 하였다.

五〇 * 진(辰)=일, 월이 교회(交會)하는 위차(位次)를 말한 것.

* 성기(星紀)=二十八수(宿)의 위차(位次) 즉 성차(星次)의 이름 중 하나이니 성차는 열둘이 있다. 1 강루(降婁)이니 술(戌)이며, 2 대량(大梁)이니 유(酉)이며, 3 실침(實沈)이니 신(申)이며, 4 순수(鶉首)이니 미(未)이며, 5 순화(鶉火)이니 오(午)이며, 6 순미(鶉尾)이니 사(巳)이며, 7 수성(壽星)이니 진(辰)이며, 8 석목(析木)이니 인(寅)이며, 10 성기(星紀)이니 축(丑)이며, 11 현효(玄枵)이

八음의 도표와 해설 (八音圖說)

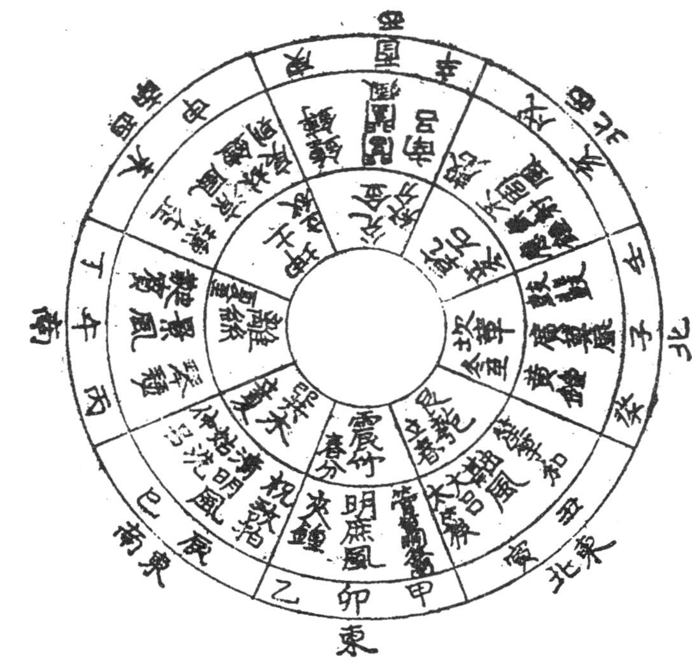

악서(樂書)에 이르기를 『八음을 *팔괘(八卦)와 *八풍(八風)에 배렬하면 금음(金音)은 태(兌)괘와 창합풍(閶闔風)에 해당하고 석음(石音)은 건(乾)괘와 부주풍(不周風)에、사음(絲音)은 리(离)괘와 경풍(景風)에、죽음(竹音)은 진(震)괘와 명서풍(明庶風)에、포음(匏音)은 간(艮)괘와 융풍(融風)에、토음(土音)은 곤(坤)괘와 량풍(凉風)에、혁음(革音)은 감(坎)괘와 광막풍(廣莫風)에、목음(木音)은 손(巽)괘와 청명풍(淸明風)에 각각 해당하다』하고

동서에 또 『八음의 소리와 악기를 팔절(八節—여덟 절후)에 분속하면 금성(金聲)은 *용용(舂容)하여 추분(秋分)절후의 음이니 종(鐘)이 대표적이며 석성(石聲)은 *온윤(溫潤)하여 립동(立冬)절후의 음이니 경(磬)이 대표적이며 사성(絲聲)은 섬미(纖微)하여 하지(夏至)의 음이니 금(琴)、슬(瑟)이 대표적이며 죽음(竹音)은 *청월(淸越)하여 춘분(春分)절후의 음이니 관(管)、약(籥)이 대표적이며 포성(匏聲)은 숭취(崇聚)하여 립춘(立春)절후의 음이니 생(笙)、우(竽)가 그에 속하며 토음(土音)은 함호(函胡)하여 립추(立秋)절후의 음이니 훈(壎)、부(缶)가 그에 속하며 혁성(革聲)은 *륭대(隆大)하여 동지(冬至)절후의 음이니 도(鼗)、고(鼓)가 그에 속하며 목성(木聲)은 여음이 없으므로 립하(立夏)절후의 음이니 축(柷)、어(敔)가 그에 속한다』하였고

또 이르기를 『군자(君子)가 악음을 들으면 반드시 생각하는 바 있다』하였다。

금성은 *갱연(鏗然)하여 호령을 세우고 호령으로 씩씩함을 보이고 씩씩하므로 무(武)를 세우기 때문에 군자 종 소리를 들으면 무신을 생각한다。 갱연(鏗然)하므로 호령하는 기상이 있고 호

명이 석석함은 왕성한 기운이 충만한 것이니 호령이 엄숙하고 기운이 석석하는 그것은 무(武)를 세우는 길이기 때문에 군자 들고 무신을 생각하는 것이다。

석성은 경연(磬然)하여 분별함을 얻고 분별하여 죽음을 두려워하지 아니 한다。 그러므로 군자 경 소리를 들으면 국토를 위하여 죽는 신하를 생각한다。 옛 사람의 설에 『「경」(磬)은 「硜」의 뜻으로 읽는다』 하였다。 그 소리 *경경연(硜硜)하여 변별할 수 있음을 이르는 뜻이다。 죽고 사는 분계선에 있을 때 의리를 밝게 분변하여 견결히 평소와 다름없이 동요하지 않는 사람이 아니면 능히 결단하지 못할 것이다 국토를 위하여 목숨을 바치는 신하는 죽고 사는 지음에 절개를 저커 능히 환난 가운데에서 죽음을 아끼지 않기 때문에 군자가 경 소리를 듣고 생각하는 바를 알 수 있다。

사성(絲聲)은 애연(哀然)하니 애연하여 렴(廉)을 세우고 렴하여 소지(素志)를 세운다。 그러므로 군자가 금(琴)、슬(瑟)의 소리를 들으면 의리를 지향하는 신하를 생각한다。 사람의 마음씨는 비록 방일(放逸)할 때를 당하여서라도 홀연히 애원한 소리를 들으면 역시 측연(惻然)해서 마음을 단약하게 된다。 이것은 애연한 감정이 렴우(廉隅)를 세우기 때문이다。 사성은 처절(悽切)하여 심장을 쑤시고 살을 에이는 점이 있으며 사람이 렴우가 있으면 뜻이 욕심에 유혹되지 않는 것이다。 선비가 연고가 없으면 금 슬을 공연히 멀리하지 아니한다 하는 것은 까닭이 있다 할 것이다。

죽성(竹聲)은 *람(濫=퍼진다)하니 람하면 모여지고 모여지므로 군중을 모은다。 그러므로 군자가、생、우、소、관의 소리를 들으면 거두어 모으는 신하를 생각한다。예 사람의 설에 『람(濫)은 (攬)으로 읽어서 끌어 당기고 모은다』는 뜻으로 해석해서 모이게 하고 모을 수 있게 된다고 한다。거두어 모으는 신하라 하는 것은 씀씀이를 절약하고 사람을 아끼며 백성을 거접하게 하며 무리를 기르는 것을 말하는 것이고 백성의 것을 취염하는 신하를 말하는 것이 아니다。군자가 죽성을 들으면 백성을 거접케 하고 무리를 기르는 신하를 생각하는 것이다。

혁성(革聲)은 *환환(讙讙)하니 환환하면 움직이게 하며 움직이면 군중을 나아가게 하는 것이다。그러므로 군자가 북 소리를 들으면 장수 될만한 신하를 생각한다。

토음(土音)은 탁(濁)하니 탁하기 때문에 굵게 들리고 굵기 때문에 만물을 함육한다。그러므로 토음이 바르면 사람이 관후하기를 생각한다。

포음(匏音)은 *추(啾)하니 추하기 때문에 맑고 맑기 때문에 충성하고 근신하게 된다。포음이 바르면 사람이 공손하고 사랑하기를 생각한다。

목음은 직(直)하니 직하면 바르고 바르면 사삿 욕심이 적게 된다。목음이 바르면 사람이 몸을 깨끗이 하기를 생각한다 하였다。

동서에 또 이르기를 율、려는 八풍(八風)에 좇으니 정북풍은 황종률에 좇고、동북풍은 대려、태주률에 좇고、정동풍은 협종률에 좇고、동남풍은 고선、중려률에 좇고、정남풍은 유빈률에 좇고、서남풍은 림종、이측률에 좇고、정서풍은 남려률에、서북풍은 무역、응종률에 좇는다。예 글에 전하는바 『악이 바람에서 생긴다』는 말이 있는바 이를 두고 한 말일 것이다。八방 바람이

十二률에 부합되는 것이 이와 같으면 순기(順氣)가 응하고 화악(和樂)이 이루어져서 정성(正聲)이 될 것이다. 그렇다면 무슨 *간성(姦聲)이 있을 것인가. 악기(樂記)에 『八풍이 률에 좇으면 간(姦)하지 않다』하였다.

(주)

七〇 * 八괘(八卦)=주역에서 동, 서, 남, 북 四방과 동북 동남 서남 서북의 四간방의 기운을 상징하는 음, 양 二기의 배합을 표시한 것. ☰(乾), ☷(坤), ☱(兌), ☳(震), ☶(艮), ☴(巽), ☵(坎), ☲(离)를 八괘라 하고 이 八괘의 호상 배합으로 六十四괘를 형성한다.

* 八풍(八風)=四방, 四간방의 기운을 표시하는 바람에 붙인 이름.
* 용용(容容)=쇠북 소리를 형용하는 말.
* 온윤(溫潤)=경 소리의 부드럽고 따뜻한 음감을 형용하는 말.
* 청월(淸越)=퉁소 소리의 청아하고 멀리까지 울리는 소리의 형용어.
* 륭대(隆大)=북 소리의 웅장하고 큰 것을 형용하는 말.
* 경연(鏗然)=금속 악기 중 징이나 바라같은 악기의 높고 맑은 음색을 형용하는 말.

七一 * 경경(硜硜)=석속(石屬) 악기의 소리를 형용하는 말인데 사전에 「硜」은 「鏗」과 통용한다 하였으니 맑고 높은 소리다.

* 람(濫)=람(濫)은 범람(汎濫)한다는 뜻이 있으니 퍼진다 멀리 울린다는 뜻이다.

七二 * 환환(讙讙)=혁속(革屬)악기의 소리를 형용하는 말, 사전에 「讙」은 떠드는 소리라 하였으니 크고 굵은 소리다.

* 추(啾)=포속(匏屬)악기의 소리를 형용하는 말, 사전에 「啾」는 「어린이의 소리라」하였다. 가늘고 높은 소리다.

七三 * 간성(姦聲)=간성은 정성(正聲)의 반대되는 악음을 말함이니 률에 맞지 않는 지나치는 악음이다. 이를 음성(淫聲)이라고도 한다.

五음 률려 二十八조의 도표와 해설

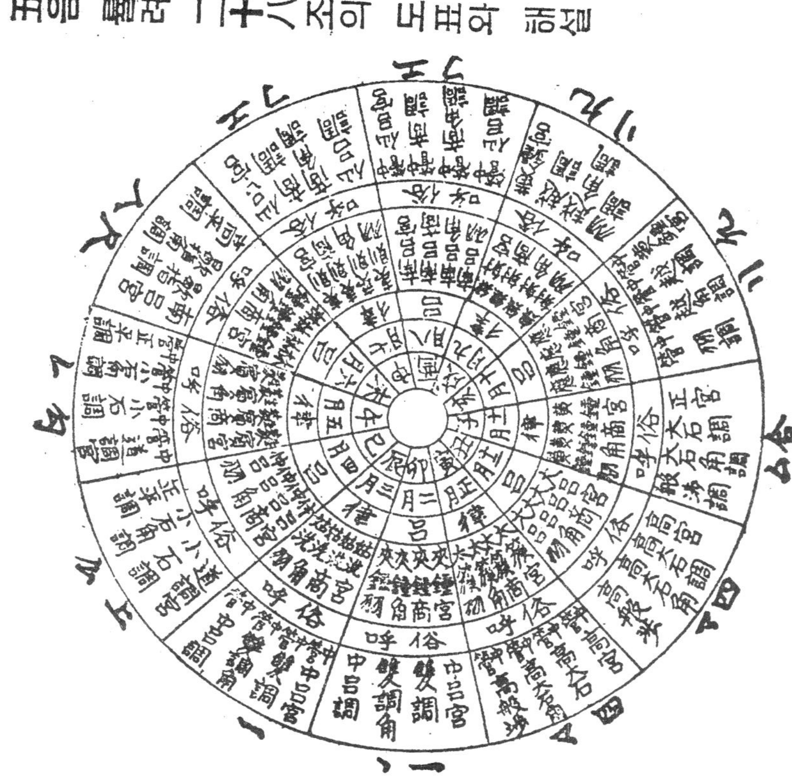

악서에 이르기를 『속악조(俗樂調)에는 七궁、 七상、 七각、 七우、 도합 二十八조가 있고 치조(徵調)는 없다。 정궁(正宮)、 고궁(高宮)、 중려궁(中呂宮)、 도조궁(道調宮)、 남려궁(南呂宮)、 선려궁(仙女宮)、 황종궁(黃鐘宮) 이것은 七궁이 되고。 월조(越調)、 대석조(大石調)、 고대석조(高大石調)、 쌍조(雙調)、 소석조(小石調)、 헐지조(歇指調)、 림종상조(林鐘商調)는 七상이 되고 월각(越角)、 대석각(大石角)、 고대석각(高大石角)、 소석각(小石角)、 쌍조각(雙調角)、 헐지각(歇指角)、 림종각(林鐘角)은 七각이 되고 중려조(中呂調)、 정평조(正平調)、 고평조(高平調)、 선려조(仙呂調)、 반섭조(般涉調)、 고반섭조(高般涉調)、 황종우조(黃鐘羽調)는 七우가 된다。 대개 속악조의 이 여러가지 이름은 실상 호부(胡部)에서 부르는 이름들이다』 하였다。

상고해 보면 황종이 「合」자、 대려 태주가 「四」자、 협종、 고선이 「一」자、 중려가 「上」자、 유빈이 「勾」자、 림종이 「尺」자、 이칙 남려가 「工」자、 무역、 응종을 「凡」자로 표시하여 도합 여덟자가 있으나 「上」、 「勾」자는 대합(大笒)과 피리(觱篥)에서는 한 구멍에서 나기 때문에 실제는 일곱자만 쓰이는데 일곱자에 각각 四조가 있으므로 도합 二十八조가 된다。 태주、 고선、 유빈、 남려、 응종의 五률은 각각 중관(中管)이라 칭하여 모두 七률에 편입하고 황종청성(黃鐘清聲 ＝ 청성은 곧 半성이나 뒤에도 이와 같다。)을 「六」자、 대려청성(大呂清聲)을 「五」자、 태주청성(太簇清聲)을 「高五」자、 협종청성(夾鍾清聲)을 「尖五」자로 표시하니 이것을 四청성이라고 한다。

三 궁 (三宮)

주례 춘관 대사악(周禮 春官大司樂)에 이르기를 『무릇 악은 환종(圜鍾)이 궁이 되고, 황종(黃鍾)이 각이 되고, 태주가 치가 되고, 고선이 우가 되는 것이니, 뢰고(雷鼓), 뢰도(雷鼗)와 *고죽(孤竹)와 관파 *운화(雲和)의 금, 슬파 *운문(雲門)의 춤으로 겨울 날에 *지상환구(地上圜丘)에 이르러 주악하여 악이, *여섯 번 변하면 천신(天神)이 다 강림하여 례향(禮享)할 것이며 무릇 악은 함종(函鍾)이 궁이 되고, 태주(太簇)가 각이 되고, 고선이 치가 되고, 남려가 우가 되는 것이니 령고(靈鼓), 령도(靈鼗)와 *손죽(孫竹)의 관파 *공상(空桑)의 금, 슬파 *함지(咸池)의 춤으로 여름 날 *택중방구(澤中方丘)에 이르러 주악하여 악이 여덟 번 변하면 *지기(地示)가 다 나와서 례향할 것이며

무릇 악은 황종이 궁이 되고, 대려가 각이 되고, 태주가 치가 되고, 응종이 우가 되는 것이니 로고(路鼓), 로도(路鼗)와 *음죽(陰竹)의 관파 *룡문(龍門)의 금, 슬파 *구덕(九德)의 노래와 *구소(九磬)의 춤으로 종묘(宗廟) 가운데에 주악하여 악이 아홉번 변하면 인귀(人鬼)를 례향할 것이니라』하였다.

이 세가지는 다 *체대제(禘大祭)에 쓰는 악이다。 천신(天神)은 *북신(北辰)을 주신으로 하고 지신은 곤륜(崑崙)을 주신으로 하고 인귀(人鬼)는 *후직(后稷)을 주신으로 한 것이니 먼저 이 악을 주하여 그 신을 맞이하여 *규찬(圭瓚)으로 *관례(祼禮)를 행한 후에 *합악 (合樂)하여 제사할 것이다。

*대전(大傳)에 이르기를『천자는 반드시 그 조상의 시조를 체제(禘祭)한다 하였고』*제법(祭法)에『주 나라 사람은 *곡(嚳)을 체제(禘祭)하고 *직(稷)을 *교제(郊祭)한다』하였으니 이는 곧 하늘을 *환구(圜丘)에 제사함에 있어서 곡(嚳)을 배향(配享)케 함이다。

환종(圜鐘)은 협종(夾鐘)이다。 협종은 *방、심(房、心)에서 나는 기운이고 방、심은 *대진 (大辰)으로서 천제(天帝)의 *명당(明堂)이며

함종(函鐘)은 림종(林鐘)이다。 림종은 미(未)에서 나는 기운으로서 *미는 곤(坤)의 위차 (位次)이다。 혹은 말하기를『*천사(天社)는 *동정(東井) *여귀(輿鬼) 밖에 있으므로 천사는 즉 지신이다』하였다。

황종은 *허、위(虛、危)에서 나는 기운으로서 허、위는 종묘(宗廟)이다。 이 삼률(三律)로 궁을 삼는 것은 소리를 가지고 류추(類推)하여 구함이다。 *천궁(天宮) 협종은 음성(陰聲)이라 그 상생(相生)함이 양수(陽數)를 따르니 그 양은 무역(無射)이다。 무역이 우으로 중려(中呂)를 낳으나 중려는 *지궁(地宮)과 동위이므로 쓰지 않고、 중려는 우으로 황종을 낳고 황종은 아래로 림

종을 낳으나 림종이 또 지궁이라 또 쓰지 아니 하고, 림종이 우으로 태주(太蔟)를 낳고 태주가 아래로 남려를 낳으나 남려가 무역과 동위이므로 또 쓰지 않는다. 남려가 우으로 고선을 낳는다. 지궁 림종은 림종이 우으로 태주를 낳고 태주가 아래로 남려를 낳고 남려가 우으로 고선을 낳는다.

*인궁(人宮) 황종은 황종이 아래로 림종을 낳으나 림종은 지궁이므로 또 피하고, 림종이 우으로 태주를 낳고 태주가 아래로 남려를 낳으나 남려가 천궁의 양위(陽位)와 동위이므로 또 피하고, 남려가 우으로 고선을 낳으나 고선은 남려의 배합이므로 또 피하고, 고선이 아래로 응종을 낳고 응종이 우으로 유빈을 낳으나 유빈은 지궁 림종의 양위(陽位)이므로 또 피하고 유빈이 우으로 대려를 낳는다.

무릇 五성은 궁소리의 소생이라 탁한 소리가 각이 되고 청한 소리가 치, 우가 된다. 이 악에서 상(商) 소리를 쓰지 않는 리유는 제사에는 유(柔)한 것을 숭상하는바 상(商)소리는 견강(堅剛)하기 때문이다. 「이 세가지」로부터 여기까지는 주례 주정의(正義)의 글이요 주례 본문이 아니다」역자

악서에 이르기를 『주례춘관(周禮春官)에서 말한 三궁 조는 다 *중성(中聲)을 위주하기 때문에 *천통(天統)은 중춘(仲春)의 률 환종으로 궁을 삼는 것이며 *인통(人統)은 중동(仲冬)의 률 황종으로 궁을 삼으나 *지통(地統)에 이르러서는 중하(仲夏)의 률 유빈으로 궁을 삼지 않고 계하(季夏)의 률 림종으로 궁을 삼는다. 그 리유는 토가 왕(土王)하는 六월이 *장하(長夏)이기 때문

에 지통의 중심이 될 수 있으며 또한 유빈의 능히 다할바 아닌데 있는 것이니 「두 임금을 높이는 법이 없다」는 원칙에 맞는 것이 아닌가 한다。

선유(先儒)들이 황종으로 천통(天統)、대려로 지통(地統)、태주로 인통(人統)을 삼았으니 이것은 삼정(三正)이라고 할 수 있거니와 삼통(三統)이란 통(統)자를 말한 것은 무엇에 근거함인지 알 수 없다』하였고 또 『인궁(人宮)을 황종으로 하는 것은 죽은 사람의 머리를 두는 방위를 의미함이며、지궁을 함종으로 하는 것은 만물이 길러지는 방위를 의미함이며、천궁을 환종으로 하는 것은 천체(天帝)가 나온바의 방위를 의미함이다』하였고 동서에 또 『삼궁(三宮)에서 상(商) 소리를 쓰지 않는 리유는 상은 금성(金聲)이므로 주 나라가 *목덕(木德)으로 왕하였기 때문에 그와의 상극(相剋)을 피하여 그 상 소리를 쓰지 아니할 뿐이다。*대사(大師)가 륙률(六律)、륙동(六同)을 말아서 음、양성을 배합하는데 다 五성(五聲)궁、상、각、치、우로써 윤색시켰으니 이 五성은 예로부터의 악성이므로 하나만 빠져도 될 수 없는 것이다。그러나 주 나라의 창작한 악도 이 五성이 불비한 것은 아니다。그 상 소리를 쓰지 아니 함은 다만 말로만 빠졌을 뿐이고 실제로는 빠진 것이 아니다。주 나라에서 옥(玉)을 차는데 있어서도 왼 편에 치와 각을 차고 오른 편에 궁과 우를 차지마는 상 소리를 차지 않는 것과 같은 것이다。이것을 어찌 제사에는 유한 것을 숭상하고 견강하기 때문에 쓰지 않는다고 할 것인가』하였고 또 송조(宋朝)에서 *합향(祫享)할 때에 악은 회안구성지곡(懷安九成之曲)을 주하여、황종으로 궁을 삼아 三주 하며、

대려로 각음 삼아 二주 하며、태주로 치를 삼아 二주 하며、 응종으로 우를 삼아 二주 하였으니 이것은 상 소리를 쓰지 않는 것이 다만 주 나라 제도 이였음을 아지 못한 까닭이다。

주 나라 제도로써 미루어 보면 송 나라는 화덕(火德)으로써 천하에 왕하였으니 그 상극하는 바를 피한다면 응당 우음을 쓰지 아니하여야 할 것이다。 그러나 이제 태상(太常)에서 쓰는 악이 *시우(詩羽)는 살피지 않고 *시상(詩商)만을 살피니 대체 옛 사람의 의사에 어그러짐이 멀다。 악이 어찌 화합 수 있으랴 하였고 또 선유들의 말에 『천궁엔 중려、 협종、 남려、 무역을 쓰지 아니 하고 인궁엔 협종、 남려、 고선、 유빈을 피하니 쓰지 않는 것은 낮기 때문이며 피하는 것은 높기 때문이라』고 하여 천궁、 지궁에는 인궁의 률을 쓰지 아니 하고 인궁에는 천궁、 지궁의 률을 피하는 것이라 하였다。 그렇다면 인궁에 황종을 쓰고 있으니 어찌 천궁 지궁의 률을 피했다고 할 것인가? 수(隋)나라에선 선궁법(旋宮法)을 폐지하고 다만 황종 한 균(一均)의 일곱 소리만을 쓰고 남은 五률은 벙어리를 만들어 치지 아니 하였다。 그러므로 『여덟을 달고 일곱만 쓴다(懸八用七)고 일렀으니 그 제도가 그릇되였다』 하였고、

또 동서에 이르기를「옛적에 금、석을쓰되 각각 성류(聲類)의 마땅한 것을 따라 썼으니 운화(雲和)는 양지(陽地)라 그 금、 석은 환구(圜丘)에서 주하는 것이 마땅하고、 공상(空桑)은 음지(陰地)라 그 금、 석은 방택(方澤)에서 주하는것이 마땅하고、 룡문(龍門)은 인공(人功)으로 뚫어 서이루어진 것이니 그 금、 석은 종묘에서 주하는 것이 마땅하다。 전욱(顓頊)은 공상(空桑)에서 살았고、 이윤(伊

尹)은 공상에서 낳았고、우(禹)는 룡문(龍門)을 뚫어놓았다하여 지명으로 이름을 지었으니 운화(雲和)라 하는 것도 혹시 우공(禹貢)에 있는 소위 운토(雲土)라는 뜻이 아닐가 한다』하였고、

또 동서에 이르기를『천신을 제합에 운문(雲門)으로써 하는 것은 하늘 기운을 본뜬 것이며 지신을 제합에 함지(咸池)로써 하는 것은 지택(地澤)을 법 받음이며 인귀를 제합에 구덕(九德)의 노래와 구소(九磬)의 춤으로써 하는 것은 순(舜)은 요(堯)를 계승하여 제(帝)가 되였고 우(禹)는 순을 계승하여 왕(王)이 되였기 때문에 모두 다 종묘(宗廟)를 계승하고 제사를 받을 수 있다는 까닭이다』하였고、

또 동서에『소리는 해(日)에 근본하고 률은 진(辰)에 근본하기 때문에 갑 기(甲 己)의 수(數)는「九」、을 경(乙、庚)은「八」、병「丙」、신「辛」은「七」=원문에는 탈락되였다 =역자 정 임(丁、壬)은「六」、무 계(戊、癸)는「五」로 하니 이것은 소리의 수(數)인 것이며 자 오(子、午)의 수(數)는「九」、축 미(丑、未)는「八」、인 신(寅、申)은「七」、묘 유(卯、酉)는「六」、진 술(辰、戌)은「五」、사해(巳、亥)는「四」로 하니 이것은 률의 수이다。대체 환종(圜鐘)은 묘위(卯位)의 률로서 정(丁)이 그 주간(主幹)이되기 때문에 그 악이 여섯 번 변하고、함종(函鐘)은 미위(未位)의 률로서 을(乙)이 그 주간이 되기 때문에 그 악이 여덟 번 변하고、황종은 자위(子位)의 률로서 갑(甲)이 그 주간이 되기 때문에 그 악이 아홉 번 변한다。천신은 양이므로 떠오르는 것이나 마침내 내려와 례향함이 있음은 六변하는 악이 부르는 까닭이요 지신은 음이므로 가라앉으나 마침내 나와서 례향함이 있음

온 八변하는 악이 부르는 까닭이며 인귀는 움과 양의 사이에 개재하여 가지 않는 데가 없으므로 마침내 접하여 예향할 수 있슴은 九변하는 악으로써 부르는 까닭이라』하였다。

또 동서에 『주례 대사악에 악을 분별하여 제하고 향(享)하고 사(祀)한다。 황종을 주하며 대려로 노래부르고 운문으로 춤추어서는 천신을 사(祀)하고、태주를 주하며 응종으로 노래부르고 함지(咸池)로 춤추어서는 지신를 제하고、고선을 주하며 남려로 노래부르고 대소(大韶)로 춤추어서는 사망(四望)을 사(祀)하고、유빈을 주하며 함종으로 노래하고 대하로 춤추어서는 산천(山川)을 제하고、이칙을 주하며 소려(小呂)로 노래하고 대호(大濩)로 춤추어서는 선비(先妣)에게 제사지내고 무역을 주하며 협종으로 노래하고 대무(大武)로 춤추어서는 선조(先祖)들에게 제사지낸다』하였다。 주한다 함은 당하악(堂下樂)을 말하는 것이며 노래한다 함은 당상악(堂上樂)을 말하는 것이다。 률을 분별하여 차례로 하되 황종으로부터 무역에 이르고、동(同=呂를 말한 것=역자)을 분별하여 차례로 하되 대려로부터 협종에 이르고、춤을 분별하여 차례로 하되 운문(雲門)으로부터 대무(大武)에 이른다。

그러나 선조(先祖)의 우에 있는 선비(先妣)는 *강원(姜嫄)이다。 강원을 특사(特祀)하여 후세에 *매신(禖神)으로 삼아 선조의 우에 모시는 것이나 선조의 시조인 까닭이다。

七六 * 고죽의 관(孤竹之管)=고죽은 ① 대의 一종이라 한다. 「三년에 새 순이 나고 그 순이 자라서 대가 되면 본대의 대는 말라 죽는다」하였다(竹譜筍譜). ② 곡조 이름. 다음과 같은 문헌이 있다 「奏黃鍾而 歌大呂 變孤竹而 舞雲門」(周禮).

* 운화의 금, 슬(雲和之琴瑟)=주례 춘관 대사악(周禮 春官 大司樂)에 「雲和之琴瑟」이라는 구가 있고, 북제 명당가(北齊 明堂歌)에 「孤竹之管雲和瑟 神光未下風蕭然」이란 구가 있다. 이런 용례들로 보아 고죽이라든지 운화라는 말들은 一종의 악곡 또는 악기를 수식하는 형용사에 불과한 것이다.

* 운문의 춤(雲門舞)=운문은 중국 고대 황제(黃帝) 때에 만든 악곡명.

* 지상환구(地上圜丘)=고대 사람들이 하늘에 제 지내는 단, 높게 원형으로 흙이 쌓은 단(壇), 주례 춘관 대사악에 「冬日至 于地上圜丘奏之」란 구가 있다.

* 여섯번 변함(六變)=악이 변한다 함은 한 악장(지금은 악절이라 함이 타당한듯 하다)이 끝나면 다른 악장으로 옮겨 감을 말한 것. 이것을 「變」 또는 「成」이라 칭한다. 「六」이나 「九」라는 숫자는 그 회수를 표시하는 것이니 대개 동양악에서는 아홉 번 또는 여섯 번 변하여 한 주곡이 완결된다.

* 손죽(孫竹)=대 뿌리의 곁가지에서 돋아난 대순 가리킨 것. 주례 춘관 대사악 「孫竹之管」주에 「孫竹 竹枝根之末生者」라 하였다.

* 공상(空桑)=슬(瑟)의 명칭. 초사 대초(楚辭 大招)장에 「鼓空桑而爲瑟」이란 구가 있다.

* 함지(咸池)=중국 고대 황제(黃帝)가 지었다는 악곡명.

* 택중방구(澤中方丘)=고대 사람들이 땅을 제사하는 높은 방형의 제단. 주례 춘관 대사악에 「夏日至 於澤中之方丘奏之」라고 하였다.

* 지기(地示)=지신(地神)과 같은 뜻.

七六 * 음죽(陰竹)=고죽(孤竹) 손죽(孫竹)과 같이 관악기의 수식어로 대의 종류나 또는 지명으로 볼 것이다. 음죽은 음지에서 자란 대로 그 질의 단단함을 말함인듯.

* 룡문(龍門)=룡문은 지명 또는 산이름. 여기서는 운문(雲門)、공상(空桑)과 같이 현악기 금(琴)의 명칭으로 볼 것, 룡문과 고대 중국의 우임금(禹王)과 련결시킬 수도 있다.

* 九덕(九德)=중국 하대(夏代)의 악가의 이름. 서경 대우모(書、大禹謨)편에 「勸之以九歌」라고 있고 좌전 문공 七년(左傳 文公七年)에 「九功之德 皆可歌也 謂之九歌」라 하였으니 여기 「九德之歌」라 함은 즉 이 「九歌」를 말한 것으로서 「九德」은 「六府三事」 즉 水、火、木、金、土、穀과 正德、利用、厚生을 가리킴이니 이것이 「九歌」의 내용을 과장한 후세 사람들의 해석이다.

* 九소의 춤(九韶舞)=중국 고대 우순씨(虞舜)의 지었다는 악곡명. 렬자 주목왕(列子 周穆王)편에 「奏承雲、六瑩、九韶、晨露以樂之 嘗其德紹舜之道也」라고 하였다.

七七 * 제대제(禘大祭)=봉건시대의 제도로서 어떤 임금이 그 조상의 소자출(所自出)을 제사하되 반드시 그 한 아비를 배향 합제하는 제사의 이름.

* 북신(北辰)=북극성(北極星)을 가리킨 것. 이아 석천(爾雅、釋天)조에 「北極謂之北辰」이라 하였다.

* 후직(后稷)=중국 주(周)나라의 시조의 칭호. 요(堯=중국 고대 임금)의 신하로 직관(稷官—농사를 맡은 벼슬)으로 있다가 태(邰)에 봉하여 후직이라 칭하였다 한다. 본명은 기(棄)라 한다.

* 규찬(圭瓚)=제지낼 때 술을 부어 신위에 올렸다가 땅에 붓는 술구기의 자루를 「圭」로 하는 것인데 「瓚」을 「구기」라고도 한다.

* 관제(祼祭)=제지낼 때 술을 「규찬」에 부어 신에게 올렸다가 땅에 붓는 의식을 말한 것.

* 합악(合樂)=노래에 기악을 반주한다는 말. 의례 향음주(儀禮鄕飮酒)편에 「乃合樂」이란 구절이 있는데 주에 「謂歌樂與衆聲俱作」이라 하였다.

* 대전(大傳)=례기(禮記)중에 중국 한대(漢代)에서 수집한 례(禮=의식과 사회적 규범)에 대한 해석을 모은 책의 한 편명.

七七 * 제법(祭法)=예기의 한 편명.

* 곡(嚳)=고대 중국의 임금의 이름으로서 제곡(帝嚳)을 가리킨 것. 황제(黃帝)의 증손이라 하며 전욱(顓頊)이란 임금을 보와 공이 있었다 한다.

* 직(稷)=후직을 말한 것. 전주 참조.

* 교제(郊祭)=봉건시대에 국왕이 동지(冬至)에 지내는 하늘 제사.

* 환구(圜丘)=지상환구 주 참조.

* 방, 심(房, 心)=二十八宿(숙)의 방숙(房宿) 심숙(心宿)의 두 큰 별을 가리킨 것.

* 대진(大辰)=성경(星經)에 「심 三성(心三星)의 一명은 대화(大火), 一명은 대진(大辰), 一명은 순화(鶉火)라고 한다」하였다. 본서에서는 심성에만 한하지 않고 방, 심 두 별에 다 대진이라 하였으니 큰 별이란 뜻으로 쓴 것이다.

* 명당(明堂)=임금이 정사를 선포하는 대궐. 진서 천문지(晋書 天文志)에 「房四星爲明堂 天子布政之宮也」라 하였으니 방성이 임금의 명당과 같은 위치라 함이다.

* 미는 곤(坤)의 위자(未坤之位)=十二지를 八괘에 배렬하면 다음과 같다. 子=坎, 丑寅=艮, 卯=震, 辰巳=巽, 午=離, 未申=坤, 酉=兌, 戌亥=乾.

* 천사(天社)=별의 이름, 지신과 배합된다.

* 동정(東井)=二十八宿(숙)의 정숙(井宿)을 가리켜 말한 것.

* 여귀(輿鬼)=二十八숙의 귀숙(鬼宿)을 가리켜 말한 것. 주례 천관 대사악(周禮 天官 大司樂) 주에 「天社在東井與鬼之外 天社地神也」라 하였다.

* 허, 위(虛, 危)=二十八숙의 허숙, 위숙의 두 별, 이것을 왕실의 종묘에 대비하였다.

* 천궁(天宮)=천신을 제할 때 쓰는 궁 소리 즉 협종궁을 말한 것.

* 지궁(地宮)=지신을 제할 때 쓰는 궁 소리 즉 림종궁을 말한 것.

七八 * 인궁(人宮)=종묘(宗廟)에서 인신(人神)을 제할 때 쓰는 궁 소리 즉 황종궁을 말한 것.

七八 * 중성(中聲)=여기서는 황종을 말한 것。황종을 기준하여 높은 소리를 청성(淸聲)、낮은 소리를 탁성(濁聲)이라 하고 그 기준음 황종을 중성이라 한 것이다。

* 천통(天統)=력、률력(曆、律曆)상 용어로 지통(地統)、인통(人統)과 같이 三통이라 하며 이것을 三정(三正)이라고도 한다。한서 률력지에 「夏正建寅 爲人統 商正建丑 爲地統、周正建子 爲天統 亦謂之三正」이라 하였다。

* 지통(地統)=전주 참조。

* 인통(人統)=동상。

* 장하(長夏)=여름 철의 절정이라는 뜻。

七九 * 목덕(木德)=금、목、수、화、토 五행의 목의 속성을 말한 것。중국 전국시대(戰國時代)의 추연(鄒衍)의 「五행의 상생 상극의 리치대로 력대 제왕이 교체되였다」는 력사 철학설에서 나온 말。

* 대사(大師)=옛날 중국에서 음악을 맡은 벼슬 이름。

* 합향(祫享)=천신 또는 지신을 제할 때 반드시 인신을 배향하는 제사인데 체제(禘祭)와 같은 말。

八〇 * 시우(詩羽)=위 조의 노래라는 뜻인듯 미상하다。

* 시상(詩商)=동상。

八二 * 강원(姜嫄)=중국 주 나라 조상 할머니의 이름으로 제곡(帝嚳)의 안해요 후직(后稷)의 어머니라 전한다。

* 매신(禖神)=자식을 빈다는 대상의 귀신。

三 대사(大祀) 강신(降神) 악조

송사(宋史)에 『천신(天神)을 강림케 하는 악은 여섯 번 주한다。예전에는 협종균(夾鐘均)을 써서 세번 주하는 것을 협종으로 궁을 삼는다 하였고、이측균(夷則均)을 써서 한번 주하는 것을 황종으로 각을 삼는다 하였고、림종균(林鐘均)을 써서 두 번 주하는 것을 태주로 치를 삼고 고선으로 우를 삼는다 하였다』하였으나 주례 춘관 대사악(大司樂)에는 『무릇 악은 환종(圜鐘)이 궁이 되고 황종이 각이 되고 태주가 치가 되고 고선이 우가 된다』하였으니 환종이란 것은 협종이다。 협종균의 칠성(七聲)을 써서 그 궁소리로 기조음과 종지음을 삼는 것을 『환종이 궁이 된다』한 것이며、황종균의 칠성(七聲)을 써서 그 각(角) 소리로 기조음과 종지음을 삼는 것을 『황종이 각이 된다』한 것이며、태주균(太簇均)의 칠성(七聲)을 써서 그 치(徵)소리로 기조음과 종지음을 삼는 것을 『태주(太簇)가 치가 된다』한 것이며、고선균의 칠성(七聲)을 써서 그 우(羽)소리로 기조음과 종지음을 삼는 것을 『고선이 우가 된다』하는 것이다。 이제 이측균의 一주를 『황종이 각이 된다』의 뜻이라 하며、림종균의 二주를 『태주가 치가 되고 고선이 우가 된다』고 하면 이것은 하늘을 제사하는 악에 이측균과 림종균이 없음에도 불구하고 이것을 쓰는 것이며 태주균과 고선균이 있음에도 불구하고 이것을 쓰지 않는 것이다。

*당전(唐典)에는 하늘에 제사를 하는데 협종궁、황종각、태주치、고선우로 하였다 하였으니 이것은 곧 주례와 같은 것으로 응당 협종으로 궁 소리를 삼아야 하고 그 황종으로 각을 삼는다 하는 것은 황종균을 쓰되 그 각소리로 기조음과 종지음을 삼는 것이며 태주로 치를 삼는다 하는 것은 태주균을 쓰되 그 치소리로 기조음과 종지음을 삼는 것이며 고선으로 우를 삼는다 하는 것

온 고선균음 쓰되 그 위 소리로 기조음파 종지음을 삼는 것이니 지신에 제하고 종묘(宗廟)에 향할 때에도 다 이 균법(均法)을 본받아 도곡*(度曲)을 할 것이다』하였다。

송사에 또 이르기를 『당(唐)이래로 국조(國朝=송조를 말한 것=역자)에 이르기까지 三대사(三大祀)악보는 다 주례(周禮)에 의거하였다。 그러나 그 견해에 「황종으로 각을 삼는다」는 것과 또는 「황종균의 각소리」라고 보는 두 견해가 있다。 「황종으로 각을 삼는다」는 것은 이측으로 궁을 삼는 것이며 황종의 각소리라 하는 것은 고선으로 각을 삼는 것을 말한 것이다。 十二률의 五음에 대한 판계는 다 이와 같이 볼 것이다。 그런데 세속 사람들의 견해는 「黃鐘之角」의 「之」자를 빼여 버리고 태주를 황종균의 상이라 하고 고선을 황종균의 각이라 하고 림종을 황종균의 치라 하고 남려를 황종균의 우라 한다。 이제 *섭방(葉防)은 다만 세속 이부(世俗、吏部)의 설(說)에 통하고 주례정문(周禮正文)을 보지 못하였기 때문에 태상시의 악조가 틀린다고 한 것이니 그런 견해는 행하기 어렵다』하였고。

동서에 또 이르기를 『고악(古樂)은 다만 十二궁만을 썼오니 주 나라의 *六악이 六률로 주하고 六려로 노래 불렀다 하는 것은 오직 十二궁만을 쓴 것이며 *왕대식三유(王大食三侑) 대문의 주(註)에 「삭일(朔日)과 월반(月半)에 월차(月次)에 따라 률을 쓴다』하였으니 또한 十二궁만 썼음을 알 수 있다。 十二판(十二률판=역자)이 각각 五성을 갖추어 합 六十성이 된다。 五성이 한 조를 이루기 때문에 모두 十二조다。 옛 사람은 十二궁에서도 황종 한 궁만을 특별히 중히 하였다。 *재나라 경공(齊景公)이 *치소、각소(徵招、角招)의 악을 창작하고 악사 *연파 악사 *광(師涓、師曠)이 청상(淸商)、청각(淸角)、 청치(淸徵)의 곡조를 만들어서 한、위(漢、魏)이래로 연향(宴享)하는 악에 혹 썼다고 하나 아악에는 상、각、치、우의 조가 있다 함을 듣지 못하였다。 오직 *영기(迎氣)하는데만 *五인(五引)을 썼을 뿐이다。 *수서(隋書)에 「*량、진(梁、陳)의 아악이 모두 궁소리를 사용하였다」하는 것이 이것이다。

*문헌통고(文獻通攷)에 『수대(隋代)의 아악은 오직 황종 一궁만을 주하였다。 *교묘(郊廟‖廟는 祀의 誤인듯 하다‖역자) *묘향(廟享)에는 한 조만을 쓰고 영기(迎氣)에는 五조(五調)를 썼다』하였고、

동서에 또 이르기를 『*태상경(太常卿) *우홍(牛弘) 등이 「정악은 예전에는 궁、상、각、치、우 五인(五引)이 있어서 량대(梁代)에서도 *三조원회(三朝元會)에 五인을 가지고 주하였으나 지금(수대를 가리킨 것‖역자)에는 五인을 고쳐 五음(五音)으로 보고 오직 *五교(五郊)에서 *영기제(迎氣祭) *강신(降神)할 때에만 주하였으니 *월령(月令)에 이른바 『맹춘(孟春)에 그 음은 각(角)이라』 한 것이 이것이다』라고 론평하였고、

*옥해(玉海)에 이르기를 『송 인종(宋仁宗) 황우(皇祐) 二年(서기一〇五〇년‖역자)에 태상시 (太常寺)에서 말하기를 五교(五郊)에서 영기할 때에는 각각 본균(本均)음을 쓰고 명당(明堂)에서 상제(上帝)를 제사할 때에는 달에 따라 률을 써서 무역으로 궁을 삼고 다섯 천제를 제사할 때에는 영기할 때에 주하는 五음을 써서 청제(靑帝‖동방을 받은 천신이라는 것‖역자)에는 고선으로 각을 삼고、적제(赤帝‖남방 천신이라

는 것)에는 림종으로 치를 삼고, 황제(黃帝=중앙 천신이라는 것)에는 황종으로 궁을 삼고, 백제(白帝=서방 천신이라는 것)에는 태주로 상을 삼고, 흑제(黑帝=북방 천신)에는 남려로 우를 삼아야 한다』고 하였을 때 인종(仁宗)이 례관(禮官)에 조서하여 『의논하여 정하라』하였다. 五월에 례관이 상언(上言)하여 『달을 따라 률을 쓰는데 九월의 률 무역으로 궁을 삼고 다섯 천제에게는 각각 본음의 악을 쓸 것을 태상시의 정한 바와 같게 할 것입니다』하였더니 조서로 그리하라 하였다』고 하였다.

(주)

八六 * 송사(宋史)=기전체적 송대사로서 모두 四백 九十 六권인데 원대에 찬정된 것이다. 그러나 사실 기록에 오유가 많다 한다.

八七 * 당전(唐典)=서명, 당륙전(唐六典)의 략칭, 명 현종(玄宗)의 저서, 당 나라 제도를 해설한것.

八八 * 도곡(度曲)=작곡(作曲)과 같은 말.

* 섭방(葉防)=인명, 중국 송 나라 신종(神宗) 때(一〇八二년) 정악(正樂)이였다.

* 六악(六樂)=六종의 악을 가리킨 것. 주례 지관 보씨(周禮地官保氏)에 「六악은 운문(雲門), 대함(大咸), 대소(大韶), 대하(大夏), 대호(大濩)」, 대무(大武)라 하였다.

* 왕대식삼유(王大食三侑)=주례 춘편 대사악에 「王大食, 三侑, 皆令奏鐘鼓」라고 있다. 조하루 보름 연회에 주악으로 조흥한다는 뜻.

* 제경공(齊景公)=중국 춘추시대 제(齊) 나라의 봉건 령주.

* 지소、자소(徵招角招)=고악조의 이름。 군신이 즐거하는 악이라 한다。

* 악사 연과 광(樂師涓、曠)=중국 춘 추시대의 유명한 두 음악가。

* 영기(迎氣)=새 절기를 맞는다는 말。

* 五인(五引)=五조와 같은 말。

* 수서(隋書)=중국 수대(隋代—五八九—六一八년까지)의 기전체 력사책。

* 량、진(梁、陳)=중국 六조시대에 있던 두 조대(대략 五〇五—五八九년)。

* 문헌통고(文獻通考)=책의 이름。 원대(一三〇〇년경)에 마 단림(馬端臨)의 분류체로 저작한 력사 서적인데 전부 三四八권의 대저작이다。 두우의 통전(杜佑通典)을 보수 확충한 것이라 한다。

* 교묘(郊廟)=천신을 제사하는 교제(郊祭)와 종묘제를 합해서 말한 것。 묘향(廟享)이 또 나오니 이것은 혹시 교사(郊社)—천신제 지신제)의 오인이 아닌지 모르겠다。

* 묘향(廟享)=종묘 제향의 뜻。

* 대상경(太常卿)=대상시의 장관。

* 우홍(牛弘)=중국 수대의 학자인데 박학 다식으로 저명하며 음악 리론에도 통하였다 한다。

* 三조원회(三朝元會)=三조는 정월 초하룻날을 가리키는 말이며 원회는 대회와 같은 뜻이다。

* 五교(五郊)=동、서、남、북、중의 五방 천신을 제사함을 가리킴。

* 영기제(迎氣祭)=동지날에 새 봄을 맞는 천제。

* 강신(降神)=제사할 때 신의 강림을 비는 의식。

* 월령(月令)=례기의 편명。 본래 려씨춘추(呂氏春秋) 十二월기(月紀)의 첫 머리에 있던 것을 한대 학자들이 례기에 떼여 너은 것으로서 十二삭의 행사를 기록한 것。

* 옥해(玉海)=서적명。 송 나라 왕 응린(王應麟)의 저서。 문학적 저술의 참고에 공하기 위하여 만든 책으로 각 부문별로 해박한 내용을 가지고 있다。

천신(天神)을 제사하는 악

(ㄱ) 주례(周禮)에 의거하면

궁	상	각	변치	치	우	변궁	
『환종	중려	림종	남려	무역	황종	태주』	환종으로 궁을 삼은 것
『이측	무역	황종	태주	협종	중려	림종』	황종으로 각을 삼은 것
『림종	남려	응종	대려	태주	고선	유빈』	태주로 치를 삼은 것
『림종	남려	응종	대려	태주	고선	유빈』	고선으로 우를 삼은 것

송사(宋史)에는 『천신을 강림하는 악은 여섯번 주한다。예전에는 협종균을 써서 새 번 주하는 것을 협종으로 궁을 삼는 것이라 하였고、이측균을 써서 한 번 주하는 것을 황종으로 각을 삼는 것이라 하였고、림종균을 써서 두 번 주하는 것을 태주로 치를 삼고、고선으로 우를 삼는 것이라』하였고、

*률려신서(律呂新書) 주에는 『어떤 사람이 『주례 대사악에서 말한 궁、각、치、우는 칠성 배

치법(七聲配置法)과 맞지 아니하니 어쩐 까닭이냐」하고 무르니 주자(朱子)가 대답하기를 「이는 강신악이므로 「황종으로 궁을 삼고 대려로 각을 삼고 태주로 치를 삼고 응종으로 우를 삼는다 하는 것은 각기 다른 네 악이다。 각각 그 하나만을 들어 말한다면 대려로 각을 삼으면 남려가 궁이 되는 것이며、 태주로 치를 삼으면 림종이 궁이되는 것이며、 응종으로 우를 삼으면 태주가 궁이 되는 것이다。 七성 배치법으로 따진다면 응당 이렇게 해야 할 것이다」하였다。 상고해 보면 황종으로 궁을 삼는다든지 대려로 각을 삼는다든지 태주로 치를 삼고 응종으로 우를 삼는 다든지 하면 이것은 인신(人神)을 강림하는 악이며 천신을 강림하는 악은 아니다。 권점(圈點)을 붙인 악음은 *기조 필곡(起調畢曲)하는 악음의 표시이다 아래도 이와 같다。

(주)

九二 * 률려신서(律呂新書)=서적명인데 송대 채원정(蔡元定)=호는 서산、주 희(朱熹)와 동시기의 학자)의 저서。상、하 二편으로 된 책으로 상권에는 률려본원을 설명한 十三편의 본문이 있고 하권에는 률려에 관한 학설에 대한 변론 十편이 있다。

九三 * 기조필곡(起調畢曲)=기조음이 전 악음을 끝까지 지배한다는 뜻。

(ㄴ) 송사(宋史)에 보인 강신악 보표 *대성악보-(大晟樂譜)에서 인용

궁	상	각	변치	치	우	변궁
◦황종	중려	림종	남려	무역	황종	태주

황종으로 궁을 삼는 것

궁	상	각	변치	치	우	변궁	
황종	태주	고선	유빈	림종	남려	응종	황종은 각을 삼는 것이라 하나 실은 고선이 각이되는 것이다
태주	고선	유빈	이칙	남려	응종	대려	태주로 치를 삼는 것이라 하나 실은 남려가 치가 되는 것이다
고선	유빈	이칙	무역	응종	대려	협종	고선으로 우를 삼는 것이라 하나 실은 대려가 우가 되는 것이다

이에 대하여 송사(宋史)에 이르기를 『협종균의 七성을 쓰되 그 궁 소리로 기조음과 종지음을 삼는 것이 황종으로 궁을 삼는 것이며 황종균의 七성을 쓰되 그 각소리로 기조음과 종지음을 삼는 것이 황종으로 각을 삼는 것이며 태주균의 七성을 쓰되 그 치소리로 기조음과 종지음을 삼는 것이 태주로 치를 삼는 것이며 고선균의 七성을 쓰되 그 우 소리로 기조음과 종지음을 삼는 것이 고선으로 우를 삼는 것이다』하였다.

상고해 보면 황종으로 궁을 삼을 때에는 똑 같다. 그러나 소위 황종으로 각을 삼는다는 것은 황종의 각 조가 아니라 실은 고선의 각조이며 소위 태주로 치를 삼는다는 것은 태주의 치조가 아니라 실은 남려의 치조이며 고선으로 우를 삼는다는 것은 고선의 우조가 아니라 실은 대려의 우조인 것이니 대단히 틀린 것이다.

(주)

* 대성악보(大晟樂譜)=원대 사람 림 우(林宇)의 찬정한 송대의 제정된 아악보.

(ㄷ) 우리의 시용 강신악

궁	상	각	변치	치	우	변궁	
환종	중려	림종	남려	무역	황종	태주	환종으로 궁을 삼는다
고선	유빈	이측	무역	응종	대려	협종	황종으로 각을 삼는 것이 실은 고선이 궁이 된다
남려	응종	대려	협종	고선	유빈	이측	태주로 치를 삼는 것이 실은 남려가 궁이 된다
대려	협종	중려	림종	이측	무역	황종	고선으로 우를 삼는 것이 실은 대려가 궁이 된다

상고해 보면 환종으로 궁을 삼을 때에는 똑 같다。 그러나 소위 황종으로 각을 삼는다는 것은 황종의 각조가 아니라 실은 황종의 각 소리인 고선 궁조로 되는 것이며 태주로 치를 삼는다는 것은 태주의 치조가 아니라 실은 태주의 치 소리인 남려 궁조로 되는 것이며 고선으로 우를 삼는다는 것은 고선의 우조가 아니라 실은 고선의 우 소리인 대려 궁조로 되는 것이다。

이제 강신악의 네 악조가 다 궁으로 악조를 삼으나 그 근거한 바를 알수 없다。 송사(宋史)에 이르기를 『고악은 다만 十二궁만 쓴다。 주 나라 여섯 악조는 六률로 주하고 六려로 노래한다』하니 오직 十二궁만을 쓴 것이다』 하였고 왕대식삼유(王大食三侑) 주에 『삭일

(朔日)、월반(月半)에 달에 따라 률을 쓴다』 하였으니 역시 十二궁만을 쓴 것이다。 十二률관이 각각 五성을 갖추어 합 六十소리가 나는데 五성이 한 악조를 이루므로 十二악조이다。 옛사람은 十二궁 가운데에도 또 특별히 황종 한 궁만을 중히 하였다。 제 나라 경공(齊景公)이 『치소(徵招)、각소(角招)의 악을 지었고 사연(師涓)、사광(師曠)이 청상(淸商)、청각(淸角)、청치(淸徵)의 곡조를 지어서 한、위(漢、魏) 이래 연악(燕樂)에 간혹 썼으나 아악에는 상、각、치、우로 악조를 삼는다는 말을듣지 못하였다。 오직 영기(迎氣)할 때에만 五인을 썼다』 하였고 수서(隋書)에『량、진(梁、陳)아악이 다 궁조만을 썼다』하는 것으로 보아 지금 아악에 궁조만 사용하는 것도 이 법을 씀이 아닌가 의심한다。

지기(地祇)를 제하고 종묘에 제향하는 강신악의 주례、송사、시용(時用)의 세가지 법은 다 이상에 뵈인 세 악조의 법에 의하여 한다。

상고해 보면 三대사(大祀)의 강신악(降神樂)에 궁을 삼는다 각을 삼는다 치를 삼는다 우를 삼는다는 것은 있으나 상(商)에 대한 말은 없다。 이것은 악조만이 그런 것이다 궁、각、치、우 네 조의 七均(「七均」은 「七성」의 오인가?=역자)에는 다 상 소리를 썼으니 악서(樂書)에 이른바 『글에 쓰지 않으나 실제는 버리는 것이 아니다』 함은 이 사실을 말하는 것이다。

악조총의 (樂調總義)

률서를 상고해 보면 十二률이 제 각각 궁이 되고 또 각히 五조를 가졌기 때문에 도합 六十조가 된다。

지금의 아악도 역시 十二률의 궁조를 병용하나 속악은 다만 七조만을 쓴다。 즉 협종、고선 두 소리를 아울려서 궁을 삼으니 이것을 일지(一指)라 하고、중려、유빈 두 소리를 아울려 궁을 삼으니 이것을 이지(二指)라 하고、림종의 한 소리로 궁을 삼으니 이것을 삼지(三指)라 하고、이측、남려 두 소리를 아울려서 궁을 삼으니 이것을 사지(四指)라 하는데 속칭 횡지(橫指)라 하고 무역、웅종 두 소리를 아울려 궁을 삼으니 이것을 五지(五指)라 하는데 속칭 우조(羽調)라 하고、또 청황종 한 소리만으로 궁을 삼아 六지(六指)라 하는데、속칭 팔조(八調)라 하고 청대려、청태주의 두 소리를 아울려서 궁을 삼으니 이것을 칠지(七指)라 하는데 속칭 막조(邈調)라 한다。 아악은 소리가 낮아 황종을 첫 소리로 하고 속악은 소리가 높아 협종으로 첫 소리를 하며 팔조와 막조에 이르며서는 또 황종、대려、태주의 청성 까지도 사용한다。

악조에 궁、상、각、치、우의 五조가 있고 또 락시조(樂時調)、우조(羽調)、평조(平調)、계면조(界面調)、하림(河臨)、최자(嗺子)、탁목(啄木)등 조가 있으니 五조 안의 치조가 즉 속악에서 쓰는 평조며 우조가 즉 속악에서 쓰는 계면조이다。 계면조의 소리는 본래 정한 률이 없는데 지금은 七궁(속악 七조를 말한 것=역자) 안의 사지 즉 휘지의 다음 무역 응종의 궁을 우조라고 부르니 그 뜻이 온당하지 않다. 현금(玄琴)의 조현법에 이르러서는 대현(大絃)으로 궁을 삼아 주하고 이를 락시조라 하며 변조(變調)는 유현(遊絃)으로 궁을 삼아 주하여 이의 고하(高下)를 론하지 않고 모두 우조라 하니 대단히 잘못된 것이다. 혹은 말하기를 『우는 「右」로서 유현으로 궁을 삼기 때문에 우조(右調)라 하고, 락시조는 좌조(左調)로서 대현(大絃)으로 궁을 삼기 때문에 좌조(左調)라 한다』고 하나 역시 자세치 않다. 각조(各調)의 조현(調絃)법은 다 도례(圖例)에 있다.

五음에 배합하는 속칭 (下五 下四 下三 下二 下一 / 宮 上一 上二 上三 上四)

아악의 궁은 七음 궁, 상, 각, 변치, 치, 우, 변궁을 사용하나 속악의 균은 二변음을 사용하지 않고 다만 五음만을 사용하여 청, 탁(淸、濁)의 중간음 즉 중성으로 궁을 삼아 궁으로부터 청성으로 향하면 상, 각, 치, 우 소리가 점차로 높아 가고 궁으로부터 탁성으로 향하면 우, 치, 각, 상이 점차로 낮아진다. 탁성, 청성을 분변하기 호번(浩繁)하므로 또 상, 하(上、下)의 법이 있다. 즉 궁에서 청성에로 향하는 음절을 上一、上二、上三、上四、上五、上六의 순서로 하고 궁에서 탁성에로 향하는 음렬을 下一、下二、下三、下四、下五의 순서로 하여 五음에다가 서로 배합시켰다。중성의 궁이 「下五」、「上五」와 같이 다 궁이니 「上五」는 청궁、「下五」는 탁궁이며 「下四」、「上一」、「上六」이 다 상이며 「下三」、「上二」는 각이며 「下二」、「上三」은 치며 「下一」、「上四」는 우이다 (이것은 특히 궁조에 대한 설명이요 기타 조에 대한 예는 六十조 주에 보라)

우리 나라의 五성을 사용하는 법은 예와 같지 않다。예전에는 일으기를 「궁이 가장 길고 우가 가장 짧다」하였고 또 「상 소리는 궁 소리를 지날 수 없다」고 하는 말이 있으나 지금은 중성으로 궁을 삼으면 궁 아래에 또한 탁성이 있어서 「下五」에 이르러서 궁소리와 맞게 되므로 예와 상반되는 것 같다。중성으로 궁을 삼는 것은 대체 한때 소리 사용의 편의를 위한 것이나 궁의 정성(正聲)은 응당 「下五」 허현(虛絃)의 소리를 기준으로 해야 할 것이다。

十二률에 배합하는 속칭 (合四一上勾尺 工凡六五高五尖五)

황종의 전성(全聲)(즉 탁성이나 다른 률도 이와 같다)을 「合」자로 써서 속악보(俗樂譜)에 「厶」로 표하며 황종의 반성(半聲)(즉 청성이나 또 자성(子聲)이라고도 한다。다른 률도 이와 같다)을 「六」자로 써서 속악보에 「ク」로 표하니 대함(大笒)의 제一、제四공을 들고 남은 구멍을 다 누르고 나지막하게 불면 황종전성(全聲)이 나오니 이것이 즉 팔조(八調=속악 청황종 궁조=역자)의 「下五」소리이며 여섯 구멍을 다 들고 힘껏 불면 황종 반성(半聲)

이 나오니 이것이 즉 八조의 궁소리다。

대려、태주의 전성을「四」자로 써서 속악보에는「マ」로 표하며 대려의 반성을「五」자、태주의 반성을「高五」자로 써서 속악보엔 아울러「少」로 표하니 대함 제 一공을 반만 내놓고 남은 구멍을 다 누르고 나직이 불면 대려의 전성이 나오고 힘껏 불면 대려의 반성이 나오며 제 一공을 들고 남은 구멍을 다 누르고 보통으로 불면 태주의 전성이 나오니 이것이 즉 막조의「下五」소리며 제 二、제 三、제 四공을 누르고 남은 구멍을 다 들고 힘껏 불면 태주의 반성이 나오니 이것이 즉 막조의 궁 소리다。

협종、고선의 전성을「一」로 써서 속악보엔「、」로 표하며 협종의 반성은「尖五」로 써서 속악보엔「少」로 표한다 (고선으로부터 응종에 이르기까지는 반성은 속칭이 없다) 대함 제 六공을 반만 내놓고 남은 구멍을 다 눌러 나직이 불면 협종의 전성이 나오고 보통으로 불면 협종의 반성이 나오며 제 二、제 三공을 누르고 남은 구멍을 다 들고 힘껏 불면 협종의 청중청이 나오고 제 六공을 들고 남은 구멍을 다 누르고 나직이 불면 고선의 전성이 나오니 이것이 즉 일지(一指)의「下五」소리며 힘껏 불면 고선의 청중청이 나오니 이것이 즉 一지의「上五」소리다。

중려는「上」자로 써서 속악보엔「么」로 표하며 유빈을「勾」자로 써서 속악보엔「ㄴ」으로 표하다。 대함 제 五공을 들고 남은 구멍을 다 누르고 나직이 불면 중려의 전성이 나오니 이것이 즉 이지(二指)의「下五」소리며 보통으로 불면 중려의 반성이 나오니 이것이 즉 二지의 궁 소리며 제

三、제六공을 물고 남은 구멍을 다 누르고 힘껏 불면 중려의 청중청이 나오니 이것이 즉 二지의 「上五」소리며 제五、제六공을 물고 남은 구멍을 다 누르고 나직이 불면 유빈의 전성이 나오고 보통으로 불면 유빈의 반성이 나온다 (청중청은 중려와 같다)

림종은 「尺」자로 써서 속악보엔 「人」로 표한다。 대함 제一、제二、제三공을 누르고 남은 구멍을 다 들고 나직이 불면 림종의 전성이 나오니 이것이 즉 「三지」의 「下五」소리며 보통으로 불면 림종의 반성이 나오니 이것이 즉 三지의 궁소리며 제一、제三공을 누르고 남은 구멍을 다 들고 힘껏 불면 림종의 청중청이 나오니 이것이 즉 三지의 「上五」소리다。

이측、남려를 「工」자로 써서 속악보엔 「ㄱ」로 표한다。 대함 제一、제二공을 누르고 남은 구멍을 다 들고 나직이 불면 이측의 전성이 나오고 보통으로 불면 이측의 반성이 나오며 제三 제四공을 들고 남는 구멍을 다 누르고 나직이 불면 남려의 전성이 나오니 이것이 즉 횡지(橫指)의 「下五」소리며 보통으로 불면 남려의 반성이 나오니 이것이 즉 횡지의 궁소리며 제三공을 누르고 남은 구멍을 다 누르고 힘껏 불면 남려의 청중청이 나오니 이것이 즉 三지의 「上六」소리다。

무역 응종을 「凡」자로 써서 속악보엔 「‖」로 표한다。 대함에 제一공을 누르고 남은 구멍을 다 들고 나직이 불면 무역의 전성이 나오고 보통으로 불면 무역의 반성이 나오고 제一、제五、제六공을 누르고 남은 구멍을 다 들고 나직이 불면 응종의 전성이 나오니 이것이 즉 우조의 「下五」

소리며 보통으로 불면 웅종의 반성이 나오니 이것이 즉 우조의 궁 소리다 아악은 음절이 느리여서 관, 약, 훈, 지(管, 籥, 壎, 篪)의 반구멍, 약한 반 구멍, 강한 반 구멍을 법에 의하여 부나 속악은 음절이 빨라 느리고 급함이 일정치 아니 하므로 바합과 피리는 반 구멍을 쓰기가 어렵기 때문에 나직이 불고, 보통으로 불고, 힘껏 부는 것으로써 청, 탁의 소리를 내서 쓴다

악학궤범 권一 끝

악학궤범 권二

아악 진설 도표와 해설

五례의 등가(登歌)

	절고	갈		공	절고		
	특경				특종		
	금슬	금슬	금슬	금슬	금슬	금슬	
편경	가가 가가	가가 가가	가가 가가	가가 가가	가가 가가	가가 가가	편종
	생 우화	약관		관약	화우 생		
	저 치운	소		소	운치 저		

악생은 六二명인데 모두 개적(介幘)을 쓰고 붉은 비단으로 지은 란삼(襴衫)에 흰 명주 중단과 흰 명주 고의(袴)를 입고 금、동(金、銅) 혁대와 백포말(白布韈)에 검은 갓신(烏皮履)을 신는다。 악사는 복두(幞頭)에 붉은 공복을 입고 금、동 혁대에 붉은 비단、흰 비단으로 지은 큰 띠(緋、白大帶)를 띠고 흰 무명 버선에 검은 갓신을 신는다 후에도 이와 같다

五례의 헌가(軒架) 악 진설 도표

진고(晉鼓)　노고 노도　진고(晉鼓)

삭비(朔鼙)　건고(建鼓)　응비(應鼙)

대려편경 대려편종 황종편경 황종편종 응종편경 응종편종

축(柷)　어(敔)

편종	관(管)	관	관	관	관	관	관	관	관	편경
태주종	약(籥)	약	약	약	약	약	약	약	약	무역경
태주경	생(笙)	생	화(和)	생	생	화(和)	생	생	화	무역종
편경	우(竽)	우	우	우	우	우	우	우	우	편종
편종	소(簫)	소	소	소	소	소	소	소	소	편경
협종종	저(篴)	저	저	저	저	저	저	저	저	남려경
협종경	지(篪)	지	지	지	지	지	지	지	지	남려종
편경	부(缶)	부	부	부	부	부	부	부	부	편종
편종	훈(壎)	훈	훈	훈	훈	훈	훈	훈	훈	편경
고선종										이칙경
고선경										이칙종
편경										편종

악생은 一二一명、 (명고「鼙鼓」 한개에 공인이 두사람씩 따른다。 되고「雷鼓」로고「路鼓」도 이와 같다) 복식은 등가악생과 같다

시용등가(당상악) 진설 도표

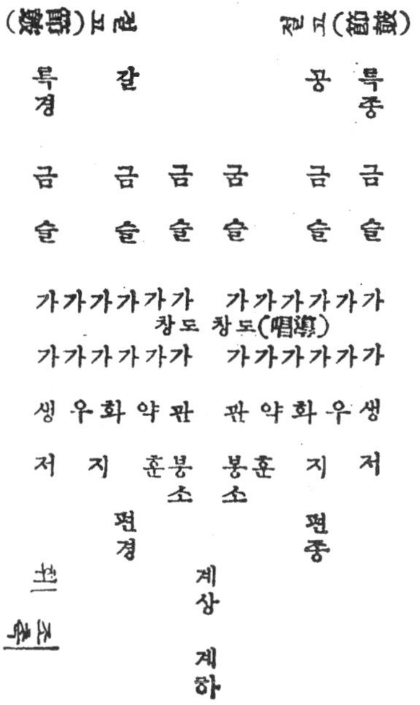

절고(節鼓) 갈고(羯鼓)

특종 공 갈 특경

금슬 금슬 금슬 금슬 금슬 금슬

가가가가가가 창도(唱導) 창도 가가가가가가

가가가가가가 가가가가가가

생 우 화 약 관 관 약 화 우 생

저 지 훈 봉소 봉소 훈 지 저

편종 편경

계상 계하

축

악생은 六二명인데 모두 개적(介幘)을 쓰고 붉은 비단으로 지은 란삼(襴衫)에 검은 선을 두른 흰 명주 중단과 흰 명주 고의를 입고 흰 명주 띠에 흰 무명 버선과 검은 갓신을 신는다 (헌가악생의 복식)

도 이와 같고 조촉(照燭)아자와 복식은 집사(執事)의 것과 같다

도창(導唱)은 복두에 붉은 공복을 입고 흰 명주 중단에 붉은 비단 흰 비단으로 지은 큰 띠(緋白大帶)를 띠고 방심곡령(方心曲領)을 받쳐입고 흰 무명 버선과 검은 갖신을 신는다。

사직(社稷)과、풍신제(風)、운신제(雲)、뢰신제(雷)、우신제(雨)、산 천신제(山、川)、성황신제(城隍)、선농신제(先農)、선잠신제(先蠶)、우제(雩祭)와 문선왕제(文宣王祭)에 진설한다 헌가악모 이와 같다

전폐(奠幣)、초헌(初獻)、철변두(撤籩豆)시에 주악한다。

무릇 악을 시작할 때에는 휘(麾)를 들고 특종(特鐘)을 한 번 치며 다음에 축을 두드리고 다음에 절고(節鼓)를 세 번 치고 절고의 세 번째 소리와 함께 특종을 한 번 치면 모든 악기는 일제히 주하는 것이며 악을 그칠 때에는 휘를 눕히고 절고를 세 번 치고 어(敔)도 절고 소리에 따라 세 번 긋고 절고의 처음 소리와 마지막 소리와 함께 특경(特磬)을 한 번 치면 악이 멎는다。 축문(祝文)을 읽은 후 악을 시작할 때에는 다만 절고를 세 번 치면 모든 악을 일제히 주한다 편종 편경은 서서 주악하고 그 나머지는 모두 앉아서 주한다

시용헌가악(당하악) 진설 도표

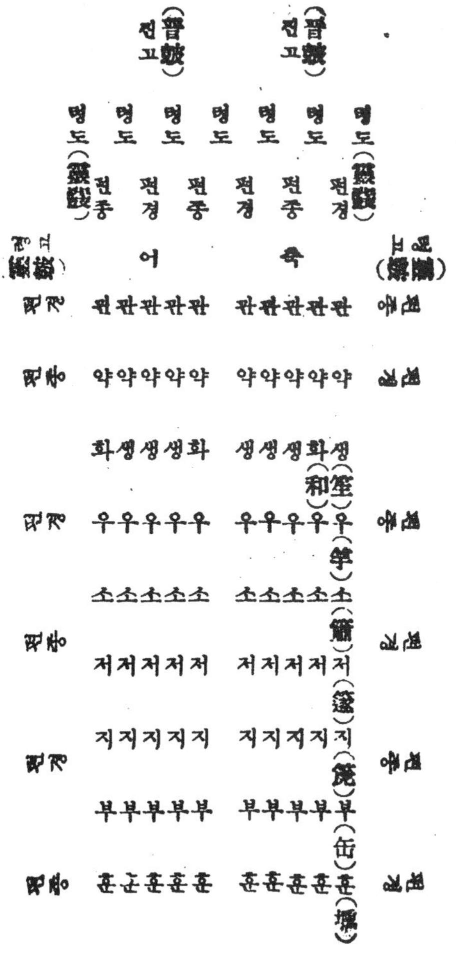

		명고(靈鼓)	편종	편경		편종		편경	편종		편경
명도(靈鼗)			관	약	생(笙)	우(竽)	소(簫)	저(篴)	지(篪)	부(缶)	훈(塤)
	편경										
명도	진고(晉鼓)		관	약	화(和)	우	소	저	지	부	훈
	편종	축	관	약	생	우	소	저	지	부	훈
명도			관	약	생	우	소	저	지	부	훈
	편경		관	약	생	우	소	저	지	부	훈
명도											
	편종		관	약	화	우	소	저	지	부	훈
명도	진고(晉鼓)		관	약	생	우	소	저	지	부	훈
	편경	어	관	약	생	우	소	저	지	부	훈
명도			관	약	생	우	소	저	지	부	훈
	편종		관	약	화	우	소	저	지	부	훈
명도(靈鼗)											
		[illegible]	편종	편경		편종		편경	편종		편경

악생은 一二四명 (명고 한개마다 각각 악생이 두 사람씩 따로 당이 되고 로고도 이와 같다)

사직제에 명고(靈鼓)、령도(靈鼗)를 진설하고 풍、운、뢰、우、산천、성황제에는 뢰고(雷鼓)、뢰도(雷鼗)를 진설하고 선농、선잠、우제、문묘 제향에는 로고、로도(路鼓、路鼗)를 진설한다。

영신(迎神)、진찬(進饌)、아헌(亞獻)、송신(送神)에 주악한다。

무릇 악울 시작할 때에는 휘(麾)를 몰고 도(鼗)를 세 번 흔들며 다음에 축(柷)을 두드리고 다음에 진고(晉鼓)를 세 번 치면 모든 악을 일제히 주하고 악을 그칠 때에는 휘를 눕히고 진고를 세 번 치고 어(敔)도 고성에 따라 세 번 그으면 악이 멎는다 (모두 서서 주악한다)

세종조 회례연(會禮宴) 등가악

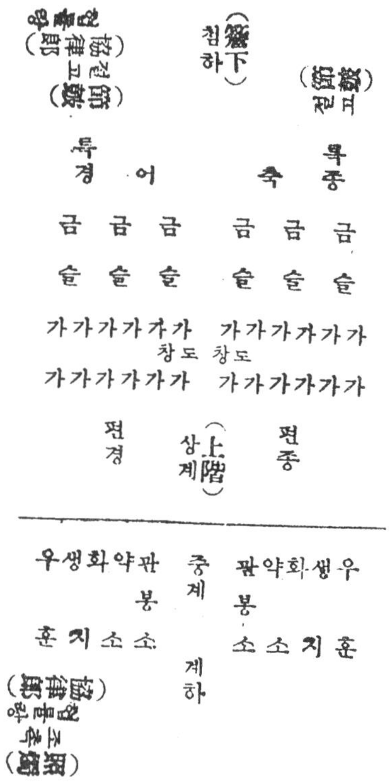

(建鼓) 건고　　(下) 침하　　(協律郞) 협률랑　(節鼓) 절고

특종　축　　　어　특경

금 금 금　금 금 금

슬 슬 슬　슬 슬 슬

가가가가가가　가가가가가가

창도 창도

가가가가가가　가가가가가가

편종　(上階) 상계　편경

우생화약관　중계　관약화생우

봉　　봉

훈지소소　　소소지훈

계하

(協律郞) 협률랑　(照燭) 조촉

악공은 六二명(二명은 창(唱)모)인데 복식은 시용 아악등자와 같다(헌가악복식도 같다)

세종조 회례연 헌가악

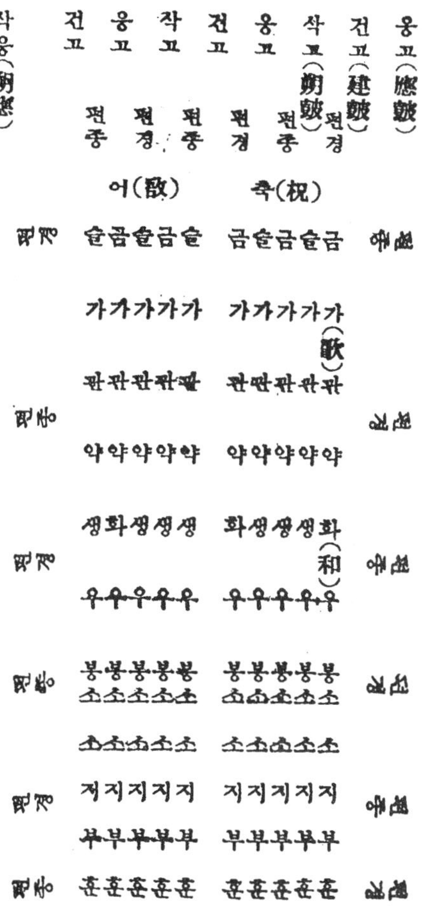

응고(應鼓) 건고(建鼓) 삭고(朔鼓) 응고 건고 작고 응고 건고 삭응(朔應)

편경 편종 편경 편종 편경 편종

축(柷) 어(敔)

편종 금슬금슬금 슬금슬금슬 편경

가(歌)가가가가 가가가가가

판판판판판 판판판판판

편경 약약약약약 약약약약약 편종

화(和)생생생화 생생생화생

편종 우우우우우 우우우우우 편경

편경 봉소봉소봉소봉소봉소 봉소봉소봉소봉소봉소 편종

소소소소소 소소소소소

편종 지지지지지 지지지지지 편경

부부부부부 부부부부부

편경 훈훈훈훈훈 훈훈훈훈훈 편종

악공은 一三九명。

문무(文舞)

(舞)

독(纛) 무 무 무 무 무 무
무 무 무 무 무 무
무 무 무 무 무 무
무 무 무 무 무 무
독(纛) 무 무 무 무 무 무
무 무 무 무 무 무
무 무 무 무 무 무
무 무 무 무 무 무

악생은 五○명인데 모두 진현관(進賢冠)에 푸른 만삼을 입고 (시용은 검은 명주 웃옷을 입는다。) 흰 명주 중단 흰 명주 군(裙)에 금、동 혁대를 띄고 흰 무명 버선에 검은 갖신을 신는다 (이상은 五례의 아악의 복식을 말한 것。 세종조 회례연에서 쓰는 아악의 문무 악공의 복식과 시용 아악 문무 악공의 복식도 이와 같다) 영신(迎神)、전폐(奠幣)、초헌(初獻)에 이 문무를 춘다。

무무(武舞)

순(錞) 탁(鐲) 요(鐃) 대(鐸)
정(旌) 부(鼗) 부부 부부 부부 부
부 부부 부부 부부 부
부 부부 부부 부부 부
부 부부 부부 부부 부
정 부 부부 부부 부부 부
부 부부 부부 부부 부
응고(應鼓) 아(雅) 상(相) 독(牘)

아생은 五八명인데 그중 무공 四八명, 정(旌) 자비 二명은 모두 피변(皮弁)을 쓰고, 붉은 칠갑에 황화갑(黃畫甲)을 받쳐 입고 표문대구고(豹文大口袴)에 기량대(起梁帶)를 띠고 흰 무명 버선에 검은 가죽신을 신는다. 순(錞)、탁(鐲)、요(鐃)、대(鐸)、응(應)、아(雅)、상(相)、독(牘)의 잡이은 모두 무변(武弁)에 홍말액(紅抹額)을 달아 쓰고 붉은 비단 단삼에 흰 명주 중단을 받쳐 입고 흰 명주 고의에 흰 무명 버선을 신고 붉은 비단 말대(紅錦臂鞲)에 금 동 혁대를 띠고 검은 가죽신을 신는다 [illegible]

시용은 총 四八명, 정 자비 二명인데 모두 피변(皮弁)을 쓰며, 검은 명주 단의에 흰 명주 중단을 받쳐입고 흰 명주 고의에 금 동 혁대를 띠고 흰 무명 버선에 검은 가죽신을 신는다. 순、탁、요、대、응、아、상、독 아공의 복식은 아악의 아공 복식과 같다.

아헌(亞獻)、종헌(終獻)에 이 무무를 춘다.

속악 진설 도표와 해설

五례의 종묘 *영녕전(永寧殿) 등가악(登歌樂)

특종(特鐘) 박(拍) 특경(特磬)
축 아쟁 대쟁 이
가(歌) 가 가 가 가 가
편종 현금 방향 가야금 편경
화 장고 향비파 당비파 절고 당비파 월금 장고 생
훈 당저 대함 해금 피리 피리 퉁소 대합 당저 지

악사 一명은 복두를 쓰고 록초삼(綠綃衫)에 검은 정대(鞓帶)를 띠고 검은 갖신을 신는다. 악공은 三六명 (시용 등가악 악공의 수도 이와 같다) 인데 모두 개적(介幘)을 쓰고 붉은 비단 란삼에 흰 명주 중단을 받쳐입고 백초대(白綃帶)를 띠고 흰 무명 버선에 검은 갖신을 신는다 (헌가악 악공의 복식도 우와 같고 시용 등가、헌가악 악공의 복식도 이와 같다)

(주)

一一二 * 영녕전(永寧殿)＝종묘 서편에 있는 조천(祧遷—고례에 왕가(王家)에서는 五대를 지나면 신주(神主)를 매안(埋安—땅에 파묻는 것)하는 법이 있다。이것을 조천이라 한다—)한 신주를 모시어 두는 사당집의 전각명。여기에는 리태조왕의 고조인 목조(穆祖—리안사(李安社))이하를 봉안하였다。

五례의 종묘 영녕전(永寧殿) 헌가악(軒架樂)

(路鼓)노고			편종		특종		
편종	가(歌)	향비파	(大平簫)대평소	해금	생	소합(小竽)	
		현금	피리	훈	우	중합(中竽)	
노도	가	당비파	피리	지(篪)	통소	대합(大竽)	
	가	당비파	피리	판	당적	대합(大竽)	
	축(祝)	방향	장고	장고	장고	상고	
				전고		교방고	
	어(敔)	방향	장고	장고	장고	상고	
		당비파	피리	판	당적	대합(大竽)	
	가	당비파	피리	지(篪)	통소	대합(大竽)	
노도	가	가야금	피리	훈	우	중합(中竽)	
편경	가	월금	대평소	해금	화	소합(小竽)	
(路鼓)노고			편경		특경		

악공은 [illegible]명 (시용한 가악 악공 수도 이와 같다. [illegible] 친제에 사사 一명이 많으니)

시용 종묘 영녕전 등가악

(임금이 친히 제사에 발갈이할 때엔 채정대(彩亭臺) 우에 진설한다)

박

축, 이, 방향(方響), 특경, 특종

가(歌), 가, 가, 가, 가, 가

향비파, 아쟁, 현금, 피리, 피리, 가야금, 대쟁(大箏), 당비파

해금(奚琴), 당비파, 대한, 당적, 당시(?), 퉁소, 대한, 월금(月琴)

화, 훈, 장고, 절고, 장고, 생, 지

편종, 편경, 토(□)

조축아사 一명의 복식은 제집사의 복식과 같다 (기타 악사, 악공의 수 및 복식은 우에 보인 바와 같다. 왕이 친히 적전에 밭갈이할 때엔 특종, 특경, 어, 축, 생, 화, 훈, 지 악공은 덜고 가수(歌手) 四명을 가한다)

전폐, 초헌, 철변두(撤籩豆)에 주한다.

무릇 악이 시작할 때엔 휘를 들고 특종을 한 번 치고 다음 축을 두드리고 다음 절고를 세 번

치고 절고 세째 번 소리와 함께 특종을 한 번 치면 모든 악을 일제히 주하고 악을 그칠 때엔 휘를 눕히고 절고를 세 번 치면 어도 그와 같이 세 번 긁는다。 절고의 칫소리와 세째 번 소리와 함께 특경을 한 번씩 치고 박을 급히 두드려 악을 멎게 한다。 축문을 읽을 때 악을 그친다。 축문을 다 읽은 후에 특종을 치고 축을 두드리고 절고를 치고 어를 긁고、 경을 치는 등의 절차를 반드시 기다리지 않고 악을 시작한다。

시용 종묘 영녕전(永寧殿) 헌가악 진설도

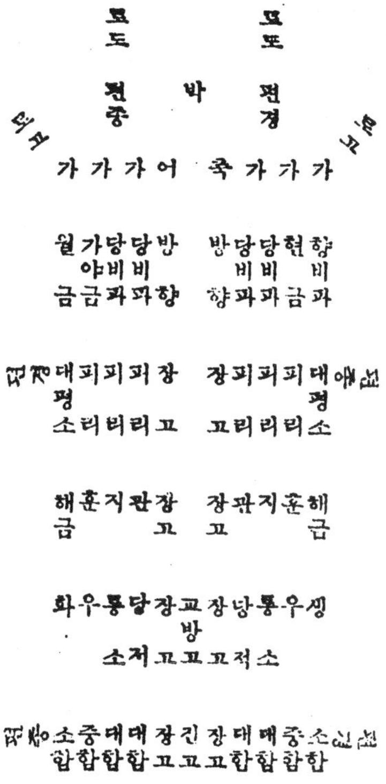

노도　　　　　　　　노도

편종　　박　　편경

노고　가 가 가 어　축 가 가 가　노고

월금 가야금 당비파 당비파 방향　방향 당비파 당비파 현금 향비파

[illegible] 대평소 피리 피리 장고　장고 피리 피리 대평소 [illegible]

해금 훈 지 관 장고　장고 관 지 훈 해금

화 우 통소 당저 장고 교방고 장고 당적 통소 우 생

[illegible] 소합 중합 대합 대합 장고 진고 장고 대합 대합 중합 소합 [illegible]

악사 一명의 복식은 등가악 악사와 같다 (악공의 수 및 복식은 우에 보라)

영신(迎神)、 진찬(進饌)、 아헌、 종헌、 송신(送神)에 주한다。

무릇 악이 시작할 때에 휘를 들고 도고(鼗鼓)를 세 번 흔들고 다음에 축을 무드리고 다음에 진고(晋鼓)를 세 번 치면 모든 악이 일제히 주한다 (아헌에는 도고를 세 번 흔들기 전에 먼저 진고를 열 번 친다。 진고를 열 번 치는 것은 벌써 정대업(定大業)곡이 시작하는 것을 말한다。 종헌에는 도고를 세 번 흔들고 축을 두드림이 없이 다만 진고를 세 번 쳐 악을 시작케 한다)

무릇 악을 그칠 때에 휘를 눕히고 진고를 세 번 치고 어도 진고 소리에 따라 세 번 긋고 박을 급히 두드며 악을 그친다 (종헌에는 악이 멎은 뒤 대금(大金)을 열 번 친다。 대금을 열 번 치면 곧 정대업곡이 마치는 것을 말하는 것이다)

보대평무(保大平舞) 진설도

독 독

무무무무무무
무무무무무무
무무무무무무
무무무무무무
무무무무무무
무무무무무무

악공은 三八명인데 그중 무공이 三六、 독(纛) 차비 二명이 모두 진현관을 쓰고 람색 명주 웃옷에 적색 바탕에 검을 선을 두른 하의(下衣=裳)를 입고 적색 말대(抹帶)를 띄고 흰 무명 버선에 검은 갓신을 신는다.

왼 손엔 약(籥)을 가지고 오른 손엔 적(翟)을 잡는다.

영신, 전폐, 초헌에 이 춤을 춘다.

정대업무 진설도

각(角) 독 고(鼓) 금(金) 백기 각 독 고 금 흑기

무(검) 무(검) 무(창) 무(창) 무(궁시) 무(궁시) (大金)대금 (紅大纛)홍대독 현무 금

무(검) 무(검) 무(창) 무(창) 무(궁시) 무(궁시) 백호 독

무(검) 무(검) 무(창) 무(창) 무(궁시) 무(궁시) (螺大角)다대각, 황룡 대기 황기

무(검) 무(검) 무(창) 무(창) 무(궁시) 무(궁시) 대고

무(검) 무(검) 무(창) 무(창) 무(궁시) 무(궁시) 주작 각(角)

무(검) 무(검) 무(창) 무(창) 무(궁시) 무(궁시) 청룡 고(鼓)

각(角) 독 고(鼓) 금(金) 적기 각(角) 독 고(鼓) 금(金) 청기

악공은 七一명인데 모두 피변을 쓰고 의복은 보대평지무 악공의 입는 것과 같다.

무공은 도표와 같이 각각 검(劍)、창(槍)、궁시(弓矢)를 잡고 아헌、종헌에 이 춤을 추며 三五명은 도표와 같이 각각 의물(儀物)을 가지고 악절에 따라 발을 구른다.

*문소선(文昭殿) 친행제 전상악 진렬도

(綠)
(紅)

(목)방향	(홍)가	(목)당비파(唐琵琶)	(홍)장고
	(목)가	(홍)아쟁	
(홍)생	(홍)가	(목)퉁소	(목)장고
(목)슬(瑟)	(목)가	(홍)당적	
	(홍)가	(목)관	(홍)장고
박 (홍)금(琴)	(목)가	(홍)피리	
			(목)교방고
(홍)금	(목)가	(홍)피리	(홍)장고
	(홍)가	(목)관	
(목)슬	(목)가	(홍)당적	(목)장고
(홍)화	(홍)가	(목)퉁소	
	(목)가	(홍)대쟁	
(목)방향	(홍)가	(목)당비파	(홍)장고

악사 一명은 복두를 쓰고 록색 초삼(綠綃衫)에 검은 정대(鞓帶)를 띠고 검은 갖신을 신는다. 악공 三九명은 모두 오관(烏冠)에 붉은 말액(抹額)을 달아 쓰고 수화(首花)를 꽂으며 모란꽃 홍배의 홍, 록색 명주 삼을 입는다 전정악 및 연은전(延恩殿), 소경전(昭敬殿) 행제시의 악공의 복식도 모두 이에 준한다

초헌에 이 악을 주한다 박은 서서 주하고, 그 외는 모두 앉아 주한다. 섭행제(攝行) 및 연은전, 소경전(延恩殿, 昭敬殿) 제배시 주악절차도 이와 같이 한다

문소전 친행제 전정악 진렬도

(록)해금	(홍)피리	(홍)장고	(록)방향	(홍)방향	(홍)장고
(록)당비파	(록)가		(록)당비파	(홍)당비파	(록)장고
(홍)가야금	(홍)가		(홍)통소	(록)통소	(홍)장고
(록)향비파	(록)가	(록)장고	(록)당적	(홍)당적	(록)장고
	(홍)가		(홍)피리	(록)피리	
(홍)현금	(록)대합		(홍)관	(록)관	(홍)교방고
		(홍)교방고			
박					
(홍)현금	(록)대합		(홍)관	(록)관	(홍)교방고
(록)향비파	(홍)가	(록)장고	(홍)피리	(록)피리	(록)장고
(홍)가야금	(록)가		(록)당적	(홍)당적	(홍)장고
	(홍)가		(홍)통소	(록)통소	
(록)당비파	(록)가	(홍)장고	(록)당비파	(홍)당비파	(록)장고
(록)해금	(홍)피리		(록)방향	(홍)방향	(홍)장고

악사 一명、악공 六一명。

참신 사배(參神四拜) 아헌、종헌、 사신 사배(辭神四拜)에 이 악을 주한다 섭행제 및 영온전、소경전 제시 시에도 이와 같다。 전렬 세 줄은 앉아 주하고 박자비 및 후렬 세 줄은 서서 주한다

문소전 섭행제(攝行祭) 전상악 진설도

(목)생	(홍)가	(목)당비파	(홍)장고
(홍)금	(목)가	(홍)퉁소	(목)아쟁
	(홍)가	(목)피리	
박	(목)방향		(홍)교방고
(홍)실	(홍)가	(목)당적	(목)대쟁
	(목)가	(홍)관	
(목)화	(홍)가	(목)당비파	(홍)장고

악자 一명 전정악사가 겸행 에 악공 二三명이다。

문소전 섭행제 전정악 진설도

(목)향비파	(홍)향피리		(목)당비파	(홍)장고
	(목)가			
(홍)현금	(홍)가	(목)장고	(홍)당적	(목)장고
	(목)대합		(목)관	
박	(목)방향	(홍)교방고	(목)방향	(홍)교방고
	(목)대합			
(홍)가야금	(홍)가		(목)피리	(목)장고
	(목)가	(목)장고	(홍)통소	
(목)당비파	(홍)해금		(목)당비파	(목)장고

악공은 二八명 앞의 세 줄은 앉아 주하고 방향 교방고 차비 및 후변 두 줄은 서서 주한다

(주)

一一八 * 문소전(文昭殿)=경복궁(景福宮)안 동편에 있었다。 리태조 왕비 신의왕후(神懿王后)의 혼전(魂殿=三년상을 치를 동안 즉 부묘(祔廟)하기 전에 죽은 사람의 위패(位牌)를 모시는 집)으로 사용하였던 전각인데 그 후 태조의 혼전으로도 사용하였고 부묘한 후에도 태조를 위시한 태종、정종、세종、세조의 五대를 재사하는 가묘적 성격을 띤 사당집으로 하고 四명일 상순에 큰 제사를、각 명절의 제향 및 기신제(忌辰祭)를 이 전에서 행하였다。

연은전(延恩殿) 친행제 전상악

(문소전 섭행제 전상악 진렬과 같이 한다。 악사는 전상악、전정악에 각각 一명)

연은전 친행제 전정악

(문소전 섭행제 전정악 진렬과 같이 한다)

연은전 섭행제 전상악 진설도

박

(목)당비파 (홍)가 (목)장고

(홍)아쟁 (목)가 (홍)퉁소

(목)방향 (홍)피리 (목)교방고

(홍)대쟁 (목)가 (홍)당적

(목)당비파 (홍)가 (목)장고

악사 一명 (전정악 악사 겸함) 악공 一五명。

연은전 섭행제 전정악 진설도

박

(홍)향비파 (목)향피리 (목)피리 (홍)장고

(목)현금 (홍)가 (홍)당적

(목)방향 (목)대합 (목)교방고

(목)대합 (홍)퉁소

(목)가야금 (홍)가

(홍)당비파 (목)해금 (목)피리 (홍)장고

악공 一八명 전렬 두 줄은 앉아 주하고 / 후렬 두 줄은 서서 주한다

(주)

一二二 * 연은전(延恩殿)=경복궁 안에 있었던 리조 제 九대왕 성종의 부친을 추존하여 회간왕(懷簡王)으로 하고 이 전전에 모셨다. 문소전과 같은 성격의 사당집이다.

*소경전(昭敬殿) 전상악 연은전 섭행제 전상악과 같다

소경전 전정악 연은전 섭행제 전정악과 같다

一二三 * 소경전(昭敬殿)=경복궁 안에 있었던 성종비 공혜왕후(恭惠王后)의 혼전(魂殿)으로 사용하고 그 후 성종의 혼전으로 사용하였다. 문소전과 같은 성격을 가진 전각이다.

독제(纛祭)

처음 들어올 때 배렬하는 도표

大中小金鼓金 二人
青龍旗 黃龍旗 赤龍旗 白龍旗
弓矢 弓矢 弓矢 弓矢
干戚 干戚 干戚 干戚
黃龍大旗

회선하는 도표(回旋圖)

진퇴하는 도표(進退圖)

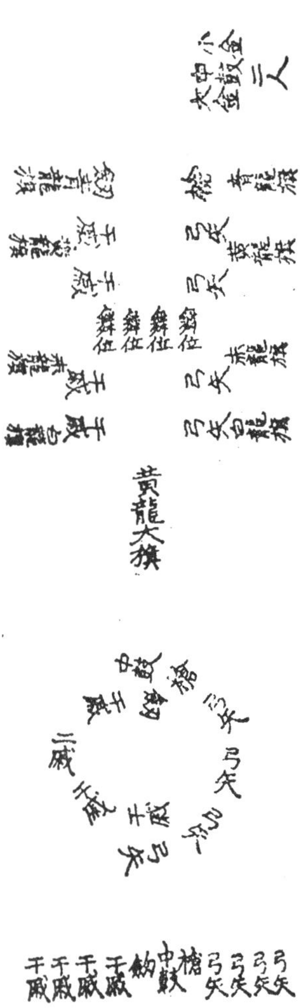

弓矢 弓矢 弓矢 弓矢 槍 中鼓 劍 干戚 干戚 干戚 干戚

악생은 二三인 인데 그중 금(金)、고(鼓)、기수(旗)、一三인은 모두 갑(甲)과 루구(冑)를 착용하고 간(干)、척(戚)을 든 四인은 투구에 청색 방의(青防衣)을 입고 궁、시(弓、矢)를 든 四인은 투구에 홍색 방의(紅防衣)를 입는다。창(槍)、검(劍) 각 一인은 갑과 투구를 착용하니 이상 무공 一〇인은 모두 백저포 전대(白学布纒帶)에 회렴(回斂)을 치고 운혜(雲鞋)를 신는다 창、검을 든 두 사람은 전대를 착용하지 않는다

초헌에는 간척무(干戚舞)를 추고 납씨가(納氏歌)를 창하며 아헌(亞獻)에는 궁시무(弓矢舞)를

추고 납씨가를 창하며 모두 북향(北向)하고 춤을 춘다。 춤을 출 때에는 소금(小金)을 세 번 치고 다음에 중고(中鼓)와 대금(大金)을 동시에 쳐서 一절을 삼는다(북을 먼저 치고 금을 뒤에、친다)

종헌(終獻)에는 창、검무(槍劒)를 주고 납씨가를 창하는데 서로 마주 서서 추며 다만 중고(中鼓)만을 친다。 철변두(撤籩豆)에는 정동방곡(靖東方曲)을 창하며 회선(回旋)하기를 세 바퀴한다。 진퇴(進退)할 때에도 또한 중고만을 치고 춤이 끝난 뒤에는 대금을 열 번 친다。

五례의 전정헌가악 진설도

편종 응고(應鼓) 　 건고(建鼓) 　 편경 삭고(朔鼓)

가 가 가 축 　 어 가 가 가

편경 향비파 현금 당비파 당비파 방향 　 방향 당비파 당비파 가야금 월금 편종

대평소 피리 피리 장고 　 장고 피리 피리 대평소

해금 훈 지 관 장고 진고 장고 관 지 훈 해금

편종 생 우 통소 당적 장고 　 장고 당적 통소 우 화 편경

소함(小笒) 중함(中笒) 대함(大笒) 대함(大笒) 장고 교방고 장고 대함(大笒) 대함(大笒) 중함(中笒) 소함(小笒)

악공은 六九인

시용 전정헌가악 진설도

용고 편경 　 건고 　 박 　 삭고 편종

당비파 당비파 방향 축 　 어 방향 당비파 당비파

당비파 당적 피리 피리 장고 　 장고 피리 피리 피리 당비파

향비파 아쟁 당적 장고 　 장고 당적 대쟁 향비파

월금 퉁소 현금 장고 　 장고 현금 당적 월금

퉁소 퉁소 가야금 장고 　 장고 가야금 퉁소 퉁소

해금 대합 대합 대합 　 대합 대합 대합 해금

악사 二인은 복두를 쓰고 녹초삼(綠綃衫)에 검은 정대(鞓帶)를 띄고 흑피화(黑皮靴)를 신는다 한사람은 박을 잡고 한 사람은 협률랑(協律郞)으로 지휘하다 연향시에는 지휘악사는 시복(時服)을 입는다 악공 五九인이 모두 꽃 그린 복두를 쓰고 소화(小花) 홍배를 단 붉은 명주 삼에 검은 정대를 띄당

*례연(禮宴) 및 ※망궐례(望闕禮)、*망궁례(望宮禮)、조칙맞이(迎詔勅)、*배표전(拜表箋)、※대전탄일(大殿誕日)、*정、지(正、至)、매월삭망、무시하례(無時賀禮)、왕세자관례、납비(納妃)、책비(冊妃)、책왕세자(冊王世子)、책왕세자빈(冊王子嬪)、왕세자 납빈(王世子納嬪)、문무과 방방(文武科放榜)、친경적전(親耕籍田)、대사례(大射禮)、관샤、사단(觀射、射壇) 대가、법가례행(大駕、法駕禮行)에 진설한다 납비 및 왕세자 납빈례에는 진설하기만 하고 주악은 않는다

무릇 악을 시작할 때에는 휘를 들고 삭고(溯鼓)를 한 번 치고 다음에 응고(應鼓)를 한 번 친다。 다음에 축을 두드리고 다음에 건고(建鼓)를 세 번 치면 모든 악이 일제히 주한다 장고는 제一박을 친 뒤에야 친다。 후에 모다 이와 같다 무릇 악을 그칠 때에는 휘를 눕히고 전고를 세 번 치면 어도 복소리에 따라 세 번 긋고 급히 박을 치면 악이 멎는다。

친경적전(親耕籍田)과 대사례(大射禮)에는 쉬는 차비(歇差備)를 빼고 가공(歌工)을 넣는다。

五례의 고취악 진설도

악공은 八四인.

방향	화	생	방향			방향	생	화	방향
가	가	가	가			가	가	가	가
비파	비파	비파	비파			비파	비파	비파	비파
피리	피리	피리	우			우	피리	피리	피리
당적	당적	당적	월금			월금	대합	대합	대합
대쟁	아쟁	가야금	현금			현금	가야금	아쟁	대쟁
향피리	통소	통소	향비파			향피리	통소	통소	향피리
대합	대합	대합	해금			해금	대합	대합	대합
장고	장고	장고	장고			장고	장고	장고	장고
장고	장고	장고	장고	교방고	교방고	장고	장고	장고	장고

시용 전정 고취악 진설도

박

당비파	당비파	방향	당비파			당비파	방향	당비파	당비파
피리	피리	피리	장고			장고	피리	피리	피리
당적	당적	현금	장고			장고	현금	당적	당적
통소	월금	가야금	장고			장고	가야금	월금	통소
통소	향비파	대쟁	장고			장고	아쟁	향비파	통소
해금	대합	대합	대합	대합	대합	대합	대합	대합	해금

악사 二인이며 (한 사람은 소정한 복식을 착용하고 박(拍)을 잡고 한 사람은 시복(時服)을 입는다 협률랑(協律郞)、지휘이다) 악공은 五〇인이다。(복식은 시용 전정헌가악 악공 복식과 같이 한다)

조참(朝參)、문과 전시(文科殿試)、생원、진사의 방방(生員、進士放榜)이나 배표전(拜表箋)、*권정례(權停禮)에 진설한다。

무릇 악을 시작할 때에는 휘(麾)를 들면 모든 악이 일제히 주하며 악을 그칠 때에는 휘를 눕히고 박을 급히 두드리며 악을 멎게 한다。

(주)

* 권정례(權停禮)=왕에게 조하례식을 거행할 때 왕이 유고하면 왕의 림어를 정지하고 허위(虛位)인 채로 예식을 거행하는 것을 말한 것。

전후 고취악(殿後鼓吹樂) 진설도

당비파	박 방향	당비파

통소	피리	피리	피리	통소
당적	대함	대함	대함	당적
장고	장고	대고	장고	장고

악사는 一인, 악공은 一八인이다. (복식은 시용 전정 헌가 악공 복식과 같이 한다.)

무릇 임금이 출궁할 때나 환궁할 때에 주한다. (망궐례(望闕禮), 망궁례(望宮禮), 배표전(拜表箋) 및 임금의 행행시에는 쓰지 않는다.) 임금의 출궁할 때 *사알(司謁)이 동악(動樂)령을 전하면 악이 시작되고 협가악어 대신 시작되면 급히 박을 쳐 악이 멎는다. 환궁할 때에는 항렬이 전후문(殿後門)을 나가며 할 때에 악이 시작되고 궐내로 몰이가면 급히 박을 무드며 악이 멎는다.

(주)

* 사알(司謁)=궐내에서 임금의 시종을 드는 내시 직명(職名).

전부 고취악 (행행시 악이다. 모든 례행에 주한다)

공수(空手)	당적	당적	당비파	당비파	당비파	
	공수	장고	퉁소	대합	대합	
공수	장고	장고	퉁소	피리	대합	
공수	담	담	퉁소	피리	피리	
담(擔) 방향	담 교방고					박 홍양산(紅陽繖)
공수	담	담	퉁소	피리	피리	
공수	장고	장고	퉁소	피리	대합	
	공수	장고	퉁소	대합	대합	
공수	당적	당적	당비파	당비파	당비파	

악사는 一인, 악공은 五〇인이다. (복식은 시용 전정 헌가악 복식과 같다.)

五례의에서는 시신(侍臣)이 말에 올라 앉은 뒤에 대가(大駕)가 출발하고 고취악이 시작한다. 시용에는 임금이 가마를 타고 나와 가마에서 내려 련(輦)을 타면 고취악이 시작하며 련에서 내려 행차소(行次所)에 들면 급히 박을 두드려 악이 멎는다. 환궁시에는 련을 내려 가마에 타고 궐내로 들면 급히 박을 두드려 악이 멎는다. 후부 고취악도 이와 같이 한다

후부 고취악 행행시 악이다. 중궁(中宮) 행행시 고취악엔 후부 고취악은 없다

청선										청선(靑扇)
	당비파	대합	대한	피리	박	피리	대합	대합	당비파	
	당비파	대합	피리	피리		피리	피리	대합	당비파	
	당비파	통소	통소	통소		통소	통소	통소	당비파	
	당적	장고	장고	(담)	교방고	(단)	장고	장고	당적	
	당적	공수	장고	담	담	담	장고	공수	당적	
	공수	공수	공수		방향		공수	공수	공수	
					담					

악사는 一명、악공은 五〇명이다。 복식은 전후 복식과 같다

정전 례연(正殿 禮宴) 녀기、악공 배렬도

비록 정전 례연이 아닐지라도 례연이 변다 갈다。 내전 *진풍정(內殿進豐呈) 및 모든 *곡연(曲宴)、관사(觀射)、행행(行幸)、사악(賜樂)의 녀기、악공、악사、가동(歌童)、관현 맹인수(管絃盲人數) 및 복식에 대한 설명을 붙인다

기(妓)

기	기	기	기	기	기	기	기	기	기	기	기	기	기
기	기	기	기	기	기	기	기	기	기	기	기	기	기
기	기	기	기	기	기	기	기	기	기	기	기	기	기
기	기	기	기	기	기	기	기	기	기	기	기	기	기
기	기	기	기	기	기	기	기	기	기	기	기	기	기
기	기	기	기	기	기	기	기	기	기	기	기	기	기
기	기	기	기	기	기	기	기	기	기	기	기	기	기

박

대쟁	아쟁	방향	당비파	피리	당비파	현금	향비파	가야금	월금	해금
당적	당적	피리	당비파	피리	당비파	현금	향비파	가야금	월금	해금
통소	통소	피리	장고	장고	장고	장고	장고	대합	대합	대합
도색장	교방고		장고	장고	장고	장고	장고	대합	대합	대합

[illegible] 월대(月臺)

[illegible] 중계(中階) 대고(大鼓)

헌가

악사는 三명

一명은 사모(紗帽)、품대(品帶)에 흑단령(黑團領)을 입은 협률랑(協律郞)으로 연향절차의 지휘관이며、二명은 모두 복두를 쓰고 록초삼(綠綃衫)에 검은 정대(鞓帶)를 띄고 흑피화를 신으니 一명은 정재 집박(呈才執拍)이며 一명은 전후 고취의 집박이다。 사신 동궁연(使臣東宮宴)이하 각 연회 및 *주봉배(晝奉盃)、유관(遊觀)시의 악사는 모두 사모、품대에 흑단령(黑團領)을 입고 대개 사악하는 예조 객인연(禮曹客人宴)에는 모두 융상복을 입는다。

녀기는 一百인이며 모두 단장(丹粧)하고 머리에 수화(首花)、칠보잠(七寶簪)、금차(金釵)를 꽂고 *보로(甫老)에 홍대(紅帶)를 띠고 모두 금화문을 박은것 속칭 도드라(都多羅)이라 한다。 *백말군(白抹裙)에 비단*신을 신는다。 년소 기녀는 금차 대신에 칠보잠을 더 꽂고 머리에 *대요(大腰)를 쓰고 자지 또는 흑색 생초 금화문을 박인 머리싸기(首沙只)를 느린다。 비록 정전례연이 아니고 기타 모든 례연이거나 관처용 중궁례연(觀處容中宮禮宴)이라도 모두 단장하고 여러 가지 치장을 차린다。 곡연(曲宴) 및 무과전시(武科殿試) 관사(觀射)、관나(觀儺)、사신 동궁연(使臣東宮宴) 이하 각 연회와 주봉배(晝奉盃)、유관(遊觀)연과 모든 사악 례조 후대 왜연(賜樂禮曹厚待倭宴)에 모두 흑장삼(黑長衫)、답거고리(赤古里)에 칠보잠과 금차를 꽂고 홍대(紅帶)를 띠고 백말군(白抹裙)에 비단신을 신는다。 년소 기녀는 금차와 홍대 대신 머리에 칠보대요에 머리싸기를 느리고 담색 비단 띠를 띤다。 례조、왜、야인연(禮曹、倭、野人宴)엔 통상복을 입는다

악공은 六〇명인데 그 중 一八명은 전후 고취악공이다。 모두 꽃그린 복두를 쓰고 작은 화문흉배(小花胸背)를 단 붉은 명주 삼의를 입고 검은 전대를 띤다。 어전(御前)일 때에는 녀기는 비록 흑장삼을 입을지라도 악공의 복식은 이에 준하고 사신 동궁연이하 각 연회와 및 주봉배(晝奉盃) 유관연에는 모두 목색 명주 두건(頭巾)에 흑단령을 착용한다。 모든 사악하는 례조 왜、야인연에는 모두 목색 명주 두건에 토홍색(土紅色) 단령을 착용한다

대비전 진풍정(大妃殿 進豊呈) 및 중궁례연(中宮禮宴)의 녀기와 관현 맹인(管絃盲人)의 수는 림시로 정한다。 고취정재(鼓吹呈才) 및 산선 봉지기(繖、扇擎持妓)는 모두 단장과 갖은 치장을 차리고 전정악 의장 봉지기(殿庭儀仗擎持妓) 六四명은 흑장삼에 갖은 치장을 차리고 맹인은 모두 목색 명주 두건에 압두록색 무명 단령을 입고 주석 홍정대를 띤다

후원 종친 *진연(後苑宗親進宴)에는 악사 二명、녀기 四〇명、악공 二〇명이다。

사정전(思政殿) 왜、야인 접견연(倭、野人接見宴)에는 악사가 二명이며 한 사람은 사모품대에 흑단령을 입은 진작절차(進爵節次) 지휘관이며 한 사람은 공복으로 박을 잡는다。 선정전(宣政殿) 왜、야인 접견연도 이에 준한다 녀기가 四〇명이며 악공이 二〇명이다。

선정전 왜、야인 접견연(宣政殿 倭、野人接見宴)에는 악사가 二명이며 녀기가 二〇명이며 악공이 一四명이다。

창경궁 관처용 놀음(昌慶宮 觀處容)에는 악사가 二명、무학(舞鶴) 二명이며 하나는 청색 하나는 백색인데 청학은 청

상(靑裳)、녹족(綠足)、녹취(綠鬢)이며 백마은 홍상(紅裳) 홍족(紅足) 청취(靑鬢)이다。 처용(處容)이 五명이며 모두 가면(假面)을 쓰고 꽃 그린 五색 사모(紗帽)에 모란꽃과 복숭아가지를 꽂고, 청、홍、황、흑、백색단 상의에 소속 품으로 금박입힌 홍 정대(紅鞓帶)、흰 명주 한삼(汗衫)、흰 무명보선(白布襪)、흰 가죽신(白皮鞋)를 가준다。 무동(舞童)이 一〇명이며 모두 가면(假面)에 「동 면파 관」(靑蓮花冠)을 쓰고 각색 단 상의에 흑색 선을 두른 백초(白綃) 중단(中丹)을 받쳐 입고 흑색 선을 두른 홍단 하의에 주석 두정대(豆錫鍍鞓帶)를 띠고 꽃수 놓은 홍색단화(短靴)를 신는다 련화대 동녀(童女)가 二명이며 날개 깃으로 잎을 만든 황 홍색 장미(薔薇) 수화(首花)를 꽂고 홍색 라단 단의(丹衣)、홍초 말상으로 드리운 담단군(袜裙)에 홍초 보로(甫老)를 두르고 홍초대(帶)에 홍초 머리싸기(首沙只)、홍초 말예(袜衤)을 착용한다。 합립 라 합립(蛤笠—모두 금화 문을 박인 것)을 우에는 금방울을 달고 비단 신을 신는다 녀기는 一六명이고 악공은 三三명이다。

후원 종친 관사(後苑宗親觀射)、*모화관(慕華館) 사신마지 단오、추석놀이、무과 전시(武科殿試) 및 모든 예행동가(禮行動駕)、관사례(觀射)에는 악사、악공이 모두 一五명이다。 예궐(詣闕)악돈 관사、관나、강무、행행에는 공으로합 모행시에는 모두 준한다 녀기가 二〇명이다。

경회루하(慶會樓下) 종친 관사(宗親觀射)에는 악사가 二명이며 녀기가 六〇명이며 악공이 三〇명이다。

관나례(觀儺禮)에는 악사와 악공이 전부 一五명이며 녀기가 一六명이며 련화대에는 동녀가 二명이다。

모화관 친열(慕華館親閱)、후원 문무신 관사(後苑文武臣觀射)에는 악사와 악공이 전부 一五명이며 가동 수는 림시 계품하여 정한다。 가동(歌童)은 자색 명주 두건을 쓰고 록색 명주 단령에 다홍 진사 광다회(紅眞絲廣多繪)를 띠고 검은 갖신을 신는다。 변장한 가동은 악공 복식을 한다。 정묘년(丁卯年) 이후 모화관 친열에는 홍복(紅服)을 입혔다

강무(講武) 및 행행에는 악사와 악공이 전부 一五명이며 모두 홍복을 입는다 가동 수는 림시 계품하

여 정한다。(모두 주황색 그립에 깃(羽)을 꽂아 쓰고 로홍색 면포 홑 천익(纈紬)에 검은 오피화(烏皮靴)를 신는다)

사신 동궁연(使臣東宮宴)에는 악사가 二명이며(한 사람은 연향 절차 지휘판, 한사람은 집박이다) 녀기가 六○명이며 악공이 四五명이다。

사신 종친연(使臣宗親宴)、의정부 六조연(議政府、六曹宴)에는 모두 악사가 一명이며 녀기가 四○명이며 악공이 三○명이다。

사신 주봉배(使臣晝奉盃)에는 악사가 一명이며 녀기가 三○명이며 악공이 一五명이다。

사신 유관(使臣遊觀)에는 악사가 一명이며 녀기가 二○명이며 악공이 一○명이다。

례조、왜、야인연(禮曹、倭、野人宴)에는 악사가 一명이며 녀기가 一二명이며 악공이 一○명이다。(후대 왜인연(厚待倭人宴)에는 녀기、악공을 배수로 한다)

은영연(恩榮宴)、봉명사신 전송연(奉命使臣餞宴)에는 모두 악사가 一명이며 녀기가 一○명이며 악공이 一○명이다。

사악一등연(賜樂一等)에는 악사가 一명이며、녀기가 二○명이며 악공이 一○명이고、동 二등연에는 악사가 一명이며 녀기가 二○명이며 악공이 一○명이고、동 三등연에는 악사가 一명이며 녀기가 一○명이며 악공이 七명이고 동 四등연에는 악사가 一명이며 녀기가 六명이며 악공이 五명이다。

정전(正殿) 연향시 정재 제연구봉거(諸緣具奉擧) 악공이 一六명이다。(모두 림시로 사모 각대 흑단령을 착용한다。무고 받침대 및 제구 봉거 악공이 一六명이며 기타 포구락(抛毬樂)의 구문(毬門)과 선모반(仙桃盤) 및 타자 봉거 악공은 모두 이상 一六인으로 밀어쓴다)

천경 적전엔 악사 三명이며 모두 공복을 착용한다。 한 사람은 협률랑 지휘이며 한 사람은 등가악 집박이며 한 사람은 헌가악 집박이다 악공이 一〇〇명이다。 등가악이 三二명이며 헌가악이 六八명으로서 모두 소정의 복식을 착용한다

대사례(大射禮)에는 악사가 三명이며 한 사람은 사모 각대 흑단령을 착용한 협률랑 지휘이며 두 사람은 공복을 착용하니 하나는 헌가악·집박이며 또 하나는 장전후 고취악 집박이다 악공이 七九명인데 그 중 一八명은 장전후(帳殿後) 고취악공이다。 모두 공복을 착용하고 등가악은 없다

친잠(親蠶)엔 고취악 차비, 녀기가 五一명이며 (모두 단장에 갖은 꾸미개를 차린다。) 의장차비녀기가 七四명이다。 산、선차비 六명、 단장에 갖은 꾸미개를 차리고。 그 나머지는 모두 흑장삼에 갖은 꾸미개를 차린다

개성부 천사 영명례(開城府天使迎命禮) 및 연향에는 전악(典樂)이 一명이며 (영명시에는 공복을 착용하고 연향시에는 사모 흑단령 각대를 착용한다。) 악공이 七명이며 영명사(迎命時)에는 복두에 붉은 명주상의와 검은 정대를 착용하고 연향시에는 록색 명주 두건에 흑단령을 착용한다。 녀기가 一〇명이다。 다만 연향에만 쓴다 흑장삼에 갖은 꾸미개를 차린다

창덕궁 관처용(昌德宮觀處容)에는 악사가 一명이며 처용이 五명이며 가동이 六명 가면은 없다 이며 악공이 一二명이다。 처용은 五색 명주 복식을 착용하고 그 나머지는 우에와 같이 한다

(주)

一三二 * 곡연(曲宴)=작은잔채 대궐 후원에서 신하들은 머모르고 주연은 베프는 잔채

* 주봉배(晝奉盃)=낮에 베프는 간단한 연회。

一三三 * 진풍정(進豐呈)=궁중 연향의 종류。 지연(進宴)보다 더 의식을 성대히 하는 연향。

* 말군(袜裙)=녀자의 바지모양 같은 하의 제 九권에 참조。

* 대요(帶腰)=녀기의 머리에 얹는 장식물(동상)。

一三三 * 진연(進宴)=왕실에 경사가 있을 때 궁중에 베푸는 잔치。

時用雅部祭樂

黃鍾宮

黃宮黃宮
南羽南羽
太商林徵
黃宮姑角

應變宮太商
南羽姑角
黃宮南羽
姑角林徵

大商應變宮
黃宮南羽
南羽蕤變徵
林徵姑角

南羽南羽
姑角林徵
太商黃宮
黃宮太商

大呂宮

大宮大宮
無羽無羽
夾商夷徵
大宮仲角

潢變宮夾商
無羽仲角
大宮無羽
仲角夷徵

夾商潢變宮
大宮無羽
無羽林變徵
夷徵仲角

無羽無羽
仲角夷徵
夾商大宮
大宮夾商

太簇宮

太宮太宮
應羽應羽
姑商南徵
太宮蕤角

汰變宮姑商
應羽蕤角
太宮應羽
蕤角南徵

姑商汰變宮
太宮應羽
應羽夷變徵
南徵蕤角

應羽應羽
蕤角南徵
姑商太宮
太宮姑商

夾鍾宮

夾宮夾宮
潢羽潢羽
仲商無徵
夾宮林角

汰變宮仲商
潢羽林角
夾宮潢羽
林角無徵

仲商汰變宮
夾宮潢羽
潢羽南變徵
無徵林角

潢羽潢羽
林角無徵
仲商夾宮
夾宮仲商

一三四 * 모화관(慕華館)=리조 봉건시대에 중국의 사신을 맞아 휴게소로 사용하던 집이다.

南呂宮	夷則宮	林鍾宮	蕤賓宮	仲呂宮	姑洗宮
南宮南宮	夷宮夷宮	林宮林宮	蕤宮蕤宮	仲宮仲宮	姑宮姑宮
蕤羽蕤羽	仲羽仲羽	姑羽姑羽	浹羽浹羽	汰羽汰羽	汏羽汏羽
應徵姑徵	無商浹徵	南商汰徵	夷商汏徵	林商潢徵	蕤商應徵
南宮汏角	夷宮潢角	林宮應角	蕤角無角	仲宮南角	姑宮夷角
夷變宮應商	林變宮無商	蕤變宮南商	仲變宮夷商	姑變宮林商	浹變宮蕤商
蕤羽汏角	仲羽潢角	姑羽應角	浹羽無角	汰羽南角	汏羽夷角
南宮蕤羽	夷宮仲羽	林宮姑羽	蕤宮浹羽	仲宮汰羽	姑宮汏羽
汏角姑徵	潢角浹徵	應角汰徵	無角汏徵	南角潢徵	夷角應徵
應商夷變宮	無商林變宮	南商蕤變宮	夷商仲變宮	林商姑變宮	蕤商浹變宮
南宮蕤羽	夷宮仲羽	林宮姑羽	蕤角浹羽	仲宮汰羽	姑宮汏羽
蕤羽浹變徵	仲羽汰變徵	姑羽汏變徵	浹羽潢變徵	汰羽應變徵	汏羽無變徵
姑徵汏角	浹徵潢角	汰徵應角	汏徵無角	潢徵南角	應徵夷角
蕤羽蕤羽	仲羽仲羽	姑羽姑羽	浹羽浹羽	汰羽汰羽	汏羽汏羽
汏角姑徵	潢角浹徵	應角汰徵	無角沃徵	南角潢徵	夷角應徵
應商南宮	無商夷宮	南商林宮	夷商蕤宮	林商仲宮	蕤商姑宮
南宮應商	夷宮無商	林宮南商	蕤宮夷商	仲宮林商	姑宮蕤商

無射宮

無宮 林羽 仲徵 汰角
無宮 林羽 潢商 無宮

潢商 汰角 林羽 仲徵
南變宮 林羽 無宮 汰角

南變宮 林羽 姑變徵 汰角
潢商 無宮 林羽 仲徵

林羽 仲徵 無宮 潢商
林羽 汰角 潢商 無宮

應鍾宮

應宮 夷羽 蕤徵 浹角
應宮 夷羽 汏商 應宮

汏商 浹角 夷羽 蕤徵
無變宮 夷羽 應宮 浹角

無變宮 夷羽 仲變徵 浹角
汏商 應宮 夷羽 蕤徵

夷羽 蕤徵 應宮 汏商
夷羽 浹角 汏商 應宮

*送夾鍾宮

夾宮 南變徵 無徵 仲商
汰變宮 潢羽 南變徵 林角

仲商 林角 潢羽 無徵
潢羽 夾宮 林商 仲角

夾宮 潢羽 仲商 林角
南變徵 林角 潢羽 無徵

夾宮 潢羽 仲商 夾宮
潢羽 林角 仲商 夾宮

送林鍾宮

林宮 汏變徵 汰徵 南商
蕤變宮 姑羽 汏變徵 應角

南商 應角 姑羽 汰徵
姑羽 林宮 應角 南商

林宮 姑羽 南商 應角
汏變徵 應角 姑羽 汰徵

林宮 姑羽 南商 林宮
姑羽 應角 南商 林宮

送黃鍾宮

黃宮 蕤變徵 林徵 太商
應變宮 南羽 蕤變徵 姑角

太商 姑角 南羽 林徵
南羽 黃宮 姑角 太商

黃宮 南羽 太商 姑角
蕤變徵 姑角 南羽 林徵

黃宮 南羽 太商 黃宮
南羽 姑角 太商 黃宮

천신(天神)、풍(風)、운(雲)、뢰(雷)、우(雨) 중사(中祀)이다。산、천、성황제(城隍祭)도 붙이여 제일은 중춘 중추에 날을 택하여 행한다 악은 협종으로 궁을 삼아 三주하고 황종으로 각을 삼는 것、즉 황종궁의 각성인 고선을 궁으로 삼아 一주한다。

* 송협종궁(送夾鍾宮) = 제사의 三헌례가 끝난 후 신을 보내고 제주하는 악조를 구별하여 붙인 이름。다른것도 이와같다。

하고、태주로 차를 삼는 것、즉 태주궁의 치성인 남려로 궁을 삼아 一주하고、고선으로 우를 삼는 것 즉 고선궁의 우성 대려로 궁을 삼아 一주하여、六변(六變)하고 (모두 헌가악이니 즉 영신 원안지악(迎神元安之樂)이다) 렬문무(烈文舞)를 춤추어 강신(降神)한 후에 대려로 노래하고 (등가악) 렬문지무를 춤추고

전폐(奠幣)에는 수안악(肅安樂)을 주한다 (가사) 「성남 유단(城南有壇) 사사공명(祀事孔明) 조두기진(俎豆旣陳) 서직기형(黍稷其馨) 악구입주(樂具入奏) 경관쟁쟁(磬管鏘鏘) 유공봉폐(惟恭奉幣) 신기강강(神其降康)」 (대의) 「성남(城南)에 단을 무어 정성껏 제사 드리내다 조(俎)와 두(豆) 벌여 있고 서(黍)와 직(稷) 향기롭다。악을 갖춰 주악하니 경 관(磬、管) 소리 청아하다。공손히 폐백 바치오니 신명이여 흠향하시라」 초헌(初獻)에는 수안악(壽安樂)을 주하니 풍、운、뢰、우(風、雲、雷、雨)의 신에게 (가사) 「천시지승(天施地承) 품물이생(品物以生) 풍운뢰우(風雲雷雨) 품물유형(品物流形) 무실기시(無失其時) 택아증민(澤我蒸民) 이향이사(以享以祀) 복록래진(福祿來臻)」 (대의) 하늘이 베풀고 땅이 받아 만물이 생기오며 풍운뢰우(風雲雷雨) 덕택으로 만물형체 갖추니다 비올 때 비를 주고 바람불 제 바람 불어 뭇 백성 혜택을 입는도다 봄 가을 제사 드려 복과 록이 진진로다」 산천(山川)、(가사) 「유산사준(有山斯峻) 유방지진(維邦之鎭) 유수사미(有水斯瀰) 유방지기(維邦之紀) 산상강서(產祥降瑞) 개이번지(介以繁祉) 양양래격(洋洋來格) 흠아명사(歆我明祀)」 (대의) 산은 높아 준엄하니 나라의 주산이요 물은 깊어 풍충청하니 나라의 벼리로다 보물 나고 상서 내려 백성의 복 늘어갑내다 양양이 강림하사 이 정성 받으소서」 성황신(城隍神) (가사) 「유차성황(惟此城隍) 금포우국(襟抱于國) 전지시사(奠之時祀) 기재기직(旣齋旣稷) 신기강강(神其降康) 비아수장(俾我壽臧) 종사면면(宗祀綿綿) 미억만년(彌億萬年)」 (대의) 「성황이라 성황은 나라의 요색이라 시사를 드리오니 서(黍)와 직(稷)이 갖췄내다 신이여 강림하샤 수와 복을 주옵소서 나라 운수 면면하야 억만년에 미치소셔」 철변두(徹籩豆)에는 옹안악(雍安樂)을 주하니 (가사) 「례의기비(禮儀旣備) 경무불의(罄無不宜) 유천변두(有踐籩豆) 재철부지(載徹不遲) 공혜차시(孔惠且時) 신기취포(神其醉飽) 여기여식(如期如式) 유아순가(維我純嘏)」 (대의) 「모든 례식 다 갖추어 불비함이 없나이다 벌여 있는 변(籩)과 두(豆) 걷어내다 하나이다。때로 크신 은혜 베푸시다 신이여! 취로록 마시시다 언재나 어김없이 큰 복은 내리시라」 ・아헌(亞獻)、종헌(終獻)에는 수안악(壽安樂)을 주하며 문무는 물러나고 무무가 나오면 악은 서안악(舒安樂)을 주하고. 송신(送神)에는 송협종궁(送夾鐘宮) 원안악(元安樂)을 주한다

황종을 주하고 (헌가악) 소무무(昭武舞)를 춤추며 제사한다。

・지기(地祇)ㅡ 사직(社稷)제 (대사(大祀)이니 중춘、중추、첫 무(戊)일 및 랍일(臘日)에 행한다) 림종으로 궁을 삼아 二주하고 태주로 각을 삼는 것、즉 태주궁의 각인 유빈을 궁으로 삼아 二주하고、고선으로 치를 삼는 것、즉 고선궁의 치 응종으로 궁을 삼아 二주하고、남려로 우를 삼는 것、즉 남려궁의 우인 유빈으로 궁

을 삼아 二주하여 八변하고 모두 헌가악으로 주하니 즉 영신 순안지악이다 렬문무 (烈文舞)를 춤추며 강신(降神)한 연후
에 응종으로 노래하며 등가 렬문무를 춤추고 전폐에 숙안악(肅安樂)을 주한다。 (가사) 「곤후재물(坤厚
載物) 기대무외(其大無外) 립아증민(立我蒸民) 만세영뢰(萬世
永賴) 유엄기단(有儼其壇) 유초기형(有椒其馨) 유공봉폐(惟恭奉幣) 아사공명(我祀孔明)」 (대의) 「두터운 땅 만물을 실어
그 크심 가이 없다 뭇 백성을 살리시니 만세에 길이 힘닙내다。 엄연히 모은 재단 *계주(桂酒) *초장(椒漿) 향기롭다 삼가
폐백 바치오니 이 제사에 정성이 어떴내다。 초헌(初獻)에 수안악(壽安樂)을 주한다。 *국사(國社)에 제하는 (가사) 「지재곤원
(至哉坤元) 극배피천(克配彼天) 함홍광대(含弘廣大) 만물재언(萬物載焉) 극인극사(克禋克祀) 식례막건(式禮莫愆) 강복간
간(降福簡簡) 오만사년(於萬斯年)」 (대의) 「지극하도다 땅의 덕이여 저 하늘에 짝하도다 광대 무변하야 만물이 실렸도다。
정성으로 제사하야 례식 좇아 어김 없도다 복 주심 위대하다 오、만년이나 누려지라 *국직(國稷)에 제하는 (가사) 「탄
강가종(誕降嘉種) 무자가색(務玆稼穡) 대곡용성(百穀用成) 군려편덕(群黎徧德) 아사여하(我祀如何) 기의불특(其儀不忒)
유상지도(有相之道) 개이경복(介以景福)」 (대의) 「좋은 곡식 내시여 농사일 가르치시도다 대곡이 생겨 나매 뭇 백성 복받
도다 이 제사 어떠한고 의식 따라 어김없네。 도와지이다 도와지이다 큰 복으로 도와지이다。」 철변두(徹籩豆)에 옹안악(雍
安樂)을 주한다。 (가사) 「위지개후(謂地蓋厚) 품물함형(品物咸亨) 가색유고(稼穡維寶) 영관궐성(永觀厥成) 철아변두(徹
我籩豆) 사사공명(祀事孔明) 수이다복(綏以多福) 수고유영(壽考攸寧)」 (대의) 「땅님의 후덕하시므로 모든 물생 사옵니
다 농사가 보배이라 길이 성취 보옵소서 변파 두 걷사오니 정성어린 제사외다 복 주시고 명 주시여 편이 살게 하옵소서」
는 물러나고 무무가 나오면 서안악(舒安樂)을 주하고 송신(送神)에는 림종궁 순안악(順安樂)을 주한다
태주 헌가악 를 주하며 소무무 (昭武舞)를 춤추어 제한다。 진찬(進饌)에 옹안악(雍安樂)을 주하며 아헌、종헌(亞獻、終獻)에 수안악(壽安樂)을 주하여 문무
인신 (人神) — 선농(先農) 경칩(驚蟄) 후 길(吉)한 해(亥)일에 행한다 선잠(先蠶) 계춘(季春) 길한 사(巳)일에 행한다 우사(雩祀)、 四月에 날을
받아 행한다 문선왕(文宣王) 二月、八월(仲春、仲秋) 첫 정(丁)일에 행한다。 이상은 모두 중사(中祀)이다 황종으로 궁을 삼아 세 번 주하고 대려로
각을 삼는 것 즉 대려궁의 각성 중려로 궁을 삼아 두번 주하고 대주로 치를 삼는 것 즉 태
주궁의 치성 남려로 궁을 삼아 두 번 주하고 응종으로 우를 삼는 것이니 즉 응종궁의 구성 이즉으
로 궁을 삼아 두 번 주하여 九변(九變)하고 모두 헌가악 이다。 영신(迎神)에는 선농、선잠、우사에는 모두 경안악(景安樂)을、 문선왕에게는 응안악(凝安樂)을 주한다. 렬
문무(烈文舞)를 춤추고 강신(降神)한 후에 남려(南呂) 등가악 로 노래하고 등가악 렬문무를 춤추며 선농(先農)、

전폐(奠幣)에 숙안악(肅安樂)을 주한다 (가사) 「유목위리(揉木爲耒) 파곡증민(播穀烝民) 영유혜아(永維惠我) 재전례신(載虔禮神) 옥백교착(玉帛交錯) 례의조신(禮儀踧伸) 유부옹약(有孚顒若) 풍상천진(豊祥荐臻)」 (대의) 「나무 휘여 따뷔 만들고 곡식 심기 가르치시다。 그 은덕 잊을 길 없어 이 제사 정성껏 드리내다。 *옥백(玉帛)을 함께 드려 이 정성 펴랴하니 어김없이 돌보시샤 백물이 풍성하게 하옵소서」 조헌에 수안악(壽安樂)을 주하니 *정위(正位)에 제하는 (가사) 「조분존실(肇分尊實) 오곡성지(於穆聖智) 백곡용성(百穀用成) 세수지사(緊誰之賜) 작피강작(酌彼康酌) 주다차지(酒多且旨) 신구취지(神具醉止) 개이번지(介以繁祉)」 (대의) 「풀씨를 구별하신 오、거룩하신 지혜 이래 곡식 생겼으니 이 공덕 뉘 공덕고 이 술잔 받오시라 술도 많고 맛 있쇠다 모두 함께 취하시고 많은 복 주옵소서」 배위(配位)에 제하는 (가사) 「파시백곡(播時百穀) 공배우천(功配于天) 기종여향(其從與享) 소격증연(昭格烝然) 세작전가(洗爵奠斝) 식례막전(式禮莫愆) 신기음식(神嗜飮食) 황용강년(迄用康年)」 (대의) 「곡식 심기 가르치셔 그 공덕 하늘에 짝하도다 이 제사 함께 받오시어 모두 밝게 이르시소 *작(爵)을 씻고 *가(斝) 드리니 례식에 어김 없내다 신이여 즐겨 흠향하시고 풍년 들게 하여주소서。 철변두(徹籩豆)에 옹안악(雍安樂)을 주한다 (가사) 「청고유형(淸酤惟馨) 가생공석(嘉牲孔碩) 례성악비(禮成樂備) 인화신열(人和神悅) 기우향지(旣右享之) 변두유철(籩豆維徹) 영관궐성(永觀厥成) 순이무월([illegible]履無越)」 (대의) 「맑은 술 향기롭고 돌의 다리 심히 크다 례와 악이 갖추었으니 인 신(人、神) 모두 즐기시다 공경하야 제향하고 변과 두를 거두도다 길이 제사 받으시리 어김 없이 하오리라」 *선잠(先蠶)、전폐(奠幣)에 숙안악(肅安樂)을 주한다 (가사) 「엄호기림(儼乎其臨) 유신지위(維神之位) 봉폐유인(篚幣惟寅) 례의기비(禮儀旣備) 공혜공시(孔惠孔時) 흡장흡사([illegible]) 신기강각(神其降格) 흠아사사(歆我祀事)」 (대의) 「엄연히 강림하사 신위에 내리소서 정성껏 폐물 바치오니 의식도 갖추었내다 제때에 은혜 주셔 도와 주고 베푸소서 신이여 기쁘신 마음으로 우리 정성 받오소서。 초헌(初獻)에는 수안악(壽安樂)을 주한다 (가사) 「공상잠실(公桑蠶室) 진고여자(振古如玆) 민수기사(民受其賜) 유덕지시(維德之施) 보공이사(報功以祀) 식례유의(式禮攸宜) 영작행료(泂酌行潦) 이기적사(以祈格思)」 (대의) 왕실의 누에치기 예로부터 그랬노니 백성들 그 길 밟아 많은 복리 끼치시다 제사하야 공덕 갚음의 배에 당연커니 정한수를 가득부어 흠향하심 바랍내다。 철변두(徹籩豆)에 옹안악(雍安樂)을 주한다。 (가사) 「변두유천(籩豆有踐) 사사공명(祀事孔明) 례성삼헌(禮成三獻) 악주구성(樂奏九成) 신기연희(神其燕喜) 종화차평(終和且平) 재철부지(載徹不遲) 만복래녕(萬福來寧)」 (대의) 「변과 두 벌여있어 제사 차림 정결토다 *三헌례 마치였고 악이 *九성하였도다 신이여 기뻐하사 끝끝내 즐기시소 제상 물림 하옵내다 만복 주어 평안케 하시라」 *우사(雩祀) 전폐에 숙안악(肅安樂)을 주한다 (가사) 「혁재명신(赫哉明神) 극배피천(克配彼天) 우아증민(祐我烝民) 오만사년(於萬斯年) 불수사사(聿修祀事) 승광시작(承筐是將) 서기우지(庶幾祐之) 혜아무강(惠我無疆)」 (대의) 「밝으신 명신의 먹저 하늘에 짝하도다 오、만만년 지나도록 우리 백성 도우소서 제사 삼가 올리고자 채광에 옥백을 드리내다 무엇이나 도와주셔 무궁한 복 주옵소서」 우사 조헌에 수안악(壽安樂)을 주한다。 *구망(勾芒)에 제하는 (가사) 「황의 지덕(皇矣至德) 사춘 포인(司春布仁) 삼농 유시(三農攸始) 만보갱신(萬寶更新) 기재기직(旣齊旣稷) 행료사진(行潦斯陳) 량아명신(諒我明信) 립아증민(立我烝民)」 (대의) 「크시도다 지극한 덕 봄에 생명 피시도다 *삼농(三農)이 시작되고 만물이 갱신되는도다 서와 직(黍、稷) 차려놓고 맛 정한 수로 올리내다 우리 정성 살피시고 우리 精성 살리소서」 *우사 축융(祝融)에 제하는 (가사) 「정위호남(正位平南) 사화지정(司火之情) 재행하령(戢行夏令) 품물광형(品物光亨) 대재신공(大哉神功) 만세앙성(萬世仰成) 시용향사(是用享祀) 서기래녕(庶幾來寧)」 (대의)정남「(正南)에 자리 잡아 불 정사 말으셨네 여름 절후 시행하사 만물이 무성토다 거룩하다 신의 공덕 만세로록 힘입도다 제사 드려 비옵내다 무사 안도 비옵내다」 *우사 후토(后土)에 제하는 (가사) 「오소후덕(於昭厚德) 승천화광(承天火光) 실성서물(實成庶物) 혜아무강(惠我無疆) 이향이사(以享以祀) 경관쟁쟁(磬管鏘鏘) 서기격사(庶幾格斯) 강복양양(降福穰穰)」 (대의) 「아, 거룩하다 후하신 덕 하늘의 *화광 받으시다 만물을 성취케 하고 그지없는 복 주시도다 정성들여 제사하오니 경과 관이 화창하다 감응하야 들보시고 많은 복 주옵소서」 *우사 욕수(蓐收)에 제하는 가사 「리물지덕(利物之德) 실주*서성(寶主西成) 자탕저경(茨粱抵京) 유뢰신명(維賴神明) 률수인사(聿修禋祀) 서직유형(黍稷維馨) 양양재상(洋洋在上) 이혁궐명(以赫厥靈)」(대의)「물건을 리롭게 하시는 덕 온 곡식 잘 익게 하옵시네 곡식이 쌓여 언덕을 이룸은 신명의 덕이로다 정성어린 제사 올려 서와 직이 향기롭도다 엄연히 하감하사 령험을 보이소서」 우사 현명(玄冥)에 제하는 (가사) 기응어동(氣應於冬) 위거호북(位居乎北) 종시품물(終始品物) 률정궐덕(聿貞厥德) 변두기천(籩豆旣踐) 용고유역(庸職有數) 래연래녕(來燕來寧) 등아백곡(登我百穀)」 (대의) 기운은 겨울에 맞고 지위는 북방에 처하시도다 만물을 마감하고 비롯하니 그 덕이 믿브시도다 변과 두 벌여 있고 종과 북이 웅장토다 편안이 즐기시고 백곡이 잘 여물게 하시라」 *후직(后稷)에 제하는 (가사) 「파시백곡(播時百穀) 립아증민(立我烝民) 공배우천(功配于天) 준혜후인(駿惠後人) 재모재유(載謀載馘惟) 용천명인(肅蔵明禋) 서우향지(庶右享之) 강복유순(降福惟純)」 (대의)「백곡의 씨를 뿌려 백성 살게 하셨도다 그 공덕 하늘에 비겨 혜택이 후인에 미치도다 꾀하고 추모하야 큰 제사 받자옵내다 하감하야 받으시고 큰 복을 내리소서。 우사절변두에 용안악을 주한다。 (가사) 「유신지덕(惟神之德) 조민뢰지(兆民賴之) 변두정가(籩豆靜嘉) 시향시의(是享是宜) 신구취지(神具醉止) 폐철부지(廢徹不遲) 보이개복(報以介福) 여식여기(如式如期)」 (대의)「오직 신의 덕택으로 억조창생 사옵내다 정성 어린 제수오니 흠향하고 기뻐하시라 신께옵서 취하시매 상 물림 곧 하겠내다 큰 복을 주옵시되 한갈 한식으로 주옵소서」 *문선왕(文宣王) 전폐에 명안악(明安樂)을 주한다 (가사) 「자생민래(自生民來) 수저기성(誰底其盛) 유왕신명(惟王神明) 탁월전성(度越前聖) 자폐구성(粢幣具成) 례용사칭(禮容斯稱) 서직비형(黍稷非馨) 유신지청(惟神之聽) (대의)「인류 생긴 이래 장하신 덕 미칠이 없도다 오직 왕의 신명하심 전성에 탁월로다 자성(粢盛) 옥백(玉帛) 갖춰 놓고 례의 절차 맞갖도다 향기로운 제와 직은 신명이여 흠향하시라 문선왕 제 조헌에 성안악(成安樂)을 주한다 정위(正位)에 (가사) 「대재성왕(大哉聖王) 실천생덕(實天生德) 작악이숭(作樂以崇) 시사무역(時祀無斁) 청고유형(淸酤惟馨) 가생공석(嘉牲孔碩) 천수신명(薦羞神明) 서기소격(庶幾昭格)」 (대의) 「위대하신 성왕(聖王)이시여 하늘이 내신 덕이시로다 악을 주해 높이옵고 시사를 계올리 아 하도다 맑은 술 「향기롭고 큰 희생 갖췄내다 신명께 이 제사 바치오니 분명 흠향 하옵소서」 *연국공(兗國公)에 제하는 (가사) 서기루공(庶幾屢空) 연원심의(淵源深矣) 아성선유(亞聖宣猷) 백세의사(百世宜祀) 길견사신(吉蠲斯辰) 소진준궤(昭陳樽簋) 지주흔흔(旨酒欣欣) 신기래지(神其來止)」(대의) 「끼니 무차 곤하시나 즐거우심 가시잖도다 *아성(亞聖)으로 도를 펴샤 백세 향사 받으시도다 이 날 받아 정결하게 준(樽)과 궤(簋)를 벌였도다 맛있는 술 공축하니 신이여 오셔 흠향하시라」 *성국공(郕國公)에 제하는 (가사) 「심전충서(心傳忠恕) 일이관지(一以貫之) 원술대

학(爰述大學) 만세훈이(萬世訓彝) 혜아광명(惠我光明) 존문행지(尊聞行知) 계성적후(繼聖迪後) 시향시의(是享是宜)」(대의)「증성과 사람은 성교의 일관한 줄거리라 *대학(大學)을 저술하야 만대의 준칙 가르치셨네 배우고 실천하라 우리에게 밝히신 길성함을 천명하셨도다 이 제향 받으심 마땅하도다」 *기국공(沂國公)에 제하는 (가사) 「공전자증(公傳自曾) 맹전자공(孟傳自公) 유적서승(有嫡緒承) 윤득기종(允得其宗) 제강개온(提綱開蘊) 내작중용(乃作中庸) 유우원성(佑于元聖) 억재시숭(億載是崇)」(대의) 「*증자(曾子)의 정통 받아 *맹자(孟子)에게 전하도다 *도학(道學)의 원줄기 이어 진실한 정통(正統) 전하도다 버리를 뽑고 깊은 뜻 풀어 *중용(中庸)을 저술하셨도다 *원성(元聖)을 도와 유공하니 만년토록 추숭받자오리」 *추국공(鄒國公)에 제하는 (가사) 「도지유흥(道之由興) 어황선성(於皇先聖) 유공지전(惟公之傳) 인지추정(人知趨正) 여향재당(與享在堂) 정문식칭(情文式稱) 만년승휴(萬年承休) 가재천명(假哉天命)」(대의) 「성교(聖敎)의 부흥함은 아, 선생의 공이로다 선생의 덕택으로 나갈 길 찾았도다 이 제사 참여하심 어디에 당연로다 만년토록 영예를 누리시라 하늘분부 크시도다」 문선왕 제 철변두에 오안악(娛安樂)을 주한다。 가사 「희상재전(犧象在前) 변두재렬(籩豆在列) 이향이천(以享以薦) 기분기결(旣芬旣潔) 례성악비(禮成樂備) 인화신열(人和神悅) 제즉수복(祭則受福) 솔준무월(率遵無越)」(대의) 「*희생(犧牲)은 앞에 있고 변과 두는 벌여 있도다 제향 드며 *천수(薦羞)하니 향기롭고 정결로다 례와 악이 갖추었으니 사람과 신이 기꺼하도다 제드리면 복 받나니 어김없이 좇아오리。 고선을 주하며 헌가악 소무무(昭武舞)를 춤추어 제향 드린다。 선농 진찬(進饌)에 옹안지악을 주하고 문선왕 진찬에 풍안악(豊安樂)을 주하며、선농、선잠、우사의 아헌、종헌에 모두 수안지악을 주하나 문선왕엔 성안지악을 주하며 문무가 물러가고 무무가 나올 때엔 모두 서안악(舒安樂)을 주하고 송신(送神)에는 모두 송황종궁(送黃鍾宮)을 주하나 선농、선잠 우사에는 모두 경안악(景安樂)을、문선왕에는 옹안악(雍安樂)을 주한다。

(주)

一四一 * 계주(桂酒)=초사 구가(楚辭、九歌)에 「奠桂酒兮椒漿」이란 구 주에 「계주(桂酒)는 계수나무를 담어서 술에 넣은 것」이라고 있다。

* 초장(椒漿)=호초를 물에 담가 우린 것 강신(降神)에 쓴다。(전주 참조)

* 국사(國社)=지기(地祇)에 대한 제사이니 국가적으로 시행하는 지신제이므로 국사라고 하였다。 지신제는 지방관에서도 행하였으므로 구별이 생기게 된 것이다。

* 국직(國稷)=곡식 마련하는 귀신을 대상으로 하는 제사이다。 국사와 같이 국가적 규모로 행하기 때문에 국직이란 한 것이다。 물론 지방에서도 행한다。

二四二 ◉ 옥백(玉帛)—옥(玉)은 규(圭)와 장(璋) 종류요, 백(帛)은 속백(束帛) 등속의 예물인데 다 봉건 시대에 선물로 쓰는 재백을 말한 것. 규장은 옥의 귀한 것으로 우는 뭉글게 하고 아래는 모지게 만든 것이며 속백은 비단 다섯 필을 묶은 것인데 한 필은 무릎, 三十六척이다.

◉ 정위(正位)—주신(主神)을 가리킴이요 배위(配位)는 주신의 배우신을 가리키는 것.

◉ 작(爵)—작(爵)과 가(斝)는 다 술마시는 예기(禮器)인데 (斝)는 옥으로 만들고 곡식 그림을 그렸고 모양은 작과 가가 다르니 은대에는 가를 썼고 주대에는 작을 썼다.

◉ 선잠(先蠶)—누에치기를 가르쳐 준 선조를 제사하는 예식.

◉ 三헌례(三獻禮)—초헌(初獻) 아헌(亞獻) 종헌(終獻)의 석잔 술을 올리는 예.

◉ 九성(九成)—一악장을 다 마치는 것을 一성(一成)이라 하니 九성은 악장을 아홉 번을 다 주하였다는 말, 九성은 반드시 九악장이어야 함은 아닐 것이다.

◉ 우사(雩祀)—우신(雨神)에게 드리는 제사.

◉ 구망(句芒)—나무 맡은 귀신이라고 하는 것.

◉ 삼농(三農)—밭과 습지와 평지에서 짓는 농사를 종괄하여 말한 것.

二四三 ◉ 축융(祝融)—봉건적 전설에 불을 맡았다는 귀신.

◉ 후토(后土)—봉건적 전설에 흙을 맡았다는 귀신.

◉ 화광(火光)—五행설(五行說)에 의하면 「火」에서 「土」가 생한다 한 고로 여기에 「화광을 받았다」 한 것이다.」

◉ 욕수(蓐收)—가을을 맡은 귀신.

◉ 서성(西成)—가을에 백물이 결실하여 성숙함을 말한 것.

◉ 후직(后稷)—중국 주(周) 나라 시조의 봉호. 제요(帝堯)의 농관(農官)으로 되어 유공하였으므로 봉하여 후직이라 칭하였다 한다.

◉ 문선왕(文宣王)—중국의 당 나라(唐) 개원(開元) 년간에 공자를 추존하여 올린 시호.

◉ 연국공(兗國公)—공자의 수제자 안회(顔回)를 추존한 시호.

一四三 *아성(亞聖)=공자 다음가는 성인이란 뜻。

*성국공(郕國公)=공자의 제자 증삼(曾參)을 추존한 시호。

一四四 *대학(大學)=증삼의 저서명。

*기국공(沂國公)=공자(孔子)의 손자 공급(孔伋)을 추존한 시호。

*증자(曾子)=증삼(曾參)의 존칭。

*맹자(孟子)=공급 즉 자사(子思)의 제자 맹가(孟軻)의 존칭。

*도학(道學)=유교의 윤리철학을 말한 것。

*중용(中庸)=공급의 저서명。

*원성(元聖)=공자 즉 공구(孔丘)를 추숭한 말。

*희생(犧牲)=제수로 바치는 소 돼지의 통체를 말한 것인데 소는 머리를 놓는다。

*천수(薦羞)=제수를 선에게 바친다는 말。

시용 속악부 제악(時用 俗樂部祭樂)

*친경적전(親耕籍田) *대사례(大射禮) *친잠(親蠶)시에 쓰는 악장(樂章)이 부속되였다

종묘제(宗廟祭) 대사(大祀)로서 춘、하、추、동 四절의 첫달 상순에 날받은 날에나 랍일(臘日)에 행제한다

*영신(迎神)에 보대평악(保大平樂)를 주하고 보태평무(保大平舞)=희문무로써 *구변(九變)을 춤추며 *황종궁(黃鍾宮) 평조(平調) 즉 五조의 치조이다。 *진찬(進饌)、*철변두

(懷籩豆)、*송신(送神)의 악조도 이와 같다。 희문장(熙文章) *九성한다。 *전가악이다。 (가사)、세덕 계아후(世德啓我後) 오소 상형성(於昭想形聲) 숙숙 친명인(肅肅黯明禋) 수아 래사성(綏我賚思成) (대의)、선인들의 거룩한 덕택 우리의 나갈 길 열어 노셨네 아、그리운 모습과 목소릴 뵙는 듯 들읍는 듯하여라 정숙한 마음으로 이 제사 받자옵노니 이 정성 받자와 오셔 흠향하시라 전폐(奠幣)에 보대평악(保大平樂)을 주하고 보대평무(保大平舞=희문무)를 춤추며 희문(熙文)장=등가악) (가사)、비의 상가교(非儀尙可交) 승광장시백(承陰將是帛) 선조 기고흠(先祖其顧歆) 식례 심막막(式禮心莫莫)、(대의)、변변치 못한 례물이오나 받사와 주옵소서 채광(彩筐)을 받들어 정성어린 옥백(玉帛) 드리옵나니 (옥백(玉帛)은 폐물을 가리킨 것=역자) 할머님! 할아버님! 돌보아 흠향하옵소서 이 제사 바치올 때 경건한 마음 열이내다

(주)

一四六 * 친경적전(親耕籍田)=「적전」이란 말은 원「자전」(籍田)이라고 읽을 것인데 우리는 보통「적전」으로 읽고 있다。친경적전은 옛날 봉건 시대에 임금이 농사를 권장하는 의미로 몸소「자전」이라고 지정된 밭을 가는 의식이 있었다。일설에는 적전에서 수확한 곡식으로 자기의 선대 사당인 종묘(宗廟) 혹은 토지、곡물의 신에 제사지내는 사직(社稷)에 쓴다 한다。

* 대사례(大射禮)=봉건 시대의 국가 의식의 하나인데 우리말로「활쏘기」라 한다。예전에 국가에서 제사를 지내려면 제후(諸侯=봉건귀족)들이 모여서 활쏘기 대회를 열어서 많이 맞힌 사람이 제사에 참례할 명예를 가지게 되였다는 데서 나온 의식이다。

* 친잠(親蠶)=예전 봉건 시대 국가 의식의 하나로서 황후(皇后)가 양잠(養蠶)을 권장하는 의미로 몸소 양잠을 하는 흉내를 내던 의식。

* 영신(迎神)=제사절차의 하나로서 주신을 영접하여 드리는 의식。

九변(九變)=九성과 같은 말이다。 九변은 단순한 반복이 아니라 악곡상의 약간의 변화를 가지고 있다。

一四六 * 진찬(進饌)=제사잔자의 하나로서 주신에게 제수(祭需)를 바치는 의식。

* 철변두(徹籩豆)=제사 절자의 하나로서 철변두(徹籩豆)는 제사가 끝나 제수 담은 제기를 걷는 의식인데 즉 자례의 철상이다。

一四七 * 송신(送神)=영신과 같이 제사 절자의 하나로서 주신을 보내는 의식。

* 九성(九成)=악의 아홉 번 주합을 말한것。

* 헌가악(軒架樂)=헌가악은 등가악(登歌樂)에 대비하는 우리 나라에서 전정악(殿庭樂) 편제를 말하는 용어다。원래 제후 나라의 전정악 편재를 말하는 헌현(軒懸)이라는 말에서 유래한 말。

진찬(進饌)에 풍안악(豐安樂=헌가악)을 주하며 (가사)、 집잔적적(執爨踖踖) 동아조두(登我俎豆) 조두기등(俎豆旣登) 악자화주(樂且和奏) 필분효사(苾芬孝祀) 유신기우(維神其右) (대의)、 제수 장만 부지런히 조두(俎豆)를 벌였내다 조두를 벌여 놓으니 주악 또한 화청하외다 향기로운 술잔 드리오니 신이여 흠향하소서 *초헌(初獻)에 *보대평악(保大平樂)을 주하고 퇴문「*인입장」=熙文「引入章」(가사)、 렬성 개회운(列聖開熙運) 병울 문치창(炳蔚文治昌) 원언 송성미(願言頌盛美) 유이 시가장(維以矢歌章)。 (대의)、 렬성조 장하신 성덕 우리 국운 열어 놓으셨네 찬연히 빛나옵는 례악 문물 거룩도 하외다 그지없는 장하신 며 노래 불러 찬양합내다。 기명(基命)장 오황 성목(於皇聖穆) 부해 사경(浮海徙蹕) 귀부 일중(歸附日衆) 기아 영명(其我永命) (대의)、 어화、 장하도다 가륵하신 목조 할배 바다에 배를 띄워 경원(慶源)으로 옮으셨네 붙좇는이 날로 많아 영원한 천명 받자왔네 귀인(歸仁)장 황의 상제(皇矣上帝) 구 민지막(求民之莫) 내권 오구(乃眷東顧) 내천 명덕(乃遷明德) 인 불가실(仁不可失) 우서 영종(于胥來從) 기종 여시(其從如市) 비 아지사(匪我之私) 비 아지사(匪我之私) 유인지귀(維仁之歸) 유인지귀(維仁之歸) 탄계 홍기(誕啓鴻基) (대의)、 거룩하신 하느님 백성 질고 구하시라 구석진 이 땅 돌보시사 유덕하신 님 보내셨네 어지신 님 잃을가 저허 살 곳 따라 모여드네 저자 같이 모여드니 사사로운 연줄 아니로세 사사로운 연줄 아니오라 우리님 어지신 탓이로세 우리님 어지신 탓이라 나라 운수 틔셨네 형가(亨嘉)장 오황 성의(於皇聖懿) 자복 견벽(祇服厥辟) 성도 계지(聖度繼志) 권외 사목([illegible]) 대형 이가(大亨以嘉) 경명 유희(景命維僖) (대의)、 어화、 가륵하신 *익조(翼祖) 할배 정성껏 소임을 다하셨네 아바님의 장하신 뜻이어 부지런히 일하고 충실하셨네 아름다운 덕행으로 큰 복을 누리셨네 집녕(緝寧)장 상성、단만(雙城 [illegible]) 왈유 천부(曰維天府) 디지 꾸괴(莫之 不職) 민 미안도(民 未安堵) 성한 집녀(厥祖 緝熙) 류리 졸복(流離 卒復) 종명 시하(寵命 是荷) 봉건 궐복(封建 厥福) (대의)、*쌍성(雙城)은 넓고 좋은 땅 천작 도회(都會) 분명하이 아전들의 횡포함은 백성들의 고통이라 거룩하신 *환조(桓祖) 알배 숨어지는 이 때정 모으셨네 천명을 누리시여 큰 복을 받으셨네 룡화(隆化)장 오황 성조(於皇 聖祖) 율큰 결며(濬發 厥德) 인수 의복(仁綏 義服) 신화 룡흡(神化 隆洽) 경피*도이(憬彼島夷) 급기*산융(及其 山戎) 공숙 이회(孔淑 以懷) 막불 순종(莫不 率從) 항지 제지(航之 梯之) 관아 여연(欽我 緝緝) 오혁 궐명(於赫 厥盛) 이라 원숙(遐安 邇肅) (대의)、 어화 거룩하신 할아버니 장하시다 덕택이여! 인과 의로 만백성 살오서니 덕화가 높으시오이다。 저 머나먼 나라 도이(島夷)들과 산융까지 진심으로 품으실새 따르지 않는 뉘 있으리 배다 물고 사다리 지나 찾아 올이 끊이 잖네 위명이 빛나실새 원근이 편안갑내다 현미(顯美)장 오황 아성고(於皇 我聖考) 감난 보종석(戡難 保宗祏) 구가 여망륭(謳歌 興望隆) 돈양 현미덕(敦揚 顯美德) (대의)、 어와、 거룩하신 아바님 국난(國難)을 감정(戡定)하샤 반석우에 *종석(宗祏)를 놓으셨네 장하신 덕 노래 불러 인망이 높으실새 사양하여 미덕을 나로시네 룡광(龍光)장 천자 방제(天子 方悌) 방인 우확(邦人 憂惶) 성고 입주(聖考 入奏) 충성 이창(忠誠 以彰) 미우 천자(媚于 天子) 혁재 룡광(赫哉 龍光) (대의)、 *천자(天子) 노여워 할새 나라 사람 근심로다 장하신 아바마마 충성으로 살오셨네 천자ㅣ 옳이여겨 기쁘신 얼굴 나로셨네 정명(貞明)장 사재 성모(思齊 聖母) 극배 건강(克配 乾剛) 감정 궐란(戡定 厥亂) 찬모 윤장(贊謨 允臧) 의여 정명(猗歟 貞明) 계우 무강(啓祐 無疆) (대의)、 장하신 어마님 성덕 견줄길 바이 없네 어려운 일 다 제치고 대업을 도우셨네 아、정명하신 덕행이여 그지없는 은혜 베푸셨네 대유(大猷)장 렬성 선중광(列聖 宣重光) 부문 수사방(敷文 綏四方) 제작 기명비(制作 旣明備) 대유 하황확(大猷 何煌煌) (대의)、 렬성조(列聖祖) 빛나는 업적 문치(文治)로 온 천하 다스렸네 모든 문물(文物) 다 갖추어 백년대계 찬란하외다 역성장 인출(繹成章 *引出) 세덕 작구(世德 作求) 솔유 미공(率維 敉功) 광천 대평(光闡 大平) 례악 방륭(禮樂方隆) 좌약 우적(左籥 右翟) 왈기 구변(曰旣 九變) 식소 광렬(式昭 光烈) 진미 진선(盡美 盡善) (대의)、 선조들의 거룩하신 덕업 계계승승 공 이루셨네 나라 태평 이루신 날 제도 문물 찬란로다 왼손에 약(籥)을 들고 오른손에 적(翟)을 잡아 악과 춤이 번져 가니 렬성조 장하신 덕택 거룩하기 그지없네 보태평(*十一 성)의 춤을 춘다。

(주)

一四八 * 조두(俎豆)=제수 진열하는 제기。

* 초헌(初獻)=제사절차의 하나 첫잔을 드리는 례식。

* 인입(引入)=종묘제외 영신(迎神)과 초헌、아헌、종헌시에 주하는 서곡으로서 헌관(獻官)이 들어오는 동안에 주하는 악장에 붙인 명칭。

* 보대평악(保大平樂)=태조。 아악곡 (황종청궁 평조)이다。 헌가악과 등가악에 병용하며 주로 제례악에 사용하는데 그때에는 문무(文舞)를 수반한다。

* 목조(穆祖)=조선조 태조 리성계(李成桂)의 四대조에 올린 시호。

* 쌍성(雙城)=함경남도 영흥(永興)의 옛 이름。

☆ 환조(桓祖)=조선조 태조 리성계의 三대조에 올린 시호。

* 도이(島夷)=왜구(倭寇)를 가리킨 것。

* 산융(山戎)=북방에 있던 미개한 종족의 속칭인데 흉노족의 이명。

* 종석(宗祏)=종묘 사직의 탁칭이다。

* 천자(天子)=봉건적 질서 아래에서 중국의 봉건 군주에게 대한 존칭 대명사。

* 인출(引出)=종묘제 영신、초헌、또는 아헌、종헌시에 악이 九성(九成)하고 헌판이 나갈 때에 주하는 악장에 붙인 명칭。

* 十一성곡(十一聲之曲)=종묘제 초헌이나、아헌 종헌에 주하는 十一장의 악장을 말한다。 즉 인입、인출장 외에 九변하는 악장이 있으므로 도합 十一장의 악장이 있다。

一四九

*아헌(亞獻) *종헌(終獻)에 모두 *정대업악(定大業樂)을 주하고 정대업(十一성) 무(定大業舞)를 춤추며 황종청궁(黃鍾淸宮) 계면조(界面調) 즉 五조의 우조(羽調)를 쓰니 모두 헌가악이다。 소무「인입장」(昭武引入章) 천권 아면성(天眷我列聖) 계세 소성무(繼世昭聖武) 서양 무경렬(庶揚無競烈) 시용 가차무(是用歌且舞) (대의)、장하신 우리 *렬성조(列聖祖) 하늘이 돌보아 주서 대마다 걸출하시니 날리신 위엄 그지없도다 만백성 기뻐하여 노래와 춤을 드리옵네 독경(篤慶)장、오황 성목(於皇聖穆) 조아우 삭(肇牙于朔) 율독 기경(遹篤其慶) 조아왕적(肇我王跡) (대의)、서파、장하신 *목조(穆祖) 할배 *삭방(朔方)에 *아문(牙門) 세워 착한일 많이 하실새 나라 기초 세우셨도다。 탁정(濯征)장、완지호 거쌍성(頑之豪 據雙城) 아황조 우탁정(我皇祖 于濯征) 저광망 척아강(狙獷亡 拓我疆) 一(대의)、완악한 토호(土豪) 쌍성(雙城)에 자리 잡을새 장하신 우리 환조(桓祖) 할배 이를 정벌하시니다 간흉한 무리 없어지고 우리 국토 개척되었네 선위(宣威)장、자、려 실어(咨、麗失馭) 외모 교치(外侮交熾) 도이 종서(島夷縱噬) *남구 자흉

(納寇 恣睢) 홍건 포죠(紅巾 俱休) 원여 비히(元餘 猖獗) 열승 발호(孽僧 跋扈) 호괴 륙량(胡魁 陸梁) 오황 성조(於皇 聖
祖) 신무 응양(神武 鷹揚) 재선 천위(載宣 天威) 혁혁 당당(赫赫 堂堂) (대의)、 아、 려조(麗朝) 민심을 잃어 외모(外侮) 날
로 답지(遝至)하니 침노하는 왜적들이며 횡포한 납구(納寇)들이며 *홍건적(紅巾賊)의 사나움과 *원여(元餘)의 우쭐댐과 *요승
(妖僧)이 발호하고 *되놈무목은 날뛰였도다 어화、 장하신 우리 성조 신출한 위력 떨치셨네 하늘 위엄 보이시니 혁혁하고、당당
토다 신정(神定) 장、 개아적 계호비(愼我敵 戒虎貔) 고결용、약한비(皷厥勇 若翰飛) 동구천 정우기(動九天 正又奇) 당부
항 선자미(螗斧抗 旋自糜) 죽사파 숙아애(竹斯破 孰我艾) 기정무 신지위(旣定武 神之爲) (대의)、 원수들을 미워하시며 국방
장사 고무하셔 범 같이 용맹하고 새갈이 날쌔도다 신기하신 용병술(用兵術)이야 귀신도 놀래리로다 *당랑(螳螂)이 덤벼들
었자 재가 망가질 뿐이로다 파죽지세(破竹之勢) 지쳐가니 막을 자 뉘 있오리 국위를 떨치심은 사람의 짓 아니로다 분웅(奮
雄) 장、 아웅 아분(我雄 我奮) 여뢰 여정(如雷 如霆) 호견 막최(胡堅 莫摧) 호험 막평(胡險 莫平) 련련 안안(連連 安安) 주아
신괵(奏我 訊馘) 신과 일휘(神戈 一揮) 요분 숙곽(妖氛 倏廓) 무모 무불(無侮 無拂) 조아 동국(祚我 東國) (대의)、 번개 같
고 우뢰 같은 우리의 용맹과 날램을 당할 자 뉘 있오며 막아 낼 자 뉘 있오리 항자불살(降者不殺)하고 사자매안(死者埋安)하니
전승개가 드높도다 정의의 칼 휘두르니 횡포한 무리 소멸되다 뉘 감히 불평하며 뉘 감히 거역하리 또도히 귀순하야 우리 나
라、모와졌네 순응(順應) 장、 려주 거간(麗主 拒諫) 감행 칭란(敢行 稱亂) 아운 신단(我運 神斷) 아사 아반(我師 我返) 천
인 협찬(天人 協贊) (대의)、 암주(暗主) 충간(忠諫)을 막고 분의를 감행할새 우리 태조 영단(英斷)으로 *위화회군(威化回
軍) 하시였네 천리 인심이 다 같이 찬동하모다 종수(罷綏) 장、 의기 재회(義旗 載回) 순내 다조(順乃 多助) 천휴 진동(
天休 震動) 사녀 열예(士女 悅豫) 해아 종수(徯我 罷綏) 호장 용영(壺漿 用迎) 기척 예악(旣滌 穢惡) 동해 영청(東海 永淸)、
(대의)、 의기(義旗)를 고 돌오시니 민심이 귀부(歸附)하다 천위가 진동하니 인민들이 기뻐하다。 이 때성 편안케 하시리
라 목을 늘이여 기다리며 더러운 것 씻어내니 동햇물 같이 맑도다 정세(靖世) 장、 피고신 선화기(彼孤臣 煽禍機) 아황고
극병기(我皇考 克炳幾) 신모정 세이정(神謨定 世以靖) (대의)、 저 천의를 모르는 신하 나라의 환집 지으랴 할새 성명하신
우리 *황고(皇考) 그 기미 보시였네 슬기론 대책 정하시매 나라이 일로 편안하네 혁정(赫整) 장、 도이 비여(島夷 匪茹)
건유 아어(虔劉 我圉) 원혁 아노(爰赫 我怒) 원정 아려(爰整 我旅) 만수 가풍(萬艘 鷁風) 비도 명발(飛渡 溟渤) 내복 기소(乃覆
其巢) 내도 기혈(乃搗 其穴) 비피 홍모(譬彼 鴻毛) 료우 방렬(燎于 方烈) 경파 내식(鯨波 乃息) 영전 접역(永奠 鰈域) (대의)、
불측한 도이(島夷)들이 변방을 노략할새 노염을 크게 하셔 군사를 정돈하고 바람에 돛을 달아 만척배 동해를 날며 적의 소굴
뒤엎으니 큰 불길에 새털이라 거센 물결 가라앉고 동국 나라 태평하다 영관(永觀) 장 「인출」(引出) 오황 렬성(於皇
列聖) 세유 무공(世有 武功) 성덕 대업(盛德 大業) 갈가 형용(曷可 形容) 아무 유역(我舞 有奕) 진지 유정(進止 維程)
위위 타타(委委 佗佗) 영관 궐성(永觀 厥成) (대의)、 어화、 장하신 렬성조(列聖祖) 대 마다 무공 세우셨네 거룩한 덕 큰 위
업을 무엇으로 형용하리 춤의 모양 아름다워 진퇴
가(정자 있게 모든 법이와 같애 길이 태평 보티로다

(주)

一五〇 * 아헌(亞獻)=주신에게 둘째잔을 드리는 의식.

* 종헌(終獻)=주신에게 세째잔을 드리는 의식.

* 정대업악(定大業樂)=리조 아악곡 (황종청궁 계면조)이다. 헌가악과 전정악으로 썼다. 제례악으로 쓸 때에는 무무(武舞)를 수반한다.

* 렬성조(列聖祖)=력대 제왕을 존칭하는 말.

* 목조(穆祖)=조선조 태조 리성계(李成桂)의 五대조에게 올린 시호.

* 삭방(朔方)=북방과 같은 말.

* 아문(牙門)=군문(軍門) 또는 관서와 같은 말.

* 납구(納寇)=一四세기말 원(元)제국의 지방 세력가 붕괴되자 동남 만주 일대에 세력을 잡은 납합출(納哈出)이 입순한 고려 침략군을 가리킨 것.

[一五二] * 홍건적(紅巾賊)=一四세기 중국에서 일어났던 농민 폭동군의 변절한 일부 잔당으로 고려말에 고려를 침범하였던 적당을 말한 것. 그들이 머리에 붉은 수건을 썼었으므로 「홍건적」이라 불렀다.

* 원여(元餘)=원나라 즉 몽고족의 잔당들을 가리키는 말.

* 요승(妖僧)=고려말에 승려로서 공민왕에게 총애를 입어 세력을 부려 정사를 어지럽게 하던 중 신돈(辛旽)을 가리켜 말한 것으로서 요망한 중이란 뜻이다.

* 되놈두목(胡魁)=고려 우왕(禑王) 八년—一三八二년—에 녀진(女眞)족의 추장 호발도(胡拔都)의 침략 부대를 가리키는 말.

* 당랑(螳螂)=속칭 말똥구리라고 하는 곤충의 이름이다. 당랑이 덤벼든다는 것은 장자(莊子)의 「말똥구리가 수레바퀴를 막는다」에서 온 말로 될 수 없는일을 말한 것.

* 위화회군(威化回軍)=一三八八년 리 성계가 위화도에서 회군한 사실을 가리키는 말.

* 황고(皇考)=죽은 아비를 가리키나 혹은 증조를 가리키기도 한다.

철변두(徹籩豆)에 옹안지악(雍安之樂＝옹가 악)을 주하고 (가사)、 양성 우무(卬盛于豆) 우무 우변(于豆于籩) 유필 기향(有苾其香) 래격 애연(來格僾然) 아예 기성(我禮既成) 고철 유건(告徹維虔) (대의)、 작 놓여진 제기 두(豆)와 변(籩)을 벌이었네 복욱(馥郁)한 그 향기 방불하다 오셨난 몇 예식을 마치옵고 상을 삼가 물리내다。 송신(送神)에 흥안악(興安樂＝헌가 악)을 주한다。 (가사)、 인사 졸도(禋祀卒度) 신 강락이(神康樂而) 양양 미기(洋洋未幾) 회아 숙이(回我倏而) 예정 방불(霓旌髣髴) 운어 막이(雲馭邈而) (대의)、 정성스런 제사 마치오매 조상님네 즐기시옵네 뫼시길 얼마 못해 홀연이 떠나시옵네 무지개 기빨 날리는 꽃 구름 속 행차 머시모다

영녕전(永寧殿) 제악 대사(大祀)로서 봄 가을의 첫달 상순에 날을 받아 제사한다。 악무(樂舞)는 종묘제악무와 같다

문소전 (文昭殿) 제악 춘 하 추 동의 첫달 상순에 대향(大享)하고 랍일(臘日)、 정조(正朝)、 한식(寒食)、 단오(端午)、 추석(秋夕)、 동지(冬至)에 제사한다 참신사배(參神四拜)에 *락양춘(洛陽春) 황종청궁 전정악이다。 사신사배(辭神四拜)에도 아온 같다、 을 주하며 초헌(初獻)에 *환환곡(桓桓曲) 황종청궁 전상악이다 을 주하며 (가사)、 一실、 환환곡 (桓桓曲)、 환환 성조(桓桓 聖祖) 수명 부장(受命 溥將) 공광 고석(功光 古昔) 부응 휴상(孚膺 休祥) 천인 협순(天人 協順) 엄유 동방(奄有 東方) 이모 유후(貽謀 裕後) 혜아 무강(惠我無疆) (대외)、 위대하신 태조 할배 길이 천명 받자왔네 세우신 공 력사에 빛나고 아름다운 상서(祥瑞)、 조짐 뵈였네 천외 신심이 모다 기립새 동쪽 나라 만오시였네 후대에 끼쳐주신 방책 은혜 베프심 그지없모다 二실、 *미미곡(亹亹曲)、 미미 태종(亹亹太宗) 천실 독생(天實篤生) 부익 성조(扶翊聖祖) 경업 이성(景業以成) 기양 무렬(旣揚武烈) 비천 문명(丕闡文明) 신공 성덕(神功聖德) 영계 륭평(永啓隆平) (대외)、 노며하신 태종 할배 하늘이 내신 어른일제 태조 할배 도우시여 대업을 이루셨네 무공도 장커니와 문화업적 크시모다 위대하고 장하신 공덕 길이 륭성하리모다 三실、 *목목곡(穆穆曲) 목목 세종(穆穆世宗) 기명 유밀(基命宥密) 례비 악화(禮備樂和) 극광 계술(克光繼述) 성덕 재궁(盛德在躬) 심인 육물(深仁育物) 오 만사년(於萬斯年) 영소 휴렬(永昭休烈) (대의)、 거룩하신 세종 할배 자자 근근 명을 받아 례악 문물 갖추시고 선대 대업 빛내셨네 성덕이 몸에 있어 깊은 사랑 백성에 미치시네 아 천년 만년 길이 길이 빛나소서 四실、 *오혁곡(於赫曲) 오혁 세조(於赫世

嗣) 천종 성철(天縱聖哲) 정난 보대(定難保大) 무경 유렬(無競惟烈) 광천 흥평(光闡隆平) 수유 무강(垂裕無疆) 오호 의당(嗚呼懿酒) 영세불망(永世不忘) (대의)、아、빛나시는 세조 할배 하늘이 내신 어른일새 간난을 물리치고 위업성취 하셨도다 풍성의 길 닦오시고 그지없는 복 주셨네 아、크시고 높은 덕 영원로록 잊음길 없다 五실、*황의곡(皇矣曲)、 황의 예종(皇矣睿宗) 준철 문명(濬哲文明) 공참 화육(功參化育) 택흡 군생(澤洽羣生) 선계 선술(善繼善述) 수유 무강(垂裕無疆) 오호 비현(嗚呼丕顯) 지덕 지광(之德之光) (대의)、 장하신 예종(睿宗) 할배 예지하고 문명 터시다 공은 화육(化育)을 도우시고 덕택은 군생(群生)에 미치시다 덕업은 소술(紹述)하샤 자손의 복 그지 없도다 아、장하고 위대하시다 그 덕택! 그 빛이여!

(주)

一五三 * 환환곡(桓桓曲)=조선조 태조왕의 업적을 찬미한 노래.

* 미미곡(亹亹曲)=조선조의 제 三세 왕인 태종(太宗)의 업적을 찬미한 노래.

* 목목곡(穆穆曲)=조선조의 제 四세 왕인 세종(世宗)의 업적을 찬미한 노래.

* 오혁곡(於赫曲)=조선조의 제 七세 왕인 세조(世祖)를 찬미한 노래.

* 락양춘(洛陽春)=리조 아악곡(황종 청궁)이다. 전정악으로 제악 또는 무호(投壺) 노래에도 사용하였다.

一五四 * 황의곡(皇矣曲)=조선조의 제 八세 왕인 예종(睿宗)을 찬미한 노래.

아헌에 유황곡(維皇曲=황종 청궁 전정악)을 주하며

(가사)、一실、유황곡(維皇曲) 유황천(維皇天) 감사국 권동민(監四國眷東民) 계우 유덕(啓祐有德) 비주 신인(俾主神人) 희희민물 앙심인(熙熙民物仰深仁) 떠운 장종(歷運將終) 민리 화앙(民罹禍殃) 동정서로 녕사방(東征西討寧四方) 몽협 부상(夢協符祥) 공개 일시(功蓋一時) 가재 천명종난사(假哉天命終難辭) 창업 광모(創業宏模) 경월 고선(夐越古先) 소재 대허영상전(昭哉來許永相傳) 조수 인사(肇修禋祀) 훌용유성(迄用有成) 오 천만년 치승평(於千萬年致昇平) (대의)、아、황천이시여 천하만국 굽보실새 우리 나라 도우시네 유덕하신 분 내시여 신명과 백성 맡기셨네 아、태평성대 깊은 성덕 기리내다 고려 운수 마치며 할제 곳 백성 재앙에 지치도다 동정 서로(東征西討)하신 덕에 사방이 편안로다 꿈과 상서 부합하니 그 공덕 一세에 덮이로다 하늘이 정하신 명 사양하기 어렵도다 창업하신 큰 규모 예 역사에 드물리라 찬란한 문물 길이 길이 전하리 정한

제사 닥오신 다모 오늘의 성취 크시모다 오、천만년 이나 승평을 누리소서 二실、유천곡(維天曲) 유 천심권유덕 계창기(維
天心 眷有德 啓昌期) 독생성철 작지군사(篤生聖哲作之君師) 기수제지 륭비기(旣受帝祉 降丕基) 추대성조 개국흥왕(推戴聖祖開國
興王) 안민제세 공익광(安民濟世功益光) 존숭석사 중정화기(尊崇嫡嗣重靖禍機) 인심천의 종유귀(人心天意終有歸) 택급생령 위진
이융(澤及生靈威振夷戎) 원흥례악 수무궁(爰興禮樂垂無窮) 오 소재상 선석무강(於昭在上申錫無疆) 면면종사 여천장(綿綿宗祀與
天長) (대의)、 하늘 뜻이로다! 유덕하신 이를 돌보시여 번창한 시대 열어 놓셨다 성스럽고 밝오신 이로 임금이며 스승이게
하시다 하늘 복을 받으시매 나라 기초 튼튼로다 거룩하신 할배 떠받들어 *개국흥왕(開國興王) 하셨도다 *안민제세(安民濟世)
하신 공덕 빛나고 빛나도다 적사(嫡嗣)를 존숭하샤 나라、환집 없애시니 인심과 천의 귀추할바 있도다 은덕이 뭇살이에 밎고
위엄은 이웃 나라에 떨치도다 례악문물(禮樂文物) 진흥시켜 후세무궁 보이시니 아、성조의 주심이라 천지와 더불어 무궁하리
三실、오황곡(於皇曲) 오황 천권동방 유철왕(於皇 天眷東方有哲王) 중재 아후 목목황황(烝哉我后 穆穆皇皇) 찬승비서 방내
창(纘承丕緖邦乃昌) 선소 중광(宣昭重光) 계우후인 인심칙(啓佑後人因心則) 우독친친 사사공명(友篤親親祀事孔明) 효사유칙(孝
事維則) 시우자손 미천억(施于子孫彌千億) 사대교린 이신이성(事大交隣以信以誠) 제례작악 치태평(制禮作樂致太平) 척강좌우 신
석무강(陟降左右申錫無疆) 오희 전왕불가망(於戱前王不可忘) (대의)、 오、하늘이 동방을 도와 성철하신 임금 주셨네 거룩하
다 우리 임금 빛나고 크시도다 위대한 전통 계승하샤 나라이 륭성하도다 선조 성덕 다시 빛내 자손에게 복주시다 우애하며
친애하야 종묘제사 삼가도다 효도를 근본하야 자손 대대 미치도다 이웃 교제 신의있고 문명개화 성세로다 조상신명 돌보
시여 복 주심 영원로다 아、선왕의 공덕 잊올 길 바이 없도다 四실、유상곡(維上曲) *유상제 권대덕 무동민(維上帝 眷大德
撫東民) 오황 아후 수명유신(於皇 我后受命維新) 무정문치 개창진(武定文治開昌辰) 화륭대유 물부민강(化隆大猷 物阜民康) 소게
전칙 이모장(昭揭典則貽謀長) 사대극성 변번총장(事大克誠 便蕃寵章) 은담위원 정제항(恩覃威遠爭梯航) 례악명비 지치형향(禮
樂明備至治馨香) 삼령천지 변가상(三靈薦祉駢嘉祥) 오 소우천석연무강(於昭于天錫羨無疆) 의 천만사 향중상(永千萬禩享烝嘗)
(대의)、 하늘이 유덕하신이 도와 조선백성 위무하시도다 어화 우리 임금 새로 천명받오시다 무력으로 불의를 치고 문
화로 다스리여 태평성대 열어 놓셨네 거룩하신 덕화 위대한 방책 백물이 풍부하니 백성이 편안 로다 걸어 갈길 밝히시니 자
손의 복 그지없다 정성오로 큰 나라 섬겨 은혜 받음 끊이잖고 은위(恩威) 넓이 미처 원근린방(遠近隣邦) 다터 오네 례악
문물 찬연하야 옳은 정치 갸륵하다 귀신도 사람도 좋이녀겨 복경이 답지 하도다 크신 공덕 하늘에 떨쳐 복받오심 무궁하리로다
아、천만년이나 이 제사 받자옵소서 五실、유아곡(維我曲) 유아후 웅경명무동방(維我后 膺景命撫東方) 목목황황 의군의왕
(穆穆皇皇 宜君宜王) 비승명서 선중광(丕承命緖宣重光) 성유천종 학자일신(聖維天縱學自日新) 외외성덕 무여륜(巍巍盛德無與倫)
려정도치 지영수성(勵精圖治持盈守成) 문모무렬 저륭평(文謨武烈底隆平) 용현용능 명상신벌(登賢用能 明賞愼罰) 소술계우 함망
결(紹述啓佑 咸罔缺) 오목 청묘 사사공명(於穆淸廟祀事孔明) 억만사년 준유성(億萬斯年駿有聲) (대의)、 거룩하신 우리 임금 천
명 받아 이나라 다스리네 아름답고 위대할사 갸륵하고 갸륵한 지고 선성(先聖)의 업을 이어 다시금 이나라 빛내시네 하늘이
내신 거룩한이 학문도 투철하시도다 높고 높은 성덕 견줄데 바이 없네 힘써 다스리시고 일마다 공경하실새 문치와 무비를 닦아
륭성과 태평 이루셨네 유덕한이 치켜 세우고 슬기론이 빼여 쓰며 상줄 사람 상을 주고 벌줄 사람 벌
을 주어 선왕 업적 계승하고 자손 갈길 밝히셨다 오、종묘제사 공경하니 억만년에 영광 있오라

(주)

二五五 * 개국흥왕(開國興王)=봉건 국가를 창건한 것을 수식하는 말.
* 안민제세(安民濟世)=세상을 도탄에서 건지고 백성을 살게 했다는 뜻.

종헌(終獻)에 정동 방곡(靖東方曲||각실이 다 같다. 황종 청 궁을 쓴다. 전정아이다.)을 주한다. (가사), 위동방조해수(偉東方阻海陲) 피교동 절천기(彼狡童竊天機)하니이다. 위 동왕성덕(偉 東王盛德) 사광모(肆狂謀)흥융사(興戎師)화지극(禍之極) 정자수(靖者誰)어니오 위 동왕성덕(偉東王盛德) 천상덕(天相德) 회의기(回義旗) 죄기괴(罪其魁) 역기이(逆其夷)하샷다. 위 동왕성덕(偉東王聖德) 황내덕 담천시(皇乃德 覃天施) 군이국 비아지(畀以國 俾我知)하샷다. 위 동왕성덕(偉 東王盛德) 오 민사유귀(於民社有攸歸)천만세 전무기(千萬世 傳無期)하쇼셔 위 동왕성덕(偉 東王盛德)(대의), 아, 우리 조선 바닷가에 편재하야 저 압둔한 고집롱이 나라 권력 잡았도다 위대하다 태조왕의 장하신 성덕! 미친 꾀를 함부로 내야 병혁(兵革)을 맘대로 일으키나다 나라 화단 크거니 바로잡을 사람 뉘뇨 위대하다 태조왕의 장하신 성덕! 하늘이 유덕하신이 도와 *의기(義旗)를 들으셨네 죄있는 사람 물리치고 거슬리는 자 소탕하시다 위대하다 태조왕의 장하신 성덕! 하늘이 기꺼하샤 복 주심 크시도다 무력으로 바로잡을 길 알며 주셨도다 위대하다 태조왕의 장하신 성덕! 오, 백성과 *사직(社稷) 갈바를 찾았도다 천만년이나 무궁 무궁 전하소서 위대하다 태조왕의 장하신 성덕!

(주)

* 의기(義旗)=리태조의 위화도 회군의 력사적 사실을 찬미하여 하는 말.
* 사직(社稷)=국가를 가리켜 말한 것.

○연은전(延恩殿) 제 (시일 및 악은 소전과 같다) 문 초헌에 오목곡(穆於曲)을 주하며 (가사)、오목 아왕(於穆我上) 배천기덕(配天其德) 수유 후인(貽穀後人) 기경 측복(其慶則福) 영언 효사(永言孝思) 항사 불특(享祀不忒) 만유 천세(萬有千歲) 영석 하복(永錫遐福) (대의)

오、거룩하다 우리 님이시여 하늘과 같은 덕이로다 자손의 길길 보이시니 그 경사 그지 없도다 길이 길이 대를 이어 조상 향사 어김없네 천만년 가도록 큰복 받자오리

아헌에 유황곡(維皇曲)을 주하며 (가사)、유황천 권동방 생성신(維皇天 眷東方 生聖神)、적덕루인 계우 후인(積德累仁 啓佑後人) 식지금 유명유신(式至今 休命維新) 유엄 모모(有嚴廟貌) 재현 재청(載顯載淸) 우이 타지 신소녕(于以妥之神所寧) 척강 재자(陟降在玆) 좌우양양(左右洋洋) 뢰아사성 유열광(賚我思成 有烈光) 변두유천(籩豆有踐) 서직유향(黍稷維香) 래향 래격 고증상(來享來格 顧烝嘗)、강복공개(降福孔皆) 시만 시억(時萬時億) 자자손손 보무극(子子孫孫保無極) (대의)、하늘이 우리 동방 돌보시여 거룩하신이 내 무셨네 덕을 쌓고 인(仁)을 닦아 자손의 길길 보이셨네 오늘날에 이르도록 천명이 새로워라 장엄한 종묘 광경 정숙하고 청결로다 역대 조상 신령님네 이 며고야 편하시리 오르시나 내리시나 좌우에 항상 계셔 찬연히 빛나는 업적 사모하야 제시단 곳 번(籩)과 두(豆) 벌여있어 서(黍)와 직(稷)이 향기롭다 정성어린 이제사 오시여 흠향하시라 천하 사방 복 주시여 창(倉)과 름(廩)이 다 차거라 자자손손 길이 길이 이 복을 누려지이다

종헌에 유아곡(維我曲)을 주한다 (가사)、유아후 천독생(維我后 天篤生) 비현덕 외난명(丕顯德 巍難名) 위당 정사방(元良貫四方) 외문 소창(巍聞昭彰) 성자신 효유측(聖且神 孝維則) 창궐후 이연익(昌厥後 以燕翼) 과질 경면면(瓜瓞 慶綿綿) 오천만년(於千萬年) 혁신묘 오 환륜(赫新廟 於奐輪) 승대회 천정인(承大懷 薦精禋) 저존 애유문(著存 僾有聞) 흠아 비분(歆我苾芬) 흡백례 설고종(洽百禮 設鼓鍾) 준분주 숙이옹(駿奔走 肅以雍) 만세 관궐성(萬歲觀厥成) 황황궐성(煌煌厥聲) 오혁 령여재자(於赫 靈如在玆) 기우향 무역사(旣右享 無斁斯) 석가 기불나(錫嘏 豈不那) 비치 비하(俾熾 俾遐) (대의)、장하신 우리 임금 하늘이 내신 이일세 위대하신 공덕 천술 데 바이 없다 성철하시매 천하 사방 바로잡도다 총명하고 예지하시매 선왕유훈 법받으셔 자손 통창、종사 우뚝 계계 승승 그지없다 아、천만년이나 길이 길이 누리소서 새로 이룩한 종묘 우람하고 빛나도다 서(黍)와 직(稷)을 받들어 정한 제사 드리오니 계시난듯 강림하사 이 술잔 잡으소서 모든 예식 갖추옵고 종(鐘)과 고(鼓)로 벌였네다 정성을 다하옵고 경건한 마음 기울였네다 만년이나 ※성장(成章)를 보옵소서 주악 소리 화청하외다 오、분명코 전령이 와계시와 즐겨 흠향하시오니 복주심이 크잡오므로 만년토록 번창케 하시라

(주)

※ 성장(成章)—악장의 완길 즉 주악의 완결을 말하는 것으로서 여기서는 제사드리는 것.

소경전(昭敬殿) 제

시일과 악은 문소전 —文昭殿— 과 같다

초헌에 의여곡(猗歟曲)을 주하며 (가사)、의여 현후(猗歟賢后) 덕본성성(德本性成) 배천작합(配天作合) 여일위명(與日偕明) 유순 중적(柔順中積) 영휘 외선(英徽外宣) 화행방국(化行邦國) 오 천만년(於千萬年) (대외)、아름다워라 모후(母后)시여 천성으로 덕행이 장하시다 하늘과 덕을 짝하시고 해와 광명 비하시리 유순한 덕 속에 쌓여 빛을 밖에 나타내네 덕화가 나라에 퍼졌도다 오、잊을길 바이 없네

아헌에 유상곡(維上曲)을 주하며 (가사)、유상제강성(維上帝降聖) 인권초제(人眷初載) 품경 경문(稟慶慶門) 려국 작배(儷極作配) 숙덕완용 현천매(淑德婉容 俔天妹) 순위 승건(順位承乾) 형유 소일(明維如日) 곤도극성 미유실(坤道克成 靡有失) 검이 찬우(儉以贊禹) 근이 승요(勤以承堯) 숙야경계 덕음소(夙夜儆戒 德音昭) 도산익하(塗山翼夏) 태임미강(太任媚姜) 오현궐미 원재방(於顯厥美 遠齊芳) 초궁 수범(椒宮垂範) 동사양명(彤史揚名) 억만사년영비성(億萬斯年永飛聲) (대외)、하늘이 성모(聖母)를 내샤 나시며 뭇 사람 따르도다 대가(大家)에 경사 주셔 임금의 짝이 되시도다 아름다운 덕행 고운 용자 하늘이 내신 숙녀실세 ※곤순(坤順)의 덕은 하늘을 받들척 하고 밝오신 예지는 태양의 빛 미치도다 부덕을 갖추시매 모든 일에 실착없도다 검소하신 덕은 우임금을 찬조함즉 근면하시매로 요순을 받자왔네 자나 깨나 신측하사 덕행이 빛나시도다 ※도산씨(塗山氏)의 근로하심 하우씨(夏禹氏) 도와있고 ※태임(太妊)의 현숙하심 ※태강(太姜)에 피이셨네 오、모후의 갸륵하심 예어른과 비길내다 초궁(椒宮)에 모범되셔 려사에 빛나도다 억만년 지나도록 길이 성명 떨치리라

종헌(終獻)에 숙성곡(淑聖曲)을 주한다。 (가사)의 숙성 옹자생(猗淑聖 雍資生) 래규에 빈주경(來嬪周京) 의범 관중위(懿範冠中闈) 유적유휘(褕翟有暉) 제곤원 찬건극(齊坤元 贊乾極) 순례행 의불특(循禮行 儀不忒) 숙옹 성내치(肅雍成內治) 왕화유시(王化攸始) 유 현덕비유지(維顯德媲柔祗) 파궐미우정이(播厥美于鼎彝) 광휘 요무강(熠燿無疆) 여천동장(與天同長) 유비 궁택휘녕(維閟宮宅徽寧) 사사수 서직형(祀事修 黍稷馨) 종고 주음음(鐘鼓奏愔愔) 필향래흠(苾蠁來歆) 신지격 가불사(神之格可不思) 황 양양여재자(恍洋洋如在茲) 양양 강백상(穰穰降百祥) 비아 치창(俾我熾昌) (대외)、아、정숙하신 덕행 천품에 타셨도다 ※二비(二妃)의 절행이며 ※태임(太妊) ※태사(太姒)의 덕이로다 ※의범(懿範)은 ※곤궁(坤宮)의 으뜸이라 ※유적(褕翟)도 빛나도다 ※곤덕(坤德)을 체현하사 ※건극(乾極)을 도우시며 례법 좇아 행하시매 모든 절차 맞갖거니 조용히 내치(內治)를 이루시매 왕화(王化)의 기초로다 장하신 덕 갖추시매 ※지도(地道)에 가합도다 가지 가지 아름다움 ※정(鼎)과 ※이(彝)에 새겼도다 그지없이 빛나신 덕 영원토록 전하오리 정숙(靜淑)한 이 묘궁(廟宮) 병혼이 안식 하시도다 정성으로 제사 드려 서(黍)와 직(稷)이 향기롭다 종과 북소리 안화로다 감동하여 흠향하시라 신령님의 내림하심 가히 짐작 하리로다 황홀히 오셨는 듯 상하좌우 계시도다 모든 복 내리시여 번창토록 하시라

* 二비(二妃)=중국 상고의 어진 임금 요(堯)의 두 딸 아황(娥皇) 녀영(女英)으로서 순(舜)에 출가하여 그를 도와 성군이 되게 하였다 한다。
* 태임(太妊)=중국 고대 주(周) 문왕(文王)의 모후(母后)。
* 태사(太姒)=문왕의 왕비 태임 태사는 다 현부인의 모범으로 일컫는다。
* 의범(懿範)=어진 행실로 보여 주는 모범。
* 곤궁(壼宮)=황후궁(皇后宮) 즉 왕비를 대칭하는 말。
* 유적(褕翟)=왕후의 복식。
* 곤덕(坤德)=땅의 만물을 내는 덕을 말하는 것으로 왕비의 덕을 비겨 말한 것。
* 건극(乾極)=하늘 덕 즉 임금의 백성을 다스려 살게 하는 덕에 비겨 말한 것。
* 지도(地道)=곤덕(坤德)과 같은 말。
* 정、이(鼎、彝)=정(鼎)은 짐승의 고기를 담는 제기、이(彝)는 술 담는 제기、예전에 임금의 잘한 일을 제기에 그림 또는 문자로 새겼다 한다。
* 곤순(坤順)=녀자의 덕행을 말한 것。
* 도산씨(塗山氏)=중국 고대에 어진 임금의 한 사람인 우임금(禹)은 도산씨의 딸에게 장가들어 내조가 컸다 한다。
* 태임、태강(太妊、太姜)=태임은 중국 주 나라 문왕(文王)의 어머니의 이름이요 태강은 문왕의 할머니의 이름이니 다 숙덕이 있어 주 나라의 건국에 도움을 주었다 하여 숙녀의 모범으로 일컫는다。

목계(穆祭) 경칩(驚蟄)、상강(霜降)날에 행한다 훈헌에 간척무(干戚舞)를 주고 *납씨가(納氏歌)를 창하며 사가 납씨 시퐁강ᄒᆞ야(納氏恃雄强) 입구 동북방ᄒᆞ더니(入寇東北方) 종오 파이력ᄒᆞ니(縱傲跨以力) 봉예라 불가당이로다(鋒銳不可當) 아후— 배용기ᄒᆞ사(我后倍勇氣) 정신 충심흉ᄒᆞ샤(挺身衝心胸) 일사에 ᄯᅢ편비ᄒᆞ시고(一射斃偏裨) 재사에 급피융ᄒᆞ시다(再射及魁戎) 파창 불가구—라(瘡痍不可救) 추분 성화치ᄒᆞ더니(追奔星火馳) 풍성이 고가외어ᄂᆞᆯ(風聲固可畏) 학우도 역감의로다(鶴唳亦堪疑) 탁의 막감당ᄒᆞ니(卓矣莫敢當) 동방이 영무우—로다(東方永無虞) 공성이 재차거ᄒᆞ시니(功成在此擧) 수지 천만추—샷다(垂之千萬秋) (대의)、 납씨(納氏)힘셈을 믿고 우리 동북방 침노하니 오만히 힘을 자랑할새 기세 당하기 어려워라 우리 님 용맹을 몬궈 적의 진지 ᄯᅱ입하다 한살에 비장(裨將)을 쏘고 재자에 괴수를 쏘다 도망해 소용 없오리 쫓는 군사 성화로다 바람 소리에 접을 먹고 학울음도 외심로다 탁월하신 지혜와 용맹에 동방이 길이 편안 ᄒᆞ다 이 싸움에 이루신 공 천만추에 전하오리 아헌에 궁시무(弓矢舞)를 추고 납시가를 창하며 종헌에는 창검무(槍劍舞)를 추고 납씨가를 창하며 철변두(徹籩豆)에는 회선하고 진퇴하면서 정동방곡(靖東方曲)을 창하다。 가사는 문소전(文昭殿)외 종헌조에 있다

(주)

一五九 ☆ 납씨가(納氏歌)‖一三六二년에 고려를 침입하였던 납합출(納哈出) 적당을 티 성계가 격퇴한 업적을 노래한 가사으

친경적전(親耕籍田)식에는 국왕이 대차(大次)에 나오면 여민악(與民樂) 만조(慢調) 헌가악이다를 주하며 (가사)、 천립 아민(天粒我民) 탄강 가곡(誕降嘉穀) 가색 유난(稼穡維難) 불자 가일(不自暇逸) 조민 농공(肇民農功) 사아 신전(耜我新田) 시민 유도(示民有道) 무본 위선(務本爲先) (대의)、 하늘이 백성 살리시라 좋은 곡식 내셨도다 농사짓기 어려워라 일 아니면 어이하리 봄이 되면 농사시작 밭을 갈아 뵈시도다 만백성 본을 받아 제일 근본 힘을 쓰네 례식이 끝난 후 연을 다고 대차소에 돌아올 때도 이와 같이한다

국왕이 적전(籍田)을 갈면「여민악」(與民樂)령 헌가악을 주하며 (가사)、 념아 색사(念我穡事) 일역 기춘(日亦旣春) 우사 우뢰(于耜于耒) 필궁 필친(必躬必親) 오추 오반(五推五反) 고훈 시식(古訓是式) 권아 민천(勸我民天) 유민지측(維民之則) (대의)、 봄이 벌써 되였어마 농사일 걱정 일다 쟁기 잡아 밭가심을 임금 몸소 하시도다 다섯번 밀고 다섯번 돌림 옛 법을 좇오 시다 우리 때

성에 권하노니 모무를 따르시라 국왕이 갈기를 마치고 관경대(觀耕臺)에 오르면 여민악만(與民樂慢)—헌가악—을 주하며 (가사) 왈기 경지(曰旣耕止) 왈역 근지(曰亦勤止) 상하 림지(上下臨只) 곤면 황지(袞冕煌只) 만목 함모(萬目咸覩) 여일 지승(如日之升) 종선 차유(從善且有) 복록 시응(福祿是膺) (대외)、 밥갈기 마치시니 근면하시다 하리로다 군신 상하 모였으니 곤면(袞冕)이 휘황로다 해와 같이 돋으신이 만백성 보는도다 옛 법을 지키시니 복록이 따르오리 남쪽 계단에 오르고 남쪽 계단에 내릴 때에 주하는 악과 노래는 이와 같이 하나 다만 농가악으로 주한다

왕세자(王世子)가 적전을 갈 때에는 역성곡(繹成曲)—헌가악—을 주한다。 (가사) 유엄 기단(有嚴其壇) 유초 기분(有椒其芬) 자자 종공(嗟嗟宗公) 왈역 준분(曰亦駿奔) 이경 이사(以耕以耜) 이우 아왕(以佑我王) 명신 유사(明神有賜) 풍용 풍강(豐用豐康) (대외)、 장엄하게 모은 제단 향내음 진동한다 아、 종실 대신 수고하십 크시도다 쟁기 잡아 밥을 갈아 우리 임금 모우시네 신명이 하감하사 대풍 시절 보리로다。 종실(宗室)、 재신(宰臣)、 제판서(諸判書)、 대간(臺諫)들이 적전을 갈 때에도 이와 같이 한다

대사례(大射禮)와 어사례(御射禮)에는 역성곡을 주하며 다만 헌가악만을 설비한다 (가사) 사락 반궁(思樂泮宮) 가언 려지(駕言戾止) 이향 이사(以享以祀) 례의 졸비(禮儀卒備) 기항 대후(旣抗大侯) 궁시 사장(弓矢斯張) 사후 기수(四鍭旣樹) 만민 소망(萬民所望) (대외) 아、 즐거워라 *반궁(泮宮)에 왕의 수레 멈추셨네 모든 예식 갖추어서 선성(先聖)에 제사 드리도다 큰 과녁 세워놓고 활에 살을 먹였도다 네 살을 맞추시니 만백성 좋아 하도다

(주)

* 반궁(泮宮)＝봉건 제도의 제후(諸侯) 나라 학궁(學宮＝대학)을 반궁이라 하였다。 여기서 학생을 가르치며 또는 공자(孔子) 이하 출중한 선배들을 제사하고 그 행사의 하나로 활쏘기(射禮)도 행하였다。

*시사(侍射)에 역성곡 헌가악을 주한다。 (가사) 오락 반궁(於樂泮宮) 오론 고종(於論鼓鍾) 범백 경사(凡百卿士) 왈개 경종(曰皆景從) 이연 이사(以燕以射) 시기 덕음(矢其德音) 헌

이발공(獻爾發功) 망유 불흠(罔有不欽) (대의)、오、즐거울사 반궁이여 좋고 소리 정연코나 찬란한 예식이라 옷 신하 춤는도다 잔치와 활쏘기로 충성을 맹세합세 님에게 드리을 공을 긔아니 삼갈소냐

(주)

一六一 * 시사(侍射)＝사례(射禮—활쏘기 모임)에서 신하들이 임금을 따라 활을 쏘는 의식。

*친잠(親蠶)식에 왕비(王妃)가 대차소에 나오면 역성곡(繹成曲)을주하며 녀인 광대들 진렬시킨다 (가사)、유잠지리(維蠶之利) 의피 생민(衣被生民) 도아 녀홍(道我女紅) 필궁 필친(必躬必親) 울피 상유(蔚彼桑柔) 승아 의광(承我懿筐) 미감 만이(靡敢慢易) 이훈 사방(以訓四方) (대의)、누에 치는 일이여 백성에 옷 입히도다 *녀공(女功)을 권장하심 왕비 몸소 하시도다 무성한 저 뽕잎을 채광(彩筐)에 따서 담네 수고롭다 꺼릴 것가 천하 백성 교훈한다 왕비가 대차소에 돌아오면 여민악(與民樂)령을 주한다。

(가사)、위의 졸도(威儀卒度) 숙신 불망(淑愼不忘) 왈빈 왈장(曰嬪曰嬙) 승사 미황(承事靡遑) 척강 공시(陟降孔時) 례운 고성(禮云告成) 수천 지우(受天之祐) 혜아 함생(惠我函生) (대의)、모든 절차 행하실제 침착하고 삼가시도다 녀관(女官)과 궁녀들도 왕비 따라 바쁘도다 일거 일동 례절 따라 의식 절차 마치오니 하늘 복 내리시여 우리 백성 살리로다

(주)

* 친잠(親蠶)＝왕비가 양잠(養蠶)을 권장하는 의식。

* 녀공(女功)＝봉건시대에 녀자의 맡은 일로 양잠、직조、침선、음식 만들기 등을 가리켜 말한 것。

시용*하례 및 *연향악(時用賀禮及宴享樂)

*기영회(耆英會)*투호(投壺)놀이의 악장이 붙었다

*망궐례(望闕禮)、*망궁례(望宮禮)、*배표전(拜表箋)、*하대비전(賀大妃殿) 및 *조하(朝賀)、*조참(朝參) 연향(宴享) 등 례식에 왕이 출궁하면 여민락(與民樂)「만기」나 혹은 성수무강(聖壽無疆) 만기를 주하다 전후악(殿後樂)을 먼저 주하고 전정악(殿庭樂)을 다음 주한다。그러나 망궐례、망궁례、배표전、하대비전의 례식에는 전후악이 없다

그 모든 배례(拜禮)에는 락양춘(洛陽春=전정악)을 주하며 왕의 환궁(還宮)에는「여민락」「령」혹은「보허자」(步虛子)「령」의 환궁악을 주하며 전정악을 먼저 주하고 전후악을 다음에 주한다 모든 례연(禮宴)에서 주기(酒器)를 내올 때에는 *계우곡(啓宇曲=헌가악)을 주하며 사신연(使臣宴)의 진주기(進酒器)에는 주악을 하면서 이내 손들이 전상으로 올라와 자리에 앉고 본조연(本朝宴)엔 진주기、진찬안(進饌案)、진화(進花)、진반(進盤) 후에 시연관(侍宴官)이 다 전상으로 올라와 자리에 앉고 기녀와 악공도 곧 뒤따라 전상으로 올라와 자리에 앉는다 그러나 오직 *양로연(養老宴)에만 여러 로인들이 전상에 올라와 앉고 기녀와 악공도 올라와 앉은 뒤에 술 그릇이 나오고 상이 나오며 꽃과 다담상이 나온다。악은 모두 서서 주하며 제일 *정재(第一呈才)가 끝난 후에 모든 의장(儀仗)들을 걸어 치우고 모두 앉아서 주악한다 진찬안(進饌案)、진반아(進盤兒)、대선(大膳)、소선(小膳)을 내올 때세는 모두「여민락」「만기」를 주하고 진찬안、진반아에는 헌가악을、소선、대선을 내올 때에는 전상악(殿上樂)을 주한다 꽃상을 내올 때에는 절화 삼대(折花三臺=헌가악)를 주하고、탕(湯)을、내올 때에는 수룡음「인쇄」(水龍吟引殺)、하운봉「인쇄」(夏雲峯引殺)、여취소「인쇄」(憶吹簫引殺)를 주하고 첫 술잔을 들 때에는 보허자「령」혹은 여민락「령」금전락(金殿樂)을 주하며 기녀(령발기

‖(欽髮妓) 두 사람이 춤춘다 이 춤을 초무(初舞) 금척무(金尺舞)라고 속칭한다 둘째 잔으로부터 매 잔마다 가진 정재를 바꾸어 한다 향、당악 정재 목록을 갖추 기록하여 잔챗날을 전기하여 왕에게 품하여 비준을 받는다 모든 정재가 끝나고 연회를 마칠 때까지 향악을 주하며 여러 기녀들은 악에 따라 노래를 부르며 매 술잔을 들 때마다 기녀 두 사람이 춤을 춘다 광수무(廣手舞)

파연 잔을 들 때에는 정동방곡(靖東方曲)을 주하는데 기녀 네 사람이 춤을 춘다。 가운데에는 년소기(年少妓) 두 사람이 서고 양쪽 가에는 협발기(미리 올린 기녀) 두 사람이 선다。 이 춤을 속칭 파연무 *四수무(罷宴舞 四手舞)라 한다。 춤이 시작되면 악공은 모두 서서 주악하고 여러 기녀들도 서서 발을 구르며 노래한다

기영회(耆英會) 三월 三일、九월 九일에 시행한다 투호 놀이(投壺)에는 락양춘(洛陽春)을 주하다。 (가사) 오황아후(於皇我后) 선양 기진(…耆…) 시화 세풍(時和歲豐) 신량 일길(辰良日吉) 재사 오시(載賜…矢) 이영 금석(以永今夕) 황발 *태배(黃髮鮐背) 위의 억억(威儀抑抑) 서기 다마(庶幾多馬) 병수 개복(…其福) (대외) 어화 우리 임금 늙은이 보양 잘하시도다 시화 년풍하고 때 좋고 날 좋은데 투호 놀이 베푸시어 이 저녁 길이 즐기도다 몸 가짐 정중토다 많은 *맡(점수) 얻으시라 복 많이 받으시라

(주)

一六三 * 하례(賀禮)＝정조(正朝) 명절 또는 경사가 있을 때에 신하들이 임금에게 축하를 드리는 례식。

* 연향(宴享)＝경사나 또는 외국 사신을 대접할 때 베프는 연회。

* 기영회(耆英會)＝나이 많아 벼슬을 내놓은 고관(高官)들을 모아 잔치하는 례석。

* 투호(投壺) 놀이＝연회 끝에 하는 一종 오락회로서 병을 一정한 거리에 세워 놓고 그 속에 살(矢)을 던져 넣어 많이 넣는 사람이 이긴다。 이긴 사람은 진 사람에게 술을 따라 먹이는 것이 절례로 되여 있다。

* 망궐례(望闕禮)＝지방관이 매달 초하루 보름에 궐패(闕牌)에 배례하는 례식 여기서는 정조(正朝)에 황제에게 배하

하는 것을 말한 것。

一六三 ● 계우곡(啓宇曲)=티프 아악곡의 이름인데 헌가악곡이다。회례연(會禮宴)에 사용한다。

● 망궁례(望宮禮)=황후궁을 향하여 배례하는 예식。

● 배표전(拜表箋)=천자의 은명이 있을 때 보내온 예장을 전하고 받는 의식。

● 하대비전(賀大妃殿)=왕대비 (임금 어머님)께 하례드리는 예식。

● 조하(朝賀)=임금에게 하례드리는 예식。

● 조참(朝參)=한달에 네 번씩 임금이 정전(正殿)에 나와 신하의 정견을 청취하는 의식。

● 양로연(養老宴)=기영회가 치사한 고관들을 대접하는 연회라면 양로연은 일반 사서인의 년고자를 초대하는 연회。

● 정재(呈才)=연주(演奏)와 같은 뜻인데 악에 수반하는 노래와 춤 또는 곡예에 아울러 쓰는 것。

一六四 ● 황발 태배(黃髮鮐背)=늙은이의 흰 머리가 다시 누르고 허리가 굽다는 것이니 늙은이를 형용하는 말。

● 주(籌)=득점을 계산하는 주까지를 가리키는 말이다。「많은 籌」이라 함은 투호 놀이의 득점이 많음을 말한 것이다。

● 사수무(四手舞)=춤의 형태나 동작상으로 붙인 명칭。「四」는「回」의 오자,「手」는「袖」와 통용한 것으로「四手舞」는「回袖舞」로 인정한다。

세종조 회례연의(世宗朝會禮宴儀) 제五작(第五爵) 이상은 아악을 주하고 그 이하부터는 속악을 주한다

국왕의 출입에는 헌가악으로 륭안악(隆安樂)을 주하며 왕세자 배례에는 헌가악으로 서안악(舒安樂)을 주한다 (군신 배례에도 통용한다)

왕세자가
첫 잔을 드릴 때에는 헌가악으로 휴안악(休安樂)을 주하며
의정대신(議政大臣)이 둘째 잔을 드릴 때와 다반상을 올릴 때에도 주악은 같다.
소선(小膳)을 올릴 때에는 헌가악으로 수보록악(受寶籙樂)을 주하고
세째 잔을 올릴 때에는 등가악으로 문명곡(文明曲)을 주하며 문무(文舞)가 들어와 춘다.
직사를 올릴 때에는 헌가악으로 근천정악(覲天庭樂)을 주하고
네째 잔을 올릴 때에는 등가악으로 하황은악(荷皇恩樂)을 주하며 문무가 들어와 춘다.
직사를 올릴 때에는 헌가악으로 수명명악(受明命樂)을 주하고
다섯째 잔을 올릴 때에는 헌가악으로 무렬곡(武烈曲)을 주하며 무무(武舞)가 들어와 춘다.
직사를 올릴 때에는 당악(唐樂)으로 서자고악(瑞鷓鴣樂)을 주하고
여섯째 잔을 올릴 때에는 몽금척기(夢金尺伎)를 연하며 무동춤을 춘다.
직사를 올릴 때에는 당악으로 수룡음악(水龍吟樂)을 주하며
일곱째 잔을 올릴 때에는 오양선기(五羊仙伎)를 연하며 무동춤을 춘다.
직사를 올릴 때에는 당악으로 황하청악(黃河淸樂)을 주하며
여덟째 잔을 올릴 때에는 동동기(動動伎)를 연하며 무동춤을 춘다.
직사를 올릴 때에는 당악으로 만년환악(萬年歡樂)을 주하며

아홉째 잔을 올릴 때에는 무고기(舞鼓伎)를 연하며 무동춤을 춘다。

대선(大膳)을 올릴 때에는 당악으로 대평년악(大平年樂)을 주하고 이내 향악 당악이 혼합하여 정동방곡(靖東方曲)을 주악하며 무동춤을 춘다。

세종조의 달에 따라 쓰는 악률(世宗朝 隨月用律)

동지(冬至) 아악

륭안악(隆安樂) 十七 황종궁 헌가악

황고응남(黃姑應南)、유고림남(蕤姑林南)、유림유고(蕤林蕤姑)、남유고림(南蕤姑林)。 황태황고(黃太黃姑)、응남태황(應南太黃)

서안악(舒安樂) 고선궁조、달에 붙게하고 상시에 통용하나 가사는 없다

고이무이(姑夷無夷)、고이응태(姑夷應汰)、응태고이(應汰姑夷)、무이유고(無夷蕤姑) 원편의 방점은 정성의 표시、이하 같다 — 역자

수보록악(受寶籙樂) 一 황종궁 헌가악이다

황남유고(黃南蕤姑)、남고태황(南姑太黃)、유림응남(蕤林應南)、림남황림(林南黃林)、유림남고(蕤林南姑)、응황고남(應黃姑南)、림남황고(林南黃姑)、림남태황(林南太黃)

문명곡(文明曲) 九 황종궁 등가악이다

황남림남(黃南林南)、림고림남(林姑林南)、유림유고(蕤林蕤姑)、응남태황(應南太黃)

문명곡(文明曲) 一〇 황종궁 등가악이다

황고유고(黃姑蕤姑)、황고림남(黃姑林南)、림남황고(林南黃姑)、유고태황(蕤姑太黃)

무열곡(武烈曲) 一一 황종궁 헌가악이다

황림응황(黃林應黃)、림남유고(林南蕤姑)、림남유림(林南蕤林)、응황태황(應黃太黃)

무열곡(武烈曲) 二一 황종궁 헌가악이다

황림응남(黃林應南)、 유고림남(夾姑林南)、 유남유림(夾南夾林)、 황고태황(黃姑太黃)

휴안악(休安樂) 二二 황종궁 헌가악이다

황태응남(黃太應南)、 응남태황(應南太黃)、 응황응남(應黃應南)、 림남황림(林南黃林)、 유림남고(夾林南姑)、 황고태황(黃姑太黃)

근천정악(覲天庭樂) 二三 황종궁 헌가악이다

황고유고(黃姑夾姑)、 황고태황(黃姑太黃)、 유림응남(夾林應南)、 림남황림(林南黃林)、 응황유고(應黃夾姑)、 림남태황(林南太黃)

하황은악(荷皇恩樂) 二四 황종궁 등가악이다

황림응남(黃林應南)、 림남태황(林南太黃)、 응황응남(應黃應南)、 남유고림(南夾姑林)、 유림유고

(蕤林蕤姑)、유고태황(蕤姑太黃)

수명명악(受明命樂) 二五 황종궁 헌가악이다

황태황고(黃太黃姑)、남유고림(南蕤姑林)、유림응남(蕤林應南)、림남태황(林南太黃)、응황유고(應黃蕤姑)、응남림황(應南林黃)

정월 초하루 아침에 쓰는 아악(正朝雅樂)

수보록악(受寶籙樂) 一 태주궁 헌가악이다

태응이유(太應夷蕤)、응유고태(應蕤姑太)、이남대응(夷南汰應)、남응태남(南應太南)、이남응유(夷南應蕤)、대태유응(汰太蕤應)、남응태유(南應太蕤)、남응고태(南應姑太)

문명곡(文明曲) 九 태주궁 등가악이다

태응남응(太應南應)、남유남응(南蕤南應)、이남이유(夷南夷蕤)、대응고태(汰應姑太)

문명곡(文明曲) 一〇 태주궁 등가악이다

태유이유(太蕤夷蕤)、 태유남응(太蕤南應)、 남응태유(南應太蕤)、 이유고태(夷蕤姑太)

무렬곡(武烈曲) 一一 태주궁 헌가악이다

태남대태(太南汏太)、 남응이유(南應夷蕤)、 남응이남(南應夷南)、 대태고태(汏太姑太)

무렬곡(武烈曲) 一二 태주궁 헌가악이다

태남대응(太南汏應)、 이유남응(夷蕤南應)、 이응이남(夷應夷南)、 태유고태(太蕤姑太)

휴안악(休安樂) 二三 태주궁 헌가악이다

태고대응(太姑汏應)、 대응고태(汏應姑太)、 대태대응(汏太汏應)、 남응태남(南應太南)、 이남응유(夷南應蕤)、 태유고태(太蕤姑太)

근천정지악(覲天庭之樂) 二三 태주궁 전가악이다

태유이유(太蕤夷蕤)、태유고태(太蕤姑太)、이남대응(夷南汰應)、남응태남(南應太南)、대태이유(汰太夷蕤)、남응고태(南應姑太)

하황은지악(荷皇恩之樂) 二四 태주궁 전가악

태남대응(太南汰應)、남응고태(南應姑太)、대태대응(汰太汰應)、응이유남(應夷蕤南)、이남이유(夷南夷蕤)、이유고태(夷蕤姑太)

수명명악(受明命樂) 二五 태주궁 천가악이다

태고태유(太姑太蕤)、응이유남(應夷蕤南)、이남대응(夷南汰應)、남응고태(南應姑太)、대태이유(汰太夷蕤)、대응남태(汰應南太)

八월 양로연 아악(八月養老宴雅樂)

수보록아(受寶籙樂) 一남려궁 헌가아이다

남유협대(南蕤浹汏)、 유대웅남(蕤汏應南)、 협고이유(浹姑夷蕤)、 고유남고(姑蕤南姑)、 협고유대(浹姑蕤汏)、 이남대유(夷南汏蕤)、 고유남대(姑蕤南汏)、 고유웅남(姑蕤應南)

문명곡(文明曲) 九남려궁 동가아이다

남유고유(南蕤姑蕤)、 고대고유(姑汏姑蕤)、 협고협대(浹姑浹汏)、 이유웅남(夷蕤應南)

문명곡(文明曲) 一〇남려궁 동가아이다

남대협대(南汏浹汏)、 남대고유(南汏姑蕤)、 고유남대(姑蕤南汏)、 협대웅남(浹汏應南)

무렬곡(武烈曲) 一一남려궁 헌가아이다

남고이남(南姑夷南)、 고유협대(姑蕤浹汏)、 고유협고(姑蕤浹姑)、 이남웅남(夷南應南)

무렬곡(武烈曲) 一二 남려궁 헌가악이다

남고이유(南姑夷甤)、협대고유(浹汰姑甤)、협유협고(浹甤浹姑)、남대응남(南汰應南)

휴안악(休安樂) 二二 남려궁 헌가악이다

남응이유(南應夷甤)、이유응남(夷甤應南)、이남이유(夷南夷甤)、고유남고(姑甤南姑)、협고유대(浹姑甤汰)、남대응남(南汰應南)

근천정악(覲天庭樂) 二三 남려궁 헌가악이다

남대협대(南汰浹汰)、남대응남(南汰應南)、협고이유(浹姑夷甤)、고유남고(姑甤南姑)、이남협대(夷南浹汰)、고유응남(姑甤應南)

수명명악(受明命樂) 二五 남려궁 헌가악이다

남응남대(南應南汰)、유협대고(甤浹汰姑)、협고이유(浹姑夷甤)、고유응남(姑甤應南)、이남협대

(夷南夾汰)、 이유고남(夷蕤姑南)

九월 양로연 아악(九月養老宴雅樂)

수보록아(受寶籙樂) 一 무역궁 헌가아이다

무림고태(無林姑汰)、 림태황무(林汰潢無)、 고중남림(姑仲南林)、 중림무중(仲林無仲)、고중림태(姑仲林汰)、 남무태림(南無汰林)、 중림무태(仲林無汰)、 중림황무(仲林潢無)

문명곡(文明曲) 九 무역궁 등가아이다

무림중림(無林仲林)、 중태중림(仲汰仲林)、 고중고태(姑仲姑汰)、 남림황무(南林潢無)

문명곡(文明曲) 一〇 무역궁 등가아이다

무태고태(無汰姑汰)、 무태중림(無汰仲林)、 중림무태(仲林無汰)、 고태황무(姑汰潢無)

무렬곡(武烈曲) 一一 무역궁 헌가악이다

무중남무(無仲南無)、중림고태(仲林姑汰)、중림고중(仲林姑仲)、남무황무(南無潢無)

무렬곡(武烈曲) 一二 무역궁 헌가악이다

무중남림(無仲南林)、고태중림(姑汰仲林)、고림고중(姑林姑仲)、무태황무(無汰潢無)

휴안악(休安樂) 二二 무역궁 헌가악이다

무황남림(無潢南林)、남림황무(南林潢無)、남무남림(南無南林)、중림무중(仲林無仲)、고중림태(姑仲林汰)、무태황무(無汰潢無)

근천정악(覲天庭樂) 二三 무역궁 헌가악이다

무태고태(無汰姑汰)、무태황무(無汰潢無)、고중남림(姑仲南林)、중림무중(仲林無仲)、남무고태

(南無姑汰)、 중림황무(仲林潢無)、

수명명아(受明命樂) 二五 무역궁 헌가아이다

무황무태(無潢無汰)、 림고태중(林姑汰仲)、 고중남림(姑仲南林)、 중림황무(仲林潢無)、 남무고태、
(南無姑汰)、 남림중무(南林仲無)

가사(歌詞)=황종궁조 협률은 태주궁、 남려궁、 무역궁으로 갈다)

륭안악(隆安樂)

(황고응남)、 (유고림남) (유고유림) (남유고림) (황태황고) (응남태황)
미미아왕 경명기덕 란무영성 치도희흡 오만사년 수천지록
(亹亹我王 敬明其德 [illegible]撫盈成 治道熙洽 於萬斯年 受天之祿)

대의

수고하시는 우리 임금
그 정사 광명토다

백성을 살게 하여
나라이 편안토다
오、천년 만년
하늘 복을 받으소서

휴안악(休安樂)

(황태응남) 오황성주 · (응남태황) 성머난명 (응황응남) 예비악화 (림남황림) 백모유정 (유림남고) 미천만세 (황고태황) 영관궐성

(於皇聖主 · 隆德難名 禮備樂和 百度惟貞 彌千萬世 永觀厥成)

대의

어화、거룩하신 임금
장하신 공덕 말할 수 없네
예와 악이 정리되고
모든 제도 갖춰졌네
천만년 지나도록
길이 룸성 보리로다

수보록악(受寶籙樂)

(황남유고) 퍼고외산 (남고태황) 석여천제 (유림응남) 우이부지 (림남황림) 득지이서 (유림남고) 환환목자 (응황고남) 승시이작 (림남황고) 수기보지 (림남태황) 주초기며

(팡남유고) (남고태팡) (유멈옥남) (멈남팡멈) (유멈남고) (웅황고남) (멈남장고) (멈남태팡)
비외군자 태자금성 삼전삼읍 찬이성지 전우신묘 전조팔백 아룡수지 찔유보록

(彼高突山 石與天齊 于以剖之 得之異書 桓桓木子 乘時而作 誰其輔之 走肖其德 非衣君子 來自金城
三奐三邑 贊而成之 奠于新都 傳祚八百 我龍受之 粤惟寶籙)

대의

저 높은 산에
하늘에 닿을 바위 있어
그 바위 쪼개고 보니
이상한 기록 나오도다
무궁 높은 리성(李姓)이
때를 따서 일어나도다
보좌할 재 누구인고
조(趙)성인 이 귀로다

* *

배(裵) 성 가진 군자
금성(金城)으로부터 오고
정(鄭)성 가진 세 사람
그를 도와 성공하며

* *

새 땅에 모육하여
팔백년을 누리리라.
이 글은 *보록(寶籙)이니
내 피일이 받으소서

(주)

* 보록(寶籙)—리 성계(李成桂)가 왕이 되리라는 예언이 바위 틈에서 나왔다는 황당한 글이다. 따서 조선의 건국을 신비화시키고 합리화시키려는 의도에서 조작한 문건임은 의심할바 없다. 이 가사는 이것을 찬양하는 노래다.

근천정악(覲天庭樂)

一 (황고유고) 진진왕자 (황고태황) 먹음풍창 (유림용남) 집회기학 (림남황림) 규벽기장 (용황유고) 천자유지 (림남태황) 방인진황 二 (황고유고) 유군부사 (황고태황) 불감후황

(유림용남) 기견천자 (림남황림) 부납유상 (용황유고) 패금소저 (림남태황) 가국지황 三 (황고유고) 면면왕자 (황고태황) 숙군의방 (유림남용) 잔대태귀 (림남황림) 중사지황

(용황유고) 판판아왕 (림남태황) 수고이강 四 (황고유고) 왕자태귀 (황고태황) 기락무강

一 (振振王子 錫音孔彰 緝熙其學 奎璧其章 天子有旨 邦人疑憾 二 維君父使 不敢或遑 既見天子 敷納惟詳

貝錦消沮 家國之昌 三 勅勅王子 夙夜靡方 專對來歸 宗社之光 桓桓我王 壽考而康 四 王子來歸 其樂無疆

뎨외

변변하신 왕자님
영섬이 빌치도다
학식도 밝오시고
문장은 주옥이라
원자의 분부있어
나라사람 무려워하도다

* *

분부의 시김 부텁
어이 감히 완만하며
원자 앞에 맞뵈옵고
자상히 사뢰였더니
원자 외심 풀오시니
나라의 경사도다

* *

수고하시는 왕자님
어릴 때부터 영명도다
원자를 맞뵈옵고 풀아오니
나라의 영광이도다

무용 높은 우리 임금
수복 강녕(壽福康寧) 비옵내다

* *

왕자님 몰아 오시니
즐거우심 무궁하디

* 이 악은 리조 건국 후에 명 나라의 승인을 얻지 못하였던바 태종을 보내어 설명한 사실을 노래한 것이다

* 문명곡(文明曲)

一 (황남림남) 오황태조 (림고림남) 성덕재궁 (유림유고) 응천순인 (응남태황) 엄유대동 (황고유고) 무위기흡 (황고림남) 문치이륭 (림남황고) 심인후택 (유고태황) 수유무궁

二 (황남림남) 오소태종 (림고림남) 계서증풍 (유림유고) 덕유경명 (응남태황) 치이인륭 (황고유고) 외천사대 (황고림남) 종시일성 (림남황고) 억만사년 (유고태황) 영저풍향

一 於皇太祖 聖德在躬 應天順人 奄有大東 武威既戢 文治以隆 深仁厚澤 垂裕無窮 二 於昭太宗 纘序增功
德由敬明 治以仁隆 畏天事大 終始一誠 億萬斯年 永底豐享

대의

어와 태조 할배시여
거룩하신 덕 지니시매
천명과 인심에 순응하사
우리 동방 차지셨도다

무위(武威)로 평정하고
*문치(文治)로 다스리니
깊은 은혜 후한 덕택
자손의 복 그지없도다

* *

오, 영명하신 태종 앞에
제업 이어 몸구시니
공경하신 덕이 밝고
어진 정사 거룩로다

천명과 분수 지켜
내치 외교 밝히시니
억만년 지내도록
이 제사 받으시디

(주)

一八二 * 문명곡(文明曲)=리조 아악곡의 이름인데 회례연 등가아곡이며 궁조이다. 문무를 수반한다. 가사의 내용은 리태조와 태종의 건국을 례찬한 것이다.

一八三 * 문치(文治)=백성들의 생활 향상과 문화수준 제고를 위하여 제반 시설과 제도 수립에 주력하는 정치를 말한 것.

하황은악(荷皇恩樂)

一 (황림웅남) 혁혁시조 (림남태황) 조아동방 (웅황웅남) 전자급손 (남유고림) 세유철왕 (유림유고) 금옥기상 (유고태황) 천부총명 (황림웅남) 기효차제 二 (림남태황) 기인차성
(웅황웅남) 즙희성학 (남유고림) 유일미미 (유림유고) 명소부왕 (유고태황) 윤야지자 三 (황림웅남) 내편우근 (림남태황) 내탁국사 (웅황웅남) 황제왈유 (남유고림) 석시명명
(유림유고) 왕배계수 (유고태황) 황제신성 四 (황림웅남) 황제신성 (림남태황) 은일조선 (웅황웅남) 소대무도 (남유고림) 감극천연 (유림유고) 면면종사 (유고태황) 미만억년

一 赫赫始祖 造我東方 傳子及孫 世有哲王 金玉其相 天賦聰明 二 旣孝且悌 旣仁且誠 緝熙聖學 惟日亹亹
明昭父王 允也知子 三 迺俾于覲 迺托國事 皇帝曰兪 錫是明命 王拜稽首 皇帝神聖 四 皇帝神聖 恩溢朝鮮
小大舞蹈 感極天淵 綿綿宗社 彌萬億年

대의

혁혁한 시조 할배
우리 동방 마련모다
아들 손자 대를 이어
어진 임금 나시모다
금옥같이 귀하신 몸
하늘이 내신 총명이로다

* *

부모 형제 화목하고

대성사랑 극진하며
섬마([illegible])을 밟히올세
날로 근면하시도다
명철하신 사바마마
그아도님 아시도다

＊ ＊

함어 저사 못하실새
국사부탁 하시도다
황제 옹이 여기시매.
때히 칙명(勅命)주시도다
우리 임금 머리 조아
황제 거룩하시외다

＊ ＊

황제 거룩하시외다
그 은택 나라에 넘치도다
대소 신민 무도하며
천은(天恩)을 감격하도다
길고 길 국운이여
억만년에 비치시라

* 이 악은 리 성계의 제 三자인 태종이 전위(傳位)를 받음에 대하여 명 나라가 승인한 것을 축하하는 악가.

(주)

一八五 * 성모(聖謨)=성인(聖人)의 가르침. 유교 철학을 가리켜 이렇게 말했다.

* 칙명(勅命)=황제의 승인서.

* 무렬곡(武烈曲)

一 (황렴융황) 환환성조 (림남유고) 수천지룡 (림남유림) 기주납씨 (웅황태황) 역첩운봉 (황림웅남) 외기언선 (유고림남) 취피흉잔 (유남유림) 무공기정 (황고태황) 동민이안

二 (황림융황) 오혁태종 (림남유고) 비승무렬 (림남유림) 반단정사 (웅황태황) 군정서열 (황림웅남) 야인시징 (유고림남) 도이분명 (유남유림) 사방무우 (황고태황) 유공지무

一 桓桓聖祖 受天之龍 旣走納氏 亦挫雲峯 巍旗言旋 取彼凶殘 武功旣定 東民以安 於赫太宗 丕承武烈

奠民定社 羣情胥悅 野人是懲 島夷弭命 四方無虞 惟功之懋 (『取彼凶殘』은 원문에 『彼取凶殘』으로 되였다. 간오로 인정되어 시정하였음=역자)

대의

무공 높으신 우리 성조

하늘의 피임 받으시도다

*납씨(納氏) 모져 물리치고

*운봉(雲峰)에 승리 거두시다

*외기(巍旗)들어 돌오시매

흉포한 자 물리치고
무공 세워 평정하니
동국 백성 평안로다

＊ ＊

오, 빛나는 태종 할배
크게 무위 이오시다
나라를 바로잡고 사직을 굳히시니
뭇 백성 즐기도다

＊야인(野人)이 두려하고
＊도이(島夷)가 귀순하니
사방이 근심 없어
장하신 무공의 덕이로다

(주)

一八六 ＊무열지곡(武烈之曲)＝리조 아악곡의 이름이다。헌가악으로 궁조인데 무무(武舞)를 수반한다。

＊납씨(納氏)＝기주。

＊운봉(雲峰)승리＝○○○○년에 리 성계가 왜구를 운봉에서 격파한 사실을 말한 것。

＊외기(巍旗)＝一三八八년 五월에 리 성계가 위화도(威化島)에서 회군한 것을 가리켜 말한 것。

一八七 ＊야인(野人)＝우리 동북방과 만주에 걸쳐 살던 녀진족을 말한 것。

一八七 ● 도이(島夷)＝일본사람을 가리켜 말한 것

수명명곡(受明命曲)

一 (황태황고) 미미아왕 (남유고림) 덕명경지 (유림응남) 효우시정 (림남태황) 명망불이 (응황유고) 익익내심 (응남림황) 사대유일 二 (황태황고) 봉양성교 (남유고림) 점우출일
(유림응남) 제석명명 (림남태황) 금인사황 (응황유고) 우하석지 (응남림황) 곤의구장 三 (황태황고) 왕배수명 (남유고림) 천자성명 (유림응남) 신민상경 (림남태황) 종사여영
(응황유고) 오락아왕 (응남림남) 하천지휴 四 (황태황고) 체인보민 (남유고림) 수고천추 (유림응남) 오락아왕 (림남태황) 여일지승 (응황유고) 이모극정 (응남림황) 만세기승

一 亹亹我王 德明敬止 孝友施政 令聞不已 翼翼乃心 事大惟一 二 奉揚聲敎 漸于出日 帝錫明命 金印斯煌
又何錫之 袞衣九章 三 王拜受命 天子聖明 臣民相慶 宗祀與榮 於樂我王 荷天之休 四 體仁保民 壽考千秋
於樂我王 如日之升 貽謨克正 萬世其承

대의

근면하신 우리 임금
광명 정대 하시도다
효도로 시정근본 삼으시니
성망이 천하에 떨치도다
일마다 삼가실새

자대지성 전입도다

빗난 문화 천앙하매
점차로 햇살 퍼지도다
황제의 밝은 조명(詔命) 내리시니
황금 인장(印章) 빗나도다
또 주신 것 무엇인고
*곤의구장(袞衣九章) 빗나도다

임금이 하ᄂᆞᆯ 명 받으시니
황제 거룩하시도다
신민의 경사이오
나라의 영화도다
어화、우리 임금
하ᄂᆞᆯ 공경하신 복이로다

하ᄂᆞᆯ 뜻 본을 받아
이 백성 보육하니
천추 만세에
태양 같이 빗나리라
위자손계(爲子孫計) 하오시니
만만세를 누리리라

* 리조 왕실이 명 나라의 책봉(冊封)을 받고 그들의 사대주의 외교의 승리를 노래하는 가사다。

(주)

一八九 * 곤의九장(袞衣九章)=임금이 입은 웃옷과 치마에 룡、산、꿩、화염、범 (이상은 웃옷에 그림) 수조(水藻)、분미(粉米=싸라기눈)같이 수놓은 것)、 복기생 黻亞짜형 등 (이상은 치마에 수놓는다) 아홉가지 문양과 그림을 그린것을 가리켜 말한 것。

악학궤범 권二 끝

악학궤범 권三

고려사 악지 당악정재(高麗史樂志唐樂呈才)

*헌선도(獻仙桃)

검은 빛 삼의(衫衣)를 입은 춤의 대오는 악관 및 기녀 (악관은 검은 삼의에 복두(幞頭)를 쓰고 기녀는 홍삼에 홍대를 띠다) 를 거느리고 남쪽에 서고 악관과 기녀는 두 줄로 앉는데 기녀 한 사람은 *왕모가 되고 좌우 각 한 사람은 두 *협무가 되여 횡렬로 나란이 앉고 개(蓋) 차비 세 사람은 그 뒤에 서고 *인인장 차비 두 사람, *봉선(鳳扇) 차비 두 사람, 룡선(龍扇) 차비 두 사람, 작선(雀扇) 차비 두 사람, 미선(尾扇) 차비 두 사람은 각각 좌우에 갈라서고 정절(旌節) 차비 여덟 사람은 매 대렬 사이에 선다. 악관이 *회팔선 인자(會八仙引子)를 아뢰면 *죽간자(竹竿子) 차비 두 사람이 먼저 무도하며 물어와 좌우로 갈라선 다음 악이 멎고 구호로 말하기를『邈在蓬壺 來朝鳳闕 奉千年之美實 呈萬福之休祥 敢冒宸顔

謹進口號(대의 —멀리 *오대(紫臺)에 있다가 *봉궐(鳳闕)에 래조하여 천년 선과(仙果)를 받잡고 만복의 상서를 드리고자 감히 룡안을 뵈옵고 구호를 삼가 올리나이다)」하고 마주 서면 악관이 또 회팔선 인자를 주한다。 의장물(儀仗物) 차비 一八인은 앞서와 같이 무도하고 나와 좌우로 갈라선다。 왕모 세 사람 개 차비 세 사람이 무도하고 나와 선 뒤 악이 멎고 악관 한 사람이 *선도반(仙桃盤)을 받들어 기녀 (년소 기녀를 택하여) 에게 주면 기녀는 받들어 왕모에게 전해 주고 왕모는 선도반을 받들고 헌도하는 원소가회 사(元宵嘉會詞)를 창한다。

가 사

원소 가회 상춘광(元宵嘉會賞春光)
성사 당년 억*상양(盛事當年憶上陽)
요상 회첨 천북극(堯顙喜瞻天北極)
순의 심공 전 중앙(舜衣深拱殿中央)
환성 호탕 련소곡(讙聲浩蕩連韶曲)
화기 인온 대어향(和氣絪縕帶御香)
장관 대평 하이보(壯觀大平何以報)

반도 일타 헌천상(蟠桃一朶獻千祥)

대 의

정월 보름 아름다운 저녁의
봄을 즐기는 놀음놀이
옛 날 *상양궁(上陽宮)의
호화롭던 모습 방불케 한다

기쁘신 성군의 룡안
보좌(寶座)에 바라 뵈니
빛나는 곤포자락
대궐 가온대 느리셨네

일어나는 환호 소리는
아름다운 주악에 련속하고

봄 저녁의 평화한 기운은
향연(香煙)과 함께 자옥하다

태평 성대를
무엇으로 갚사 오리
반도(蟠桃) 한 가지 꺾어 올려
성수무강(聖壽無疆)을 비옵니다。

(주)

一九一 * 헌선도(獻仙桃)=고려 정재(高麗呈才) 에 제명(題目名)、 당악법곡(法曲) 헌선음(獻仙音)에 의방한 것 (고려사 악지 참조)。

* 인인장(引人仗)=정재무(呈才舞)의 의물(儀物)의 이름、즉 대열을 지휘하는 역할을 하는 표식。

* 봉선(鳳扇)、 룡선(龍扇)、 작선(雀扇)、 미선(尾扇)、 정절(旌節)=이것은 다 의물(儀物)의 이름 八、九편 의물 복식편 참조。

회팔선 인자(會八仙 引子)=고려 당악 곡명、「인자」는 「서곡」의 뜻이 있다。팔선녀(八仙女)를 모아 노래하는 가곡의 뜻。

* 죽간자(竹竿子)=춤대열을 지휘하는 표식。

一九一 * 왕모(王母)=서왕모(西王母)의 략칭. 고대 사람들이 자기들의 희망을 반영한 리상적 인간으로서 초인간적 신비력을 가진 녀성적 신선의 녀왕의 뜻. 여기서는 그 배역(配役)을 가리킨 말.

* 협무(挾舞)=서왕모의 시녀 역으로서 춤의 반무장.

一九二 * 오대(鰲臺)=신선이 사는 선산의 이름 「鰲山」과 같은 말.

* 봉궐(鳳闕)=대궐을 수식하는 명칭.

* 선도반(仙桃盤)=먹으면 천년을 살 수 있다는 서왕모의 복숭아(仙桃)를 담아 임금에게 드리는 기물.

一九三 * 상양궁(上陽宮)=중국 당 고종(唐高宗 一六五〇—一六八三년) 년간에 건축된 궁전의 이름.

창이 끝나면 아관은 헌천수(獻天壽) 만조를 주하고 왕모 세 사람은 일난풍화사(日暖風和詞)를 창한다.

가 사

일난 풍화 춘갱지(日暖風和春更遲)
시태평시(是太平時)
아종봉도 정용자(我從蓬島整容姿)

래강 하단지(來降賀丹墀)

행봉등석 진가회(幸逢燈夕眞佳會)

희근천위(喜近天威)

신선 수산 원무기(神仙壽算遠無期)

헌군수 만년사(獻君壽 萬年斯)

대 외

화창한 봄날

시절은 태평 성대

내 *봉래산(蓬萊山)으로부터

대궐 뜰에 내려 하례합내다.

때마침 *상원(上元)이라 좋은 밤의

*천안을 뵈옵기 즐겁사외다.

신선은 오래 사는 것

*성상께 만년수를 드리옵내다.

(주)

一九六 * 봉래산(蓬萊山)=전설에 신선이 산다는 산의 이름.
* 상원(上元)=정월 보름날의 이칭.
* 천안(天顔)=봉건 시대에 임금의 얼굴을 말한 것.

一九七 * 성상(聖上)=봉건 군주에 대한 존칭.

창이 끝나면 악판이 인해 곧 *헌천수 령 최자조(獻天壽令嗺子調)를 주한다.

가 사

랑원 인간 수격(閬苑人間雖隔)
요문 성덕 미고(遙聞聖德彌高)
서리선경 하운소(西離仙境下雲霄)

래헌 천세 령도(來獻千歲靈桃)

상축황령 제천구(上祝皇齡齊天久)
유무도하 하성조(猶舞蹈賀賀聖朝)
제항 교주 사방래(梯航交湊四方來)
단공 영보종조(端拱永保宗祧)

대 의

선경과 인간 세상 다르오나
높으신 성덕 모르오리까
선계로부터 세상에 내며
천년 선도(仙桃)를 드리옵니다。

성수 무강 비오며
춤 추어 성대를 치하합니다。

이웃 나라 사절단 밀려오니
이 나라 국운 그지 없도다.

(주)

一九七 * 헌천수 령 최자조(獻天壽令 嗺子調)—고려 당악 곡명. 헌천수는 성수를 빈다는 뜻 「령」은 가곡의 분류, 최자조는 악조의 이름, 당악 법곡 헌천화(獻天花)에 의방한 것.

창이 끝나면 악판이 또 *금잔자만조 (金盞子慢調)를 주하며 왕모는 대렬에서 나오지 않고 돌면서 춤 추기를 마치고 악이 멎으면 왕모가 조금 앞으로 나와 소매를 들고 려일서장 사(麗日舒長 詞)를 창한다.

가 사

려일 서장 정총총(麗日舒長正葱葱)
서기 편만신경(瑞氣遍滿神京)

구중천상 오운개처(九重天上五雲開處)
단루벽각 쟁영(丹樓碧閣崢嶸)
성연초개(盛宴初開)
금막수장 교횡(錦幕繡帳交橫)
상원가절 군신제회(上元佳節君臣際會)
공락승평(共樂昇平)

광정라기 분영동(廣庭羅綺紛盈動)
일부생가 진신성(一部笙歌盡新聲)
봉래궁전 신선경(蓬萊宮殿神仙景)
호탕춘광 리이왕성(浩蕩春光邐迤王城)
연수 우흘 천색(烟收雨歇天色)
야갱징청(夜更澄淸)
우 천심화수 등산참치(又千尋火樹燈山參差)
대월선명(帶月鮮明)

대의

아름다운 봄날은 길고 길어
평화의 기운 *장안에 넘치고
*구중 궁궐엔 채운(彩雲)이 몰렸도다.

붉고 푸른 루각 솟아있고
큰 잔치 열어
수 놓은 비단장막 벌여져 있다.

상원이라 좋은 날에
임금 신하 서로 모여
승평(昇平)을 즐기도다.
널직한 대궐 뜰에
아릿다운 미인들 그득차고

풍악소리 새곡조 아름다워라

봉래 궁전 선경일시 분명하고
왕성의 봄빛이 둘렸는데
비개고 안개 걷힌 날씨로다

밤은 더욱 맑았는데
천길 불나무의 휘황한 등불
달 빛에 다시금 선명토다。

(주)

一九九 * 금잔자(金盞子)=고려 당악 곡명。「평조」(平調)에 속한다。

二○一 * 장안(長安)=서울、도성안。

* 구중 궁궐(九重宮闕)=건물이 겹겹이 쌓인 대궐을 수식하는 말。

창이 끝나면 물러서고 악관이 금잔자 령 최자조(金盞子 令 嗺子調)를 주하면 두 협무(兩挾)가 춤 추며 앞으로 나왔다 뒤로 물러갔다 하면서 제자리에 돌아가면 악이 멎고 두 협무가 춤 추며,

동풍보난사(東風報暖詞)를 창한다。

가 사

동풍보난 도두(東風報暖到頭)
가기 점 융이(嘉氣漸融怡)
외아 봉궐 기*오산(巍峨鳳闕起鰲山)
만인 쟁용훈애(萬仞爭聳雲涯)

이원제자 제주(梨園弟子齊奏)
신곡 반시운지(新曲半是塤篪)
견 만정잠신(見滿庭簪紳)
취포송 록명시(醉飽頌鹿鳴詩)

대 의

훈훈한 봄바람 낮을 스처

사람의 마음 호탕케 하는데
장엄한 대궐안에
오산(鰲山)이 구름속에 솟았구나

리원(梨園)의 주악 소리
*훈、지(塤、篪) 성이 반이온데
뜰에 가득한 *잠영세신(簪纓世臣)、
취포(醉飽)하여 *록명시(鹿鳴詩)를 노래하도다。

(주)

二〇三 * 오산(鰲山)=오산은 전설에 신선이 산다는 산의 별칭인데 정월 一五일 밤 숙아 정재에서 산 형상으로 붕을 맏고 그 아래에 로대(露臺)를 만들고 각종 연기를 하게 된 무대 설비。

二〇四 * 훈、지(塤、篪) 성=훈과 지는 악기의 이름인데 본래 형제간에 화목한 것을 말한 것이다。 여기서는 린방 국가들과의 친선을 말한 것。

* 잠영세신(簪纓世臣)=대대로 벼슬하는 귀족들을 말한 것。

* 록명시(鹿鳴詩)=중국의 옛날에 임금과 신하가 서로 즐기는 것을 노래하던 시、즉 시전의 록명장。

창이 끝난 뒤 아판이 *서자고만조(瑞鷓鴣慢調)를 주하여 세 번 반복하기를 마치면 왕모가 조금 앞으로 나와 해동금일사(海東今日詞)를 창한다.

가 사

해동금일 태평천(海東今日太平天)
희망 룡운 경회연(喜望龍雲慶會筵)
미선초개 명보좌(尾扇初開明黼座)
화렴고권 조상연(畵簾高捲罩祥煙)

제항교주 단문외(梯航交湊端門外)
옥백삼라 전폐전(玉帛森羅殿陛前)
첩헌황령 천만세(妾獻皇齡千萬歲)
봉인하갱 축하년(封人何更祝遐年)

대 의

우리 조선 오늘날의
태평 시전 군신이 즐기도다
*미선(尾扇) 들어 임금 자리 밝혔는데
발은 걷히고 향연이 자욱하다.

각국 사절 권문 밖에 복주하며
어전(御前)에 폐백이 쌓이도다.
선녀하강 성수를 드리는데
*명주(領主)들도 만세를 축수하다.

(주)

二〇五 * 서자고(瑞鷓鴣)=고려 당악 곡명. 송사 악지에 중려조(中呂調)에 속한다 하였다. 이 곡에 만조(慢調)와 최자조(嗺子調)가 있다.

* 미선(尾扇)=임금 앞은 연에 물고 섰는 자루 달린 부채와 같은 의장물(儀仗物)。
* 명주(領主)=지방 관리나 또는 성주들을 말한 것。

창을 마치고 자기 자리에 돌아가면 악관이 서자고 만최자조(瑞鷓鴣慢踏子調)를 주하고 무협무가 나란이 서서 춤 추며 앞으로 나갔다 뒤로 물러갔다 하고 자리에 돌아가면 악이 멎고 무협무는 춤추며 북폭동완 사(北暴東頑詞)를 창한다。

가 사

북폭동완 납관(北暴東頑納款)
모의쟁래 일신(慕義爭來日新)
군덕 갱명재(君德更明哉)
가영 재구가(歌詠載衢街)
청녕해우 무여사(淸寧海宇無餘事)
락여민동 연춘대(樂與民同燕春臺)
일년일도 상원회(一年一度上元回)

원취 만년배(願醉萬年杯)

대 의

강포한 녀진(女眞)과 완악한 *도이(島夷)를 도
의(義)에 따라 다루어 오도다。
우리 임금 거룩하시매
노래 소리 거리에 찼도다

나라를 평정하매 다른일 없어
백성들과 봄 동산에 즐기시도다
해마다 맞이할 상원(上元)날에
*만년 배(萬年杯)에 취하소서

(주)

二〇八 * 만년배(萬年杯)=「축배 술」의 뜻

악관이 「천년만세 인자」(千年萬歲引子)를 주하면 의장물 차비 一八인이 회선무(回旋舞)를 추어 세바퀴 돌고 물러가 자리에 돌아가면 악이 멎고 죽간자(竹竿子) 차비가 조금 앞으로 나와 말로 섬기기를『欽覆裾而少退 指雲路以言旋 再拜階前相將好去―저이는 놀기를 다하옵고 다시 선계로 올라가겠삽기 이에 뜰앞에 두 번 절하옵고 좋이 서로 돌아 가겠나이다』라고 하면 악관이 회팔선(會八仙) 인자를 주하고 죽간자 차비는 춤 추며 물러 나가고 개 차비와 왕모 각 세 사람이 또 따라서 춤 추며 물러 나간다。 의장물 차비 一八인도 또한 그와 같이 한다。

수연장(壽延長)

춤 추는 대오와 악관 및 기녀의 복식과 거행 절차는 우의 것과 같이 한다。

악관이 *연대청(宴大淸) 인자를 주하면 기녀 두 사람과 죽간자 차비 발음 구르며 나와서 앞에 서면 악이 멎고 구호를 말로 섬긴다。

『虹流遶殿布禎祥 瑞氣雲霞映黑光 萬方歸順來拱手 梨園樂部奏中臨―무지갯발 전각에 둘려 경사를 알리고、 오색 구름 령롱하여 룡안을 비치이네 일만나라 귀순하여 와 경의를 펴고 리원의 좋은 풍류 중강으로 노래하네』

구호를 끝마치고 좌우에 갈라 서면 악관이 또 연대청 인자를 주하고 기녀 一六인이 네 대로 나누어 네 사람씩 나란이 늘어서서 춤 추며 앞으로 나와 선뒤 *중강(中腔)으로 동운영채색 사(彤雲映彩色詞)를 창한다。

가 사

동운영채 색상영(彤雲映彩色相映)
어좌중천 족잠영(御座中天簇簪纓)
만화포금 만고정(萬花鋪錦滿高庭)
경창수연 환성(慶敞需宴懽聲)

천령계통 악공성(千齡啓統樂功成)
동의하원 규풍경(同意賀元珪豊擎)
보상빈거 협군영(寶觴頻擧俠羣英)

만만재 락승평(萬萬載樂昇平)

대　의

五색 구름 어린 곳에
임금이 좌정하고 *잠영지신(簪纓之臣) 모였도다。
백화 만발한 대궐 뜰에
경사 잔채의 환성이 드높도다。

천년 기초 다져 놓고
상원 축배 즐길 적에
술잔 들어 서로 권퇴
만만년 승평을 누려지라

(주)

二〇九 * 연대청(宴大淸)=고려 당악 곡명인데 출처 미상。

二一〇 * 중강(中腔)=고려 당악 곡명인게 중강명의 략칭이다。중엽이나 대엽(中葉、大葉)과 같이 악곡의 소서([illegible])도 가

아판이 중강령을 주하면 각 대렬이 회선무를 추어 세 바퀴를 돌고 각 대렬 첫 머리의 한 사람씩 대렬에서 나와 서서 네 사람이 혹은 마주서고 혹은 등지고 서서 춤추다가 마치고 물러가 앉는데 머리를 수기며 손으로 땅을 짚고 앉는다。 각 대렬 둘째 사람이 또 그와 같이 하고 그 다음 세째 사람 네째 사람이 다 각각 그와 같이하여 한 차례 다 끝나면 각 대렬은 처음 대형으로 돌아가 북향하고 선다。 아판이 파자 령(破字令)을 주하면 각 대렬의 네 사람은 선 자리에서 둘은 마주서고 둘은 등을 지고 서서 춤을 춘 다음에 팔소매를 돌고 파자 령、청춘옥전 사(靑春玉殿詞)를 창한다。

가 사

청춘옥전 화풍세(靑春玉殿和風細)

주소소 절역(奏簫韶絶繹)

띠키며 풍시에 문학 형식의 부분을 가리키기도 한다。

二一一 * 잡념지신(雜念之臣)는 조복(朝服)을 갖춘 신하 즉 귀족들을 말한 것。

서요행운 표표예(瑞遙行雲飄飄兮)
범금준 류하염일(泛金樽流霞艶溢)

서일휘휘 림단의(瑞日暉暉臨丹扆)
광포자덕 신하이(廣布慈德宸遐邇)
원청 가성무채(願聽歌聲舞綵)
만만년 앙첨연계(萬萬年仰瞻蓮階)

대 의

봄 바람 화한 전정
주악 소리 류량한데
상서 구름 대궐을 싸고
금잔에 *류하주(流霞酒) 넘치도다.

빛나는 해 빛온 보좌(寶座)를 비취고

거룩하신 성덕은 원근에 떨치도다
노래와 춤을 즐기소서
만만년 어잔치 뫼옵고져

(주)

二一三 * 뮤하주(流霞酒)＝빛이 붉은 기운을 띤 술, 곧 신선이 마신다는 술의 이름。

아판이 중감령을 주하면 죽간자 차비 두 사람이 조금 안으로 나와 구호를 섬키되 『(太平時節好風光 玉殿深深日正長 花雜壽香薰綺席 天將美祿泛金觴 三邊奠枕投戈戟 南極明星獻瑞祥 欲識聖朝多樂事 梨園新曲奏中腔)―(대의)―태평시절 좋은 풍광 대궐은 깊고 날은 긴데 헌수하는 꽃향기 자리에 풍기고 축복하는 온혜술 금잔에 넘치옵네 사방은 무사하여 창 칼을 땅에 놓고 남극 로인성이 상서 기운 드리운다。 태평 성대에 즐거운일 많은 줄은 리원의 새 곡조가 중강으로 아뢰옵네』

구호를 마친 다음 아판이 또 「중강」령을 주하고 앞에서와 같은 절차로 발을 구르며 물러나가고 각 대렬 네 사람도 또 따라 무도하며 물러나간다。

* 오양선(五羊仙)

춤 대오—검은 빛 삼의를 입는다—는 악판과 기녀(악판은 주홍빛 삼의를 입고 기녀는 단장(丹粧)을 한 것)를 거느리고 남쪽에 서고 악판은 두줄로 앉는다。 기녀 한 사람이 왕모가 되고 좌우 각 두 사람씩 네 협무가 되여 머리를 가지런히 하여 횡렬로 선다。 봉개(奉蓋) 차비 다섯 사람이 그 뒤에 서며 인인장 두 사람、봉선(鳳扇) 두 사람、룡선(龍扇) 두 사람、작선(雀扇) 두 사람、미선(尾扇) 두 사람이 좌우에 갈라 서고 정절 차비 여덟 사람은 매 대렬 사이에 선다。 서기를 다한 뒤에 춤의 대오가 박(拍)을 재촉하면 악판이 *오운개서조(五雲開瑞朝)「인자」를 주하고 죽간자 차비 두 사람이 먼저 들어와 좌우에 갈라 선 뒤에 악이 멎고 구호를 말로 섬긴다。

『雲生鵠嶺 日轉鼇山 悅逢羊鶴之眞仙 並結鸞驂之上侶 雅奏値於儀鳳 華姿妙於翩鴻 冀借優容 許以入隊—(대의)—상서 구름 곡령(鵠嶺)에 나고 태양은 오산(鼇山)에 비취는데 좋이 양(羊)탄 진선(眞仙)을 만나 대오의 좋은 짝이 되였사온데 아름다운 악은 봉황이 마침 오고 춤의 고운 모양 날으는 기러기 같소 원컨대 너그러이 용납하심을 입어 대오에 참가케 하소서』구호를 맞치고 마주 서면 의장물 차비 열여덟 사람이 앞으로 나와 좌우로 갈라서고 왕모 다섯 사람、일산 차비 다섯 사람이 앞으로 나와 서기를 마치면 왕모가 조금 앞으로 나와 말로 『式歌且舞 聊申頌禱之情俾熾而昌 用贊延洪之祚 妾等無任激切屛營之至—(대의)—노래와 춤으로 적이 송도의 뜻을 표하겠나이다. 자손이 번창하여 만년의 복록을 누리소서 첩등의 간절한 마음 실로 황공하외다』말을 마치고 자기 자리로 돌아가면 악관이 또 「오운개서조」인자를 주하고 왕모 다섯 사람이 소매를 여미고 발을 구르며 앞으로 나와 선다. 악관이 *만엽치요도(萬葉熾瑤圖)령 만조를 주하면 왕모 다섯 사람은 나란이 횡렬로 서서 춤추다가 왕모는 좌편을 향하여 춤추고 왼편 두 협무는 마주서 추고 오른편 두 협무는 뒤에서 오른 편을 향하여 추고 다시 오른 편 두 협무가 마주서 추고 왼 편 두 협무는 뒤에서 춘다. 춤이 끝난 다음 악관이 *최자(嗺子)령을 주하면 왕모는 춤추어 중앙에 서고 남은 네 사람의 협무는 춤추어 네 모퉁이에 선다. 악관이 중상 령을 주하면 왕모 다섯 사람이 대열에서 나오지 않고 돌면서 춤추고 그 다음 *보허자 령 벽연롱효 사(碧烟籠曉詞)를 창한다.

가 사

벽연롱효 해파한(碧烟籠曉海波閑)

강상 수봉한(江上數峯寒)

패환성리 이향 표락인간(佩環聲裏異香飄落人間)

미강절 오운단(弭絳節五雲端)

완연공지 가화서(宛然共指嘉禾瑞)
개일소 파주안(開一笑 破朱顔)
구중요궐 망중(九重瑤闕望中)
삼축고천 만만재 대남산(三祝高天萬萬載對南山)

대 의

푸른 안개 자욱하고
파도 잔잔한 곳에
바다 우 신선 산이
의의히 뵈이도다

*환패ㅅ소리 울리는 곳에
이상한 향기 풍기고

채운에 싸인 행차
완완히 내려 오는도다

「이간의 곡식이 아름다워라」
얼굴에 미소를 띄우고
「구중궁궐 만년토록 남산과 마주서라」
세 번 하늘에 축원 드리도다

(주)

二一五 • 五양선(五羊仙)＝고려 당악정재 예제(禮題)명, 중국 광동성 광주(廣東省 廣州)의 고호를 「五양성」이라 하는데 그 기원은 옛날 「五양선」이라고 하는 신선이 五색이 영롱한 양을 타고 기장 여섯 이삭을 가져다 주어 기장을 심기 시작하였다는 전설에서 유래한다. 풍년을 빌기 원하는 의미를 붙인 예제이라고 추정된다.

◦ 五운개서조인자(五雲開瑞朝引子)＝고려 당악 곡명, 대개 서곡과 종곡으로 사용된다.

二一六 • 최자령(催子令)＝「최자」라 약칭하기도 한다. 고려 당악 곡명에 「최주」(催酒)가 있는데 이의 별칭인듯 하다. 연악의 「자진머리」에 해당한다고 생각된다.

• 만엽치요도령(萬葉熾瑤圖令)＝고려 당악 곡명인데 「만조」에 속한다. 출처 미상.

◦ 보허자령(步虛子令)＝고구려 당악 곡명, 악부해제(樂府解題)에 도곡(道曲)이라고 하였다. 우리 나라에서는 신라시대

부터 이 곡조가 전래한듯 하다。 전 최 치원(崔致遠)작 보허사(步虛詞)와 「평조」 금곡이 전한다。

二一七 * 환패ㅅ소리(環佩聲)=신선들의 패옥소리。

창이 끝나면 박을 급히 처 악이 이에 따라 멎고 또 보허자 령 중강을 주하면 왕모는 앞줄의 좌협무를 향하여 춤 추고 앞줄의 좌협도 돌아서 왕모와 마주 추고 왕모가 앞줄 우협무를 향하여 춤추면 앞줄 우협도 같이 추며 왕모가 그를 향하여 추면 다 왕모를 향하여 돌아 마주 춤춘다。 이렇게 하기를 한차례 마치고 각각 자기 위치에 돌아가면 악관은 인해 중강 령을 주하고 의장물 차비 열여덟 사람은 중강 령、동운영채색 사(彤雲映彩色詞)를 노래하며 춤 추어 돌기를 세 바퀴 한다。 창을 마치고 자기 자리로 가면 악관은 *파자(破子)령을 주하고 왕모 다섯 사람은 춤추다가 소매를 들고 파자 령 표묘삼산 사(縹緲三山詞)를 창한다。

가 사

표묘 삼산도(縹緲三山島)

십만세 방분혼효(十萬歲方分昏曉)
춘풍개변 벽도(春風開遍碧桃)
화위동군 일소(花爲東君一笑)
상표 잠인 향진도(祥飆暫引香塵到)
축고령후 천난로(祝高齡後天難老)
서연산벽 귀운롱난(瑞烟散碧歸雲弄暖)
일성장소(一聲長嘯)

대 위

*삼신산이 아득하다!
十만세가 하로 같구나
봄 바람에 벽도화 피여
*동군(東君)을 위해 노래하도다

고요히 이는 바람 향기를 풍기더니

성수(聖壽)를 빌어「취지 마시라」
도라가는 자최 구름속에 싸이고
한 소리 긴 파람만 온온하도다

(주)

二一九 • 파자령(破子令)=고려 당악 곡명。당 교방곡(唐敎坊曲)에 파진자(破陣子)가 있다。구자악곡(龜玆樂曲)에 유래한 것이라한다。지금 우리나라「정 군악」이 이에 속한다。

二二〇 • 三신산(三神山)=전설에서 신선이 산다고 하는 봉래(蓬萊) 방장(方丈) 영주(瀛洲)를 말한 것。

• 동군(東君)=봄을 맡은 귀신이라고 하는 것인데 여기서는 우리 조선 임금을 말한 것。

창이 끝나면 악관이「중강」령을 주하고 죽간자 차비가 조금 앞으로 나와 서서 구호를 말로 섬긴다。『歌淸別鶴 舞妙回鸞 百和沈烟 紅日晩 一聲遼鶴白雲深 再拜階前 相將好去—(대의)—떠나는 학의 노래 더욱 맑고 돌아가는 란(鸞)새춤 묘하기 그지없소 향기로운 봄빛 저녁 연기에 잠겨있고 석양은 뉘엿뉘엿한데 한소리 길게 우는 학의 소리 구름 속에 멀어가오 뜰앞에 재배하고 좋이 가려 하나이다』구호를 마치고 무도하며 물러가고 의장물 차비 열여덟 사람이 서로 마주 서서 조금 앞으로 나와 무도하고 물러간다。왕모 五인은 머리를 나란이 횡렬로 선 후 왕모가 조금 앞으로 나와 구호를 말로 『寰海塵淸 共感昇平之化 瑤臺路隔 遙回汗漫之遊 伏候進止—(대의)—세상에는 병혁이 그쳐, 온 백성 승평을 노래하고 신선 세계는 길이 멀어 오래 놀기 한만하와 이에 떠나며 처분을 기다리오』라 하고 무도하며 물러가고 봉개 차비 다섯 사람도 따라 무도하며 물러 간다.

포구악(抛毬樂)

춤의 대오 (검은 빛 삼의를 착용) 는 악관과 기녀 (악관은 주홍색 상의 착용 기녀는 단장함) 를 거느리고 남쪽에 서고 악관은 동쪽 계단으로 올라와 두 줄로 앉아 절화(折花)령을 주한다. 기녀 두 사람이 죽간자를 받들고 앞에 서자 악이 멎으면 구호를 말로 섬긴다. 『雅樂鏗鏘 於麗景 妓童部列於香階 爭呈婥約之姿 共獻蹁躚之舞 冀容入隊 以樂以娛—(대의)—아악소리 청아한 가운데 홍상 미인들 대궐 뜰에 늘어섰네 저마다 아리따운 자태로 너울거리는 춤을 함께 드리오니 바라옵건대 저희들의 변변치 못한 재조나마 즐기심이 어떠하올지 아뢰오』 구호를 마치고 좌우로 갈라서면 악관이 또 절화 령을 주하고 기녀 열두 사람이 좌우로 갈라서 여섯 사람씩 춤추며 죽간자 뒤에 물어와 다시 네대로 나누어 서고 악이 멎으면 절화령삼대사(折花令三臺詞)를 창한다. 『취마화연(翠幕華筵) 상장정시환연(相

將正是慵宴) 거무수 회선(擧舞袖回旋) 번기라 족궁상(遍羅綺簇宮商) 공가청선(共歌淸羨) 경장범범 만금준(瓊漿泛泛滿金樽) 막석침취 영일장유연(莫惜沈醉永日長遊衍) 원락가빈 가빈식연(願樂嘉賓嘉賓式燕)—(대의)—푸른 장막 꽃자리에 서로 모여 즐겁도다 춤 소매 들고 도니 무희와 악공 늘어서고 노래 소래 청아한 데 아름다운 술 금잔에 넘치도다 취하는 술 사양치말라 긴 긴 날을 즐겨 보리 좋은 손 즐거울사 손 들도 즐기시라」 창이 끝나면 악관이 또 절화 령을 주하고 대렬 선두에 선 기녀 두 사람이 마주 춤을 추며 꽃병앞으로 나와 꽃꺾는 모양의 춤을 추고 물러간다。 악관이 *수룡음 령(水龍吟) 令을 주하면 두 대로 나누인 열두 사람이 돌며 춤을 추고 난 다음 수룡음 령 동천경색 사(洞天景色詞)를 창한다。

가 사

동천경색 상춘(洞天景色常春)
눈홍천백 개경악(嫩紅淺白開輕萼)
경연진기 금로연중(瓊筵鎭起金爐烟重)
향응금악(香凝錦幄)
요조신선 묘정가무(窈窕神仙妙呈歌舞)

반화상약(攀花相約)

채운월전 주사망(彩雲月轉朱絲網)

서재어소 포구락(徐在語笑抛毬樂)

수메풍번 봉거(繡袂風翻鳳擧)

전성모 류요유약(轉星眸柳腰柔弱)

두주득승 환성(頭籌得勝懽聲)

근지 광용약(近地光容約)

만좌가빈 희청선악(滿座佳賓喜聽仙樂)

교전굉작(交傳觥爵)

룡음욕파 채운요예(龍吟欲罷採雲搖曳)

상장귀거 료곽(相將歸去寥廓)

대 의

장안의 봄 빛은 무르녹아

붉은 꽃 흰 꽃 어울어지고
석상 금로(席上金爐)에 향연이 일어
비단 장막에 향기가 어렸도다

선녀의 노래춤이 절묘한데
꽃을 당겨 약속하도다
돌아 오는 달빛 주사망(朱絲網)에 비칠 때
웃으며 즐기는 공던지기 재미있도다

비단 소매 바람에 불며
봉새처럼 춤을 추니
별 같은 눈동자와
세류 같은 허리 아리따워라

우승하고 울리는 환성
가까이 보는 광경 황홀하고

선악이 질탕할 제
만좌빈객(滿座賓客) 술잔을 주고 받도다

관현 소리 끝나자
채운이 나붓기고
손들이 도라가매
주위는 고요하도다

(주)

二二三 *수룡음 인쇄(水龍吟引殺)=고려 당악 곡명인데 원조에 속한다. 「인쇄」는 곧인 머리 장단의 악조명이다.

창이 끝나면 악관이 「소포구악」령(小抛毬樂)令을 주하고 좌편 대렬 여섯 사람이 한 번 낯을 마주, 한 번은 등을 마주 향하여 춤춘다. 춤이 끝나면 나란이 서고 악이 멎으며 대원 전원이 「소포구악」령, 량항화규사(兩行花竅詞)를 창한다.

가 사

량행화규 점풍류(兩行花窺占風流)
무금라대 계포구(鏤金羅帶繫抛毬)
옥섬고지 홍사망(玉纖高指紅絲網)
대가착의 승두주(大家着意勝頭籌)

대 의

두 줄 꽃 같은 미인들은
*풍류안(風流眼) 구멍넣기 기대하며
금으로 새긴 비단 띠로
*포구(抛毬) 허리 매였도다
옥 같이 고운 손 높이 들어

홍사망(紅絲網) 가리키며
一등 점수 받으라고
모두들 서두르도다

(주)

二二七 * 풍류안(風流眼)＝포구락 유희에 사용되는 공 넣는 구멍의 명칭.

* 포구(抛毬)＝던지는 공의 이름.

창을 마친 다음에 좌대 선두에 선 한 사람이 구문(毬門)앞에 나와 다음 가사를 창한다.

가 사

만정 소고 족비구(滿庭簫鼓簇飛毬)
록간 홍망 총대두(綠竿紅網總擡頭)

대 의

온 장내의 피리 북은
나는 공에 집중하고
푸른 기둥 홍사망에
머리 물어 주목한다

공 던지기를 하여 맞으면 전 대원이 절을 한다。 다음에는 우대 여섯 사람이 춤을 추는데 한 번은 낯을、한 번은 등을 서로 향하여 춘다。 주기를 다하면 나란이 서고 악이 멎으면 전대원이 소포구악 사를 창하고 우에 선두의 한 사람이 구문 앞에 나와 전기 가사를 창하고 공 던지거를 하여 맞으면 전 대원이 절한다。 다음 좌편대 둘째 번 사람이 우와 같이 다음의 가사를 창한다。

가 사

편가부수 포장과(頻歌覆手拋將過)

양항인대 간회주(兩行人待看回籌)

대 의

노래 소리 요란한 속에
공 던지기 끝나며는
두 줄에 늘어선 사람
점수 발표 기다린다

끝난 다음 우편 대렬의 둘째 사람이 우와 같이 앞의 가사를 창하고 난 다음 좌편 세째 번 사람이 우와 같이 다음의 가사를 창한다。

가 사

오화심리 간포구(五花心裡看抛毬)
향시홍눈 류연조(香腮紅嫩柳烟稠)

대 의

두 손에 별을 쥐며
던진 공 바라본다
향기로운 뺨 붉어지며
안개 같은 수심을 띄는도다.

다음 우편의 세째 번 사람이 우와 같이 앞의 가사를 창한 다음 좌편의 네째 번 사람이 우와 같이 다음의 가사를 창한다.

가 사

청가첩고 련최촉(淸歌疊鼓連催促)
저리불양 제삼주(這裏不讓第三籌)

대 의

맑은 노래 북 장단에
공 던지기 재촉한다
초조한 가운데에
세째 공 붕었도다

끝난 다음 우편의 네째 번 사람이 우와 같이 앞의 가사를 창하고 난 다음 좌편 다섯째 번 사람이 우와 같이 다음 가사를 창한다。

가 사

소고성성 차막최(簫鼓聲聲且莫催)
채구고하 의난재(彩毬高下意難數)

대 의

피리와 북 소리

사람의 맘 조리지 말라
채구의 높고 낮음
대중하기 어렵도다

끝난 다음 우편의 다섯째 번 사람이 우와 같이 앞의 가사를 창하고 나면 좌편의 여섯째 번 사람이 우와 같이 다음의 가사를 창한다.

가 사

공장지분 균장면(恐將脂粉均粧面)
수피광호 말오래(羞被狂毫抹汚來)

대 의

연지분 곱게 바른
어여쁜 이 얼굴에

휘두로는 붓끝으로
함부로 먹칠하면 어쩰거나

끝난 다음 우편의 여섯째 번 사람이 우와 같이 앞의 가사를 창하고 끝난 다음 악관이 *청평악령(淸平樂)令을 주하면 좌우 대렬이 북향하고 서서 파자무(破子舞)를 추고 끝난 다음 가사를 창한다.

가 사

만정라기 류찬(滿庭羅綺流粲)
청조화루 개연(淸朝畵樓開宴)
사 초발부용 정란만(似初發芙蓉正爛熳)
금준막석 빈권(金尊莫惜頻勸)
근간류요 사절(近看柳腰似折)
갱간무회 류설(更看舞回流雪)
시 환락 연유시절(是懽樂宴遊時節)

차마최환 가성결(且莫催歡歌聲闋)

대 의

뭇의 홍상 미인들이
대궐 뜰에 가득한데
청화한 봄 날 아침
화루(畵樓)에 큰 잔치 열렸도다

노래 부르는 아가씨들
처음 핀 련꽃 같이 요염하다
가득 부은 이 술잔을
취한다 사양치 마소

눈 앞에 가까이 보니
가는 허리 세류(細柳) 같고

춤 추는 자태 다시 보니,
공중에 나는 나비 같다

三 춘가절 좋은 날씨
환락하는 이 마당에
노래재촉 하지 마소
봄 날은 길고 기니

(주)

二三四 *청평악(淸平樂)=고대 아악 곡명。송사(宋史)에는 대석조(大石調)라 하였다。

창이 끝난 다음 악관이 소포구악 령을 주하면 죽간자 차비 무 사람이 조금 앞으로 나와 아이 멋은 다음 구호를 말하되 —七般妙舞 已呈飛鸞之奇 數曲淸歌 且謝貫珠之美 再拜階前 相將好去—
(대의)—일곱가지 묘한 춤은 나는 제비인양 하고 두어 곡조 맑은 노래는 구슬을 꿰인듯 하와이다。

섬돌 아래 재배하고 하직을 빌어 좋이 서로 갈가 하옵니다』

말이 끝난 다음 물러가면 좌우 열두 사람이 차례로 춤을 추며 물러 간다。

련화대(蓮花臺)

춤대오와 악관 및 기녀의 복식과 거행 절차는 앞에와 같다。 두개의 합립(蛤笠)을 메앞에 놓고 동기(童妓) 두 사람이 나란이 가로 서고 악관이 오운개서조(五雲開瑞朝) 인자를 주하면 기녀 두 사람이 죽간자를 받들고 좌우로 나누어 앞으로 물어오면 동기는 앉고 악은 멎는다。 죽간자 차비가 구호 『기석광화 복주개(綺席光華卜晝開)、 천반락사 일시래(千般樂事一時來) 련방화출 영영태(蓮房化出英英態) 묘무연가 불세재(妙舞姸歌不世才)를 섬긴다。 (대의)—놀음놀이 화려한 자리 대낮에 열리오니 온갖 즐거움 일시에 오리로다。 련꽃 속에서 어여쁜 자태에 묘한 춤 아릿다운 노래 세상에 보기 드믄 재조로세』

구호를 마치고 마주 서면 악관이 *중선회(衆仙會) 인자를 주하고 동기가 들어와 춤을 추고 춤이 끝나고 물러가 자리에 돌아 가면 악관이 *백학자(白鶴子)를 주하여 마치면 왼 편 동기가 일어나 우편 동기와 같이 미신사(微臣詞) 『주재봉래(住在蓬萊) 하생련예(下生蓮蘂) 유감 군왕지덕화

(有感君王之德化) 태정 가무지환오(來呈歌舞之懽娛)—(대의)—봉래(蓬萊)에 사옵다가 연꽃 속에 하강하여 님금 덕화 느끼옵고 가무 드려 즐기실가 하옵내다」

(주)

二三七 * 중선회(衆仙會)‖고려 당악 곡명。「회팔선인자」의 별명인 듯 하나 미상。

* 백학자(白鶴子)‖고려 당악 곡명 미상。

창이 끝나면 악관이 헌천수(獻天壽) 령 만조를 주하고 원편 동기가 좌우수삼궤무(左右手三跪舞)를 추고 춤이 끝나면 악이 멎고 두 동기가 헌천수 령、일난풍화사(日暖風和詞)를 창한다。창이 끝나면 악관이 최자 령、랑원인간사(閬苑人間詞)를 창한다。창이 끝나면 악관이 삼대(三臺) 령을 주하고 원편 동기가 춤을 추고 마치면 악관이 *하성조(賀聖朝)를 주하고 원 편 동기가 먼저 주고 난 다음 우편 동기가 춤을 춘다。

다음 악관이 반하무곡(班賀舞曲)을 주하면 두 동기가 혹은 낯을、혹은 등을 마주 향하고 세 번 진퇴하면서 춤을 추며 앞으로 나아가 꿇어앉아 합립(蛤笠)을 가지고 일어나 합립을 머리에 쓰고 또 다시 세 번 진퇴하면서 三진퇴무를 춤추고 다 추면 악관이 오운개서조(五雲開瑞朝) 인자를 주하고 죽간자 차비가 조금 앞으로 나와 서서 구호를 섬긴다。『雅樂將終 拜辭華席 仙駕欲返 遙指

雲程—(대의)—아름다운 풍류가 끝나려 하매 빛나는 자리를 떠나겠습니다 선녀가 돌아가고자 하여 멀리 구름 길을 가리키도다」 구호를 마치고 물러가면 두 동기가 재배하고 물러간다。

련화대무는 본래 *탁발위(拓跋魏)에서 나온 것인데 두 녀동을 옷과 모자를 곱게 입히고 모자에는 금방울을 달아 춤출 때 소리를 내게 한다。 두 동녀가 나올 때 련꽃 속에 감추어 있다가 련꽃이 터지면 나오게 한다。 춤 중에 가장 우아하고 묘한 것인데 그 전래함이 오랜 것이다。

(주)

二三八 * 하성조(賀聖朝)=고려 당악 곡명。

二三九 * 탁발위(拓跋魏)=四세기 말에 중국의 북부와 동북 및 내몽고 지방에 걸쳐 건립된 선비족 탁발씨의 정권인 후위(後魏)를 가리킨 것。

고려사 악지 속악 정재(高麗史樂志俗樂呈才)

무고(舞鼓)춤

춤대오 검은 빛 상의를 착용는 악관 및 기녀 악관은 붉은 옷, 기녀는 붉게 단장를 거느리고 남쪽에 서고 악관은 두 줄로 앉는다。 악판 두 사람이 북과 북 받침대를 들어 전(殿) 가운데 놓고 여러 기녀는 정읍사(井邑詞)를 노래하면 향악은 그 곡조를 주한다。 기녀 두 사람이 먼저 나와 좌우로 나누어 북 남쪽에 서서 북향하여 절하고 난 다음 꿇어 앉아 손을 여미고 일어나 춤을 춘다。 악의 한 악장을 마치기를 기다려 두 기녀가 북채를 잡고 일어나 춤을 추며 좌우로 나누어 북을 사이에 두고 한 번 나왔다 한 번 물러섰다 한 다음 북을 싸 돌며 혹은 낯을, 혹은 등을 마주하고 돌며 춤을 추며 북채로 북을 치는 데 악절에 맞추어 장고와 상응하게 친다。 악이 끝나면 그치고 악을 거두면 두 기녀는 앞서와 같이 머리를 숙이고 엎드렸다 일어나 물러간다。

무고춤의 시초는 *시중 리혼(侍中李混)이 경상도 녕해(寧海)에 원으로 적거(謫居)할 적에 바다 우에 떠오는 나무 토막을 얻어 북을 만들고 무고춤을 창작했다。 그 북소리 굉장하며 춤의 틀동은 단조롭지 아니하여 한쌍 나비가 꽃을 둘러싸고 너울 너울 회롱하는 듯하며 굼틀 굼틀 두룡이 *여의주(如意珠)를 다투는 듯하여 향악춤 중의 가장 뛰여난 것이다。

(주)

二四〇 * 리혼(李混)＝一二五四—一三一五년간에 생존하였던 사람으로 고려조 원종(元宗)、충렬(忠烈)、충선(忠宣)三대에 벼슬한 귀족 출신으로 그는 노래짓기와 거문고와 바둑을 좋와하여 복산장(福山莊) 이라는 별장을 두고 풍류운사(風流韻士)를 모와 놓고 놀기를 좋아 하였다 한다。 녕해(寧海)에 적거할 때 바다 우에 떠오는 나무 토막을 얻

어무고를 만들었다는 이야기가 고려사에 전하고 있다.

여의주(如意珠)=불경에서 나온 말로 이 구슬은 일정한 빛이 없고 맑고 미묘하여 이 여의주의 소유하는 무슨 물건이나 소원하는 것을 다 얻을 수 있는 신비한 것이라 한다.

동동무(動動)

춤대오 아관 및 기녀의 복식과 거행 절차는 앞의 것과 같다. 기녀 두 사람이 먼저 나와 갈라 서서 손을 여미고 발을 구르며 절하고 머리를 북향하고 좌우로 숙이고 엎드렸다 일어나 앉아 아박(牙拍)을 들고 (혹은 아박을 잡지 않기도 한다) 동동사 기구(起句)를 창하면 여러 기녀들이 따라서 화답하고 향악은 그 곡조를 주한다. 두 기녀가 꿇어 앉아 아박을 허리띠 사이에 찌르고 악의 제一강을 마치기를 기다려 일어나 서고 악이 제二강을 마치면 손을 여미고 무도하며 악이 제三강을 마치면 아박을 다시 빼돌고 한 번은 앞으로 나가며 한 번은 뒤로 물러서고 혹은 낯을 마주 혹은 등을 마주하고 악절에 따라 혹은 좌편 혹은 우편으로 돌며 혹은 무릎을, 혹은 팔을 서로 치며 무도하다. 악을 거두면 두 기녀는 처음과 같이 손을 여미고 발을 구르며 절하고 머리를 숙이고 엎드렸다 일어나 물러 간다.

동동 놀음은 그 가사에 송도(頌禱)하는 말이 많으니 대개 무당 소리를 본받아 지은 것이다。
그러나 가사가 비속하여 여기 실리지 않는다。

무애(無㝵)

춤대오 악관 및 기녀의 복식과 거행 절차는 앞의 것과 같다。 기녀 두 사람이 먼저 나와 북향하고 좌우로 갈라 서서 손을 여미고 발을 구르며 절하고 엎드려 머리를 들고 무애사(無㝵詞)를 창한 다음 이어 꿇어 앉으면 여러 기녀가 따라서 화답하고 향악이 그 곡조를 주한다。

악의 제一강을 마치기를 기다려 *무애(無㝵)를 잡고 소매를 물고 앉아서 춤을 춘다。 악이 제二강을 마치면 일어나 춤을 추고 발을 구르며 앞으로 나간다。 악이 제三강을 마치면 무애를 희롱하면서 악절에 따라 나란이 서서 진퇴하며 춤을 춘다。 악을 거두면 두 기녀는 처음과 같이 손을 여미고 발을 구르며 절하고 머리를 숙이고 엎드렸다 일어나 물러간다。

무애 놀이는 인도에서 나온 것이다。 그 가사는 불가의 말이 많고 또 방언이 섞이여서 적어 두기 어렵다。 아직 그 장단만 남겨 두어 당시 소용 되는 악절을 갖추어 놓는다。

(주)

二四二 * 무애(無㝵)=「無碍」의 뜻. 즉 「꺼리낌이 없다」는 뜻인 듯하다. 혹자는 호로박(壺蘆)이라고 하는 이도 있으나 여외주 같은 것이 아닌지 모르겠다.

의학궤범 권三 끝

악학궤범 권四

시용 당악정재 의식의 도표와 절차 (時用唐樂呈才圖儀)

헌선도(獻仙桃)

○ 처음 들어갈 때의 배렬하는 도표

인인장、정절、룡선、정절、봉선、정절、작선、정절、미선

죽간자　　협(좌)　　개

왕모　　개

죽간자　　협(우)　　개

인인장、정절、룡선、정절、봉선、정절、작선、정절、미선

○ 왕모 헌도하는 도표

죽간자

탁자(卓子)

협좌

선도반　왕모

협우

죽간자

악사가 락자 차비 악공 두 사람을 거느리고 들어와 전내 소찬탁(小饌卓) 남쪽에 두고 나가면 뎁시 사모와 각대를 착용한다 다른 정재라든지 봉족 드는 악공들의 복식도 같다. 중궁연일 때에는 모든 봉족 드는 것은 녀기가 한다。 악은 회팔선(會八仙)「인자」를 주하고 박을 치면 죽간자 차비 두 사람이 발구르며 나와 좌우로 갈라서면 악이 멎는다。 족도(足蹈)에는 언제든지 내족(內足)을 먼저 든다。 어떤 정재의 족도 무도도 이와 같이 하는 것이니 대체 손과 발을 쓸때 좌편에 선 사람은 오른 쪽이 내(內)가 된다。(뒤에도 이와 같다。) 언제든지 그러하며 악이 멎을 때에는 악사가 자조 아박을 치면 모든 악이 일시에 멎되 오직 당적(唐笛)의 소리는 길게 끌어 박성(拍聲)을 따라 멎으니 이 박성을 속칭 금박(急拍)이라 한다。 중궁연일 때에는 악사의 소입을 모기(鄕妓)=속칭 행수기녀와 같은 말=역자) 가 한다

구호를 섬기는데 「邈在鰲岑 來朝鳳闕 獻千年之仙實 呈萬福之休祥 敢冒宸顔 謹進口號」 멀리 오대(鰲岑)에 있다가 봉궐에 래조하이 천년 선과를 받잡고 만복의 상서를 드리고자 감히 봉안을 무릅쓰고 삼가 구호를 들이나이다」 라 하고 구호를 마치면 박을 쳐 앞서 주하든 악을 주한다。(대체로 회팔선(會八仙)를 재주할 때에는 끝전 이하를 주한다。 후에도 이와 같이 한다) 죽간자 차비 두 사람이 발을 구르고 박을 치면 물러가 좌우로 갈라 서고 박을 치면 왕모가 좌우협무(左右挾舞)와 같이 춤 절화무—折花舞 를 추며 앞으로 나와 서고 박을 치면 손을 여미고 발로 도하다。 언제든지 손을 여미는 것은 소매 끝을 말아 뽀죽하게 하여 잡고 만일 넓은 소매이면 소매 끝을 말지 않고 소매 형상대로 여민다 안 소매가 안에 있고 바깥 소매가 밖에 있게 한다。 이 뒤에도 이와 같이 한다。

발을 구르며 박을 쳐 회수무(回手舞)를 추며 물러가 서면 악이 멎고 다시 앞의 악을 주하고 박을 치면 왕모는 발을 구르며 조금 앞으로 나와 선다。 악공 한 사람이 선도반(仙桃盤)을 받들어 왕모가 조금 앞으로 나오기 전에 미리 년소한 기녀에게 준다。 기녀가 선도반을 받들고 왕모의 오른 쪽에 나아가 서쪽을 향하여 끓어 앉아 바치면 왕모는 소반을 받들고 악이 멎으면 왕모는 원소가회사(元宵嘉會詞)를 창한다。 원소가회 상춘광(元宵嘉會賞春光) 성사당년 억상양(盛事當年憶上陽) 요회집 천북극(堯顔[illegible]天北極) 순의심공 정중앙(垂衣深拱殿中央) 환성탕 련소곡(歡聲蕩漾連韶曲) 좌기인온 대어향(和氣氤氳帶御香) 장관대평 차이보(壯觀太平何以報) 반도일타 헌천상(蟠桃一朶獻千祥) 창을 마치면 박을 쳐

앞의 악을 주하고 왕모는 꿇어 앉아 선도반을 탁자 우에 놓고 머리를 숙이고 엎드렸다 일어나 발을 구르고 박을 치며 사수무를 추면서 물러가 자기 위치로 돌아가면 악이 멎고 헌천수(獻天壽)「만」조를 주한다. 왕모는 오른 편 소매를 들고 좌우협은 바깥 소매 (넓은 소매) 를 든다. (언제든지 손을 들 때는 안 소매를 거둬 가슴에 대고 바깥 소매를 눈섭에 가즈런히 든다.) 악절에 맞추어 헌천수「만」조 전반절을 창한다. (일난풍화 춘경지(日暖風和春更遲) 시태평시(是太平時) 아종봉도 정용자(我從蓬島整容姿) 래강하단지(來降賀丹墀))

창이 끝나면 박을 쳐 소매를 바꾸어 후반절을 창한다. (행봉롱석 진가회(幸逢盛夕眞嘉會) 희근 천위(喜近天顔) 신선수산 원무기(神仙壽算遠無期) 헌군수 만천사(獻君壽萬千斯) 가외는 전 三에 참조하다. 이하의 것도 같다. ‖여자)

창이 끝나면 악이 멎고 모두 손을 여미고 선다. (언제든지 창이나 춤이 끝나면 끝 손을 여미고 선다. 후에도 이와 같이 한다.) 악이 헌천수「최자」(嗺子) 조를 주하여 악장이 한 번 끝나면 악이 멎고 좌우 협이 모두 바깥 소매를 물고 헌천수 최자 사를 창한다. (낭원 인간 수격(閬苑人間雖隔) 요문 성덕 미고(遙聞聖德彌高) 서리선경 하운소(西離仙境下雲霄) 래헌 천세 반도(來獻千歲蟠桃) 상축황령 제천구(上祝皇齡齊天久) 유도무하 하성조(猶蹈舞賀聖朝) 제항표주 사방래(梯航交湊四方來) 단공 영보 종조(端拱永保宗祧))

창이 끝나면 박을 치고 악이 금잔자(金盞子)만조를 주하고 박을 치면 왕모가 대열에서 나오지 않고 오른 편으로 돌며 광수 환장무(廣袖歡場舞)를 추다가 도로 북향하고 그치면 악도 멎는다. (이때 왕모는 소매를 표죽하게 여민다.)

악이 다시 금잔자 「최자」를 주하고 박을 치면 왕모는 손을 여미고 발을 구르며 조금 앞으로 나와 서면 악이 멎고 오른 편 소매를 들고 금잔자 만조 전반절을 창한다. (매일서장 정총총(麗日舒長正葱葱) 서기 편민 시경)

(瑞氣逼滿神京) 구중 천상 오운 개처(九重天上五雲開處) 단루 벽각 쟁영(丹樓碧閣崢嶸) 성연 조장(盛宴初張) 금장 수막 교횡(錦帳繡幕交橫) 응 상원가절 군신 제회(應上元佳節君臣際會) 공락 승평(共樂昇平) 창이 끝나면 박을 쳐 오른 편 소매를 바꾸어 들고 후반절을 창한다。 광정라기 분영동(廣庭羅綺紛盈動) 일부생가 진신성(一部笙歌趁新聲) 봉래궁전 신선경(蓬來宮殿神仙景) 호탕 춘경 리이 왕성(浩蕩春景圍遶王城) 연수 우흘 천색(烟收雨歇天色) 야갱 징칭(夜更澄淸) 우천심 화수 등산 참치(又千尋火樹燈山參差) 대월 선명(帶月鮮明)

창이 끝나면 박을 치고 악이 금잔자「최자」조를 주하고 박을 치면 왕모가 손을 여미고 발 구르며 물러가 자기 자리에 돌아가면 악이 멎었다가 다시 앞의 악을 주하고 박을 치면 좌우 협이 북향하여 수보록무(受寶籙舞)를 추고 협수무(挾手舞)로 앞으로 나가고 수양수무(垂楊手舞)로 뒤로 물러와 자리에 돌아가면 악이 멎는다。 좌우 협이 모두 바깥 소매를 들고 금잔자「최자」사를 창한다。 동풍 보난 도두(東風報暖到頭) 가기 점 융이(嘉氣漸融怡) 외아봉궐 기오산(巍峨鳳闕起鰲山) 만인 쟁용 운애(萬仞爭聳雲涯) 리원 제자 제주(梨園弟子齊奏) 신곡 반시 순지(新曲半是塤篪) 견 만정 잠신(見滿庭簪紳) 취포송 록명시(醉飽頌鹿鳴詩) 창이 끝나면 박을 치고 악이 서자고(瑞鷓鴣)「만」조를 세 번 반복하고 멎는다。 다시 악이 서자고「최자」조를 주하고 박을 치면 왕모가 손을 여미고 발 구르며 조금 앞으로 나와서면 악이 멎고 오른 편 소매를 들고 서자고「만」사를 창한다。 해동금일 대평천(海東今日大平天) 희망 룡운 경회연(喜望龍雲慶會筵) 미선 초개 명보좌(尾扇初開明黼座) 화렴 고권 조상연(畫簾高捲罩祥烟) 제항교주 단문외(梯航交湊端門外) 옥백 삼라 전폐전(玉帛森羅殿陛前) 첩헌 황령 천만세(妥獻皇齡千萬歲) 봉인 하갱 축하년(封人何更祝遐年)

창이 끝나면 박을 쳐 앞의 악을 다시 주하고 왕모는 발을 구르며 박을 치면 물러가 자리에 돌아가고 악이 멎는다。 좌우 협이 모두 바깥 소매를 들고 서자고「최자」사를 창한다。 북곡 동완 납관(北暴東頑納欽) 모의 쟁래 일신(慕義爭來日新) 군덕 갱명재(君德更明哉) 가영 재구가(歌詠載衢街) 청녕해우 무여사(淸寧海宇無餘事) 락여민동 연춘대(樂與民同燕春臺) 일년일도 상원회(一年一度上元回) 원취 만년배(願醉萬年杯) 창이 끝나고 박을 치면 죽간자 차비 두 사람이 앞으로 나와 좌우 협 앞에 서고 (다른 정재에서도 이와 같이 한다。) 악이 천년만세「인자」를 주하고 박을 치면 죽간자 차비 두 사람이 발을 구르며 조금 앞으로 나와서면 악이 멎고 구호를 섬긴다。 서이는 놀기를 다하옵고 다시 선계로 올라가겠삽기이 에 총 앞에 두 번 절하옵고 총이 서로 돌아가겠나이다。

구호가 끝나면 박을 쳐 앞의 악을 주하고 죽간자 차비 두 사람이 발구르다가 박을 치면 물러가고 박을 다시 치면 왕모가 좌우 협과 함께 ※협수무(挾手舞)를 추어 나와서고 박을 치면 손을 여미고 발구르며 박을 치면 ※퇴수무(退手舞)를 추며 물러가고 악이 멎는다。

(주)·

* 협수무(挾手舞)=춤의 형태상으로 붙여진 명칭、 이것도 필연코 광수무(廣袖舞)와 대립시킨 명칭으로 보아 「挾袖舞」의 사음어로 볼 것이다。
* 퇴수무(退手舞)=퇴수무의 「手」도 「袖」로 볼 것이다。

수연장(壽延長)

처음 들어올 때 배렬하는 도표

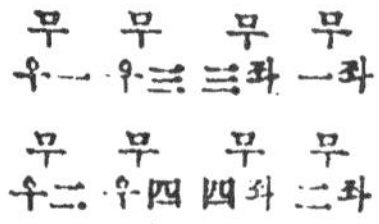

무一좌 무二좌
죽간자 무三좌 무四좌
죽간자 무우三 무우四
무우一 무우二

대를 지어 회무하는 도표

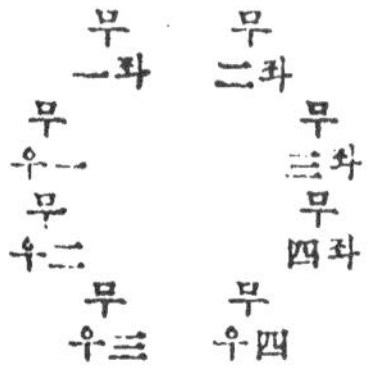

무二좌 무一좌
무三좌 무四좌 무우一 무우二
무우四 무우三

악이 연대청(宴大淸)「인자」를 주하고 박을 치면 죽간자 차비 두 사람이 발을 구르며 나와 좌우로 갈라 서고 악이 멎으면서 구호를 섬긴다。

「流虹瀉殿布禎祥、瑞氣雲霞映翠光「무지갯발 전각에 둘며、상서를 알리고 오색구름 령롱히 동안을 비최이네 萬邦歸順來拱手、梨園樂部奏巾腔」일만 나라 매소하여 경의를 표하고 리원의 좋은 풍류 중강을 노래하네」 구호를 마치면 박을 쳐 악이 중강「령」을 주하고 죽간자 차비 두 사람이 발을 구르며 박을 치면 물러가 좌우에 갈라서고 박을 치면 기녀 여덟 사람이 두 사람씩 네 대로 나누어 나란이 절화무(折花舞)를 추어 앞으로 나가서면 악이 멎고 대 마다 각각 다 바깥 소매를 돌고 중강 급박으로「동운 영채색」사 전반절을 창한다。 동운영채 채상영(彤雲映彩色相映) 어좌중천 축잠영(御坐中天簇簪纓) 만화포금 만고정(萬花鋪錦滿高庭) 경창 수연 환성(慶敞壽宴歡聲) 창을 마치고 박을 치면 안 소매를 바꾸어 들고 후반절을 창한다。 천령계통 락공성(千齡啓統樂功成) 동의하원 규풍경(同憙賀元珠豐擧) 보상빈거 협군영(寶觴頻擧俠群英) 만만재 락승평(萬萬載樂昇平) 창을 마치면 박을 쳐 악은 중강「급박」을 주하고 박을 치면 네 대오가 ※입수무(入手舞)를 추어 조금 물러가 서고 악이 멎는다。

악 중강「령」을 주하고 박을 치면 네 대가 모두 도는 춤—회수무(回手舞)를 세 바퀴 돌며 춘다。 좌편에 있는 네 기녀는 서쪽을 향하여 안 쪽으로 돌고 우편에 있는 네 기녀는 동쪽을 향하여 밖 쪽으로 돈다。이 외의 춤도 도는 것은 이렇게 돈다。

세 바퀴를 돈 다음 네모지게 대형을 짜고 모두 북향하여 손을 여미고 선다。 박을 치면 북쪽 대오 두 사람이 북향하여 금척무(金尺舞)를 춘 다음 둘이 마주 서서 추고 도로 북향하여 손을 여미고 발을 구르며 박을 치면 다음엔 둘을 마주 향하여 춘다。 다른 대오도 춤 출 때엔 이런 순서로 춘다。 북쪽 대오가 춤 출 때엔 나머지 세 대 여섯 사람은 손을 여미고 발을 구르며 박을 치면 머리를 숙이고 엎드린다。 다른 대가

출 때에도 나머지 대들이 이렇게 한다。

북대 두 사람이 춤을 마치고 도로 북향하여 서랴할 때에 나머지 세 대는 일어서서 손을 여미고 발을 구르며 박을 치면 네 대 여덟 사람이 함께 돌며 회수무를 추고 대의 위치를 바꾸어 선다。 북대는 서쪽에 동대는 북쪽에 남대는 동쪽에 서대는 남쪽에 선다。 대마다 위치를 바꿀 때엔 이렇게 한다。

위치를 바꾼 다음 우와 같이 춤추어 각 대가 끝난 다음 네 대 여덟 사람이 앞의 것과 같이 회선무를 추어 도로 처음 대형의 위치로 돌아가 서면 악이 멎고 악이 청평악(淸平樂)을 주하고 박을 치면 네 대 여덟 사람이 대열에서 나오지 않고 북향하여 파자무(破子舞)를 추고 박을 치면 위치를 바꾸어 등을 마주 향하고 *입수무를 추고 다시 북향하여 챌춤(掣舞)를 춘다。

박을 치면 파자무로 고쳐 추고 박을 치면 도로 다시 위치를 바꾸어 등을 마주 향하여 입수무를 추다가 북향하여 챌춤을 추어 마친 다음 악이 멎으면 네 대 여덟 사람이 대마다 각각 바깥 소매를 들고 파자 사(破子詞)를 창한다。 청춘옥전 화풍세(靑春玉殿和風細) 주소소 절어(奏簫韶絶繹) 서요행운 표표에(瑞靄行雲飄飄[illegible]) 범금준류 하염일(泛金尊流霞艶溢) 서일휘휘 림단의(瑞日暉暉臨丹扆) 광포자덕 진하이(廣布慈德振遐邇) 원청 가성 무체(願聽歌聲舞綴) 만만년앙 첨연계(萬萬年仰瞻宴啓) 창을 마치면 박을 쳐 악이 중강「평」을 주하고 박을 치면 죽간자 두 사람이 발을 구르며 조금 앞으로 나와서고 악이 멎으며 구호를 섬긴다。 太平時節好風光 玉殿深深月正長 花穠酒香薰綺席 天將美祿泛金觴 「태평 시절 좋은 풍경 대궐은 깊고 밤은 긴데 꽃 향기 술 향기 자리에 풍기고 하늘이 주시는 복 금잔에 넘치네」 구호를 마치면 박을 쳐 앞의 악을 주하고 죽간자 차비 두 사람이 발을 구르며 박을 치면 물러가고 박을 치면 각 대 여덟 사람이 협수무를 추어 나와 서고 박을 치면 손을 여미고 발구르며 박을 치면 서고 박을 치면 퇴수무(退手舞)로 춤추며 물러가고 악은 멎는다.

(주)

二五〇 * 入수무(入手舞)=回수무와 같이 춤의 형태 또는 동작상으로 붙여진 명칭. 원본에 「入」은 「八」로 된 개소가 많으나 「手」는 「袖」와 통용한 것으로 인정되므로 「入袖舞」가 아닌가 하여 입수무로 통일하였다. 그러나 광수무와 같이 「팔소매 춤」의 뜻인지도 모르겠다.

오양선(五羊仙)

처음 들어올 때 배렬하는 도표

인인장, 정절, 봉선, 정절, 봉선, 정절, 작선, 정절, 미선

	협二좌	개(蓋)
죽간자	협一좌	개(蓋)
	왕모	개(蓋)
죽간자	협우一	개(蓋)
	협우二	개(蓋)

인인자, 정절, 봉선, 정절, 봉선, 정절, 작선, 정절, 미선

작대하는 도표

		죽간자
협一좌		협二좌
	왕모	
협우一		협우二
		죽간자

악이 오운개서조(五雲開瑞朝)「인사」를 주하고 박을 치면 죽간자 차비 두 사람이 발을 구르며 나와 좌우로 갈라서고 악이 멎으면 구호를 섬긴다。(「雲生華岳 日轉鰲山 悅逢羊鶴之眞仙 並結鸞驂之上侶 雅奏値於鸞鳳 華姿妙於翩鴻 然借從容 許以入隊」「구름은 화악(華岳)에 나고 대양은 오산(鰲山)에 비최는데 좋이 양탄 진선(眞仙)을 맞나 대오의 좋은 짝이 되였사온대 아름다운 악은 봉황을 춤추게 하고 춤의 고은 자태 날으는 기러기 갈소」네 그러이 용납하사 보와 주시기 비옵니다) 구호를 마치면 박을 쳐 앞의 악을 주하고 죽간자 차비 두 사람이 발을 구르며 박을 치면 물러가 좌우로 갈라서고 박을 치면 왕모가 좌우 협 네 사람으로 더불어 손을 여미고 (넓은 소매 여미는 법으로) 발을 구르며 앞으로 나와 소매를 들어 바깥 쪽으로 펴고 박을 치면 손을 여미고 발을 구른다。 박을 치면 발을 구르며 조금 물러 나가 서고 박을 치면 왕모가 발을 구르며 조금 나와 섰다가 악이 멎으면 오른 소매를 들고 말하되 (「式歌且舞 聊申頌禱之情 俱熾而昌 用贊延洪之祚 妾等無任激切屛營之至」「노래와 춤으로 저으기 송도의 뜻을 표하겠나이다 자손이 번창하여 만년의 복록을 누리소서 첩등의 간절한 마음 실로 황공하와이다」) 말을 마치면 박을 치고 악이 「최자」 조를 주하고 박을 치면 왕모가 발을 구르며 물러가 자기 위치에 돌아가고 악이 멎는다。 악이 만엽치요도(萬葉熾瑤圖)「만」 조를 주하고 박을 치면 손을 여미고 (보죽하게 여미는 법으로) 서고 박을 치면 왕모가 좌우 협 네 사람과 함께 손을 여미고 나란이 발구르며 나간다。 박을 치면 왕모가 좌우 협 네 사람과 함께 북향하여 회수무를 춤춘다。(좌우 협도 회수무를 춘다。) 왕모는 이어 좌우 협과 같이 인무(人舞)(도수무(徒手舞) 즉 퇴수무(退袖舞)=여자)를 추어 동향하고 좌우 협 네 사람은 모두 서향하고 춘다。 왕모가 서향하여 추고 좌우 협 네 사람은 모두 동향하고 추다가 다섯 사람이 모두 도로 북향하고 또 앞의와 같이 두 번 되풀이 해서 추기를 마치면 악이 멎고 조금 뒤로 물러가면 악이 「최자」 조를 주하고 박을 치면 왕모가 곧 일어 서서 춤추고 좌우 협 네 사람은 입수무를 춤추다가 나누어 네귀에 서기를 마치면 악이 멎고 악이 보허자(步虛子) 「령」을 주하고 박을 치면 왕모는 좌우 협 네 사람과 함께 대오에서 나오지 않고 외로 돌며 오양선무(五羊仙舞)를 춘다。 모두도로 북향하고 춤을 마치면 악이 멎고 왕모는 오른 소매를 들고 좌우 협 네 사람은 모두 바깥 소매를 들고 보허자 「령」 전반절을 창한다。 벽연롱효 해파한(碧烟籠曉海波閑) 강상 수봉한(江上數峯寒) 패환 성리 이향 표락인간(佩環聲裡異香飄落人間) 미강절 오운단(弭絳節五雲端)

창이 끝나고 박을 치면 왕모는 왼 소매를 바꾸어 들고 좌우 협 네 사람은 안쪽 소매를 바꾸어 들고 후반절을 창한다。 완연공지 가화서(宛然共指嘉禾瑞) 미일소 파주안(微一笑 破朱顏) 구중 요련 망중(九重輦闕望中) 삼축요천 만만재 대남산(三祝堯天、萬萬載 對南山)

·창을 마치고 박을 치면 악이 보허자 「급박」을 주한다。 박을 치면 왕모가 좌우 협 네 사람과 입수무(入手舞)를 추고 마치면 악이 멎는다。

악이 보허자 「령」을 주하면 박을 치고 왕모가 먼저 오양선무를 추면 네 사람의 협무도 이 춤을 춘다。 종말에 이르러 왕모가 앞줄 좌 협무를 향하여 추면 앞줄 좌협은 돌아 서서 마주 춤을 추며 다음에 앞줄 우협을 향하며 다음에 후렬 좌협을 향하며 다음에 후렬 우협을 향하여 춤추면 향하는 쪽 협무는 모두 왕모를 향하여 마주 춤을 춘다。 언제든지 대무(代舞＝「對舞」의 동음 관계의 차자(借字)인 듯 혹시 帶同의 帶자의 의미를 가진 말인지 몰으겠으나 여기서는 「對舞」의 뜻으로 쓰인 것이 분명하다＝역자)할 때에는 대무기(妓)는 팔을 폈다가 왕모 및 앞의 무기와 더불어 동시에 손을 여미고 발을 구르다가 박을 치면 왕모와 대무기와의 춤이 시작된다。 다른 서재에서도 이와 같이 한다。 그러나 오양선무에 있어서만 모두 악 종말에 이르러 매우 한다 네 귀가 서로 마주 춤을 추다가 도로 북향하고 춤을 그치면 왕모는 후렬 우협과의 춤이 끝났을 때 먼저 춘 세 협무와 동시에 팔을 폈다 다시 여미고 서면 악이 멎는다。 악이 파자(破子)를 주하면 왕모는 좌우 협무 네 사람과 같이 대렬에서 나오지 않고 오른 쪽으로 세 바퀴 돌며 파자무를 춘다。

춤이 끝나면 악이 멎고 왕모는 오른 편 소매를 들고 좌우 협무 네 사람은 모두 바깥 소매를 들고 파자 사를 창한다。 표묘 삼산도(縹緲三山島) 십만세 방분흔효(十萬歲方分昕曉) 춘풍 개변벽도(春風開遍碧桃) 화위 동군 일소(花爲東君一笑) 상표잠인 향진도(祥飈暫引香塵到) 축요령후 천난로(祝堯齡後天難老) 서연산벽、 귀운롱난(瑞烟散碧 歸雲弄暖) 일성장소(一聲長嘯)

창이 끝나고 박을 치면 악이 오운개서조(五雲開瑞朝) 「인자」를 주하고 박을 치면 좌우 협무 네 사람이 손을 여미고 발을 구르며 도로 자기 위치에 돌아와 왕모와 나란이 서고 죽간자 차비 두 사람이 발 구르며 조금 앞으로 나와 서고 (좌우 협무 네 사람이 자기 위치로 돌아올 때에 같이 나온다。악이 멎으면 구호를 섬긴다。「歌淸儀鳳 舞妙回鸞 斂瓊珮以言歸 指瑤瀛而却步 百花沉烟紅日晩 一醉瑤觴內醺深 再拜階前 相將好去」「아름다운 노래 봉황을 춤추게 하며 돌아가는 란새 춤 묘하기 그지 없소 몸 꾸미개 정돈하고 물러가라 하옵니다。온갖 꽃 저녁 연기에 잠겨 있고 석양은 뉘엿 뉘엿한데 한소리 길게 우는 학의 소리 구름속에 멀어가오 뜰앞에 재배하고 좋이 가려하나이다。 구호를 마치면 박을 쳐 앞의 악을 주하고 죽간자 차비 두 사람이 발을 구르고 박을 치면 물러가고 박을 치면 왕모가 발을 구르며 조금 앞으로 나와 서고 악이 멎으면 왕모가 말로 「寰海謐淸 共感昇平之化 瑤臺路隔 遐回汗漫之遊 未敢自專 伏候進止」 세상에는 병혁이 끊쳐 온 백성 승평을 노래하고 신선 세계는 길이 멀어 오래 놀기 한만하와 이에 떠나가며 처분을 기다리오」

말이 끝나면 박을 쳐 앞의 악을 주하고 박을 치면 왕모가 조금 뒤로 물러가 자기 위치에 돌아간다。 또 박을 치면 왕모가 좌 우협 네 사람과 손을 여미고 발을 구르며 앞으로 나가고 박을 치면 함께 소매를 들어 밖으로 폈다 다시 여미고 발을 구른다。 박을 치면 회수무(回手舞)를 추며 물러가고 악이 멎는다。

포구악(抛毬樂)

처음 들어올 때 배열하는 도표

인인장、정절、봉선、정절、봉선、정절、작선、정절、미선

무二좌 무四좌 무六좌 무八좌 개

죽간자　무一좌 무三좌 무五좌 무七좌 개

구문(毬門)

죽간자　무우一 무우三 무우五 무우七 개

무우二 무우四 무우六 무우八 개

인인장、정절、봉선、정절、봉선、정절、작선、정절、미선

진무(進舞)하는 도표 (對舞)

죽간자

무좌二 무좌四 무좌六 무좌八

무좌一 무좌三 무좌五 무좌七

구문(毬門)

무우一 무우三 무우五 무우七

무우二 무우四 무우六 무우八

죽간자

악사가 포구악구문(抛毬樂毬門〔채색공을 앞뒤 기둥에 맨 것〕)을 든 악공 두 사람을 거느리고 동쪽 기둥 사이로부터 들어와 전내 소찬탁 남쪽에 놓고 나오면(중궁연에서는 여기가 이것을 든다) 악은 절화(折花)「삼대(三臺)」를 주하고 박을 치면 죽간자 차비 두 사람이 발을 구르며 나와서 구문(毬門) 앞 기둥 좌우에 갈라서고 악이 멎으면 구호를 섬긴다。(「雅樂鏗鏘於麗景 妓童部列於香階 爭呈綽約之姿 共獻蹁躚之舞 冀容入隊 以樂以娛」 아악소리 청아한 가운데 홍상미인 대결뜰에 늘어서 저마다 아리따운 자태로 너울거리는 춤을 함께 드리오니 바라옵건대 저희들의 변변치 못한 재주나마 용납하여 즐기심이 어떠하올지 아뢰오」) 구호를 마친 뒤에 박을 쳐 앞의 악을 주하면 죽간자 차비 두 사람이 발을 구르며 박을 치면 물러가 좌우 편에 갈라선다。

박을 치면 온 대렬의 기녀 十六인이 (혹은 十二인 혹은 八인 혹은 六인 혹은 四인도 될수 있다。이 수는 림시로 임금의 지시를 받아 정한다。) 손을 여미고 좌우 두 대오로 나누어 가지고 절화무(折花舞)를 추며 나와 구문(毬門)과 나란이 서서 춤 추기를 마치면 악이 멎고 좌우 대오는 각각 모두 바깥 소매를 들고 절화「삼대」사를 창한다。(취막 화연(翠幕華筵) 상장정시 다환연(相將正是多歡宴) 거무수 회선(擧舞袖回旋) 편라기족궁상(遍羅綺簇宮商) 공가 청선(共歌淸羨) 경장범법 만금준(瓊漿泛泛滿金樽) 막석 침취 영일장유연(莫惜沈醉永日長遊衍) 원락가빈(願樂嘉賓) 가빈식연(嘉賓式燕))

창이 끝나고 박을 치면 전 대오가 손을 여미고 물러가 자기 위치에 돌아간다。 악이 소포구악(小抛毬樂)「령」을 주하면 전 대오가 도로 구문(毬門) 앞으로 나와 좌우에 마주 서고 박을 치면 四수무를 마주 추다가 도로 북향하여 춤 추기를 그치면 악이 멎고 좌우 대오는 각각 바깥 소매를 들고 소포구악(小抛球樂)「령」사를 창한다。(「비취렴전 포수파(翡翠簾前抛繡過) 작라삼자 긴과두(窄羅衫子緊裹頭) 옥섬고지 홍사망(玉纖高指紅絲網) 영취연전 제일주(贏取筵前第一籌)」 (대의) 비취렴(翡翠簾) 느린 루각 앞뜰 공 넘기 내기 할제 좁은 소매 옷 적삼에 *七보(七寶) *대요(帶腰) 머리 쌌네 섬섬옥수(纖纖玉手) 높이 들어 홍사망(紅絲網) 가리키니 만장 시선 모이는데 제一무점 쟁취했네)

창을 마치면 박을 쳐 손을 여미고 물러가 자기 사리에 돌아간다。 악사는 왼 손에 박을 잡고 구문 왼 편에 나와 앞 기둥에 매인 채구(彩毬)를 풀어 앞 기둥 좌편에 둔다(구문 기둥에서 한자 가량 되는 위치에 놓으며 채색 끈을 기둥 쪽으로 향하게 한다。) 다음 구문 우편에 나가서도 또 그와 같이 하고 물러가 사리에 돌아간다。(궁중연에서는 넘소기가 이것을 한다」 앞의 악을 주하고 박을 치면 왼편 대오 맨 첫째 사람이 발구르며 구문 앞 기둥 좌편에 나가 꿇어 앉아 두 손으로 채구를 잡으며 할 때에 박을 치면 공을 받들고 일어나 발을 구르다가 악이 멎으면 사를 창한다。「분면교요렬량항(粉面嬌嬈列兩行) 가성십이알운사(歌聲十二遏雲詞)(대외)하양게 분바른 어여쁜 얼굴들이 두 줄로 벌며 서서 노래 소리 높고 높아 운소(雲霄)에 미치도다」 창을 마치면 박을 쳐 앞의 악을 주하고 발을 구르며 구문을 향한다。 박을 치면 오른손으로 채구를 잡아 소매에 넣고 채색 끈이 밖으로 드리우게 한다 롱구춤(弄毬舞)을 추며 뒤로 물러갔다 앞으로 나오고 또 뒤로 춤추어 물러갔다 앞으로 나와 서서 오른손으로 채구를 잡고 왼손으로 머리를 들고 풍류안(風流眼)에 치던져서 맞으면 악이 멎는다。 북향하여 손을 여미고 머리를 숙이고 엎드리면 그 대오는 모두 동시에 함께 머리를 숙이고 엎드린다。 곧 앞의 악을 주하면 그 대오는 모두 일어나 시고 댄 첫째 사람이 물러가 자리로 돌아가면 서방색(書房色)이 상포(賞布)를 가져다 구문 왼 편에 놓고 나간다。 중궁연에서는 년소기가 이것을 한다、

악사가 나가 채구를 가져다가 전 위치에 도로 놓고 물러가 자리로 돌아 간다。 중궁연에서는 년소기가 이것을 한다、

만일 던진 공이 맞지 않고 땅에 떨어지면 곧 손을 여미고 북향하여 서는데 악사가 붓을 가지고 오른편 뺨에 묵점을 찍고 물러간다。 오른편 대오의 기녀에겐 왼편 뺨에 묵점을 찍는다、 중궁연에서는 년소기가 묵점을 찍는다、

만일 공이 땅에 떨어지기 전에 도로 잡았으면 춤추며 뒤로 물러갔다 춤추며 앞으로 나와 앞서와 같이 치던지고 또 맞지 않아 도로 잡았으면 춤추지 않고 치던진다。 맞으면 우에서 말한 의식과 같이 하고 또 맞지 않으면 다시 공을 잡지 않고 서서 우에서 말한바 맞지 않았을 때의 의식과 같이 한다。

만일 공이 풍류안에 걸리게 되면 상도 없고 벌도 없으며 발을 구르며 물러가 자리로 물러간다。 악사는 장때 같은 것으로 채구를 걸어당겨 내며서 도로 전 위치에 놓고 물러간다。 박을 치면 우편 대오 맨 첫째 사람이 우에서 말한 바와 같이 하고 악이 멎으면 사를 창한다。 「소회성안경잠대(笑回星眼[illegible]) 불각화지추무장(不覺花枝[illegible]舞場) (대의) 웃고 돌아보는 눈 샛별 같고 머리를 개우뚱 움직이니 머리에 꽂은 꽃 가지 땅에 떨어짐도 모르는도다」

창을 마치면 우에서 말한 의식과 같이 하고 물러가 자리로 돌아간다。 악사가 채구을 도로 갖다 놓기를 우에서 말한 의식과 같이 하고 물러가 자리로 돌아 간다。 좌편 대오 둘째 번 사람이 악사가 아직 자기 자리로 돌아가기 전에 먼저 앞으로 나가 그 대오 맨 첫번 사람 앞에 서서 바치기를 기다린다。 뒤엣 사람들도 이와 같이 한다。 좌편 대오 둘째 번 사람이 우에서 말한 의식과 같이 하고 사를 창한다。 소고 성성 약막최([illegible]若莫催) 채구 고하 차배회(彩毬高下且徘徊) (대의) 「피리 북 소리야 네가 재촉을 말라 포구 대중 어려워라 공 던지기 망서린다」

창을 마치면 우에서 말한 의식과 같이 하고 우편 대오의 둘째 번 사람이 우의 의식과 같이 하고 사를 창한다。 「경포 정투 홍문과(輕抛正透紅門過) 공헌 군왕 만수배(共獻君王萬壽盃) (대의) 살풋이 던진 공이 붉은 문 뚫고 지나갔네 지화자 좋구나 다 같이 만세를 웨치라」

창을 마치면 우에서 한 의식과 같이 하고 좌편 대오의 세째 번 사람이 먼저 그 대오의 두 기녀 사이로 나아 간다고 물러갈 때에도 그와 같이 한다。 뒷사람도 이와 같이 한다。 우에서 한 의식과 같이 하고 사를 창한다。 량항화규점풍류(兩行花竅占風流) 루금라대계포구(縷金羅帶繫抛毬)

창을 마치면 우와 같이 하고 우편 대오 세째 번 사람이 우에서 한 의식과 같이 하고 사를 창한다。 옥섬고지 홍사망(玉纖高指紅絲網) 대가 착의 승두주(大家着意勝頭籌)

창을 마치면 우에서 한 의식과 같이 하고 좌편 대오 네째 번 사람이 우에서 한 의식과 같이 하

고 사를 창한다。 만정소고 최비구(滿庭簫鼓催飛毬) 록간홍망 총대두(綠竿紅網 總擡頭)

창을 마치면 우편 대오 네째 번 사람이 우에서 한 의식과 같이 하고 사를 창한다。 빈가부수 포장파(頻歌覆手抛將過) 량항인대 간회주(兩行人待看回籌)하고 사를 창한다。 오화심리 간포구(五花心裏看抛毬) 향시홍 눈류연조(香腮紅嫩柳烟稠)

창을 마치면 우에서 한 의식과 같이 하고 좌편 대오 다섯째 사람이 또 우에서 한 의식과 같이 하고 사를 창한다。

창을 마치면 우에서 한 의식과 같이 하고 우편 대오 다섯째 사람이 우에서 한 의식과 같이 하고 사를 창한다。 청가첩고 련최촉(淸歌疊鼓連催促) 저리불양 재삼주(這裏不讓第三籌)

창을 마치면 우에서 한 의식과 같이 하고 우편 대오 여섯째 사람이 우에서 한 의식과 같이 하고 사를 창한다。 공장지분 균장면(恐將脂粉匀粧面) 수피광호 화오래(羞被狂毫畵汚來)

창을 마치면 우에서 한 의식과 같이 하고 좌편 대오 일곱째 사람이 우에서 한 의식과 같이 하고 사를 창한다。 비취렴전 포수과(翡翠簾前抛繡過) 착라삼자 긴과두(窄羅衫子緊裹頭) (가사 내외는 앞에 보였다 여자)

창을 마치면 우에서 한 의식과 같이 하고 우편 대오 일곱째 사람이 우에서 한 의식과 같이 하고 사를 창한다。 옥섬고지 홍사망(玉纖高指紅絲網) 영취연전 제一주(贏取筵前第一籌) (가사 대외는 앞에 보였다 여자)

창을 마치면 우에서 한 의식과 같이 하고 좌편 대오 여덟째 사람이 우에서 한 의식과 같이 하고 사를 창한다。 「문도 포구 최갱망(聞道抛毬最更忙) 주림탐감 략균장(走臨鸞鑑略匀粧)」(대외) 「드르니 포구악놀이 재미있고 바쁘다네 단려가 거울 보고 약간 단장 바삐한다」 창을 마치면 우에서 한 의식과 같이 하고 우편 대오 여덟 사람이 우에서 한 의식과 같이 하고 사를 창한다。 「경초군대 반후수(輕

招邀隊伴紅袖) 지유미심 관구향(只有微心管舊香)」 (대외) 「손질하여 동무
불러 메메로 붉은 소매 짝지었네 아마도 옛 동무들이 마음에 그리운가 보이」

창을 마치면 우에서 한 의식과 같이 하고 악이 멎는다。 악이 수룡음(水龍吟) 「인쇄」ㅡ(引殺) ㅣ을 주하고 박을 치면 죽간자 차비 두 사람이 발을 구르며 나와 구문·좌우 쪽에 갈라서고 악이 멎으면 구호를 섬긴다。 「七般妙舞已呈飛燕之奇 數曲淸歌且貫貫珠之美 五音齊奏 大律相催 再拜階前 相將好去」(대외)
일곱가지 묘한 춤은 날으는 제비인양 하고 무어곡조 맑은 노래는 구슬을 꿰인듯 하여이다 五
음 六률이 리번을 재촉하여 뜰앞에 재
배하옵고 좋이 서로 갈가 하옵니다」

구호를 마치면 박을 쳐 앞의 악을 주하고 죽간자 차비 두 사람이 발을 구르다가 박을 치면 물러간다。 각각 물더갈 때에는 그 대오 두 기녀의 사이
로 물러간다。 다른 정재에서도 그렇게 한다。

박을 치면 좌우 대 무기 十六인이 협수무(挾手舞)를 추면서 물러가고 박을 치면 손을 여미고 발을 구르며 박을 치면 회수무를 추면서 물러가고 악이 멎는다。

(주)

二五六 ⁂ 칠보(七寶)=갖은 주옥으로 꾸민 것。

* 대요(戴腰)=부녀자의 머리 장식물로 머리 둘레라고 한 것。

二五八 ⁂ 착의(着意)=원문에 「衣」자로 되였으나 의「意」자의 착오로 본다。

련화대(蓮花臺)

처음 들어갈 때 배렬하는 도표 / 춤추는 도표

처음 들어갈 때 배렬하는 도표			춤추는 도표
합립(蛤笠)	죽간자	무녀 좌동(童女)	무녀 좌동 죽간자
합립	죽간자	무녀 우동(童女)	무녀 우동 죽간자

악사가 합립(蛤笠) 두 개를 받들어다 전내(殿內) 한 가운데 좌, 우편에 놓고 나오면 (중궁연에서는 년소기가 이를 한다) 악이 *전인자(前引子)를 주하고 박을 치면 죽간자 차비 (년소기) 두 사람이 발을 구르며 앞으로 나와 합립의 남 쪽에 갈라서고 악이 멎으면 구호를 섬긴다。「綺席光華卜晝開 千般樂事一時來 蓮房化出英英態 妙舞妍歌不世才」 (대의) 「놀음놀이 화려한 자리 대낮에 열리오니 온갖 즐거움 일시에 오리로다 련꽃속으로 어여쁜 아가씨 나와 묘한춤 아리따운 노래 세상에 보기드문 재조로세」 구호를 마치면 박을 쳐 앞의 악을 주하며 죽간자 차비 두 사람이 발을 구르며 박을 치면 조금 뒤로 물러가 두 무동녀 좌우편 외협(外挾) 위치에 서고 악이 멎는다。 악이 중선회(衆仙會)「인자」를 주하면 원 편 동녀는 땅에 앉고 오른 편 동녀는 *인무(人舞) 춤을 추며 합립 남쪽으로 나간 다음에 춤이 끝나면 급히 박을 쳐 춤추어 본대 위치에 물러가고 악이 멎는다。 원편 동녀가 일어서면 두 동녀가 함께 바

깔 소매(넓은 소매)를 들고 미신사(微臣詞)를 창하다。(주재봉래(住在蓬萊) 하생련에(下生蓮菓) 유감 군왕지덕화(有感君王之德化) 래정 가무지환오(來呈歌舞之懽娛)) 창을 마치면 박을 쳐 악이 헌천수(獻天壽)「만」조를 주하고 박을 치면 왼편 동녀가 대오에서 나오지 않고 광수무(廣袖舞)를 추며 춤이 마치면 악이 멎고 (두 동녀는 곧 손을 번득하게 여민다) 악이 ※반하무(班賀舞)를 주하면 두 동녀가 혹은 낯을 혹은 등을 서로 마주 하면서 춤 (조약무(跳躍舞) 이하도 같다)을 추며 옆으로 나가 북향하여 춤추기를 마치고 꿇어앉아 합렵 (왼편 동녀는 오른손으로, 우편 동녀는 왼손으로)을 가지고 일어나 서로 마주 서서 머리에 이고 모두 두 소매로 합렵을 낀다。 악사는 박을 왼 팔에다 걸고 왼편 동녀 앞에 나가 꿇어앉아 합렵 끈을 매여 주고 다음 우편 동녀의 앞에 나가서도 그렇게 한다。(중궁연에서는 년소 기가 이를 한다) 무동녀가 춤추어 앞으로 나갔다 뒤로 물러갔다 하며 혹은 낯을 혹은 등을 마주 대고 조약하며 춤추기를 마치면 악이 멎는다。 또 악이 ※후인자(後引子)를 주하고 박을 치면 죽간자 차비 두 사람이 조금 앞으로 나가 서고 악이 멎으면 구호를 섬긴다。「雅樂將終 拜辭華席 仙韶欲返 遙指雲程」「아름다운 풍류가 끝나려 하매 빛나는 자리를 떠나겠읍니다 선녀가 돌아 가고저 하매 멀리 구름 길을 향하는도다」

구호를 마치고 박을 치면 앞의 악을 주하고 죽간자 차비 두 사람이 발을 구르고 박을 치면 물러가 나란이 두 동녀의 좌우 외협 자리에 서고 악이 멎는다。

(주)

二六一 ※전인자(前引子)=미조 당악곡명。 ※후인자(後引子)와 함께 전주곡과 후주곡에 성질을 띈 기악곡이다。

※인무(人舞)=도수무(徒手舞)를「인무」라 한다 원문에 입무(入舞) 또는 팔무(八舞)로 된 곳이 있는데 어것은 잘

오(刊誤)로 인정된다.

금척(金尺)

처음 들어갈 때 배열하는 도표

인인장、정절、봉선、정절、봉선、정절、작선、정절、미선

무좌一 무좌二 무좌三 무좌四 무좌五 무좌六 개

죽간자 개

족자 금척 황개

죽간자 개

무우一 무우二 무우三 무우四 무우五 무우六 개

인인장、정절、봉선、정절、봉선、정절、작선、정절、미선

대렬짓는 도표

무좌五 무좌六 죽간자

무좌三 무좌四

무좌一 무좌二

족자 금척 황개

무우一 무우二

무우三 무우四

무우五 무우六 죽간자

회무도(回舞圖)

竹竿子左 … 竹竿子右

악은 오운개서조 「인자」를 주하고 박을 치면 죽자 차비 한 사람、죽간자 차비 두 사람이 나란이 서서 발을 구르며 조금 앞으로 나와 서고 악이 멎으면 구호를 섬긴다。 「欽貝符之靈異 美盛德之形容 敢借優容 式孚宴樂」 「미묘은 신표의 신령하고 기이함을 받자와 뫼옵고 장한 성덕을 례찬하는 춤을 주며 하옵는바 너그러이 용납하심을 얻어 축하하는 잔치에 조흥이 될가 하옵니다」 구호를 마치면 박을 쳐 앞의 악을 주하고 죽간자 차비 두 사람이 발을 구르고 박을 치면 물러가 좌우로 갈라서며 (죽자는 그대로 서 있다) 박을 치면 좌우 대오의 첫 머리 한 사람이 절화무(折花舞)를 추어 앞으로 나가고 박을 치면 손을 여미고 발을 구르며 나란이 족자 좌우편에 섰다가 박을 치면 앞에서 춘 춤을 추며 물러가 손을 여미고 족자 뒤에 갈라서면 좌우 대열 각 둘째 번 사람도 첫째 번 사람이 한 의식과 같이 하고 좌우편 대열 첫째 번 사람이 춤추며 물러갈 때에 동시에 춤추며 앞으로 나간다 다음 사람들도 이와 같이 한다 세째 번 사람、네째 번 사람、다섯째 번 사람、여섯째 번 사람들도 또한 그렇게 하고 여섯 대오로 만들어 가지고 나란이 좌우편에 선다。 여섯째 번 사람이 서기를 다하고 춤이 그치려 할 때 먼저 선 열 사람이 또한 동시에 팔을 폈다가 다시 여미고 서면 악이 멎는다。

악이 최자「령」을 주하고 박을 치면 금척 차비 한 사람과 황개(黃蓋) 차비 한 사람이 모두 발을 구르며 조금 앞으로 나와서고 악이 멎으면 금척 차비가 말로 꿈에 금척(金尺)을 받은 것은 대명을 받자울 조짐이였나이다。 태조(太祖—리조 창건자인 리 성계(李成桂)를 가리킴—역자)께서 등극하시기 전에 꿈에 신인(神人)이 금척을 받들고 하늘에서 내려와 말하기를 「*경시중(慶侍中)은 인망이 있으나 이미 늙었고 *최삼사(崔三司)는 정직하다는 소문이 있으나 지혜가 없으니 소용이 없다 하며 태조더러는 자질은 문무를 겸비하였고 덕망도 있고 식견도 있어 백성들의 촉망이 그대에게 있다 하고 곧 금척을 주었다 합니다 라고 말하기를 마치고 박을 치면 앞의 악을 주하고 금척 차비 한 사람、황개(黃蓋) 차비 한 사람이 발을 구르다가 인해 서면 악이 멎고 악이 *금척「령」을 주하면 六대 열두 사람이 손을 여미고 발을 구르며 악절에 따라 금척사(金尺詞)를 창하다。 「유 황감지 공명혜(惟皇鑑之孔明兮) 길몽 협우 금척(吉夢協于金尺) 청자모의혜 직기당혜(淸者耄矣兮直其戇兮) 유덕언시적(有德焉是適) 제 용탁 오심혜(帝用度予心兮) 비 균제우 가국(俾均齊于家國) 정재 궐부혜 수명지상(貞哉厥符兮受命之祥) 전자급손혜 미우천억(傳子及孫兮彌于千億)」 (대의) 「신명의 밝으심 밝으실새 길한 꿈 금척(金尺)에 맞췄도다。 청렴한 이 모후(耄朽)하고 정직한 자 어리석도다 덕망 있는 이에 백성이 따르는도다 하늘이 백성 마음 알아 유며하신 어른에게 나라 맡겨 다사리도다 미쁘도다 신명이 주신 중표 천명이 내리신 상서로다 자자 손손 계승하여 억천만년 전하소서」

창을 마치고 박을 치면 六대 열두 사람은 이내 금척사 후반절을 창하며 세 차례 금척무를 추어 앞으로 나갔다 뒤로 물러 갔다 한다。(춤추어 족자 좌우 량 열까지 나갔다가 물러간다。) 이렇게 하기를 마치면 악이 멎고 다시 악이 소포구악 「령」을 주하고 박을 치면 우편 죽간자 차비가 발을 구르며 앞을 인도하고 다음에 족자、금척、황개、다음 좌편 죽간자 다음 좌편 내렵 여섯 사람、다음 우편 대렵 여섯 사람들이 차례 차례로 발을 구르며 나간다。(좌우편 춤 대렵 열두 사람도 모두 춤추며 나간다) 외로 돌며 회수무를 추는데 우편 죽간자와 서로 련하며 모두 악절에 맞추어 사를 창한다。(「성인유작(聖人有作) 만물개도(萬物皆覩) 면서빈분(盛瑞繽紛) 저복필지(諸福畢至) 장언부족(長言不足) 식가차무(式歌且舞) 오락오륜(於樂於倫) 군왕만수(君王萬壽)」(대의) 성인이 나오시매 만물이 다 보도다 신령한 상서자조 나타나고 백복이 일시에 이르도다 긴 말로 다할 수 없어 노래하고 춤 추도다。아、즐겁고도 질서있도다 엄하 만수」)

또는 춤추기를 세 바퀴 하고 마치면 우편 죽간자가 남쪽에 이르러 북향하고 선두에 서서 족자 금척 황개를 가운데로 인도하여서 앞으로 나아가 본 자리에 돌아가고 좌 죽간자도 역시 무기 十二인을 인도하여 동쪽으로부터 자기 자리로 돌아가 모두 처음 배렬하던 대로 선 뒤 악이 멎으면 죽간자 차비 두 사람이 구호를 섬긴다。(「樂旣奏於九成 壽雖獻於萬歲 未及滔娛之極 遐同儆戒之心 拜辭而歸 式燕以處」(대의)「악은 이미 구성(九成)을 주하였고 수는 만만세를 드렸으나 즐김은 다하기 어렵기로 경계하는 마음을 가져 배사하고 물러 가오니 수복강녕 하옵소서」) 구호를 마치고 박을 치면 악이 오운개 서조 「인자」를 주하고 죽간자 차비 두 사람、족자 차비 한 사람、금척 차비 한 사람、황개 차비 한 사람이 발을 구르다가 박을 치면 물러가고 박을 치면 무기 열두 사람이 협수무를 추며 나오고 박을 치면 손을 여미고 발을 구르다가 박을 치면 퇴수무(退手舞)를 추며 물러가고 악이 멎는다。

(주)

二六五 * 금척령(金尺令)=리조 당악 곡명. 즉 금척무의 악곡이다.

* 경시중(慶侍中)=고려 공민왕 조에서 문하시중(門下侍中) 벼슬을 하던 경복흥(慶復興)으로서 당시 귀족들 가운데서는 백성의 재물을 심하게 박탈하지 않았기 때문에 신망이 있었으나 신돈(辛旽)의 횡포한 권력을 제재하지 못하고 매사에 소극적인 태도를 취하다가 결국 신돈 일당에게 몰려 죽었다.

* 최영(崔瑩)=최영은 유명한 무인으로 생기기가 괴위하고 힘이 세였다. 직위는 三사(三司) 여러번 외적을 구축하여 큰 공을 세웠으나 결국 리성계(李成桂)와의 전쟁에서 패배하여 一三八八년 충주(忠州) 적소에서 참형되였다.

수 복 록(受寶籙)

처음 들어갈 때 배렬하는 도표

죽간자

인인장一좌 정절二좌 봉선三좌 지선(地仙)
정절四좌 봉선五좌 정절六좌
작선七좌 정절八좌 미선九좌

족자 보록

죽간자

인인장우一 정절우二 봉선우三 지선(地仙)
정절우四 봉선우五 정절우六
작선우七 정절우八 미선우九

도는 춤 도표 (다른 정재의 도는 춤도 이와 같다)

竹竿子

地仙 寶籙 地仙

竹竿子

지선(地仙) 춤추는 도표

죽간자				족자				죽간자
		지선			지선			
작선 우七	정절 우四	인인장 우一			인인장 一좌	정절 四좌	작선 七좌	
정절 우八	봉선 우五	정절 우二			정절 二좌	봉선 五좌	정절 八좌	
미선 우九	정절 우六	봉선 우三			봉선 三좌	정절 六좌	미선 九좌	
죽간자				보록				죽간자

악이 회팔선(會八仙)「인자」를 주하고 박을 치면 족자 차비 한 사람 죽간자 차비 무 사람이 나란이 가면서 발을 구르며 조금 앞으로 서고 악이 멎으면 구호를 섬긴다。「[illegible]皇天之有祐 [illegible]景運之[illegible]興 [illegible]有[illegible]忻 式陳頌[illegible]」(대의) 「하늘의 신표를 받자옵고 국운의 성구한 기초를 짱아 만백성이 즐겨하며 송도의 뜻을 표합니다」 구호를 마치고 박을 치면 앞의 악을 주하고 죽간자 차비 두 사람이 발을 구르며 박을 치면 물러가 좌우 량편으로 갈라선다。(족자는 그대로 선다) 박을 치면 기녀 한 사람이 맨족한 소매로 보록(寶籙)을 받들고 발을 구르며 조금 앞으로 나가 족자 뒤에 조금 동쪽으로

다아 꿇어앉으면 승지는 이를 받아 가지고 받들어 임금께 드린다。 기녀는 머리를 숙이고 엎드렸다 일어섰다가 악이 멎으면 오른 편 소매를 들어 말하기를 보록(寶籙)을 받음은 이상한 글을 얻음이라 태조께서 보위에 오르시기 전에 어떤 사람이 이상한 글을 지이산 석벽 가운데서 얻어 태조께 드리였더니 그 후 임신(壬申—리 성계가 왕위에 앉던 해 一三九二년을 가리킨 것—역자)년에 그 말이 들어맞았기로 수보록곡을 지었습니다 라고 말을 마치고、박을 치면 앞의 악을 주하고 박을 치면 회수무를 추며 물려가 지선(地仙) 사이에 나란이 선다。 악이 멎고 다시 보허자(步虛子)「령」을 주하면 의장물 차비 六대 十八인이 발을 구르며 악절에 맞추어 수보록사(受寶籙詞)를 창한다。 피고외산 석여천제(彼高矣山 石與天齊) 우이부지 무지이서(于以剖之得之異書) 환환목자 승시이작(桓桓木子 乘時而作) 수기보지 주초기먹(誰其輔之 走肖其德) 비의군자 래자금성(非衣君子 來自金城) 삼전삼읍 찬이성지(三奠三邑 贊而成之) 전우신도 전조팔백(奠于新都 傳祚八百) 아룡수지 월유보록(我龍受之 粤惟寶籙) (가사 전출—역자 권 二에 참조) 악장을 한번 마치고 박을 치면 이내 그 사를 창하면서 여섯 대렬 十八인이 이 중(二重)으로 돈다。 좌편 九명의 기녀는 서향하여 안쪽으로 돌고 우편 九명의 기녀는 동향하여 바깥쪽으로 돈다 세 바퀴 돌고 본래 위치로 돌아가면 악이 멎고 악이 금전악(金殿樂)「령」을 주하면 지선(地仙) 두 사람이 발을 구르며 룡선(龍扇)、정절(旌節) 사이로부터 앞으로 나아가 인인장 차비 기녀 앞에 섰다가 박을 치면 북향하여 금전악무를 춘다。 아래에서도 같다 다음에는 마주 춤을 추고 다음에는 북향하여 추고 다음에는 등을 서로 지고 추며 다음에는 북향하여 춤을 추고 다음에는 춤추며 앞으로 나가 좌우측에 나란이 서서 앞에서와 같은 춤을 추다가 춤이 끝나면 춤추며 본래 위치로 물러가 앞에서와 같은 춤을 춘다。 이와 같이 세 번 진퇴하여 춤 추기를 마치며 박을 치면 지선 두 사람이 발을 구르며 각각 인인장 정절 사이로부터 물려가 본래 위치에 서면 악이 멎는다。 악이 또 회팔선「인자」를 주하고 박을 치면 죽간자 차비 두 사람이 발을 구르며 앞으로 나아가 족자 좌우편에 갈라서고 악이 멎으면 구호를 섬긴다。「寔九曲而告成 祝千歲而有永 幸値昇平之日 敢申悅懌之情 拜辭華筵 式宴譽處」「아홉 곡조를 다 주하였사오매 성수 천세를 비옵니다 다행히 승평한 세대를 만나 감히 즐거운 뜻을 표하옵고 빛난 자리를 사퇴하오니 안녕히 계시옵소서」

구호를 마치고 박을 치면 앞의 악을 주하고 죽간자 차비 두 사람、족자 차비 한 사람이 발을 구르고 박을 치면서 물러간다。박을 치면 의장물 차비 十八인、보록 차비 한 사람、지선 두 사람이 모두 발을 구르며 물러가고 악이 멎는다。

근천정(覲天庭)

처음 들어올 때 배렬하는 도표

인인장、정절、봉선、정절、봉선、정절、작선、정절、미선

죽간자 (람)협좌 개

족자 (홍)선모 개

죽간자 (록)협우 개

인인장、정절、봉선、정절、봉선、정절、작선、정절、미선

대렬 짓는 도표

죽간자

협좌

족자 선모

협우

죽간자

악이 오운개서조「인자」를 주하고 박을 치면 족자 차비 한 사람, 죽간자 차비 무 사람이 나란이 서서 발을 구르며 조금 앞으로 나가서고 악이 멎으면 구호를 섬긴다。「利覩天庭 承帝眷之優渥 端膺寶曆 啓王業之延長 擧有攸祈 恭陳頌辭」「천자 나라에 사절을 보내 황제의 우악하신 총애를 받자옵고 공손히 력서(曆書)를 받들어 왕업의 영원한 길을 열어 놓았오니 만 백성이 모두 기뻐한지라 삼가 송도하는 뜻을 표하나이다」

구호를 마치고 박을 치면 악은 앞의 악을 주하고 죽간자 차비 두 사람이 발을 구르다가 박을 치면 물러가 좌우로 갈라선다。(죽자는 그대로서 있다) 박을 치면 선모(仙母)가 좌우 협무 두 사람과 함께 발을 구르며 조금 앞으로 나가 서고 박을 치면 팔을 벌리였다 다시 여미고 발을 구르며 박을 치면 모두 함께 발을 구르며 조금 뒤로 물러 선다。박을 치면 선모만이 발을 구르며 조금 뒤로 물러가 섰다가 악이 멎으면 오른손을 들어 「태종(太宗) 임금께서 왕위에 오르기 전에 천자 나라에 사절로 들어가 황제의 우대를 받고 돌아오니 나라안 백성들이 모두 기뻐서 서로 이 노래를 불렀습니다」 라고 말을 마친 다음에 박을 치면 최자「령」을 주하는데 선모는 발을 구르다가 이내 서며 악도 멎는다。악이 금전악(金殿樂)「령」을 주하면 선모가 좌우 협무 두 사람과 함께 악절에 맞추어 손을 여미고 발을 구르며 근천정사(覲天庭詞) 일장을 창한다。

진진왕자 덕음공창(振振王子 德音孔彰) 즙희기학 규벽기장(緝熙其學 奎璧其章) 천자유지 방인진황(天子有旨 邦人震惶) 유군부사 불감혹황(惟君父使 不敢或遑) 기견천자 부납유상(旣見天子 敷納維祥) 패금소저 가국지창(貝錦消沮 家國之昌) 면면 왕자 숙준의방(勉勉王子 肅遵義方) 전대래귀 종사지광(專對來歸 宗社之光) 환환아왕 수고이강(桓桓我王 壽考而康) 왕자래귀 기락무강(王子來歸 其樂無疆) (가사 전출 권二에 참조—역자)

창을 마치고 박을 치면 왼편 협무가 입수무를 추고 나와 (오른편 협무도 같은 춤을 춘다) 서쪽을 향하여 동쪽으로 앞을 두른 선모와 함께 팔을 벌리였다 다시 여미고 발을 구르다가 박을 치면 왕모와 오양선무(우협도 같다)를 마주 추고 다음은 동을 마주하여 추고 다음은 도로 북향하여 추다가 좌협이 춤을 주며 물러가면 우협무가 춤추며 앞으로 나온다。 좌협무가 춤추며 몸머가 자리에 돌아가기 전에 동시에 우협무가 춤추어 나온다 동향하여 선모와 좌협무가 함께 동시에 팔을 벌리였다 다시 여미고 발을 구르다가 박을 치면 우에서와 같이 춤추고 춤이 끝나면 악이 멎고 앞의 악을 주하고 박을 치면 좌우 협무의 춤이 끝나고 수보록의 지선무와 같다 악이 멎고 악이 중강「령」을 주하고 박을 치면 죽간자 차비 두 사람이 발을 구르며 앞으로 나와 족자 좌우편에 갈라서고 악이 멎으면 구호를 섬긴다。 「德維簿政 *方聞九功之歌 樂且有儀 敢陳六佾之舞 不懈于位 永觀厥成」「어진 정사를 펴매 *구공(九功)의 노래 들리고 악이 절차를 갖추어 륙일(六佾)의 춤을 추도다. 자기 직위에 게을리 않으며 길이 성취를 보리로다」 구호를 마치고 박을 치면 악이 오운개서조「인자」를 주하고 족자 차비 한 사람、죽간자 차비 두 사람이 발을 구르며 박을 치면 물러가고 선모 역시 조금 뒤로 물러가 좌우 협무 사이에 나란이 선다。 박을 치면 선모가 협무 좌우 두 사람과 협수무를 추며 나오고 박을 치면 손을 여미고 발을 구르며 박을 치면 퇴수무(退手舞)를 추며 물러가고. 악이 멎는다。

(주)

二七一 * 국가지창(國家之唱)=「唱」자는 「昌」자의 잘오로 인정된다。

二七二 * 방문(方涠)=「涠」은 「聞」의 잘오로 인정된다。

* 구공(九功)=옛날 중국의 정치적 아홉 가지 부서 즉「九職」의 거둔 성과를 말한 것。

수명명(受明命)

처음 들어올 때 배렬하는 도표

인인장、정절、봉선、정절、봉선、정절、작선、정절、미선

죽간자 협一좌 협二좌 협三좌 협四좌 개

족자 선모 개

죽간자 협우一 협우二 협우三 협우四 개

인인장、정절、봉선、정절、봉선、정절、작선、정절、미선

도는 춤 도표

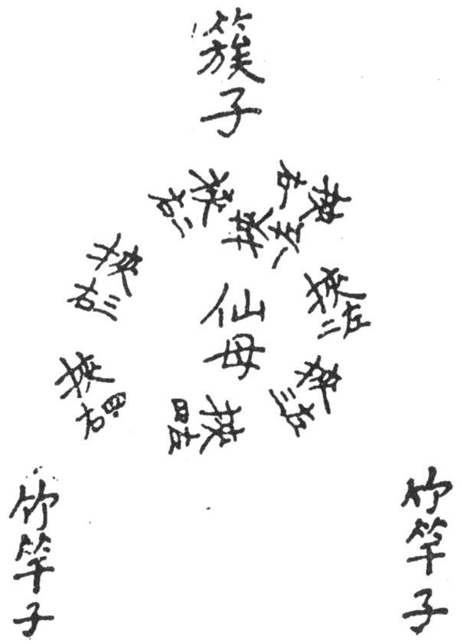

竹竿子

簇子

仙母

竹竿子

악이 회팔선(會八仙)「인자」를 주하고 박을 치면 족자 차비 한 사람、죽간자 차비 두 사람이 나란이 발을 구르며 조금 앞으로 나가서고 악이 멎으면 구호를 섬긴다。「翼翼小心 誕受維新之命 洋洋盈耳 欣聞克諧之音 宗社亚熙 臣民胥悅」

「조심조심 경건한 마음으로 국운을 새롭게 하는 천명을 받자왔네 올려 오는 아악 소리 웅장하고 듣기 좋다 나라의 기초는 거듭 밝고 만백성은 기뻐 날뛰옵니다」 구호를 마치고 박을 치면 앞의 악을 주하고 죽간자 차비 두 사람이 발을 구르다가 박을 치면 물러가 좌우로 갈라 선다 축자는 그대로 선다 박을 치면 선모가 좌우 협무 여덟 사람과 함께 절화무를 춤추며 앞으로 나가 서고 악이 멎는다。 악이 보허자(步虛子) 「령」을 주하고 박을 치면 선모는 가운데 서서 돌면서 춤추고 좌우 협무 여덟 사람은 회선하면서 회수무를 춘다 왼편 네 협무는 서쪽을 향하여 안으로 돌고, 오른편 네 협무는 동쪽을 향하여 바깥 쪽으로 돈다。 다음에도 그리한다 돌아와서 도로 처음과 같이 서면 악이 멎는다。 악이 최자 「령」을 주하고 박을 치면 선모가 조금 앞으로 나와서고 악이 멎으면 오른 편 소매를 들고 말로 섭기기를 태종께서 큰 나라를 례로써 섬기매 천자께서 밝으신 조명을 주심과 함께 인장(印章)과 면복(冕服)을 주시니 나라 사람들이 기뻐하고 감격하여 이 노래를 부릅니다 말을 마치고 박을 치면 앞의 악을 주하고 박을 치면 선모가 조금 뒤로 물러가 본 자리에 서고 악이 멎는다。 악이 보허자 「령」을 주하면 선모가 좌우 협무 여덟 사람과 함께 악절에 맞추어 손을 여미고 발을 구르며 수명명 사(受明命詞) 전장을 창한다。 미미아왕 덕명경지(亹亹我王 德明敬止) 효수시정 명망불이(孝方施政 命罔不已) 익익내심 사대유일(翼翼乃心 事大惟一) 봉양성교 전우후일(奉揚聲敎 傳于後日) 제석명명 금인사황(帝錫明命 金印斯煌) 우하석지 곤의구장(又何錫之 袞衣九章) 왕배수명 천자성명(王拜受命 天子聖明) 신민상경 종사여영(臣民相慶 宗社與榮) 오락아왕 하천지휴(於樂我王 荷天之休) 체인보민 수고천추(體仁保民 壽考千秋) 오락아왕 여일지승(於樂我王 如日之昇) 이모극정 만세기승(貽謀克正 萬世其承) 창을 마치면 악이 멎는다。 악이 금잔자(金盞子) 「만」조를 주하고 박을 치면 선모는 북향하고 춤추며 좌우 협무는 서로 마주 서서 춤춘다 모두 넓은 소매 춤을 춘다 도로 북향하고 춤이 끝나면 뾰족하게 손을 여민다 악이 멎고 악이 보허자 「령」을 주하면 선모는 북향하여 춤추고 좌우 협무 여덟 사람은 혹은 낯을 마주하고 혹은 등을 서로 지고 춤을 추다가 도로 북향하여 회수무를 춘다。 춤이 끝나면 악이 멎고 악이 최자

「령」을 주하고 박을 치면 선모는 그 자리에서 돌며 주고 좌우 협무 여덟 사람은 회선하면서 입수무를 춘다。 돌아가서 처음 같이 서면 악이 멎는다。 악이 회팔선 「인자」를 주하고 박을 치면 족간자 차비 두 사람이 발을 구르며 앞으로 나가 족자 좌우 전에 갈라서고 악이 멎으면 구호를 섬긴다 「知我初服 寔是無彊之休 齎君何尤 酒爲相悅之樂 禮儀不度 德音不忘」 「우리 임금 처음으로 며화를 펴심은 한 없는 복인줄로 아뢰옵니다。 임금에게 무슨 허물을 볼수 있으리 만백성 기뻐합니다。 모든 것이 법도에 맞아 장한 성덕 잊을 수 없소」 구호를 마치고 박을 치면 앞의 악을 주하고。 족간자 차비 두 사람、 족자 차비 한 사람이 발을 구르며 박을 치면 물러가고 박을 치면 선모가 좌우 협무 여덟 사람과 함께 협수무를 추며 나오고 박을 치면 손을 여미고 발을 구르다가 박을 치면 퇴수무를 추며 물러가고 악이 멎는다。

하황은(荷皇恩)

처음 들어갈 때 배렬하는 도표

인인장、정절、룡선、정절、봉선、정절、작선、정절、미선

족간자 협一좌 협二좌 협三좌 개

족자 선모 개

족간자 협一우 협二우 협三우 개

인인장、정절、룡선、정절、봉선、정절、작선、정절、미선

대렬짓는 도표

협一좌 협二좌 동남 협三좌 족간자

북(北) 선모

협一우 협二우 서남 협三우 족간자

악은 회팔선「인자」를 주하고 박을 치면 족자 차비 한 사람과 죽간자 차비 두 사람이 나란이 서서 발을 구르며 조금 앞으로 나가 서고 악이 멎으면 구호를 섬긴다。(「特荷天子之恩 乃正厥位 戱歌聖君之德 以矢其音 敢冒宸顔 膺陳口號」「특별히 천자의 은혜를 입어 그 지위를 바르게 하였고 임금의 덕을 구가하여 이에 악음을 베풉니다。감히 용안을 지척에 뫼옵고 이에 구호를 섬기나이다」) 구호를 마치고 박을 치면 앞에서 한 악을 주하고 죽간자 차비 무 사람이 발을 구르며 박을 치면 뒤로 물러가 좌우로 갈라선다 (족자 차비는 그대로 선다) 박을 치면 선모는 좌우 협무 여섯 사람과 함께 절화무를 추고 앞으로 나가서면 악이 멎고 악이 금최자(金嗺子‖금잔자(金盞子)「최자」의 준것인듯‖여자) 조를 주하고 박을 치면 선모가 발을 구르며 조금 앞으로 나가 서고 악이 멎으면 말로 (하황은은 대명(大命)을 받는다는 뜻이라 우리 전하께서 부왕의 명으로 장시 국정을 섭행하시고 이내 황제의 고명(誥命)을 받으니 나라 사람들이 기뻐서 이 하황은 노래를 지었습니다) 라고 한다。 말이 끝나고 박을 치면 앞의 악을 주하고 박을 치면 선모가 발을 구르며 박을 치면 조금 뒤로 물러가 자기 위치에 돌아가고 악이 멎는다。 악이 금전(金殿)「령」을 주하면 선모가 좌우 협무 여섯 사람과 함께 악절에 맞추어 손을 여미고 발을 구르며 하황은사(荷皇恩詞)를 창한다。 (혁혁시조 조아동방(赫赫始祖 造我東方) 전자급손 세유철왕(傳子及孫 世有哲王) 금옥기상 천부총명(金玉其相 天賦聰明) 기효차제 기인차성(旣孝且悌 旣仁且誠) 즙희성학 유일미미(緝熙聖學 惟日亹亹) 명소부왕 윤야지자(明昭父王 允也知子) 내편우근 내탁국사(迺嗣子勳 迺托國事) 황제왈유 서시명명(皇帝曰兪 錫是明明) 왕배계수 황제신성(王拜稽首 皇帝神聖) 황제신성 은일조선(皇帝神聖 恩溢朝鮮) 소대무도 감극천연(小大舞蹈 感極天淵) 면면종사 미만여년(綿綿宗社 彌萬億年)) 창을 마치면 악이 멎는다。 악이 중강「령」을 주하고 박을 치면 선모가 좌우 협무 여섯 사람과 함께 북향하여 회수물를 추고、 끝나면 악이 멎는다。 악이 서최자(瑞嗺子‖五雲開瑞嗺子 의 준말‖여자)를 주하고 박을 치면 선모는 가운데서 입수무(협무도 같이)를 추고 좌우 협무 여섯 사람은 춤을 추며 세 대로 만물어 서면 악이 멎고 악이 금전악「령」을 주하면 선모는 북향하여 입수무를 추고 북쪽에 있는 두 협무는 마주 오양선(아래에서도 같이) 무를 추고 동남서 남의 네 협무는 북향하여 손을 여미고 서며

선모가 동향하여 추면 동쪽 남쪽의 두 협무는 마주 춤을 추며 서쪽 남쪽 북쪽의 네 협무는 북향하여 손을 여미고 서며

선모가 서향하여 추면 서쪽 남쪽 두 협무는 마주 춤을 추고 동쪽 남쪽 북쪽의 네 협무는 북향하여 손을 여미고 선다。

춤을 마치고 종박(終拍)을 치면 북에 있는 두 협무와 동쪽 남쪽의 두 협무 즉 네 사람은 모두 팔을 들어 밖으로 폈다가 춤추는 기녀와 동시에 손을 여미고 서면 악이 멎는다。

악이 서최자(瑞嗺子)를 주하고 박을 치면 선모가 좌우 협무와 함께 입수무를 추며 처음 대형을 지면 악이 멎는다。 악이 회팔선「인자」를 주하고 박을 치면 죽간자 차비 두 사람이 발을 구르며 앞으로 나가 족자 좌우에 갈라서고 악이 멎으면 구호를 섬긴다 「式燕以娛 禮律成於旣洽 俾昌而熾 壽享於無疆 樂節將終 拜辭小退」「놀음놀이를 즐길새 행례가 이미 흡족하게 이루어졌고 자손이 번창하시릴새 성수의 무강을 비옵니다 악이 끝나려 하매 배사하옵고 잠간 물러가려 합니다」 구호를 마치고 박을 치면 앞에서 한악을 주하고 죽간자 차비 두 사람과 족자 차비 한 사람이 발을 구르다가 박을 치면 물러가고 박을 치면 선모가 좌우 협무 여섯 사람과 협수무를 춤추며 앞으로 나오고 박을 치면 손을 여미고 발을 구르다가 박을 치면 퇴수무를 춤추며 물러가고 악이 멎는다」

하성명(賀聖明)

처음 들어올 때 배렬하는 도표

인인장、정절、룡선、정절、봉선、정절、작선、정절、미선

죽간자　홍무二좌　람무四좌　록무六좌　개

족자　홍무一좌　람무三좌　록무五좌　개

족자　홍무우一　람무우三　록무우五　개

죽간자　홍무우二　람무우四　록무우六　개

인인장、정절、룡선、정절、봉선、정절、작선、정절、미선

춤추며 앞으로 나가는 도표

족자

무一좌　무二좌　무三좌　무四좌　무五좌　무六좌

무우一　무우二　무우三　무우四　무우五　무우六

대렬 짓는 도표

죽간자

무一좌　무二좌　무三좌　무四좌　무五좌　무六좌

족자

무우一　무우二　무우三　무우四　무우五　무우六

죽간자

악이 천년만세(千年萬歲)「인가」를 주하고 박을 치면 족자 차비 한 사람、죽간자 차비 두 사람이 나란이 서서 발을 구르며 조금 앞으로 나와 서고 악이 멎으면 구호를 섬긴다 「聖神御統和氣旁流 天地生祥諸福畢至 不勝懽忭之極 肅陳頌禱之辭」「밝고 어지신 이 보위에 계시매 화한 기운 온 천하에 흐르며 천지가 상서를 내리시매 온갖 복록이 다 이르는도다 기쁘고 경사로움을 참을길 없사와 송도하는 말씀을 드리옵니다」 구호를 마치고 박을 치면 앞의 악을 주하며 (천년만세 인자를 두 번 주할 때는 후반절 이하를 주한다。이 다음에도 이렇게 한다。) 죽간자 차비 두 사람이 발을 구르며 뒤로 물러가 좌우로 갈라 서고 (족자 차비는 그대로 선다。) 박을 치면 기녀 열두 사람이 절화무를 춤추며 앞으로 나가고 박을 치면 손을 여미고 발을 구르며 다음을 치면 입수무를 추며 뒤로 물러가 본위치로 돌아가고 악이 멎는다。악이 최자「령」을 주하고 박을 치면 족자 차비 한 사람이 발을 구르며 앞으로 나와 서고 악이 멎으면 말로 섬긴다。「賀聖明歌瑞應也 欽惟皇帝陛下 御極以來 宇內寧謐 祥瑞荐臻 吾東方之人 懽忭舞蹈 作爲詩歌 詠瑞應 以致頌禱之意焉」「하성명은 상서가 응하옴을 노래함이라 생각하옵건대 황제폐하께서 등극하신 이래 나라 안이 편안하옵고 상서가 거듭되오매 우리 동방 사람도 기뻐서 이 노래를 지어 송도의 뜻을 드리옵니다」라고 말을 마치고 박을 치면 앞에서 한 악을 주하고 박을 치면 족자 차비 한 사람이 발을 구르며 조금 뒤로 물러가 본위치로 돌아가고 악이 멎는다。

악이 헌천수(獻天壽)「만」조를 주하고 박을 치면 기녀 열두 사람이 북을 향하여 춤을 추고 (광수무와 편화대의 좌우 동녀들이 추는 춤도 이와 같으나 무릎 꿇는 의식만은 없다) 악이 멎는다 (관[illegible]족하게 손을 여미고) 악이 천년만세「인자」를 주하고 박을 치면 기녀 열두 사람이 회선하면서 회수무를 춘다 (왼편 여섯 기녀는 서쪽을 향하여 내쪽으로 돌고 오른편 여섯 기녀는 동쪽을 향하여 외쪽으로 도는데 아래에서도 같이 한다) 좌우 편으로 갈라져서 손을 여미면 악이 멎는다。악이 하성조(賀聖朝)「령」을 주하면 기녀 열두 사람이 아절에 맞추어 손을 여미고 발을 구르며 하성명사를 창한다。「유제지덕 소격우천(惟帝之德 昭格于天) 천강감로 지출례천(天降甘露 地出醴泉) 하청귀현 명지엽엽(河淸龜見 靈芝曄曄) 금수서빙 제상포렬(金水瑞氷 諸象布列) 오채경운 분분욱욱(五彩慶雲 紛紛郁郁) 절강비하 감응소선(浙江淝河 感應昭宣) 정상지지 전후련면(禎祥之至 前後聯綿) 대소계수 천자만년(大小稽首 天子萬年) ○유제지인 흡우민인(惟帝至仁 洽于民人) 조수함약 서응소진(鳥獸咸若 瑞應昭陳) 우차추우 탁락기린(于嗟騶虞 濯濯麒麟) 백조선명 서상유순(白鳥鮮明 瑞祥柔馴) 사자기현 복록래진(獅子旣見 福祿來臻) 현로백치 세불상유(玄兎白雉 世不常有) 만방래하 무감혹후(萬邦來賀 罔敢或後) 소대계수 천자만수(小大稽首 天子萬壽) ○유제지성 무소불격(惟帝至誠 無所不格) 보은오대 상서잡답(報恩五臺 祥瑞雜遝) 공견여래 제불보살(空見如來 諸佛菩薩) 린린보탑 라한천백(鱗鱗寶塔 羅漢千百) 룡봉사상 좌우주잡(龍鳳獅象 左右周匝) 천화상운 최찬엽욱(天花祥雲 璀璨曄煜) 종종명이 불가비술(種種靈異 不可備述) 소대계수 천자만복(小大稽首 天子萬福) (대의) 황제의 장하신 성덕 황천이 감동하샸도다。하늘에선 *감로(甘露)가 내리고 땅에선 *단샘(醴泉)이 솟는도다。*황하수(黃河水) 맑더니 거북이 나고 *명지(靈芝)가 빼여 났도다。*금수(金水) *서빙(瑞氷) 모든 형상 나타나고 五색 채운이 분분 욱욱(紛紛郁郁) 하도다。*절강(浙江) *비하(淝河)에 상서의 출현 면이였네 대소 신민 머리 조아 천자 만년 송며하도다」「황제의 어지신 덕화 천하 만민에 협흡 토다 날 짐승 길 짐승 유순하여 좋은 징조 현연이 뵈이도다。*추우(騶虞)가 의롭고 *기린(麒麟)이 헌치롭다。*백조(白鳥)가 선명하니 상서로 보입이오 사자(獅子)가 나타났오니 복록이 오리로다。감은 토끼 흰 꿩은 세상에 늘 있는 것 아닐새 일만 나라 태조하여 뒤질가 겁하도다。대소 신민 머리 조와 천자 만수 송축한다。○ 황제의 지극한 정성 감격하지 않는 이 없도다 *보은(報恩) *五대(五臺)에 상서가 답지하도다。*공견여래(空見如來) 제불보살(諸佛菩薩)의 보탑(寶塔)이 솟아 있고 라한(羅漢)이 천백(千百)일세 *천화(天花) 상운(祥雲)이 황홀하고 빛나도다 온갖 명이(靈異) 다 말하기 어려워라 대소 신민 머리 조아 천자 만복 송축하도다」

(주)

二七九 * 하성조명(賀聖朝令)＝리조 당악 곡명。

二八〇 * 감로(甘露)＝일명 고로(膏露)라고도 하며 천주(天酒)라고도 한다。그러나 이것은 여름에 있는 벌레의 분비물이다。옛날의 봉건 명주들은 이것을 하늘이 주는 상서라 하여 찬양하였다。

* 단샘(醴泉)＝맛이 달고 좋은 샘물이다。예전 사람이 이 례천도 상서로 보았다。

* 황하수(黃河水)=중국에 있는 큰 강의 이름이다. 물 빛이 언제나 누르므로 중국의 전설에 황하가 맑게 되면 성인이 난다고 한다.

* 령지(靈芝)=일명 자지(紫芝)라 하는 버섯 종류의 식물로서 썩은 나무 우에 난다는 약재이다. 이것을 예전 사람은 상서라고 하였다.

* 금수 서빙(金水 瑞氷)=출처 미상이나 역시 상서를 말한 것

* 절강, 비하(浙江, 淝河)=중국에 있는 두 강물의 이름인데 이 지역에서 상서가 많이 나타났다는 전설이 있다.

* 추우(騶虞)=시전 소남편(召南) 추우 장 주에서 나오는 짐승의 이름이다. 추우(騶虞)는 흑색 무늬가 기린과 같고 전설에서 나오는 상상적인 동물로서 천하 태평하면 출현한다고 한다.

* 기린(麒麟)=추우와 같이 상상적 동물로서 산 벌레를 밟지 않는 인자한 짐승이라 하여 그가 나온 것을 상서라고 봉건시대에 찬송하였다.

* 백조(白鳥)=학을 가리키는 것.

* 보은(報恩)=충청도에 있는 지명, 여기서는 속리산(俗離山)을 가리킨 것.

* 五대(五臺)=강원도 강릉에 있는 산 이름인데 이 곳에는 불사(佛寺)가 많이 있으며 세조왕이 다녀갔다 한다.

* 공견 여래(空見如來)=불가에서 공견여래(空見如來)는 「깨달았다」 즉 각(覺)의 뜻으로 「불」(佛)과 같은 말이다. 보살(菩薩)도 「불」에 다음 간다하여 「각」자로 말한다.

* 천화(天花)=천상의 꽃 즉 향기가 좋고 미묘한 것을 상징하는 말.

창을 마치고 박을 치면 좌우 항렬 앞의 두 사람, 좌항 두 사람, 우항 두 사람이 회수무를 추며 족자 뒤로 나오고 박을 치면 손을 여미고 발을 구르며 박을 치면 등을 서로 마주하고 춤추다가 돌아와서 북향하여 회수무를 춘다.

악사에 있는 「소대계수 ― 小大稽首」라는 구절에 이르렀을 때에는 네 사람이 손을 여미고 꿇어 앉아 머리를 숙이고 엎드렸다가 일어나 발을 구르며 박을 치면 회수무를 추며 물러가 본 위치로 돌아간다 (물러가는 사람은 외측으로부터 앞으로, 나가는 사람은 안쪽으로부터 한다。 다음 사람들도 이와 같이 한다) 다음 좌우 항렬 네 사람도 우에서 말한 의식과 같이 하며 (첫번 네 사람이 춤추며 물러가 자리에 돌아가기 전에 다음 네 사람이 춤추어 앞으로 나가 자리를 바꾼다) 다음 좌우 항렬 네 사람도 우의 의식과 같이 한다。 마치면 (맨 끝의 네 사람의 춤이 끝날 때에는 먼저 춘 어덟 사람도 동시에 팔을 폈다 다시 여미고 선다) 악이 멎는다。

악이 천년만세「인자」를 주하고 박을 치면 기녀 열두 사람이 회선하면서 회수무를 추고 돌아와서 처음 대형을 지으면 악이 멎고 악이 앞의 악을 주하며 박을 치면 죽간자 차비 두 사람이 발을 구르며 앞으로 나와 족자 좌우 편에 갈라서고 악이 멎으면 구호를 섬긴다。 「敢歌敢舞 美盛德之形前日容曰陳 荷天休之滋至 謹將闕 再拜以聞」 「노래 부르고 춤추어 전에 없는 성덕을 찬미하옵고 수를 빌며 강령을 축원하여 천복이 계속 이름을 치하합니다。 아름다운 풍류 마치매 두 번 절하옵고 물러감을 고합니다」 구호를 마치면 박을 쳐 앞의 악을 주하고 죽간자 차비 두 사람, 족자 차비 한 사람이 발을 구르다가 박을 치면 물러가고 박을 치면 기녀 열두 사람이 협수무를 추어 나오고 박을 치면 손을 여미고 발을 구르다가 박을 치면 퇴수무를 추며 물러가고 악이 멎는다。

성택(聖澤)

처음 들어올 때 배렬하는 도표

인인장、정절、룡선、정절、봉선、정절、작선、정절、미선

죽간자 무좌一 무좌二 무좌三 무좌四 개

족자 선모 개

죽간자 무우一 무우二 무우三 무우四 개

인인장、정절、룡선、정절、봉선、정절、작선、정절、미선

대렬 짓는 도표

죽간자

무좌二 간(艮) 무좌三 진(震) 무좌四 손(巽)

무좌一 감(坎) 선모 무우四 리(離)

무우一 건(乾) 무우二 태(兌) 무우三 곤(坤)

죽간자

악은 천년만세「인자」를 주하고 박을 치면 족자 차비 한 사람、죽간자 차비 두 사람이 나란이 서서 발을 구르며 조금 앞으로 나와 서고 악이 멎으면 구호를 섬긴다。「上聖之化 罪被要荒 遠人之心 不勝舞蹈 冀容入覲 永覩厥成」

(대의)「성상의 덕화 멀리 변방 나라에 미쳐 먼곳 백성들 기뻐 춤춥니다 변변치 못하오나 용납하시여 끝까지 보아주시 옵소서」 구호를 마치고 박을 치면 앞의 악을 주하며 죽간자 차비 두 사람이 발을 구르다가 박을 치면 뒤로 물러가 좌우에 갈라 선다。(족자 차비는 그대로 서 있다) 박을 치면 선모가 좌우 협무 여덟 사람과 함께 손을 여미고 발을 구르며 조금 앞으로 나와 서고 박을 치면 모두 소매를 들어 밖으로 폈다가 다시 손을 여미고 발을 구르다가 선다。 박을 치면 조금 뒤로

물러서고 선모는 조금 앞으로 나와 서서 악이 멎으면 말로 「성택이라 함은 중국에서 보낸 사신을 위로함이니 중국 사신을 위로함은 성상의 덕택을 공경함이라 임금께서 큰 나라를 정성으로 섬기시매 황제께서 이를 아름다이 여기사 특히 사신을 파견하시니 나라 백성이 기뻐서 이 노래를 지었습니다」 라고 한다. 말을 마치고 박을 치면 악이「최자」조를 주하고 박을 치면 선모가 조금 물러가 자리로 돌아가고 악이 멎는다. 악이 하성조(賀聖朝)「령」전장을 일주하면 선모가 좌우 협 여덟 사람과 함께 악절에 맞추어 손을 여미고 발을 구르며 성택사(聖澤詞)를 창한다. 「오황성택 흡우만방(於皇聖澤 洽于萬方) 제천소부 막불제항(際天所覆 莫不梯航) 유아해방 왈자선왕(惟我海邦 曰自先王) 식전후도 종장시복(式虔侯度 踵章是服) 명소아왕 윤야계술(明昭我王 允也繼述) 자천자소 래이은역(自天子所 來莅恩域). 왕출교영 여도목목(王出郊迎 如睹穆穆) 왕배계수 성수만억(王拜稽首 聖壽萬億) 극경 극성 널승우악(克敬克誠 既承優渥) 편편사거 제치원습(翩翩使車 載馳原隰) 유왕지성 유제지덕(維王之誠 維帝之德) 상하교태 정류망극(上下交泰 慶流罔極)」(대의) 「어와, 거룩하신 덕택 만방에 협흡하도다 하늘 덮인 아래 어느 뉘 조공하지 않으리 우리 동쪽 나라 멀고 먼 그 옛날부터 삼가 제법 지켜 친선 관계 맺았도다 명철하신 우리 임금 선조의 뜻 계승하여 정의와 성의를 다하여 황제의 우악하신 은혜 받모다 오고 가는 사신 행차 산과 물을 발섭하와 천자의 사명 받아 이 먼 나라 오시도다 수리 밖에 출영하여 아름다운 미풍 보는도다 머리 조아 비옵기를 황제 만세 만만세 임금의 지극한 정성 황제의 거룩한 덕택 상하의 뜻이 함께 경사 그지 없도다」 창을 마치면 악이 멎고 악이 헌천수「만」을 주하고 박을 치면 선모가 좌우 협무 여덟 사람과 함께 북향하여 춤을 춘다. 넓은 소매춤 면과대 좌편 동기좀 파 같으나 다만 꿇어앉는 의식만 없다. 춤을 마치면 악이 멎고 악이 중강「령」을 주하고 박을 치면 선모가 대열에서 나오지 않고 그 자리에서 외로 도는 춤을 추며 좌우 협무 여덟 사람은 회선하며 회수무를 춘다. 원편에 기녀는 서향하여 바깥쪽에로 돌고 오른편에 기녀는 동향하여 안쪽으로 돈다 다음에도 같다 사방파 네 귀퉁이에 八패를 본떠 서면 악이 멎고 악이 하성조「령」을 주하고 박을 치면 선모는 감방(坎方)에 있는 기녀를 향하여 왼쪽으로 돌면서 오양선무를 추면 협무의 춤도 같다 *감(坎)、진(震)、리(离)、태(兌)、네 방위의 기녀 네 사람은 마주 춤을 춘다. 선모가 간방 기녀를 향하여 또 앞에와 같이 도는 춤을 추면 *간、손、곤、건(艮、巽、坤、乾) 네 귀퉁이 협무 네 기녀는 말을 멈다가 네 방위의 협무와 함께 모두 손을 여미고 발을 구른다。 박을 치면 선모는 네 귀퉁이의 협무와 함께 앞에 같이 도는 춤을 추고、 춤을 마치면 악이 멎는다。

악이 중강「령」을 주하고 박을 치면 선모는 좌우 협무 여덟 사람과 함께 주위를 회선하면서 회수무를 추다가 돌아와 처음의 대형을 짓고 서면 악이 멎는다。 악이 천년만세「인자」를 주하고 박을 치면 죽간자 차비 두 사람이 발을 구르며 앞으로 나가 족자 좌우편에 갈라서고 악이 멎으면 구호를 섬긴다。 「德洽生成 克盡懷柔之澤 情深感激 式陳頌禱之辭 樂節將終 拜辭小退」 「황제의 거룩하신 덕택이 모든 생명을 완수케 하시며 모든 족속을 회유하는 모티를 다 하시매 깊이 감격함을 견딜수 없어 송도하는 노래를 불릅니다。 음악이 끝 막오며 하며 절하고 물러감을 고하나이다」 구호를 마치고 박을 치면 앞에서 한 악을 주하고 족자 차비 한 사람、 죽간자 차비 두 사람이 발을 구르다가 박을 치면 물러간다。 박을 치면 선모가 좌우 협 여덟 사람과 함께 손을 여미고 발을 구르며 앞으로 나오고 박을 치면 모두 소매를 들어 밖으로 폈다가 다시 손을 여미고 발을 구르다가 박을 치면 퇴수무를 추며 물러가고 악이 멎는다。

(주)

二八四 * 감(坎)、진(震)、리(离)、태(兌)=감(坎)은 북방、진(震)은 동방、리(离)는 남방、태(兌)는 서방。

* 간(艮)、손(巽)、곤(坤)、건(乾)=간(艮)은 동북 간방、손(巽)은 동남 간방、곤(坤)은 서남 간방、건(乾)은 서북 간방。

륙화대(六花隊)

처음 들어 올 때 배렬하는 도표

인인장、정절、봉선、정전、봉선、정절、작선、정전、미선

무一홍(紅) 무二홍(紅) 무三홍(紅) 개

인(寅) 묘(卯) 진(辰) 손(巽) 개

죽간자 간(艮)

감(坎) 축사드리는 사람 리(離) 개

건(乾) 술(戌) 유(酉) 신(申) 곤(坤) 개

죽간자

무一람(藍) 무二람(藍) 무三람(藍) 개

인인장、정절、봉선、정절、봉선、정절작선、정절、미선

대렬짓는 도표

죽간자

무三홍(紅) 간(艮) 인(寅) 묘(卯) 진(辰) 손(巽) 무一람(藍)

무二홍(紅) 감(坎) 리(離) 무二람(藍)

무一홍(紅) 건(乾) 술(戌) 유(酉) 신(申) 곤(坤) 무三람(藍)

죽간자

악이 천년만세「인자」를 주하고 박을 치면 죽간자 차비 두 사람이 발을 구르며 앞으로 나와 좌우로 갈라 서고 악이 멎으면 문화심、사(問花心詞) 구호를 섬긴다。 「新花在手 浥綽約之春光 寶帶圍腰 闡 六宮之妝束 幸覩在庭之樂 敢陳詐闕之

出) 「새로운 꽃이 손에 들려 있어 아름다운 봄 빛을 드리고 모배로 아뢰사긴 띠가 허리에 둘려있어 육궁(六宮)비빈의 장속([illegible])을 버렸나니 다행이 궁정악에 참예하여 뎐하에 나온 뜻을 아뢰나이다」 구호를 마치고 박을 치면 앞의 악을 주하고 죽간자 차비 두 사람이 발을 구르다가 박을 치면 물러가 좌우로 갈라선다。 박을 치면 축사 드리는 사람이 발을 구르며 조금 앞으로 나와 서고 악이 멎으면 오른 소매를 들어 화심답사(花心答詞)를 창한다。 「죽지조미 수미지세지음(竹枝調美 殊非治世之音) 도엽정다 미압정인지청(桃葉情多 未合正人之聽) 채신성 어상국(採新聲於上國) 추고사어진수(追古事於前修) 부이편장 재이명곡(賦以篇章 載以名曲)」 「고차미품 일조진화(顧此微品 [illegible]助陳[illegible]) 금루성최 상행운지가주(金縷聲催 想行雲之可駐) 화인영파 지회설지장표([illegible] 知回雪之將[illegible]) 미감자전 낙후신치(未敢自專 伏候宸旨)」 ※「죽지사 곡조 아름다우나 성세의 음조가 아니오 ※도엽조([illegible])가 다정하나 군자(君子)의 듣울 바 아니매 새 곡조를 상국(上國)에 채집하고 예일을 전 사람에게 본받아 장으로 노래짓고 이름지어 차례를 붙여내다 변변치 않은 것을 부끄리나 기쁨을 표현함을 돕고저 합내다 금실 처럼 들리는 소리 지나가는 구름도 머물지고 꽃 자리에 번드기는 춤 모양 돌아가는 나비가 나는 듯 하오 어찌 지담대로 하오리까 엎드려 상감 분부 기다리오」 창을 마치고 박을 치면 앞의 악을 주하고 축사 하는 사람은 손을 여미고 머리를 숙이고 엎드렸다 일어나 발을 구르다가 박을 치면 회수무를 추면서 물러나가 죽간자 사이에 선다。

동쪽에 있는 붉은 옷을 입은 첫째번 사람이 꽃을 받들고 (붉은 옷을 입은 사람은 오른손으로 람색 옷을 입은 사람은 왼손으로 꽃을 잡는다) 발을 구르며 앞으로 나와 서고 악이 멎으면 ※홍두제일 념시(紅頭第一 念詩)를 창한다。 「절득은근 색정신(折得慇懃色正新) 교홍눈자료초균(嬌紅嫩紫[illegible]) 유선농에 옹경국([illegible]) 고압군방 염점춘(高壓群芳艶占春)」 「은근히 꺾은 꽃 가지 붉은 빛 이슨마저 곱기도하다 맵하는 꽃이래야 ※경국(傾國)할가 화중왕(花中王) 봄 빛을 독점했네」 창을 마치고 박을 치면 앞의 악을 주하고 박을 치면 물러가 자리로 돌아 간다。

다음 서쪽에 있는 람색 옷을 입은 첫째 번 사람이 꽃을 받들고 발을 구르며 앞으로 나와 서고 (붉은 옷을 입은 첫째 번 사람이 자기 자리로 돌아가기 전에 곧 서로 바꾸어 나온다 이 다음에도 그리한다) 악이 멎으면 람 제일 념시(藍第一 念詩)를 창한다。 「염향소압 금색신(艶杏燒暗錦色新) 곡원초절 일지균(谷園初折一枝均) 영영불관 매화발(盈盈不慣梅花發) 반의무대

소조춘(半倚[illegible]笑早春)」「새로 핀 살구꽃 비단 빛 같다 한 가지 꺾어 보니 곱기도 하다 단정하고 청초함이 매화에 미치다만 무대 절에 이른 봄 자랑하네」 창을 마치고 박을 치면 앞에서 한 악을 주하고 박을 치면 물러가 자리로 돌아 간다。 동쪽에 있는 붉은 옷을 입은 둘째 번 사람이 앞의 의식과 같이 나와서고 악이 멎으면 홍 두제이 념시(紅頭第二念詩)를 창한다。「해당화 발금강신(海棠花發錦江新) 궁녀홍장 취미균(宮女紅粧醉未均) 불방동군 용이거(不放東君容易去) 일지수절 촉주춘(一枝須折蜀州春)」「새로운 해당화 곱기도 하다 궁녀의 붉은 단장 고르지 않다 봄을 섭사리 보낼 수 없어 한 가지 꺾어 두고 보리」 창을 마치고 박을 치면 앞의 악을 주하고 박을 치면 물러가 자리로 돌아 간다。 서쪽에 있는 람색 옷을 입은 둘째 번 사람이 앞의 의식과 같이 나와 서고 악이 멎으면 람 제이 념시(藍第二念詩)를 창한다。「옥용담저 대가신(玉容淡佇對佳新) 경절지지 전분균(輕折枝枝傳粉均) 소색최의 명월하(素色最宜明月下) 하수홍장 압방춘(何須紅粧壓芳春)」「담담한 양자 봄마지 했네 꺾은 가지마다 분단장 곱게 했네 달빛 아래 분양이면 홍장 미인 부럽지 않네」 창을 마치고 박을 치면 앞에서 한 악을 주하고 박을 치면 물러가 자리로 돌아 간다。

동쪽에 있는 붉은 옷을 입은 세째 번 사람이 앞의 의식과 같이 나와 서고 악이 멎으면 홍 두제삼 념시(紅頭第三念詩)를 창한다。「금도초전 로흔신(金刀初剪露痕新) 경첩라황 밀철균(輕疊羅黃密綴均) 벽옥지두 개편료(碧玉枝頭開遍了) 뇨뇨편칭 상도춘(裊裊偏稱上都春)」「이슬에 젖은 장미 한 가지 꺾어 보니 벽옥 가지에 다닥다닥 열렸고나 아리따운 그 자태 장안 봄을 자랑하네」 창을 마치고 박을 치면 앞에서 한 악을 주하고 박을 치면 물러가 자리로 돌아 간다。

서쪽에 있는 람색 옷을 입은 세째 번 사람이 앞의 의식과 같이 나와 서고 악이 멎으면 람 제삼 념시(藍第三念詩)를 창한다。「소도파악 금선신(小桃破萼錦鮮新) 영일요요 미염균(映日夭夭美艶均) 청제시공 편착의(青帝施工偏着意) 일지선절 만성춘(一枝先折滿城春)」「마련 복사꽃 곱기도 하다 아침해 비쳐주니 더욱 곱다 봄님이 많은 공을 들였는가 한 가지 꺾었더니 장안이 모두 봄이로다」 창을 마치고 박을 치면 앞에서 한 악을 주하고 박을 치면 물러가 자리로 들어 가고 악이 멎는다。

앞의 악을 주하고 박을 치면 꽃을 든 여섯 사람이 왼쪽으로 선회하면서 회수무를 추고 두 대로 나뉘여 (붉은 옷을 입은 사람은 전、감、간、(乾、坎、艮)방에 람색 옷을 입은 사람은 손、리、곤、(巽、離、坤、)방에 선다) 나란이 서면 악이 멎고

악이 최자「령」을 주하고 박을 치면 감방(坎方—북쪽)에 있는 붉은 옷을 입은 사람이 물러가 리(離—남방)방에 서면 리방에 있는 람색 옷을 입은 사람이 춤추며 나와 감방에 서서 모두 입수무를 춘다。(물러갈 때에는 서쪽으로부터 하고 나올 때에는 동쪽으로부터 한다 다음에도 이와 같이 한다。) 자리를 바꾸어 서면 악이 멎고 악이 중강「령」을 주하고 박을 치면 감방에 있는 람색 옷을 입은 사람이 동향하여 춤추며 간방에 있는 붉은 옷을 입은 사람이 서쪽을 향하여 마주 춤 추고 전방에 있는 붉은 옷을 입은 사람이 서향하여 등을 마주서 춤추어 한 악장의 끝을 삼는다。

앞의 대렬 세 사람이 손을 여미고 발을 구르며 북향하고、박을 치면 앞의 대렬 세 사람이 꽃을 받들고 춤추며 물러가 손、리、곤방(巽、離、坤方)에 서고 뒤에 있는 대렬 세 사람이 꽃을 받들고 춤추며 나와 전、감、간방(乾、坎、艮方)에 서면 간방에 있는 붉은 옷을 입은 사람이 동향하여 춤추고 간방에 있는 람색 옷을 입은 사람이 서향하여 마주 춤 추고 전방에 있는 람색 옷을 입은 사람이 서향하여 등을 마주서 춤추어 한 악장의 끝을 삼고 앞의 대렬의 세 사람이 손을 여미고 발을 구르며 북향하면 악이 멎는다。

악이 최자「령」을 주하고 박을 치면 감방의 붉은 옷을 입은 사람이 춤추며 물러가 리방에 서고 리방의 람색 옷을 입은 사람이 춤 추며 앞으로 나가 감방에 서고 앞의 대렬 세 사람은 춤 추며

물려가 손、리、곤방에 서고 뒤에 있는 대렬 세 사람이 모두 입수무를 추며 앞으로 나가 전간방에 서면 악이 멎는다。

악이 천년만세「인자」를 주하고 박을 치면 꽃을 든 대렬 여섯 사람이 외로 회선하며 춤 추어 모로 처음의 대형을 짓고 박을 치면 죽간자 차비 두 사람이 발을 구르며 조금 앞으로 나가 서고 악이 멎으면 구호를 섬긴다。「激艶艶紅 競爭姸於爛景 淸歌妙舞 俱效技於華筵 雅音乖成 拜辭以退」「갖누른 잎과 아리따운 꽃이 서로 고움을 봄날에 다투고 맑은 노래 묘한 춤으로 재조를 함께 영광스러운 자리에 드리내며 우아한 음악이 마치매 하매 절 하옵고 물러감을 고하랴 합니다」 구호를 마치고 박을 치면 앞의 악을 주하고 죽간자 차비 두 사람이 발을 구르다가 박을 치면 물러가고 박을 치면 꽃을 든 대렬 여섯 사람이 협수무를 추며 앞으로 나오고 박을 치면 손을 여미고 발을 구르다가 박을 치면 퇴수무를 추며 물러가고 악이 멎는다。

(주)

二八七 * 죽지 사(竹枝詞)＝본래 중국 사천성 지방의 민요체인데 당 나라의 시인 류 우석(劉禹錫)이 가사를 초사 九가(楚辭九歌)의 형식을 본떠 개작하여 어린 아이들에게 가르쳐 일시에 성히 류행하였다 한다。그 후에 그 체를 본 받아 지은 노래들도 죽지사라 한다。곡조가 간드러지고 황종 우조이였고 저와 북을 반주하였다 한다。

* 도엽(桃葉)＝중국 六조 말엽 진(晋)대 사람 왕헌지(王獻之)의 첩의 이름。왕헌지가 그와 리별할 때에 노래를 지어 주니 도엽이는 단선가(團扇歌)를 지어 답하였다 한다。

* 홍 두제일 념시(紅頭第一 念詩)＝홍은 빛갈 표식, 두제一은 차서를 가리키는 말 념시는 부르는 노래의 뜻。이 하 같다。

* 경국(傾國)＝은 천하에 둘도 없는 미인이라는 뜻。

곡파(曲破)

처음 몰어올 때 배렬하는 도표

죽간자 무

죽간자 무

악은 회팔선(會八仙) 「인자」를 주하고 박을 치면 죽간자 차비 두 사람이 발을 구르며 앞으로 나와 좌우로 갈라 서고 악이 멎으면 구호를 섬긴다。 「雅樂鏗鏘於麗景 妓童部列於香階 爭呈綽約之姿 共獻團圓之舞 冀容入隊 以樂以娛」「청아한 음악소리 화려한 환경 속에 울려오고 춤추는 어여쁜 기녀 향기로운 뜰에 벌여있어 아리따운 자태로 함께 너울거리는 춤을 드리옵니다。 대렬에 참가하게 하심을 얻어 찌오기 즐기심에 이바지할가 하옵니다」 구호를 마치고 박을 치면 앞의 악을 주하고 죽간자 차비 두 사람이 발을 구르다가 박을 치면 물러가 좌우로 갈라 서고 박을 치면 춤추는 기녀 두 사람이 손을 여미고 발을 구르며 앞으로 나왔다 조금 뒤로 물러가 자리로 돌아 가면 악이 멎고 악이 *석노교(惜奴嬌)를 주하고 박을 치면 춤추는 두 사람이 손을 여미고 조금 앞으로 나가 혹은 낯을 마주、혹은 등을 마주、혹은 앞으로 나오며 춤추다가 물러가 자리로 돌아 가면 악이 멋고 춤추는 두 사람이 바깥 소매를 들고 석노교(惜奴嬌) 전반을 창한다。 춘조황도 빙반궁소(春早皇都 氷泮宮沼) 동풍포경난(東風布輕暖) 매분표향 류대롱색(梅粉飄香 柳帶弄色) 서애상연 옹천(瑞靄祥烟 擁天) 정치원소(正値元宵) 행락동민 총무간(行樂同民 摠無間) 사정회하석(肆情懷何惜) 상요시처리 용관(相邀是處裡 容款」「이른 봄 서울에 드니 대궐 못에 얼음 풀리고 동쪽에서 불어온 바람 가볍고 따뜻하기도 하다。 매화 꽃은 향기를 보내고 버들 가지 황금 빛 흐늘대는데 아지랑이 연기와 함께 상서 기운이 어리였도다 때는 정월 상원 백성과 함께 즐기리로다。 정회를 풀어 놓고 여기서 질탕히 놀아보세」 창을 마치고 박을 치면 안쪽 소매를 바꾸어 들고 동사 후반을 창한다。 「무롱장위 동군(無弄仗委東君) 편유풍광 점오릉한산(遍有風光 占五陵閑散) 종파천금 오야계상(從把千金 五夜繼賞) 병철춘소 유완(並徹春宵 遊玩) 차문화동(借問花洞) 금쇄경피 파중한(金瑣瓊瑰 果曾罕) 동천리 일략(洞天裏一掠) 봉영제공 금소단(蓬瀛第恐今宵短)」 동군(東君)에게 가는 봄 맡겨두고 장안의 풍광을 허송치 말라 천금(千金)을 흩어 온 밤 새워 놀아보세 꽃 몽잔아 말 물어보자 *금쇄경피(金瑣瓊瑰) 귀하든가 이봄 한 번 지나가면 선경인들 무얼 하리 밤 짜른게 한이로다」 창을 마치고 박을 치면 악이 *전편(攧遍)을 주하고 박을 치면 두 기녀가 춤추며 앞으로 나와 혹은 낯을 혹은 등을 마주하고 춤추다가 물러가 본 자리에 돌아가면 악이 멋고 악이 *입파(入破)를 주하고 박을 치면 두 기녀가 춤추며 앞으로 나와 혹은 낯을, 혹은 등을 마주하고 동쪽 서쪽으로 서로 오며 가며 사귀여 춤추고 물러가 본 자리에 돌아가면 악이 멋는다. 악이 *허최(虛催)를 주하고 박을 치면 두 기녀가 춤추며 앞으로 나왔다 춤추며 뒤로 물러갔다 하고 본 자리로 돌아가면 악이 멋고 악이 *최곤(催袞)을 주하고 박을 치면 두 기녀가 춤추며 앞으로 나왔다 뒤로 물러갔다 하고 본 자리로 돌아가면 악이 멋는다。

악이 *최박(催拍)을 주하고 박을 치면 두 기녀가 춤추며 앞으로 나왔다 뒤로 물러갔다 하고 본 자리로 돌아가면 악이 멋고 악이 *중곤(中袞)을 주하고 박을 치면 두 기녀가· 춤추며 앞으로 나왔다 뒤로 물러갔다 하고 본 자리에 돌아 가면 악이 멋는다。 악이 *헐박(歇拍)을 주하고 박을 치면 두 기녀가 춤추며 앞으로 나왔다 뒤로 물러갔다 하고 본 자리로 돌아가면 악이 멎는다。 악이 *쇄곤(煞袞)을 주하고 박을 치면 두 기녀가 춤추며 앞으로 나왔다 뒤로 물러 갔다 하고 본 자리로 돌아가면 악이 멎는다。 악이 회팔선(會八仙) 「인자」를 주하고 박을 치면 죽간자 차비 두 사람이 발을 구르며 조금 앞으로 나와 서고 악이 멎으면 구호를 섬긴다。 「七般妙舞已呈飛燕之態 數曲淸歌且獻貫珠之美 五音齊送六律相催 再拜階前 相將好去」 「일곱가지 묘한 춤을 임이 나는 제비처럼 추었고 두어곡조 청아한 노래를 또한 구슬 꿰인듯이 아름다웠음을 스스로 기대하는 바이옵시다 오음 륙률이 장차 파연곡을 아뢰이매 두 번 절하옵고 좋앞에서 물러감을 고할가 하나이다」 구호를 마치고 박을 치면 앞의 악을 주하고 죽간자 두 사람이 발을 구르다가 박을 치면 물러가고 박을 치면 무기 두 사람이 춤추며 나오고 박을 치면 손을 여미고 발을 구르다가 박을 치면 춤추며 물러가고 악이 멎는다。

（주）

二九一 * 석노교(惜奴嬌)=당악곡(唐樂曲)에 념노교(念奴嬌)가 있다。 고려에 전하는 당악곡으로 「념노교」의 속칭인듯하다。

二九二 * 금채 경괴(金釵瓊瑰)=금、은、주、옥(金、銀、珠、玉) 즉 재화를 가리키는 말。

* 전편(顚遍)=당악 곡명 미상

* 입파(入破)=당악 곡명、법곡(法曲)에 속한다。

* 허최(虛催)=당악곡 보허자령(步虛子令)의 자진머리 장단의 악곡。

* 최곤(催袞)=당악 호부 악곡명 자진머리 장단의 악곡。

* 중곤(中袞)=당악 호부 악곡 중머리 장단의 악곡。

二九二 * 헐박(歇拍)=당악 법곡 끝인머리 장당의 악곡。

二九三 * 쇄곤(煞袞)=당악 호부 악곡 끝인 머리 장단의 악곡。

악학궤범 권四 끝

악학궤범 권五

시용 향악정제 도표와 의식

보대평(保大平)

향악과 당악을 섞어 주한당가사는 우의 제악(祭樂)조에 보라

처음 들어올 때 배렬하는 도표

무 무 무 무 무 무

무 무 무 무 무 무

무 무 무 무 무 무

무 무 무 무 무 무

무 무 무 무 무 무

무 무 무 무 무 무

기녀 三十六인이 모두 단의(丹衣)를 입고 여러가지 꾸미개를 차리며 약(籥)과 적(翟)을 가지고 손을 여미고 선다。

악은 *희문장 인입(熙文章引入)을 주하고 박을 치면 발을 구르며 기명 장(基命章)을 주하면 춤추고 귀인 장(歸仁章)을 주하면 춤추고 형가 장(亨嘉章)을 주하면 춤추고 즙녕 장(輯寧章)을 주하면 춤추고 륭화 장(隆化章)을 주하면 춤추고 현미 장(顯美章)을 주하면 춤추고 룡광 장(龍光章)을 주하면 춤추고 정명 장(貞明章)을 주하면 춤추고 대유 장(大猷章)을 주하면 춤추고 역성 인출 장(繹成引出章)을 주하면 춤추고、 물러가면 악이 멎는다。 만일 절차가 다하지 못한 것이 있을 때에는 역성 장을 계속 주하며 춤춘다。

성대업(定大業)

향악 당악을 섞어서 주한다。가사는 우와 제악(祭樂)조에 보라

처음 들어올 때 배렬하는 도표

각(紅)	무 검(紅) 六	무 검(紅) 五	무 검(紅) 四	무 검(紅) 三	무 검(紅) 二	무 검(紅) 一	각(白)
독(紅)	무 검(紅) (七)	무 검(靑) (一)	무 검(黃) (二)	무 검(黃) (一)	무 검(白) (一)	무 검(白) (二)	독(白)
고(紅)	무 창(靑) 二	무 검(靑) 三	무 창(黃) 四	무 창(黃) 三	무 창(白) 三	무 창(白) 四	고(白)
금(紅)	무 창(靑) 四	무 창(靑) 五	무 창(黃) 六	무 창(黃) 五	무 창(白) 五	무 창(白) 六	금(白)
홍기(紅)	무 궁시(靑) 六	무 궁시(靑) 七	무 궁시(黃) 八	무 궁시(黃) 七	무 궁시(白) 七	무 궁시(黑) 一	백기(白)
각(靑)	무 궁시(黑) 七	무 궁시(黑) 六	무 궁시(黑) 五	무 궁시(黑) 四	무 궁시(黑) 三	무 궁시(黑) 二	각(黑)
			라(黃)				
독(靑)			대각(黃)				독(黑)
고(靑)	대고(黃)		대독(黃)		대금(黃)		고(黑)
금(靑)	주작기(黃)	청룡기(黃)	대황룡기(黃)		백호기(黃)	현무기(黃)	금(黑)
청기(靑)	고(黃)	각(黃)	황기(黃)		독(黃)	금(黃)	흑기(黑)

곡진도(曲陣圖)

무 검(紅) 七	무 검(紅) 六	무 검(紅) 五	무 검(紅) 四	무 검(紅) 三	무 검(紅) 二	무 검(紅) 一	무 검(白) 一
무 검(靑) 一							무 검(白) 二
무 창(靑) 二			무 검(黃) 二	무 검(黃) 一			무 창(白) 三
무 창(靑) 三							무 창(白) 四
	무 창(黃) 四					무 창(黃) 三	
무 창(靑) 四							무 창(白) 五
	무 창(黃) 六					무 창(黃) 五	
무 창(靑) 五							무 창(白) 六
무 궁(靑) 시 六			무 궁(黃) 시 八	무 궁(黃) 시 七			무 궁(白) 시 七
무 궁(靑) 시 七	무 궁(黑) 시 七	무 궁(黑) 시 六	무 궁(黑) 시 五	무 궁(黑) 시 四	무 궁(黑) 시 三	무 궁(黑) 시 二	무 궁(黑) 시 一

직진도(直陣圖)

무 검(紅)七	무 검(紅)六	무 검(紅)五	무 검(紅)四	무 검(紅)三	무 검(紅)二	무 검(紅)一
무 검(靑)一						무 검(白)一
무 창(靑)二		무 검(黃)二		무 검(黃)一		무 검(白)二
무 창(靑)三	무 창(黃)四				무 창(黃)三	무 창(白)三
무 창(靑)四	무 창(黃)六				무 창(黃)五	무 창(白)四
무 창(靑)五						무 창(白)五
무 궁시(靑)六		무 궁시(黃)八		무 궁시(黃)七		무 창(白)六
무 궁시(靑)七						무 궁시(白)七
무 궁시(黑)七	무 궁시(黑)六	무 궁시(黑)五	무 궁시(黑)四	무 궁시(黑)三	무 궁시(黑)二	무 궁시(黑)一

예진도(銳陣圖)

舞 劍 紅四
舞 劍 紅三
舞 劍 紅五
舞 劍 紅二
舞 劍 紅六
舞 劍 紅一
舞 劍 紅七
舞 劍 白一
舞 劍 靑一
舞 劍 白二
舞 槍 靑二
舞 槍 白三
舞 槍 靑三
舞 槍 白四
舞 槍 靑四
舞 槍 白五
舞 槍 靑五
舞 槍 白六
舞 弓矢 靑六
舞 弓矢 白七
舞 弓矢 靑七

舞 劍 黃一
舞 劍 黃二
舞 槍 黃三
舞 槍 黃四
舞 槍 黃五
舞 槍 黃六
舞 弓矢 黃七
舞 弓矢 黃八

舞 弓矢 黑一
舞 弓矢 黑二
舞 弓矢 黑三
舞 弓矢 黑四
舞 弓矢 黑五
舞 弓矢 黑六
舞 弓矢 黑七

원진도(圓陣圖)

舞 劍 紅一
舞 劍 紅二
舞 劍 紅三
舞 劍 紅四
舞 劍 紅五
舞 劍 紅六
舞 劍 紅七
舞 劍 青一
舞 槍 青二
舞 槍 青三
舞 槍 青四
舞 槍 青五
舞 弓矢 青六
舞 弓矢 青七
舞 弓矢 黑七
舞 弓矢 黑六
舞 弓矢 黑五
舞 弓矢 黑四
舞 弓矢 黑三
舞 弓矢 黑二
舞 弓矢 黑一
舞 弓矢 白七
舞 槍 白六
舞 槍 白五
舞 槍 白四
舞 槍 白三
舞 劍 白二
舞 劍 白一
舞 劍 黃一
舞 劍 黃二
舞 槍 黃三
舞 槍 黃四
舞 槍 黃五
舞 槍 黃六
舞 弓矢 黃七
舞 弓矢 黃八

방진도(方陣圖)

무 검(紅) 七	무 검(紅) 六	무 검(紅) 五	무 검(紅) 四	무 검(紅) 三	무 검(紅) 二	무 검(紅) 一	무 검(白) 一
무 검(靑) 一			무 검(黃) (二)	무 검(黃) 三			무 검(白) 二
무 창(靑) 二							무 창(白) 三
무 창(靑) 三	무 창(黃) 四					무 창(黃) 三	무 창(白) 四
무 창(靑) 四	무 창(黃) 六					무 창(黃) 五	무 창(白) 五
무 창(靑) 五							무 창(白) 六
무 궁(靑) 시 六			무 궁(黃) 시 八	무 궁(黃) 시 七			무 궁(白) 시 七
무 궁(靑) 시 七	무 궁(黑) 시 七	무 궁(黑) 시 六	무 궁(黑) 시 五	무 궁(黑) 시 四	무 궁(黑) 시 三	무 궁(黑) 시 二	무 궁(黑) 시 一

기녀 七十一인이 모두 오색 비단으로 지은 갑옷과 청색 비단으로 만든 투구를 착용한다。 그중 三十五인은 각각 의물(儀物)을 가지고 악절에 맞추어 발을 구르며 무기(舞妓) 三十六인은 각각 검(劍)、창(槍)、궁시(弓矢)를 가진다。

검을 손에 쥐고 일어서면 큰 북을 열번 치며 악이 *소무 인입 장(昭武引入章)을 주하고 박을 치면 발을 구르고 독경 장(篤慶章)을 주하면 춤추고 탁정 장(濯征章)을 주하면 춤추고 선위 장(宣威章)을 주하면 모두 十二박 두 번 박을 치면 곡진형(曲陣形)을 만들고 또 두 번 박을 치면 직진형(直陣形)을 만들고 또 두 번 박을 치면 예진형(銳陣形)을 만들고 또 두 번 박을 치면 원진형(圓陣形)을 만들고 또 두 번 박을 치면 방진형(方陣形)을 만들고 또 두 번 박을 치면 도로 처음 대형으로 돌아간다。 신정 장(神定章)을 주하면 모두 十二 박을 친다 혹은 낮을、혹은 등을 마주하고 자리를 바꾸어 추다가 도로 본 자리로 돌아가 춤추다가 제 十박에 이르러서는 왼편 무릎을 꿇고 제 十一박에는 손을 여미고 발을 구른다。 분웅 장(奮雄章)을 주하게 되면 춤추고 순응 장(順應章)을 주하면 동향하여 손을 여미고 섰다가 박을 치면 춤추고 네째 번 박을 치면 손을 여미고 발을 구르며 총수 장(寵綏章)을 주하면 곧 돌아 서향하여 춤추고 일곱 번째 박을 치면 도로 북향하여 춤추고 정세 장(靖世章)을 주하면 춤추고 혁정 장(赫霆章)을 주하면 춤추고 영관 인출 장(永觀引出章)를 주하면 춤추어 물러가고 악이 멎는다。 만일 절차에 미진한 것이 있으면 계속 영관장을 주하고 춤춘다。 끝나면 악이 멎고 대금(大金) 열 번을 친다。

*봉래의(鳳來儀)

(향악과 당악을 섞어 주하고 치화평、취풍형(致和平、醉豐亨)곡을 주할 때엔 다만 향악만을 주한다。)

처음 들어올 때 배열하는 도표

인인장、정절、봉선、정절、봉선、정절、작선、정절、미선

월금 당비파 향비파 향피리 대합(大笒) 장고

무一좌 무二좌 개

죽간자 무三좌 무四좌 개

죽간자 무우三 무우四 개

무우二 무우一 개

월금 당비파 향비파 향피리 대합(大笒) 장고

인인장、정절、봉선、정절、봉선、정절、작선、정절、미선

치화평무 춤추는 도표 오른편으로 선회하는 춤

죽간자

무三좌 무四좌

무二좌 무우四

무一좌 무우三

무우一 무우二

죽간자

(주)

二九六 * 희문 장(熙文章)=동가악 보태평지곡 악장의 이름. 본서 권二 시용 속악부 제악 종묘제(宗廟祭) 영신악(迎神樂) 조 참조. 기명 장(基命章)이하 역성장(繹成章)까지 동일하다.

三〇三 * 소무 장(昭武章)=헌가악 정대업지곡 악장의 이름 본서 권二 시용속악부 제악, 종묘제(宗廟祭)의 아헌 종헌(亞獻, 終獻) 악조 참조. 독경 장(篤敬章) 이하 영관 장(永觀章)까지 같다.

三〇四 * 봉래의(鳳來儀)=정재무의 이름.

취풍형무 춤추는 도표(醉豐亨舞圖)

죽간자	무좌四	무좌三	무좌二	무좌一
죽간자	무우四	무우三	무우二	무우一

악은 *전인자(前引子)를 주하고 (악기를 가지고 무기와 함께 주한다. 아래에서도 이와 같다) 박을 치면 죽간자 차비 두 사람이 발을 구르며 앞으로 나와 좌우로 갈라서고 악이 멎으면 구호를 섬긴다 「우리나라 조상님네 우러러 사모하니 덕도 갸륵하고 공로도 장할서고 그러매로 경사도 면면하고 천자의 조명도 받자왔거니 천년이나 만년이나 길이길이 빛나소서 목을 놓여 차탄하니 이내 노래되나이다」「念我祖宗 德隆功隆 載篤其慶 誕膺成命 於萬斯年 赫赫昭宣 永言嗟歎 惟以詠歌」

구호를 마치고 박을 치면 앞의 악은 주하고 죽간자 두 사람이 발을 구르며 박을 치면 물러가 좌우로 갈라선다。 박을 치면 춤추는 기녀 여덟 사람이 절화무(折花舞)를 추며 앞으로 나와 손을 여미고 발을 구르다가 박을 치면 입수무(入手舞)를 추어 물러가 자리에 돌아가고 악이 멎는다。

악이 * 여민악(與民樂)「령」을 주하면 여러 기녀가 춤추는 기녀와 함께 노래 치화평 취풍형가(致和平、醉豊亨歌) 도 부른다 ※해동 장(海東章)을 부른다。 해동 장(海東章) 해동륙룡비(海東六龍飛) 막비천소부(莫非天所扶) 고성동부(古聖同符) 박을 치면 춤추는 기녀 여덟 사람이 북향하여 회주무를 춘다。 근심 장「(根深章) 근심지목 풍역불올(根深之木風亦不扤) 유작기화 유분기실(有灼其華有蕡其實) 에서 원원 장(源遠章)「원원지수 한역불갈(源遠之水旱亦不竭) 류사위천 우해필달(流斯爲川于海必達)」까지는 등을 마주서서 입수무를 추고、석주 장(昔周章) 석주대왕 우빈사의(昔周大王于豳斯依) 우빈사의 조조비기(于豳斯依肇造丕基) 에 가서는 등을 마주서서 오양선무(五羊仙舞)를 추고 다음에 마주서서 춤을 추다가 금아 장(金我章) 금아시조 경흥시택(今我始祖慶興是宅) 경흥시택 조개홍업(慶興是宅肇開鴻業) 에 가서는 곧 입수무를 마주 춘다。 다음에 북향하여 춤을 추다가 적인 장(狄人章) 적인여처 적인우침(狄人與處狄人于侵) 기산지천 실유천심(岐山之遷實維天心) 에 가서는 우편으로 돌면서 회주무를 추고 야인 장(野人章) 야인여처 야인불례(野人與處野人不禮) 덕원지사 실시천계(德源之徙實是天啓) 에서 천 세장(千世章) 천세묵정 한수양(千世默定漢水陽) 루인개국 복년무강(累仁開國卜年無疆) 자자 장(子子章) 자자손손 성신수계(子子孫孫聖神雖繼) 경천근민 내익영세(敬天勤民乃益永世) 오호 장(嗚呼章) 오호사왕 감차(嗚呼嗣王監此) 락표유전 황조기시(洛表遊畋皇祖其恃) 까지에 이르러 악이 장차 끝나려 하면 동、서、남、북 사방에 대형을 짓고 섰던 무기가 함께、 북향하여 춤춘다。 춤이 끝나면 악이 멎고 악이 *치화평 삼기 해동 장(致和平 三機 海東章) 海東 *六龍이 나르샤 일마다 천복(天福)이시니 古聖이 ※同符하시니 「동국」에 여섯 분의 성왕(聖王)이 출현하여 하늘이 도와 모든 일이 순조롭게 진전되였다。 이러한 일 옛날 선왕들의 사적파 흡사한바 있다을 주하고。

(주)

三〇五 * 전인자、후인자(前引子)—고려 당악 곡명。 서곡으로 사용하는 것은 「전인자」라 하고 종곡(終曲)으로 쓰는 것은 「후인자」라 하였다。 세종조 아악보에 봉래의(鳳來儀曲)의 악장명에 「전인자」、「후인자」가 들어 있다。

三〇六 * 해동장(海東章)=룡비어천가(龍飛御天歌)의 서곡인 제 一장을 말한다。 이하 천세장(千世章)까지 다 동가의 악장의 명칭들이다。 천세장은 동가 마지막 장의 명칭이니 룡비어천가는 한자 가사의 곡과 국문 가사의 곡이 각각 달리 되였던 것으로 추측된다。 이 문제에 관하여서는 추후 연구의 결과로 확정될 것이다。 룡비어천가는 조선조 제四대 세종왕 二十七년—一四四六년—에 권 제(權踶)、정 린지(鄭麟趾)、안 지(安止)등이 왕명을 받아 찬술한 것으로 리 성계의 고조 목조(穆祖)로부터 제 三대 태종왕(太宗王)까지 六대왕의 업적을 노래로 표현한 다음 주해를 붙였으며 또 노래는 국문 이가를 붙여 놓은 것이 특색이다。

* 여민악령(與民樂令)=리조 향악 곡명。

치화평 三기(致和平 三機)=리조 향악 곡명。「三기」라 함은 장단을 결정하는 이름으로 만(慢)、중(中)、삭(數)의 세조가 있다。 三기는 그 삭조를 가리키는 것이다。 다른 곡에 있어서도 같다。「三채」라 하는 말과 같은 말인 듯하다。

* 륙룡(六龍)=목조(穆祖) 익조(翼祖) 환조(桓祖) 도조(度祖) 태조(太祖) 태종(太宗)의 六대왕을 가리킨 말。

* 동부(同符)—부절(符節)을 합한 것 같다는 말로「같다」는 뜻「부절」은 예전 사람들이 사용하던 신표(信標)로 옥

악이 마치고 박을 치면 무기 여덟 사람이 손을 여미고 발을 구르며 북대 무 사람은 불휘 장 「불휘기픈 남ᄀᆞᆫ ᄇᆞᄅᆞᄆᆡ 아니뮐서 곶 됴코 여름하ᄂᆞ니 시미 기픈 ᄆᆞ른 ᄀᆞᄆᆞ래 아니 그츨서 내히 이러 바ᄅᆞ래 가ᄂᆞ니」(대의) 「뿌리가 깊이 박은 나무는 바람에 흔들리지 않으며 따라서 꽃도 좋고 결실도 하는 것이다。 그와 같아 샘 근원이 긴 물은 가물에도 마르지 않으며 반드시 흘러서 강이 되며 나중에는 큰 바다를 이루는 것이다」 북향하여 금척무 다른 방위의 대렬도 이 춤을 춘다。 북대가 춤출 때는 다른 세 대렬은 손을 여미며 발을 구른다。 이 다음에도 이와 같이 한다 를 춘다。 주국 장(周國章) 「주국대왕(周國大王)이 빈곡(豳谷)애 사ᄅᆞ샤 제업(帝業)을 여ᄅᆞ시니 우리시조ㅣ 경흥(慶興)에 사ᄅᆞ샤 왕업(王業)을 여ᄅᆞ시니」(대의) 「예전 주(周) 나라 시조 대왕 고공단보(古公亶父)가 빈(邠—지금 중국 섬서성(陝西省) 진현(郴縣) 지방—에 이주하여 주 나라 왕업의 기초를 열어 놓음과 같이 우리 나라 (리씨 봉건왕조를 가리킨 것‖역자) 시조—목조(穆祖、 즉 리태조의 고조)가 경흥(지금 함경북도 경흥군)에 이주하여 리조왕국의 기초를 닦아 놓았다」 에 가서 마주 춤을 주다가 도로 북향하여 춘다。 대개 마주 춤이나 몽마주 춤을 출 때 악이 갈나며 하면 모두 북향하여 춘다。 다른 대가 춘 매에도 마찬가지다 적인 장(狄人章) 「적인ㅅ 서리에 가샤 적인(狄人)이 ᄃᆞ외어늘 기산(岐山)애 올ᄆᆞ샴도 하ᄂᆞᆳ ᄠᅳ디시니 야인(野人)ㅅ 서리에 가샤 야인(野人)이 ᄃᆞ외어늘 덕원(德源)을 올ᄆᆞ샴도 하ᄂᆞᆳ ᄠᅳ디시니」(대의) 「주 나라 시조 대왕 고공단보(古公亶父)가 적인(狄人—흉노족의 총칭)들 틈에 섞여 살게 되매 적인들과 알륵이 생겨 빈(邠) 지방으로부터 기산(岐山) 남쪽—지금 중국 섬서성 봉상현(陝西省鳳翔縣)으로 근거지를 옮기였다。 이와 같이 우리 목조(穆祖)도 처음 전주(全州)에서 지방관리와 협의가 있어 전주에서 삼척으로 삼척에서 다시 덕원(德源—지금 함남지방)으로 이주하였다。 그 후 덕원지방이 원(元)나라의 점거지로 되매 목조는 다시 북으로 옮기여 오동(斡東—경흥부 동쪽 三十리 되는 곳)지방의 다르하치(達魯花赤—원 나라 지방명주)가 되였다。 그 후 익조(翼祖—목조의 아들)이 오동지방에서 야인(野人—녀진족의 총칭)들과의 불화가 생겨 그 곳을 떠나 다시 덕원 지방으로 근거지를 옮기였다。 (이 때의 이주는 다수 부락민의 단체적 이주를 의미한 것) 이러케 리씨 조상들이 자기 근거지를 자조 옮기게 된 것이 결코 우연한 일이 아니오 그들로 하여 왕업의 근고를 닦기 위한 하늘의 뜻이였다」 에 가서 등을 마주 주고 칠저 장(漆沮章) 「칠저ㅅ ᄀᆞᇫ 움흘 후성(後聖)이 니ᄅᆞ시니 제업우근(帝業憂勤)이 뎌러ᄒᆞ시니 적도(赤島) 안햇 움흘 지금(至今)에 보ᅀᆞᄫᆞ니 왕업간난(王業艱難)이 이러ᄒᆞ시니」(대의) 「주 나라 시조 고공단보가 칠수 저수 두 강을 건너 기산(岐山) 아래 이르러 움집을 뭇고 생활하였으니 왕업의 기초닦기가 용이치 않음을 알 수 있으며 우리 익조(翼祖—리태조의 증조)가 오동(斡東) 지방에서 야인들과 알륵이 생겨 그 곳에서 두만강(豆滿江) 하류 붉은섬(赤島)에 도망하여 얼마 동안 지내다가 다시 덕원으로 옮긴 것이다. 이러케 왕업의 기초 닦기가 간난하였다」

에 가서 네 대가 모두 우측으로 선회하며 회수무를 추며 뒤에도 이와 같다. 대렬의 위치를 바꾸어 서기를 다하면 북대는 서쪽에, 동대는 북쪽에, 남대는 동쪽에, 서대는 남쪽에 선다. 모두 손을 여미고 발을 구른다. 북대(北隊) 두 사람이 상덕 장(商德章) 「상덕이 쇠하거든 천하를 맛드시릴시 서수(西水)ㅅ 가이 져재 곤하니 려운(麗運)이 쇠하거든 나라홀 맛드시릴시 동해ㅅ 가이 져재 곤하니」(대의)「은 나라 국운이 다하매 천하를 다스릴 천명이 주 나라에 내리게 되니 서수(즉 칠수 저수를 말한 것)가에 고공단보를 따르는 인민들이 장군 몰리듯 하였다. 이와 같이 고려의 국운이 쇠하여 리씨에게 조선 나라의 통치권을 맡기려 하매 동해 갓 인민들이 리씨를 따르는 이 많았다」

으로부터 북향하여 불근새 장(赤雀章) 「불근새 그롤므려 침실(寢室)이페 안즈니 성자혁명(聖子革命)에 제호(帝祜)를 뵈ᅀᆞ오니 바야미 가칠므려 즘겟가재 연즈니 성손장흥(聖孫將興)에 가상(嘉祥)이 몬제시니」(대의)「주 나라 문왕(文王—무왕의 부왕)에게 천명(天命)이 내릴 조짐이라 보이는 기적이 있었다. 그것은 붉은 새가 왕자의 반드시 지켜야 할 잠언(箴言)을 적은 글을 물어다가 문왕의 집 출입구에 놓았다. 이것은 무왕(武王)의 동정을 허여하는 징조이며 이와 같이 리태조의 조부 도조(度祖)의 군영(軍營) 가운데 있는 큰 나무에 까치(鵲) 두 마리가 앉았다. 도조가 백보(百步)가량 되는 거리에서 이 것을 쏘아 두 마리를 다 마치여 떨어치니 큰 대맹이 나타나 까치를 물어다 나무 우에 얹져 놓고 먹지는 아니하였다. 이것은 리성계(李成桂)의 흥기를 예징하는 상서이다」

에 이르러서는 마주 춤을 추다가 태자 장(太子章) 「태자(太子)를 하놀히 골히샤 兄ㄱ 뜨디 일어시놀 성손(聖孫)을 내시니이다 세자(世子)를 하놀히 골히샤 제명이 누리어시놀 성자(聖子)를 내시니이다」(대의)「주 나라 대왕 고공단보가 아들 셋을 두었었다. 맏은 태백(泰伯) 다음은 중옹(仲雍), 맨 끝이 계력(季歷)이다. 계력(季歷)의 아들 창(昌)이 영특하므로 대왕 고공단보가 계력을 태자로 정하려는 의사를 가지게 되였다. 장차 태백이 부왕의 뜻을 알고 동생 중옹과 함께 도망하여 부왕의 뜻을 성취케 하였다는 사실과 목조가 죽고 익조가 상속하고 익조가 죽고 도조가 상속하고 도조가 죽으매 장자 자흥(子興)이 상속하였다가 자흥이 일찍 죽고 그 아들이 천계(天桂)가 어리니 원 나라 황제가 환조(桓祖—도조의 아우)에게 상속권을 인증하여 환조가 리성계를 탄생하여 리씨 왕조를 열어 놓았다」

에 이르러 등을 마주서서 추다가 봉천 장(奉天章) 「봉천토죄(奉天討罪)실서 사방제후(四方諸侯)—몯더니 성화(聖化)오라샤 서이(西夷)또 모도니 창의반사(倡義班師)—실새 천리인민(千里人民)이 몯더니 성화(聖化)—기프샤 북적(北狄)이 또 모도니」(대의)「주 나라 무왕이 천명을 받들어 은왕 주(殷王紂)의 포학무도함을 토죄하니 사방 제후들이 모두 이 의거에 찬동하여 무여 들었으며 주 나라 력대의 덕화가 이족들 사이에도 깊이 미쳐 이족들도 이에 참가하였고 리성계(李成桂 一三八八년 五월 二二일 위화도에서 회군하는 정의를 표명하니 백성들이 이를 지지할 뿐 아니라 이 소식을 들은 동북면 인민들과 녀진족들도 주야 배도하여 달려 온 사람이 천여명이였다」

에 이르러 네 대가 함께 돌면서

춤추고 대렬의 위치를 바꾸어 서기를 다하면 서북대 두 사람이 一부 장(一夫章) 「일부―류독(一夫流毒)ᄒᆞ서 아후(我后)
를 기드리ᄉᆞ와* 현황광비(玄黃筐篚)로 길헤 ᄇᆞ라ᄉᆞ오니 광부(狂夫)―사학(肆虐)ᄒᆞ서 의기(義旗)를 기드리ᄉᆞ와* 단사호장(簞食
壺漿)으로 길헤 ᄇᆞ라ᄉᆞ오니」(대의)「인민과 디탈된 독부 주(紂)가 인민들에게 많은 해독을 끼치므로 무왕의 의거를 기다리던 인민
들은 단사호장(簞食壺漿)‖먹을 음식을 싸가지고‖여자)으로 무왕의 군사를 맞이하였고 이와 같
이 고려 우왕이 백성들을 못살게 굴므로 리태조의 의거를 백성들이 쌍수를 들어 환호하였다」 에서부터 북향하여 춤추
고 우예 장(虞芮章) 「우예질성(虞芮質成)ᄒᆞᄂᆞ로 방국(方國)이 해모다나 지덕(至德)이실서 독부수(獨夫受)ㄹ 섬기시니*
위화진려(威化振旅)ᄒᆞ시ᄂᆞ로 여망(輿望)이 다 몯ᄌᆞ오나 지충(至忠)이 실서 중흥주(中興主)를 세시니」
(대의)「주 문왕의 덕이 장하여 우(虞)예(芮)지방 령주들이 지경을 서로 다투다가 문왕에게 시비를 가려 달라고 말려 가서 주나
라 지경에 들어가니 백성들이 밭 가는 농부들은 밭 경계를 서로 사양하며 길 가는 사람은 길을 서로 양보하는 광경을 보고 우、
예 두 령주들이 자신들을 각자 반성하고 부끄러워 다투던 토지를 서로 사양하였다。이 소문을 들고 문왕의 덕을 사모하여 지
지하는 령주들이 四十여인이 되였으나 문왕은 주(紂)를 배반하지 아니하였다。리태조가 위화도 회군의 의거가 있은 후로 인망
이 태조에게로 집중되였으나 태조는 왕씨 후예를
세워 임금으로 받들어 신자의 도리를 지켰다」 에 가서 마주 춤을 추고 오년 장(五年章) 「五年을 改過몯하야 虐政
이 날로 더을서* 모피지
일(罔咎之日)에 선고(先考)ㅅ 뜯 몰 일우시니 첫나래 참소(讒訴)ㅣ 드러 흉모(兇謀)―날로 더을서 권진지일(勸進之日)에 평생(平生)
ㄱ 뜯 몰 일우시니」(대의)「주 무왕이 맹진(盟津)에서 관병식을 거행할 때 각 령주들이 八백명 가량 회합하여 주왕(紂王)을 토벌하자고
주장하였으나 무왕은 아직 그럴 수 없다고 군사를 거두고 주왕의 개과하기를 五년동안 기다렸으나 주왕은 개과는 고사하고 학정이 날
로 심하여 왕자 비간(比干)을 죽이고 기자(箕子)를 가두는 란포한 행동을 하여 천하 민심을 잃음을 보고 드디여 주왕을 토벌하여 혁
명을 수행하였다。그러나 그것은 무왕의 부왕 문왕의 은나라를 모와 신자의 충성을 다해야 한다는 본의가 달성하지 못한 것이였
다。이와 같이 리성계가 고려 왕씨의 후손을 찾아 공양왕(恭讓王)을 세워 고려 왕조를 중흥시키며 하였으나 공양왕은 즉위하는 첫날
부터 참소를 들고 리성계를 의심하고 해하려 하는 음모가 진행되므로 부득이 공양왕을 폐하고 리성계가 섭정(攝政)을 하고 재신(諸
臣)들이 리성계에게 왕위에 취임할 것을 권진하는 데 이르렀다。이 것이 리성계의 고려왕조에 충성을 다하려던 본의가 아니였다」에
이르러 등 마주 춤을 추고 말삼 장(말ᄉᆞᆷ章) 「말ᄉᆞᆷ을 ᄉᆞᆯ오리 하되 천명(天命)을 의심(疑心)ᄒᆞ실서 구므로 뵈ᅀᆞ시
니 ᄂᆞᆯ애를 브르리하리 천명(天命)을 모ᄅᆞ실서 꾸므로 알외시니」(대의)
「리태조에게 왕씨를 대신하여 이 나라 백성들의 재난을 구원하라고 권고하는 사람이 많으나 리태조는 아직도 하늘 뜻을 의심하
여 주저하므로 꿈으로 묵촉하는 신의 뜻을 표시하였으며 동요와 참요들이 인심의 귀추를 뵈였으나 그래도 천의를 몰라 주저하므
로 꿈에 신인이 금자(金尺)를 주며 리태조에게 나라를 바로잡을 것을 부탁하였다。이와 같이
리성계의 리조 건립은 천의 인심의 지지를 받은 것이고 사사로운 생각으로 된 것이 아니다」 에 이르러 네 대렬이 돌
면서 춤추고 대렬의 위치를 바꾸어 서기를 다하면 북대 두 사람이 성손 장(聖孫章) 「聖孫이 一怒ᄒᆞ시니 六百年

天下—洛陽애 올므니이다 聖子—三讓이시나 五百年 나라히 漢陽애 올므니이다」(대의)「성군의 자손 무왕(周武王)이 한번 정의의 칼을 빼매 은나라 六백년 종사가 락양(洛陽)에 수도를 정한 주 나라에 돌아 갔으며 무대 공업을 쌓은 리성계가 세번 사양하였으나 중망을 어길 길 없어 결국 왕씨의 五백년 종사가 한양(漢陽)에 도읍한 리씨 왕조에 옮아가게 되였다」

으로부터 북향하여 춤추다가 양자강 장(楊子江章)

「楊子江南올 써리샤 使者를 보내신돌 七代之王을 뉘 마ᄀᆞ리잇가 公州—江南올 저ᄒᆞ샤 子孫을 ᄀᆞᄅᆞ치신돌 九變之局이 사ᄅᆞᆷ 뜨디리잇가」(대의)「진시황(秦始皇)이 금릉(金陵)에 왕기(王氣)가 있다는 술사(術士)의 말을 듣고 정역사는 죄수들을 금릉(지금의 남경지방)에 보내 산맥을 끊고 운하를 만들어 왕기를 진압시키려 하였으나 결국 금릉에는 중국 력대상 七대(七代—오(吳)、진(晋)、송(宋)、제(齊)、량(梁)、진(陳) 및 명(明))의 수도가 되였고 고려태조가 자손에게 전한 목적으로 「훈요」(訓要)를 지었는데 그 요지는 거현(수리人재—車峴) 이남과 공주강(公州江)이남 지세가 순하지 않으니 이 지방 사람을 신임하여 중임을 맡기지 말라는 것이였다。 그러나 신지도참(神誌圖讖)의 말한 바와 같이 아홉번 국세를 바꾼다는 것은 막을 수 없었다」

에 이르러

마주 춤추고 도망 장(逃亡章)

「*逃亡애 命을 미드며 *놀애예 일훔 미드니 英主ㅅ 알ᄑᆡ 내내 붓그리리 올ᄆᆞ며 님금 오시며 姓 ᄀᆞᆯᄒᆡ야 員이오니 오ᄂᆞᆳ나래 내내 웃ᄫᅳ리」(대의)「천의와 민심을 고의로 피할 수는 없다는 것을 강조하면서 천의와 민심의 표현인 동요(童謠)나 예언(預言)를 잘못 믿으며 또는 고의로 조작하며는 행동 또는 조치에 대하여 조소와 풍자를 함으로써 천의 민심의 귀추를 막을 수 없다는 작자의 기본 사상을 강조하며 따라서 리씨 조선의 흥기는 천의 민심에 기초한 것이라는 작사자의 기본 명제를 연역하였다。 노래의 내용은 중국 력사상 六조시대가 끝나고 당대(唐代)가 계승되는 과도기에 있어 중국의 정치 정세가 안정되지 못하고 누가 새 국가의 주인이 될 것인가에 대하여 물의가 구구하였다。 이 때에 나타난 민심은 수(隋) 제국이 붕괴되고 리씨(당 제국의 창설자 리연「李淵」、리세민「李世民」을 말한 것)이 흥기하리라는 견해가 부지불식간에 동요화하고 예언화하였다。 이로부터 우스운 사실이 발생되였다。 그것은 다름 아니라 당시에 리밀(李密)이라는 사람이 있었는데 그는 이 전파된 민심의 추향을 리용하여 자기가 바로 그 사람이라고 선전하고 돌아 다녔으며 또 일부 사람들은 그것을 믿게 되였다。 그러나 나중에는 「리밀」이 신흥주가 아니라 「리세민」이 그 사람이였고 또 고려 제十五대 왕 숙종(肅宗)(一〇九六년—一一〇五년) 때에 김위단(金謂磾)이란 사람이 三국말 술승(術僧) 도선(道詵—옥룡선사「玉龍禪師」)의 밀기(密記)라는 도참설(圖讖說)과 신지(神誌—단군 시대의 사람 신지선인(神誌仙人))의 비기(秘記)에 칭자하여 한양천도(漢陽遷都)를 요청하였다。 숙종왕은 이 의견에 좇아 한양에 새로운 수도를 정하여 이를 남경(南京)이라 하고 궁실을 짓고 四년만에야 一시 천도형식을 취하였다가 얼마 안되여 다시 구도인 송도로 환도한 일이 있고 그 후 리씨가 한양의 주인이 되리라는 예언이 돌게 되여 고려조는 이 예언을 맞추기 위하여 리성 가진 사람을 택하여 한양부윤을 삼았다 한다。 그러나 천의 인심의 소정된 것을 인의로 변경시킬 수 없으므로 결국 리씨가 왕씨를 대신하여 한양에 도읍하는 새 왕조를 열었으니 얼마나 천의와 인심을 거스르려 하는 사심이 어리석은 것인가 하고 노래하여 리씨 건국이 천의 인심에 기초한 것이라고 부연하고 있다」

에 이르러 등을 마주 춤추고 천세 장(千世章)

「千世우희 미리 定ᄒᆞ샨 漢水北에 累仁開國ᄒᆞ샤 卜年이 ᄀᆞᇫ 업스시니 聖神이 니ᅀᆞ샤도 敬天勤民ᄒᆞ샤ᅀᅡ 더욱 구드시리이다 님금하 아ᄅᆞ쇼셔 洛水에 山行가이셔 하나빌 미드니잇가」(대의)「이 노래는 룡비어천가의 결론으로서의 종장의 노래이다。 노래 형식은 十구재즉 國구에 부엽구가 붙은 것이 기타 장물과 상이한 점이다。 노래의 내용은 천의에 의하여 예정된 한양에 무대며업을 열
아 전국하였기 때문에 국운은 무궁타 할자라도 다만 경계할 바는 성자 신손이 계계 승승하여 천의를 삼가 받들고 민생에 혜택을
끼치는 데 부지런하여야 국운이 더욱 반석같이 공고화할 것이니 이 한 가지를 명심하십쇼
서 님금으로서 정사에 힘쓰지 않고 놀기에 지나치면 조상의 음덕이 소용이 없습니다。」 에 이르러 무기 여덟 사람이 함께 돌아 춤을 [좌편의 네 사람은 서쪽으로 향하여 밖에로 돌고, 우편의 네 사람은 동쪽으로 향하여 안에로 돈다] 추다가 ※오엽(五葉)에 이르러 좌우로 갈라서면 악이 멎는다。(오엽(五葉)=악장의 귤절은 가리킨다=역자)

악이 취풍형、해동 장(醉豐亨海東章) [가사는 치화평(致和平)에 있다。 아래도 이와같다] 의 종장을 주하고 박을 치면 무기 여덟 사람이 손을 여미고 발을 구르다가 불휘 장、주국 장(周國章)에서부터 북향하고 회수무를 춘다 [뒤에서도 이와같이 한다] 적인(狄人)、칠저 장(漆沮章)에 가서 도로 북향하여 춘다 [언제든지 마주 출 이나 등 마주 춤을 출 때는 물재 장 악이 끝날 무렵에 모두 북향하여 춘다] 상덕 장(尙德章)、불근새 장에 가서 등을 마주 춤을 추고、태자 장(太子章)에 가서 북향하여 추고 천세 장(千世章)에 가서 무기 여덟 사람이 모두 도는 춤을 춘다。 [우에서와 같다] 五엽에 가서 도로 처음의 대형을 지으면 악이 멎고 악이 후인자(後引子)를 주하고 박을 치면 죽간자 차비 두 사람이 발을 구르며 조금 앞으로 나와 서면 악이 멎고 구호를 섬긴다。 [「天高地厚 蹈儛難名 形諸歌頌 庶幾象成 萬姓歡心 永賀昇平」(대의)「하늘이 높고 땅이 두텁다해도 성상의 장하신 며 비할바 없나이다 노래와 춤으로서나 혹시나 형용할지 만백성 기뻐하여 승평(昇平)을 노래합니다」]

구호를 마치고 박을 치면 앞의 악을 주하며 죽간자 차비 두 사람이 발을 구르다가 박을 치면 물러가고 박을 치면 여덟 사람이 협수무(挾手舞)를 추며 앞으로 나오고 박을 치면 손을 여미고 발을 구르며 박을 치면 회수무를 추며 물러가고 악이 멎는다。

(주)

三一一 * 도망에 명을 미드며=도망할 때에도 자기에게 천명이 있다고 믿으며.

* 눈애에 일품 미드니=당시 동요에 「桃李子皇后 繞楊州宛轉花園裏 勿浪語誰道許」라는 동요가 있다. 리밀(李密)이 라는 사람이 그 동요가 자기를 가리키는 예언이라고 믿고 선전했다는 우수운 이야기가 있다.

三一二 * 오엽(五葉)=가사, 가곡의 최종 구절을 말하는 것이다. 三진작(三眞勺) 또는 북전(北殿) 형식을 참고할 것이다.

아 박(牙拍) 춤

처음 들어올 때 배렬하는 도표

아박 무

아박 무

악사가 동쪽 기둥 사이로부터 들어와 아박을 전(殿) 가운데의 좌우 편에 둔다. 원편에 먼저 놓고 다음에 오른편에 놓으며 박의 끈을 안쪽으로 향하게 한다. 중궁연에서는 악사 대신 녀소기가 한다.

춤추는 기녀 두 사람 (년소기를 택한다) 이 좌우로 갈라서서 앞으로 나와 꿇어 앉아 아박을 취하여 들었다가 (모두 원손오로 한다) 도로 놓고 일어서서 손을 여미고 (넓은 소매) 발을 구르다가 꿇어 앉아 머리를 숙이고 엎드린다。

악이 ※동동「만기」(動動 慢機)를 주하면 두 기녀가 조금 머리를 들고 노래 첫구를 창한다。

德으란 ※곰비예 받잡고 福으란 ※림배예 받잡고 德이여 福이여 호놀 나ᄋᆞ라 오소이다 아으 動動다리、(대외)、먹은 금잔(金盞)에 받들고 복은 은잔(銀盞)에 받들어 덕과 복을 칭하거던 드리겠나이다 아、두리 둥둥

(주)

※ 곰배、림배=이 말은 난해구로 종전에 여러 사람들이 앞배 뒷배 즉「前腹、後腹」 또는「前船、後船」으로 해하며 하였으나 모두 사리에 꼭 맞지 아니한다。 필자는 다시 한 번 생각하여「곰」「림」은「금」「은」의 와음으로 보고「배」는「腹」이나「船」의 의가 아니라(盃)의 음을 그대로 쓴 것으로 해하는 것이 타당하다고 보았다。 우리 중세어에 한자어를 이렇게 사용한 례가 많기 때문이다。

※ 동동「만기」(動動 慢機)=동동곡의「늦인 모리」라고 추칙된다。

창을 마치고 꿇어앉아 박을 가져다 띄 사이에 집어 꽂고 (모두 원손을 써서 원편 엽구리에 꽂는다) 손을 여미고 일어서 발을 구르면 여러 기녀들이 사 (正月ㅅ나릿므른 아으 어져녹져 ᄒᆞ논듸 누릿가온듸 ※나곤 몸하 ᄒᆞ올로 녈셔 아으 動動다리) 를 창하고 두 기녀는 춤(속칭 무

모)을 준다。 악이 *동동「중기」(動動中機)를 주하면 여러 기녀가 곧 사를 창한다。「二月ㅅ 보로매 아으 노피현 燈ㅅ블 다호라 만인 비취실 즈이샷다 아으 動動다리、 三月나며 開ᄒᆞᆫ 아으 滿春ᄃᆞᆯ *욋고지여 ᄂᆞᄆᆡ 브롤 즈을 디녀나샷다 아으 動動다리、 四月 아니 니지 아으 오실셔 꾀고리새여 므슴다 *錄事니믄 녯나ᄅᆞᆯ 닛고신뎌 아으 動動다리、 五月 五日애 아으 *수릿날 아참藥은 즈믄ᄒᆡᆯ 長存ᄒᆞ샬 藥이라 받ᄌᆞᆸ노이다 아으 動動다리、 六月ㅅ 보로매 아으 별해 ᄇᆞ론 빗 다호라 도라보실 니믈 *젹곰 좃니노이다 아으 動動다리、 七月ㅅ 보로매 아으 *百種 排ᄒᆞ야 두고 니믈 ᄒᆞᆫᄃᆡ 녀가져 원을 비ᅀᆞᆸ노이다 아으 動動다리、 八月ㅅ 보로믄 아으、 嘉俳나리 마ᄅᆞᆫ 니믈 뫼셔 녀곤 오ᄂᆞᆳ낤 嘉俳샷다 아으 動動다리、 九月 九日에 아으 藥이라 먹논 黃花 고지 안해 드니 *새셔가 만ᄒᆞ얘라 아으 動動다리、 十月애 아으 져미연 *ᄇᆞᄅᆞᆺ 다호라 것거 ᄇᆞ리신 後에 디니실 ᄒᆞᆫ부니 업스샷다 아으 動動다리、 十一月ㅅ *봉당자리예 아으 *汗衫 두퍼 누워 *슬ᄒᆞᆯᄉᆞ라온뎌 고우닐 *스싀옴 녈셔 아으 動動다리、 十二月ㅅ *분디남ᄀᆞ로 갓곤 아으 나ᄋᆞᆯ 반잇 져 다호라 니믜 알ᄑᆡ 드러 얼이노니 소니 가재다 므ᄅᆞᄋᆞᆸ노이다 아으 動動다리」

(대의)

「정월(正月)의 강물은 얼락 녹으락 하는데 세상에 났거던 이내 몸은 어이하여 외로이 살아가느냐 아、무디 뭉뚱

二월 보름에 밝은 달은 높이 켜 단 등불 같고나 천하 만민 비추어 주실 거룩한 광명이시다 아、두리 둥둥

三월 물어 활짝 핀 아、저믄 봄 외얏꽃이여 사람들이 불버할(부러워할) 자색타고 났구나 아、두리 둥궁

四월을 아니 잊고 아、오셨도다 꾀꼴새여 어찌하여 목사님은 옛친구 나를 잊으신가 아、두리 둥둥

五월이라 단오 날에 아침에 드리는 약은 천년을 장수하실 약이라 드립니다 아、두리 둥둥

六월이라 류두 날 아、강 까에 버린 빗 같아라 건사하시는 주인을 제각금 좇아 가는구나 아、두리 둥

七월이라 백중 날 아、온갖 과실 벌여놓고 임과 함께 있어지라 소원 성취 비옵니다 아、두리 둥둥

八월이라 보름 날은 아、가위명절 이였마는 임과 함께 있어야만 오늘이 가위 답지 아、두리 둥둥

九월 九일 이라 아、약으로 먹는 국화주 먹게 되니 금년 세월도 어느듯 다 갔구나 아、두리 둥둥

十월에 아、쌀아 놓은 보못(茱萸) 갈구나 꺾어 버린 뒤에 가지실 한 사람이 없구나 아、두리 뭉둥

동짓달 섣한풍 몬지 낀 삿자리에 아、입은채 옷옷 덮고 누웠으니 눈물 날 일이로구나 고운임을 떨어져 삶이여

아, 두리 둥둥

十二월이라 드리는 식반의 분디(山椒) 남그로 깎은 저(箸) 같구나 임의 앞에 들어가 쌍으로 놓이니 손(手)이 가져다 입에 무는구나 아, 두리 둥둥

(주)

三一四 * 나곤=「곤」은 여향법 반어형 조사 즉 세상에 났거던 남과 같이 짝을 지어 살아야 할터인데 어찌하여 외로이 살아야 하느냐의 뜻=여자.

三一五 * 동동「중기」(動動中機)=동동곡의「중중 머리」라는 뜻.

* 외꽃=외얏꽃의 준말이다.

* 녹사(錄事)=七품직의 고려 관직명 고급 관리의 비서나 또는 리조의 서리 비슷한 낮은 벼슬.

* 수릿날=단오(端午)날의 고어「수릿날」이라 함은 쑥날 즉「약쑥 먹는 날」의 뜻.

* 적곰=제각끔의 준말 즉 각자의 뜻「곰」은 강조 접미어.

* 백중날(百種日)=음력 七월 보름을 속칭「백중」이라 한다.

* 가비(嘉俳)=「가위」날로 읽는다. 八월 十五일을「가위」라하여 명절중 제일 좋은 명절로 알아 왔다. 농업국의 보본반시(報本反始) 사상에서 온 습속인듯 그 어원은「갑이」(報)의 뜻,「嘉俳」라 씀은 순전한 사음자이다.

* 새서=「歲序」의 사음, 이것을「새어서 갈만 하다」로 보는 견해가 있으나 어법상 또는 어의상 용인될 수 없다.

* 수유(茱萸)=속칭「보루쇠」—「부루수유」즉「붉은 수유」의 뜻인듯「풍토기」(風土記)에「九월 九일에 보루수 열매를 꺾어 머리에 꽂으면 여기(瘧氣)를 제거한다」고 하였다. 우리 나라에도 이 풍속이 오래 전에 전래한듯 하다.

꺾어 버린 보루쇠를 가질 사람이 없듯 사랑하여 줄 사람이 없다는 뜻으로 영탄한 것이다.

* 봉당자리=먼지 낀 자리 봉당은 먼지의 속어 이것을 로방이란 말로 해하여서는 좋지 않다.

三一五 * 한삼(汗衫)=옷솟을 한삼이라 한다. 이것을 「汗衫」이라 쓴 것은 순전한 사음에 불과한 것이다.

* 슬ᄒᆞᆯ손 다온뎌=슬ᄒᆞᆯ손는 「슬퍼할 일」이오 「다온뎌」는 「다온뎌」 즉 「답은 일이구나」 감탄적 결어사.

* 스싀곰=스싀는 스스(自、私)의 부사형、「곰」은 조동사 또는 부사의 접미어.

* 분디남ᄀᆞ로=분디나무로 「분디」는 일명 「산추나무」라고도 한다. 끈고 가는 가지가 속이 뷔여 가벼움으로 저(箸) 만들기에 적당하다.

박을 치면 두 기녀가 꿇어 앉아 아박(牙拍)을 잡고 손을 여미며 일어서서 (모두 원손으로 잡는다) 박치는 소리에 따라 북향하여 춤추고 (三박) 다음 마주 춤 (세박을 친다) 추고 또 북향하여 추고 (一박) 다음 등을 마주 춤추고 (세박을 친다) 도로 북향하여 춘다. 매월 가사에 따라 춤을 변하는데 앞으로 나왔다 뒤로 물러갔다 하면서 추고 악사는 절차의 지속에 따라 한 악장을 지날 때 마다 박을 치면 두 기녀는 손을 여미고 꿇어 앉아 아박을 본 자리에 놓고 손을 여미고 (넓은 소매) 일어서 발을 구르다가 꿇어 앉아 머리를 숙이고 엎드렸다 일어나 발을 구르면서 물러가면 악이 멎는다. 악사는 동쪽 기둥 사이로부터 들어가 아박을 가지고 나온다 (중궁연엔 년소가 이 일을 한다)

향발(響鈸)춤 (향악과 당악을 섞어서 주한다)

처음 들어올 때 배열하는 도표

무一좌 무二좌 무三좌 무四좌 무우四 무우三 무우二 무우一

춤추며 나오는 도표

무좌一 무좌二 무좌三 무좌四

무우一 무우二 무우三 무우四

기녀 八인이 (년소한 기녀를 택하는데 혹은 二인 혹은 四인 혹은 六인 혹은 十인 혹은 十二인으로 하나 임시해서 왁의 결재를 맡는다) 미리 향발(響鈸)을 좌우 쪽 손 엄지 장지(拇指、長指)에 매이고 악이 보허자 「령」을 주하면 여러 기녀가 사(가사는 五양선정 제五조에 참고하라) 를 창하며 기녀 여덟 사람이 손을 여미고 앞으로 나아가 나란이 서서 박을 치면 손을 여미고 팔을 펴다가 서로 손을 끼고 앞으로 나와 (좌우쪽 기녀 각각 네 사람이 먼저 안쪽 겨드랑이에 끼고 다음은 바깥쪽 겨드랑이에 끼며 다음은 안 겨드랑이에 낀다) 꿇어 앉았다 (좌우쪽 기녀 네 사람이 각각 안쪽 무릎을 꿇고 두 손을 바깥 무릎 우에 놓는다) 도로 서서 손을 여미고 팔을 펴서 읍(揖)하고 앞에서 한 바와 같이 꿇어 앉아 두 손을 휘둘렀다 다시 여미며 머리를 숙이고 엎드렸다 일어나 춤춘다。 한 악장씩 건너 발(鈸)을 치면 (좌우쪽 기녀 각 네 사람이 먼저 바깥쪽 손을 들어 두 번 치고 다음에 안쪽 손을 들어 세 번 치고 다음에 바깥쪽 손을 들어서 세 번 친다) 춤추워 앞으로 나아가 (좌우 편에서 원편에 선 기녀가 먼저 앞으로 나간다。) 마주 춤을 추고 박을 치면 매 악장 마다 발(鈸)을 치며 서로 사이를 두고 위치를 바꾸며 혹은 등을、혹은 낯을 마주하고 춤춘다。 (위치를 바꿀 때에 좌측 첫째 기녀는 우측 첫째 기녀의 위에、우측 첫째 기녀는 좌측 첫째 기녀와 둘째 기녀의 사이로 나간다。 남은 기녀들도 다 이와 같이 한다。) 악사는 절차의 지속(遲速)에 따라 한 악장을 건너 박을 치면 기녀 여덟 사람이 춤추며 물러가서 (좌우 편 외측에 선 기녀가 먼저 물러 간다。) 나란이 서고 박을、치면 한 악장씩 건너서 세 차례 발(鈸) 치기를 우에서 한 바와 같이 하고、박을 치면 앞에서 한 바와 같이 손을 여미고 꿇어 앉았다 도로 일어서 팔을 펴고 읍(揖) 하기를 전과 같이 하고 또 꿇어 앉아서 두 손을 휘둘렀다 여미고 머리를 숙이고 엎드렸다 일어나 팔을 폈다 읍(揖)하고 물러가면 악이 멎는다。

무고(舞鼓)춤

처음 들어올 때 배렬하는 도표

박망이 二 무一좌

박망이 二 무二좌

박망이 二 무三좌

박망이 二 무四좌

박망이 二 무우四

박망이 二 무우三

박망이 二 무우二

박망이 二 무우一

도는 춤 추며 북치는 도표(回舞擊鼓圖)

악사가 악공 十六인을 거느리고 북과 북 받침대 등속을 가지고 동쪽 기둥 사이로부터 들어와 전중에 놓고 (먼저 북쪽에 놓고 다음에 서쪽、다음에 동쪽 다음에 남쪽에 놓는다) 나오면 악사가 북 방망이 十六개를 안고 동쪽 기둥 사이로부터 들어와 북(鼓) 남쪽에 놓고 (매 북마다 박망이 두 개씩) 나오면 여러 기녀가 정읍사(井邑詞)를 창한다。 (前腔) 돌하 노피곰 도드샤 어긔야 머리곰 비취오시라 어긔야 어강됴리 (小葉) 아으 다롱디리 (後腔) 全져재 녀러신고요 어긔야 즌디를 드디욜세라 어긔야 어강됴리 (過篇) *어느이다 노코시라 金善調 어긔야 내가논디 졈그룰

[illegible]마 어긔야 어강됴리 (小葉)아으 다롱디리」
(대외)、(전강) 달아 높이 솟아 멀리 비취시라 어기야 어강됴리 (소엽) 아、다롱디리 (후강) 전주시에 가셨는가 즌퍼리를 드되시면 어쩔거나 어기야 어강됴리 (과편) 어느 누구라도 다 떼여 놓고 오시라 내 가는데 점글면 어쩔거나 어기야 어강됴리 (소엽)아、다롱디리

(주)

三二〇 * 어느이 다노코시라ㅡ「어느이」는 어느 사람、「다노코시라」는 「다 노와두고 오시라」의 뜻 즉 「누구라도 다 떼여놓고 몰아 오시오」의 뜻。이 구절을 「어되에다 짐을 놓고 기다리시라」의 뜻으로 해하는 견해가 있으나 사리에 부합되지 않는다고 생각됨으로 전기와 같은 견해를 취하였으니 이 노래는 집 떠난 남편이 일시나마 다른 녀성과의 애정 관계를 맺을가 두려워하는 봉건시대 녀성들의 감정을 반영하였다。

악이 정읍「만기」(井邑慢機)를 주하면 기녀 여덟 사람이 넓은 소매를 여미는 자세로 (기녀 수를 혹은 넷、혹은 둘로도 하되 왕의 지시를 받는다。 북이 여덟、또는 네 개일 때에는 기녀 수를 북 수와 같이 하나 기녀가 두 사람 밖에 안될 때에는 북 하나를 둘이 친다。) 좌우로 갈라서 앞으로 나와 북 남쪽에 서서 북을 향하여 나란이 꿇어 앉아 머리를 숙이고 엎드렸다 일어 서서 발을 구루고 꿇어 앉아서 팔족하게 소매를 고쳐 여미고 서서 속칭 무도(舞蹈)를 하고 나서 모두 손을 여미고 꿇어 앉아 박망이를 잡고 손을 여미고 일어서 발을 구르며 춤추어 앞으로 나아간다、(좌우 중 외쪽에 선 기녀가 먼저 앞으로 나간다) 좌우편이 서로 면하여 외로 돌며 북을 둘러싸고 춤추되 장고(杖鼓)의 쌍성(雙聲)에 따

라(북편 채편이 합게 처질 때‖여자)에 북을 친다。악이 정읍「중기」(井邑中機)를 주하여 악 소리가 점차 빠르게 되면 장고의 쌍성을 건너 북편 소리에 맞추워 북을 치고 악이 정읍 급기(井邑急機)를 주하면 악사는 절차의 지속에 따라 한 악장을 걸너 박을 친다。기녀 여덟 사람이 손을 여미고 물러가서가(좌우편 외측에 선 기녀 먼저 물러 간다) 나란이 꿇어 앉아 박망이를 본 자리에 놓고 손을 여미고(넓은 소매여 미는 법으로) 서서 발을 구르다가 꿇어 앉아 머리를 숙이고 엎드렸다 일어나 발을 구르며 물러가면 악이 멎고 악공 十六인은 북을 거두고 나가면 악사는 들어가 박망이를 걷고 나간다。(중궁연에서는 북과 방망이를 놓고 거두는 일을 모두 기녀가 한다)

학무(鶴舞)

악이 보허자「령」(步虛子令)을 주하면 여러 기녀가 가(歌)를(가사는 우에 보라) 창하고、박을 치면 청학(靑鶴)、백학(白鶴)이 날개를 치고 발을 구르며 앞으로 연못 앞에 나와 동서로 갈라 북향하여 섰다가 박을 치면 몸을 흔들며 주둥이를 벌렸다 오무렸다 하고、박을 치면 발을 구르며 두 걸음 앞으로 나와(안쪽 발을 먼저 내놓는다。이 뒤에도 이와 같이 한다。대체로 발을 앞으로 내디딜 때에는 다 발을 굽혀 디딘다) 안 쪽을 돌아다 보며、박을 치면 두 걸음 앞으로 나와 바깥 쪽을 돌아다 보며、박을 치면 두 걸음 앞으로 나와 안 쪽을 돌아다 보며、박을 치면 두 걸음 앞으로 나와 바깥 쪽을 돌아다 보고、박을 치면 안 쪽으로 돌아 련못 쪽을 향하여 두 걸음 앞으로 나와 안쪽을 돌아다 보며、박을 치면 두 걸음 앞으로 나가 바깥쪽을 돌아다 보고 박을 치면 한 걸음 앞으로 나가 머리를 숙이여 쪼고 머리를 들어 주둥이를 벌렸다 오무렸다 하고 주둥이를 땅에 문지르며 머리를 들고 주둥이를 벌렸다 오무렸다 하고 박을 치면 두 걸음 앞으로 나가안쪽을 돌아다 보며、박을 치면 두 걸음 앞으로 나가 바깥쪽을 돌아다 보며、박을 치면 안 쪽으로 돌아 북향하고 앞으로 두 걸음나가 안 쪽을 돌아다 보며、박을 치면 두 걸음 앞으로 나가 바깥 쪽을 돌아다 보며、박을 치면 두 걸음 앞으로 나가 안 쪽을 돌아다 보며、박을 치면 안쪽으로 돌아 련못 쪽을 향하여 두 걸음 앞으로 나가 안쪽을 돌아다 보며、박을 치면 두 걸음 앞으로 나가 바깥쪽을 돌아다 보고、박을 치면 안쪽 발을 들어 굴려 디디며 련꽃 송이(蓮筒)안을 보고 바깥쪽 발을 들어 굴려 디디며 련꽃 송이 외면을 보고、박을 치면 안 쪽으로 돌아 북향하고 두 걸음 앞으로 나가 안쪽을 돌아다 보고、박을 치면 두걸음 앞으로 나가 바깥쪽을 돌아다 보고、박을 치면 안 쪽으로 돌아 련못 쪽을 향하여 두 걸음 앞으로 나가 안 쪽을 돌아다 보며、박을 치면 두 걸음 앞으로 나가 바깥쪽을 돌아다 보고、박을 치면 안쪽 발을 들어 굴려 디디며 련꽃 송이 안을 보며 바깥쪽 발을 들어 굴려 디디며 련꽃 송이 외면을 보고 안쪽 발을 들어 굴려 디디며 구부리고 련꽃 송이 남쪽 면을 보다가 박을 치면 련꽃 송이를 쪼아 터뜨리고 두 아이계집이 나오면 두 학이 놀래 뛰여 물러 가면 악이 멎고 도로 처음 위치에 돌아가 선다。

학무 련화대무 처용무의 합설(鶴蓮花臺處容舞合設)

처음 돌어올 때 배렬하는 도표

(大笒)

인인장무동　정절무동　개무동　기녀　기녀

청학

(청)처용　화　화　화무동　기녀　기녀

기녀　기녀

(홍)처용　련통　화　화무동　기녀　기녀

(황)처용　동　화　박

(흑)처용　련통　화　화무동　기녀　기녀

기녀　기녀

(백)처용　화　화　화무동　기녀　기녀

백학

인인장무동　정절무동　개무동　기녀　기녀

북

해금　해금　대합

당비파　월금　대합

향비파　월금　대합

가야금　가야금　향비파　대합

현금　현금　대합

동발　방향　대고

당비파　장고　교방고　대고인접

당비파　피리　장고

당비파　피리　장고

피리

대쟁　당저　장고

아쟁　통소　당저

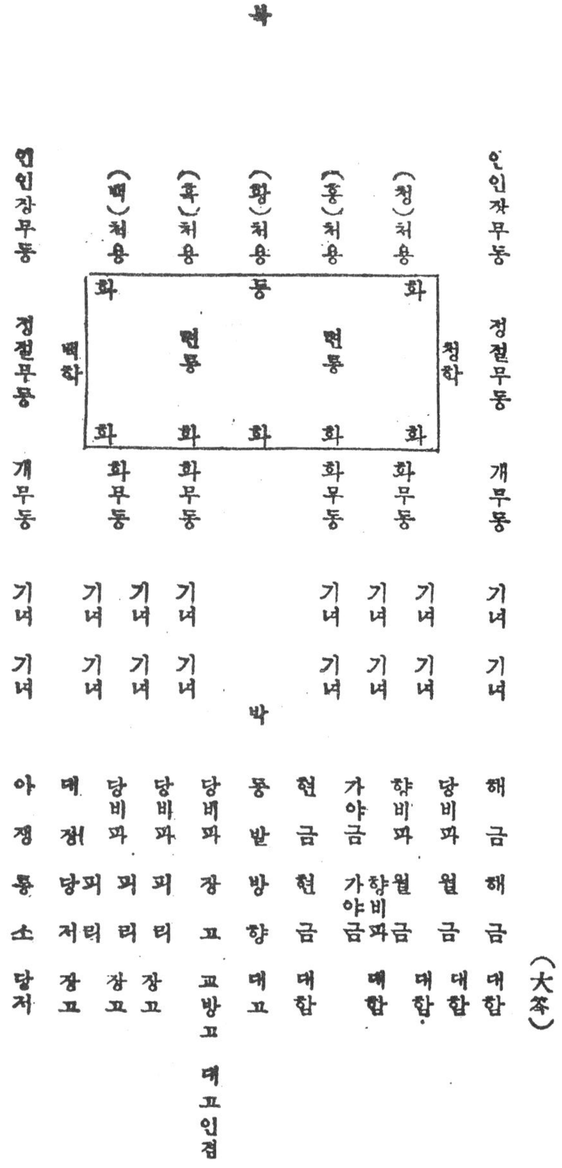

오방무 대별 짓는 도표

舞北黑

舞東靑

舞中黃

舞西白

舞南赤

처용과 같이 도는 춤의 도표

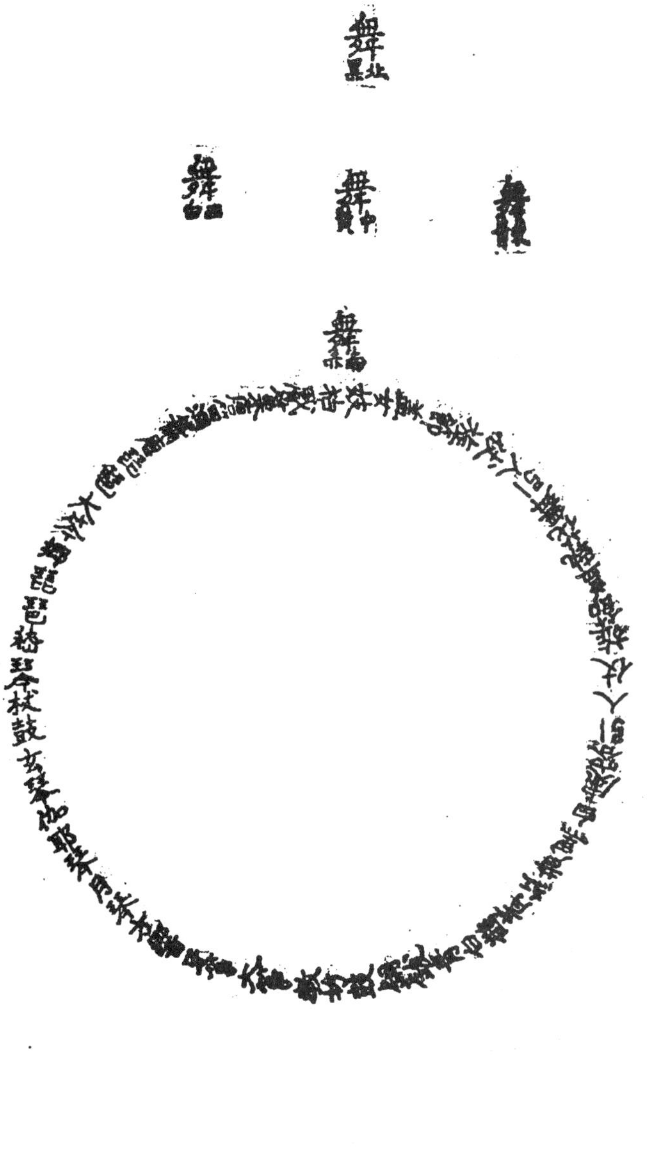

선달 그믐 하루 앞날 五경(五更)초에 악사 녀기 악공 등이 대궐에 참내한다。이날 나례(儺禮)를 행할 때 악사는 기녀와 악공을 거느리고 악을 주하고 구나(驅儺)한 뒤에 련못과 모든 도구를 궐내 뜰에 벌여 놓고 악사가 두 계집 아이를 데리고 뜰어와 련꽃 가운데에 앉히고 나와서 절차를 기다린다。 내재 구나한 뒤에 처용무(處容舞)를 두 차례 주는데 첫번 처용무에는 학무、련화대무、도는 춤들은 없다。 악사가 동발(銅鈸)을 가지고 청、홍、황、흑、백의 五방 처용과 녀기 집박악사(執拍樂師) 향악공 등을 인도하여 처용 만기(處容慢機)(즉 봉황음「一기」(鳳凰吟一機)다) 를 주하면 녀기는 처용가를 창하고

前腔 新羅盛代 昭盛代 天下太平 羅候德 處容아바 以是人生애 相不語ᄒᆞ시란ᄃᆡ 以是人生애 相不語ᄒᆞ시란ᄃᆡ (附葉) 三災八難이 一時消滅ᄒᆞ샷다 (中葉) 어와 아븨즈이여 處容 아븨즈이여 (附葉) 滿頭揷花 계오샤 기울어신 머리예 (小葉)아으 壽命長願ᄒᆞ샤 넙거신 니마해 (後腔) 山象 이슷 깅어신 눈섭에 愛人相見ᄒᆞ샤 오올어신 누네 (小葉) (附葉) 風入盈庭ᄒᆞ샤 우글어신 귀예 (中葉) 紅桃花マ티 븕거신 모야해 (附葉) 五香 마ᄐᆞ샤 웅긔어신 고해 (小葉) 아으 千金 머그샤 어위어신 이베 (大葉) 白玉琉璃マ티 ᄒᆡ여신 닛바래 人讚福盛ᄒᆞ샤 미나거신 ᄐᆡᆨ애 七寶 계우샤 숙거신 엇게예 吉慶 계우샤 늘의어신 ᄉᆞ맷길헤 (附葉)설믜 모도와 有德ᄒᆞ신 가ᄉᆞ매 (中葉)福智俱足ᄒᆞ샤 브르거신 ᄇᆡ예 紅鞓 계우샤 굽거신 허리에 (附葉) 同樂大平ᄒᆞ샤 길어신 허뷔에 (小葉) 아으 界面 도ᄅᆞ샤 넙거신 바래 (前腔) 누고 지서세니오 누고 지서세니오 바늘도 실도 어ᄢᅦ 바늘도 실도 어ᄢᅦ (附葉) 처용 아비를 누고 지서 세니오 (中葉) 마아만 마아만ᄒᆞ니여 (附葉)十二諸國이 모다 지어 세오 (小葉) 아으 처용아비를 마아만ᄒᆞ니여 (後腔) 머자 외야자 綠李야 ᄲᆞᆯ리나 내 신고ᄒᆞᆯ ᄆᆡ야라 (附葉) 아니옷 ᄆᆡ시면 나리어다 머즌말 (中葉) 東京 ᄇᆞᆯᄀᆞᆫ ᄃᆞ래 새도록 노니다가 (附葉) 드러 내자리를 보니 가ᄅᆞ리 네히로섀라 (小葉) 아으 둘흔 내해어니와 둘흔 뉘해어니오 (大葉) 이런 저긔 處容아비옷 보시면 熱病神이아 膾ㅅ가시로다 千金을 주리여 處容아바 七寶를 주리여 處容아바 (附葉)千金 七寶도 말오 熱病神를 날자바주쇼셔 (中葉) 山이여 ᄆᆡ히여 千里外예 (附葉) 處容아비를 어여녀거져 (小葉) 아으 熱病大神의 發願이샷다」。

(대외) (전강) 신라 적 태평시절 좋고 좋은 세상 ＊라후라(羅睺羅)의 덕을 가진 처용 아바시여! 이같이 살아 가 서로 탓을 안하랴이면 이같이 살아가 서로 탓을 안하랴이면 (부엽) ＊三재 八난이 一시에 소멸하리로다 (중엽) 어와 처용아븨 모양이여 처용아븨 모양이여 (부엽) 머리에 가득한 꽃 무거워 기우러지신 머리에다 (소엽) 수명이 장원하사 넓다란 이마에다 (후강) 산 모양같이 길다란 눈섭에다 애인 서로맞나 열기찬 눈알에다 (부엽) 소리 들어 가득 차신 우긋하신 귀바퀴에 (중엽) 홍도화(紅桃花) 같이 붉오신 뺨에다 (부엽) 가즌 냄새 맡오시어 움묵하신 코구

부에다 (소엽) 아, 천금싼 말씀 좋어 위대하신 입에다 (대엽) 백옥 유리같이 하여신 닛발에다 명성 높고 복많오서 민뭇하신 턱에다 *七보 화관 무거우셔 수거진 어깨에다 *길경(吉慶)을 주체못해 늘어지신 소맷길에다 (부엽) 도량이 모되여 유여하신 가슴에다 (중엽) 복과 지혜 다 많오서 불룩하신 배에다 *홍정(紅鞓)띠 무거우서 구붓하신 허리에다 태평세월 살아계셔 길어지신 다리에다 (소엽) 아, *계면조에 발맞추셔 넓어지신 발에다 (전강) 누가 지어 세웠느뇨 누가 지어 세웠느뇨 바늘도 실도 없이 바늘도 실도 없이 (부엽) 처용 아비를 누가 지어 세웠느뇨 (중엽) 마련하고 작만하신 마련하고 작만하신 이여 (부엽) 온천하 모든 나라 더 지어 세온 (소엽) 아, 처용 아비를 마련하고 작만하신 이여 (후강) *머자랑 외얏이랑 록리랑 다 먹고 어서 빨리 내신코를 잡아매라 (부엽) 아니 끈 맨다면 궂은 말 나리로다 (중엽) 새불 밝은 달밤 새도록 노닐다가 집에 돌어 자리를 보니 다리가 넷이로구나 (소엽) 아, 둘은 내것이였만 둘은 뉘것인고 (대엽) 이런 적에 처용 아비가 보신다면 열병신(熱病神)이야 성명이 없오리라 천금을 드리리있가 처용 아바시여! 七보를 드리리있가 처용 아바시여! (부엽) 천금 七보 다 그만두고 열병신을 날 잡아 주오 (중엽) 산이며 들이며(할것 없이) 천리 밖으로 (부엽) 처용 아비를 피해 가다노라 아, 열병 대신의 발원이로구나」

(주)

三二六 * 라후라(羅睺羅)=략칭하여 라후(羅睺)라고도 한다. 불교에서 석가모니의 十대 제자중 밀행(密行=숨은 덕)으로 제 一인이라 하는 속칭 인욕태자「忍辱太子」라고 불리우는 부처이다.

* 三재 八난(三災八難)=대체로 三재는 풍재(風災), 화재(火災), 수재(水災)요 八난은 질병(疾病), 도난(盜難), 실물(失物), 구설(口舌), 횡액(橫厄), 실수(失手), 상사(喪事), 가화(家禍) 등 여덟 가지 어려운 일이라고 한다.

三二七 * 七보 화관(七寶花冠)=여러 가지 보석과 꽃으로 장식한 갓.

* 길경(吉慶)=춤 출때 입는 단삼(段衫) 소매 끝에 드리운 장식품.

* 홍정(紅鞓)=가죽으로 만들고 띠— 바탕으로 장식한 붉은 빛 나는 띠.

* 계면 돌아서=계면은 곡조의 이름이니 춤가락이다. 「계면 돌아서」라 하면 「춤 추어서」라는 말을 재미있게 표현하는 말.

三二七 * 머지 외양 푸리(綠李)‖모두 차며 놓은 파실 이름이다●

차례로 물어와 도표와 같이 늘어서고 악이 중엽(中葉)에 이르어 장고가 채편(鞭面)을 치면 처용 다섯이 모두 허리를 구부리고 함께 두 소매를 들었다 무릎 우에 내려 놓는다。(대개 춤이 시작될 때 장고 채편을 치면 함께 허리를 구부리고 두 손을 든다。뒤에서도 이와 같이 한다) 청의 처용、홍의 처용이 돌아다 보며 낯을 서로 보고 황의 처용은 돌아다 보며 동쪽으로 낯하고 흑의 처용、백의 처용은 돌아다 보며 낯을 서로 본다。 이것이 끝나면 도로 북향하여 장고의 북편(鼓面)을 치면 함께 두 소매를 들었다 떨어뜨린다。(무릎꿇이 춤이다。손을 따라 함께 발을 드니 청、홍、흑、백의 처용은 모두 안쪽 발을 먼저 들고 황의 처용은 먼저 오른 발을 든다。 안쪽이라 함은 두 사람의 사이를 말하는 것이다。 동쪽에 선 사람은 왼쪽이 안쪽이 되게 하고 서쪽에 선 사람은 오른쪽이 안쪽이 되게 한다。 뒤에서도 이와 같다。 언제든지 춤이 끝날 때에는 모두 모로 북향을 하고 장고 북편을 치면 두 손을 들었다 떨어뜨린다。 뒤에도 이와 같다。 대체 처용무에서는 추는 춤은 모두 황의 처용의 춤에 따라 추나 오직 좌우편 손발을 달리 할 뿐이다。 이 뒤에서도 이와 같이 한다)

채편을 치면 청의、홍의 처용은 돌아다 보며 등을 서로 마주하고 황의 처용은 돌아다 보며 서쪽을 보고 흑의 백의 처용은 돌아다 보며 등을 마주한다。(손을 따라 모두 발을 드는데 청、홍、흑、백의 처 처용들은 모두 먼저 바깥쪽 발을 들고 황의 처용은 먼저 왼쪽 발을 든다。 동쪽에 선 사람은 오른편이 바깥쪽이 되게 하고 서쪽에 선 사람은 왼편이 바깥쪽이 되게 한다。 뒤에서도 이와 같이 한다) 채편을 치면 우 절차와 같이 춤을 춘다。(서로 낯을 보기 두 번、등을 마주하기 두 번 모두 네 번이다)

그 다음 채편을 치면 청、홍、흑、백의 처용들은 모두 손으로 춤추며 안쪽으로 끼고 황의 처용은 손으로 춤추며 오른쪽으로 낀다。(황의 처용은 외짝이므로 좌우짝이라 말한다。 이 뒤에도 그렇게 한다) 모두 손으로 춤추며 바꾸어 끼기를 다하면 (청、홍、흑、백의 처용들은 모두 바깥쪽으로 끼고 황의 처용은 왼쪽으로 낀다。 이 춤을 홍정(紅程) 도듬춤이라 한다。) 채편을 쳐 다섯 처용이 발바딧춤을 출주 청、홍、황、흑、백의 처용들은 모두 안쪽 발을 먼저 내놓오며 황의 처용은 먼저 오른 발을 내놓는다 전정(殿庭) 한가운데에 나와 나란이 북향하고 선뒤 장고 채편을 치면 황의 처용은 동쪽을 향하여 *인무(人舞)를 춤추고 왼 손을 먼저 들되 좌우쪽 손을 다 두 번씩 든다 청、홍、흑、백의 처용들은 모두 서쪽을 향하여 춤춘다。 모두 오른 손을 먼저 들되 좌우쪽을 다 두 번씩 든다

이 동작을 마치고 채편을 치면 황의 처용은 서향하여 춤추고 모두 오른 손을 먼저 들되 좌우 손을 다 두 번씩 든다 청、홍、흑、백의 처용들은 모두 동향하여 춤춘다 다 왼 손을 먼저 들되 좌우 손을 다 두 번씩 든다

이 춤을 마치고 채편을 치면 홍의 처용은 춤추며 뒤로 물러가 남에 서고 오른 발을 먼저 물린다 흑의 처용은 춤추며 앞으로 나가 북에 서고 왼 발을 먼저 내놓는다 청、황、백의 처용은 춤추며 그 자리에 서 있다。 황의 처용은 중앙에、청의 처용은 동에、백의 처용은 서에 선다。 이 춤을 발바더 작대무(作隊舞)라 한다

이 춤을 마치고 채편을 치면 황의 처용은 북향하여 춤추며 먼저 오른 손을 들되 좌우 손을 다 두 번씩 든다。 이 춤을 *수양수(垂揚手)무[illegible]이라 한다

청、홍、흑、백의 처용은 중앙을 향하여 마주 춤 주다가 모두 왼 손을 먼저 들되 좌우 손을 다 두 번씩 든다 중앙을 등지고 각각 제 방향을 향하여 춤춘다。 모두 왼 손을 먼저 들되 좌우 손을 다 두 번씩 든다

다음 채편을 치면 황의 처용은 북향하여 춤추고 오른 손을 먼저 들되 좌우 손을 다 두 번씩 든다。 다른 쪽을 향하여 출 때에도 이와 같이 한다。 이 춤을 *수양수 오방무(垂揚手五方舞)라 한다 타방 처용도 이와같이 춘다

흑의 처용은 중앙을 향하여 마주 춤을 추다가 왼 손을 먼저 들되 좌우 손을 다 두 번씩 든다。 네째 번 손을 들때 첫째 편을 치면 청의 처용이 춤을 추고 그 뒤 북편을 치면 홍의 처용이 손을 들어 보인다。 다른 방위의 처용들도 이와 같이 한다

·아이 점차 빨라지면 봉황음「중기」(鳳凰吟 中機)를 주하고 기녀는 그 노래를 창한다。

(前腔) 山河千里國에 佳氣鬱葱葱ᄒᆞ샷다 金殿九重에 明日月ᄒᆞ시니 群臣千載에 會雲龍이샷다 熙熙庶俗은 春臺上이어늘 濟濟群生은 壽域中이샷다 (附葉) 和濟群生은 壽域中이샷다 (中葉) 高厚無私ᄒᆞ샤 美貺臻ᄒᆞ시니 祝堯皆是 大平人이샷다 (附葉) 祝堯皆是 大平人이샷다 (小葉) 熾而昌ᄒᆞ시니 禮樂光華 邁漢唐이샷다 (後腔) 金枝秀出 千年聖ᄒᆞ시니 繼體增隆 萬歲基샷다 邦家累慶 超前古ᄒᆞ시니 天地同和「即此時샷다 (附葉) 천시동화!즉자시샷다 (中葉) 豫遊淸暇애 玉輿來ᄒᆞ시니 人頌南山ᄒᆞ야 獻壽盃샷다 (附葉) 인송남산ᄒᆞ야 천수배샷다 (小葉) 配于京ᄒᆞ시니 十二瓊樓─ 帶五城이샷다 (大葉) 道與乾坤合 恩隨雨露新이샷다 千箱登黍稌 庶幾荷陶鈞이샷다 帝錫元符ᄒᆞ샤 錫瑞命ᄒᆞ시니 滄溟更潤ᄒᆞ고 月兩輪이 샷다 (附葉) 滄溟更潤ᄒᆞ고 月重輪이샷다 (中葉) 風流楊柳에 舞蹈盈ᄒᆞ니 自是豐年에 有笑聲이샷다 (附葉) 자시풍년에 유소성이샷다 (小葉) 克配天ᄒᆞ시니 聖子神孫이 億萬年이쇼셔」 (대의) 「산하 천리 이 나라에 서기령롱(瑞氣玲瓏) 어리였다 구중 궁궐 겹겹이 솟았는데 날과 달이 밝았으니 성군 현신 대를 이어 룡과 구름 맞났도다 민속은 문명하여 봄 동산에 꽃이 피고, 인물은 깨끗하여 요순 시절에 사는도다 (부엽) 인물은 깨끗하여 요순 시절에 사는도다 (중엽) 하늘과 땅이 사심 없어 좋은 선물 보내시다 성군 만세 부르노니 태평성대 이 아닌가 (부엽) 성군 만세 부르노니 태평성대 이 아닌가 (소엽) 인물이 번창하고 자손이 창성하니 문화의 찬란함이 한당(漢、唐)에 뒤질소냐 (후강) 금지옥엽(金枝玉葉) 준수하여 천년 만년 번어가니 계계승승 그지없어 국운륭성 하는도다 나라이 경사 쌓아 전고에 뛰여나니 천지와 같으신 덕화 이 시대를 일르도나 (부엽) 천지와 같으신 덕화 이 시대를 일르도다 (중엽) 즐기시는 이 아침에 타신 옥여(玉輿) 래림하니 남산수(南山壽)를 송축하여 헌수배(獻壽盃)를 드립니다 (부엽) 남산수를 송축하여 헌수배를 드립니다 (소엽) 옥경(玉京)일시 분명하니 十二 경루(瓊樓)에 五방성(五方城)이 둘렀도다 (대엽) 천지같은 장한 성덕 우로(雨露) 성은(聖恩)이 새로워라 창름(倉廩)에 곡식이 차고, 만 백성 성화(聖化)에 젖었도다 하늘이 신표 주셔 대명을 내리시니 창해에 물이 붇고 해와 달 더욱 밝다 (부엽) 창해에 물이 붇고 해와 달 더욱 밝다 (중엽) 양류(楊柳)에 바람 불어 가지가지 흐늘대니 풍년이 들리로다 웃음 소리 들리누나 (부엽) 풍년이 들리로다 웃음 소리 들리누나 성덕이 하늘에 비기시니 성자 신손 억만년을 누리소서」

세 방위에 선 처용은 아절에 맞추어 소매를 들었다 떨어뜨린다。(손을 따라 모두 발을 든다。 다른 방위의 처용도 이와 같이 한다。) 황의 처용이 동향하여 춤추면 청의 처용은 중앙을 향하여 마주 춤을 추며 황의 처용이 남향하여 춤추면 홍의 처용은 중앙을 향하여 마주 춤을 추며 황의 처용이 서향하여 추면 백의 처용이 중앙을 향하여 마주 춤을 춘다。 끝나고 채편을 치면 황의 처용은 제 자리에서 돌면서 춤추며 (외로 돈다。 오른 손을 먼저 들되 좌우 손을 다 두 번씩 든다) 청、홍、흑、백의 처용들도 모두 제 자리에서 일제히 중앙을 향하여 춤추며 모무원손을먼저돌되라 우손을다무번씩돈다 또 제 자리에서 돌며 춤춘다。오른쪽으로 돈다。모무좌 우손을 다 두 번씩 돈다 이 동작이 끝나면 도는 춤을 (원쪽으로 또는 때 흑의 처용이 먼저 나간다) 세 바퀴 돌고 각각 제 자리로 돌아가 서서 북향하여 춤 추다가 채편을 치면, 흑의 처용은 춤추며 뒤로 물러가고 (원발을 먼저 뒤로 물린다) 홍의 처용은 춤추며 앞으로 나아가 (오른쪽 발을 먼저앞으로 내논다) 다섯 처용이 나란이 서서 춤추고 악이 점차 빨라져 봉황음「급기」(鳳凰吟「急機」)를 주하고 잇대여 *삼진작(三眞勺)을 주하면 기녀는 그 노래를 창한다。(前腔) 내 니믈 그리ᅀᆞ와 우니다니 (中腔)「山 접동새 *난 이슷ᄒᆞ요이다 (後腔) 아니시며 거츠르신 둘 아으 (附葉) 殘月曉星이 아ᄅᆞ시리이다 (大葉) 넉시라도 님은 혼ᄃᆡ녀져라 아으 (附葉) 벼기더시니 뉘러시니잇가 (二葉) 過도 허믈도 千萬 업소이다 (三葉) 물힛 마러신뎌 (四葉) 술웃브뎌 아으 (附葉) 니미 나를 ᄒᆞ마 니ᄌᆞ시니잇가 (五葉) 아소 님하 도람 드르샤 괴오쇼셔 (대엽) (전강) 내 님을 그리워 울며 단니노니 (중강) 산 *접동새와 (난) 비슷하오이다 (후강) 진실인지 가면인지를 (아、) (부엽) 새벽 달 샛별이 알으시리이다。 (대엽) 죽은 뒤 혼이라도 님과 함께 있어지라(아、) (부엽) 잘리 놓은 이 누구런가요 (二엽) 과도 허물도 천만 없소이다 (三엽) 멀리하지 마옵소서 (四엽) 슬퍼지고 (아、) (부엽) 님이 나를 벌써 잊오시니까 (五엽) 님아 알어주소서 용서하여 괴오소서」

(주)

三二九 * 수양수(垂楊手)=무릎짚이춤、춤의 형상으로부터 온 이름이라고 생각된다。수양수(垂楊手)라 함은 팔의 움직이는 모양이 수양버들 가지같음을 형사화한 수식어이오「무릎짚이」는 춤의 동작으로부터 지은 명칭이다。

* 수양수 五방무(垂楊手五方舞)=오방(五方)을 향하여 추는 처용의 수양수무。

* 인무(人舞)=맨손으로 추는 춤、徒手舞 즉 퇴수무(退手舞)와 같은 것이 아닌지 미상。

三三一 * 三진작(三眞勺)=진작(眞勺)은 고려 속악조의 명칭이오 (세종실록 원년 一월조 및 八월二 참조)。「三진작」이라 함

은 자진 잡작이니, 천자에는 평조 외에 느진 잡작, 자진 잡작의 구별이 있은 것으로 추측된다(대동 악부(樂府)을 보는 세종실록 원년 一월조 八월조 참조).

※ 접동새=자규(子規) 또는 촉혼조(蜀魂鳥), 불여귀(不如歸) 등으로 불리워지는 새 이름.

※ (난)=입으로 부르는 악음 의성어(樂音擬聲語)이니 고전 가요에 흔이 가사 첫 머리나 또는 끝에 붙여서 가사 본문과 혼동되기 쉬우므로 특별히 괄호(括弧) 안에 넣었다. 「가시리」, 「정석가」, 「서경별곡」, 「북전급기」 가사 등에 「난」 또는 「나논」으로 씌여있는 것이 그것이다.

황의 처용만 그대로 서서 춤추고 청, 홍, 흑, 백의 처용은 춤추며 뒤로 물러가 나란이 서서 춤춘다. (좌우 손을 다 두 번씩 혹은 한 번씩 든다)

황의 처용이 춤추며 뒤로 물러가면 청, 백의 두 처용이 춤추며 앞으로 나갔다 뒤로 물러갔다 하며 홍, 흑의 두 처용도 춤추며 앞으로 나갔다 뒤로 물러간다. 춤이 끝나면 다섯 처용이 나란이 서서 춤추고 악이 정읍 「급기」(井邑急機)를 주하면 기녀가 그 노래를 창하(노래는 우의 「무고 정재 외식」에 있다)면 다섯 처용은 정읍무(井邑舞)로 변해 추고 인해 악이 북전 「급기」(北殿急機)를 주하면 기녀가 그 노래를 창하다.

(前腔) 山河千里壯애 宮殿애 *五雲高ㅣ로다나 (中腔) 暉暉瑞日은 明鸞陛어ᄂᆞᆯ 冉冉香烟은 繞袞袍ㅣ로다 나는 (後腔) 積德百年에 興禮樂ᄒᆞ시니 垂衣一代 煥文章이로다 (附葉) 熙熙至治여 邁虞唐이로다 (二葉) 九重深處에 仰重瞳ᄒᆞ니 나는 一曲南薰이 解慍風이로다 나는 (附葉) 鳳凰이 來舞ᄒᆞ니 九成中이로다 (二葉) 大有年하니 禾稼ㅣ與雲連이로다 (三葉) 紅腐之粟이오 貫朽錢이로다 (四葉) 陰陽이 順軌ᄒᆞ야 雨暘均ᄒᆞ니 (附葉) 萬家烟火여 太平民이로다 五葉 撫五辰ᄒᆞ시니 聖壽無疆ᄒᆞ샤 千萬春이쇼녀 (쇼녀의 「녀」는 「셔」의 간으로 된 것이다=여자) (대외) 「(전강) 산하 천리 웅장한데 궁중에 솟은 대궐, 채운이 어렸어라(난난)(중강) 빛나는

아침 해는 *디패(鐵陛)를 비최이고 몽게 오르는 향로 연기 *곤포(袞袍)에 둘렸서라 (나난) (후강) 백년에 더을 닦아 태악을 일으키니 룡상에 앉으신채 一대 문물 빛나도다 (부엽) 밝고 거룩하신 정치 요순 시절 미치리로다 (대엽) 상서 구름 어떤 꽃에 성군을 우러르니 (나난) 한 곡조 *남훈가(南薰歌)에 백성 시름 풀러도다 (나난) (부엽) 봉황이 춤을 추니 풍류 소리 청아하다 (二엽) 풍년이 왔다 풍년이 와 五곡 잡곡이 휘늘어졌네 (三엽) 목는이 꼭서이오 색는이 든책미로다 (四엽) 비 올때 비가 오고 바람 불때 바람 불어 (부엽) 만백성 집집마다 아침 저녁 연기로다 (五엽) 천하 백성 안무하사 사방이 무사하니 성수무강 천만년 누리소서

(주)

三三二 * 북전(北殿)=속악 곡조 이름이니 고려 二八대 충혜왕(忠惠王)이 성색을 조와하여 뒤 전각에서 계집과 함께 즐기던 악조를 뒷전진작(後殿眞勺)이라 하였는데 이 북전(北殿)은 「후전진작」과 동일한 것이다。

三三三 * 디패(鐵陛)=대궐 층계。

* 곤포(袞袍)=임금이 입는 예복。

* 남훈가(南薰歌)=고대 중국의 성군으로 규범이 된다는 우순(虞舜)이 지었다는 남풍가(南風歌)를 말한 것。

다섯 처용이 환장무(幡場舞)를 추며 나가면 악사, 악공이 차례로 나가고 악이 멎는다。 또 뒤 물(원문에는「後度」로 되였으나 이것은「後殿」의 잔오로 인정하고 번역 한다=역자)에 가서 학춤、련화대춤(鶴、蓮花臺舞)의 의물(儀物)과 제구를 감추어 벌여 놓고 동발(銅鈸)을 잡은 악사가 앞을 서고 청한 백학이 그 다음에 서고 청、홍、황、흑、백의 처용들이 그 다음에、인입장、정절、개(蓋)(인입장、정절、개는、다 두 벌씩인데 한 벌은 꽃을 받든 무동 다음에 선다) 꽃을 받든 무동

이 다음에 서고 녀기가 그 다음에、박을 잡은 악사 향、당 악공들이 차례로 늘어서 간다。 악은 *령상회상(靈山會相)「만기」를 주하고 녀기와 악공들이 소리를 일제히 하여 사(詞) (「령산회상 불보살」(靈山會相 佛菩薩)) 를 창하며 들어와 세 바퀴를 돌고 (외로 돈다) 차례로 도표와 같이 벌여서고 박을 치면 큰 북을 쳐 령산회상「령」을 주하여 악이 점차 빨라지면 五방 처용이 발을 구르며 환무(歡舞)하고 녀기、악공파 의물차비、가면쓴 무동들이 또한 따라 발을 구르며 몸을 흔들어 기쁨을 표현한다。 이것이 끝나면 악이 멎는다 (五방 처용은 조금 뒤로 물러가 좌우 쪽에 갈라 선다)

악이 보허자(步虛子)「령」을 주하고 박을 치면 청학、백학이 보법(講法=학춤조에서 보인 절차를 말한 것=역자)대로 앞으로 나갔다 뒤로 물러갔다 하며 춤추고 련꽃을 쪼으며 두 동녀가 나오는데 두 학이 놀라 뛰여 뒤로 물러가고 악이 멎으면 학들은 처음 자리에 돌아가 선다。

무 동녀(童女)가 련못 가로 내려가 나란이 서서 정재(呈才)하기를 의식과 같이 하고 이를 마치면 처용「만기」(處容慢機)를 주하고 (녀기는 처용가를 창한다) 五방 처용들이 다시 전의 위치에 서서 춤추기를 꼭 우에서 말한 의식대로 추고 끝나면 악이 멎는다。 악이 다시 미타찬(彌陀讚)을 주하면 녀기 두 사람이 창을 인도하여「서방대교주 남무아미타불」이라 창하면 여러 기녀가 일제히「서방대교주 남무아미 타불」이라고 화창하고 다음의 불가를 제성창(齊聲唱)한다。 (「창화의 방식은 이하에도 이러하다。「無見頂上相 南無阿彌陀佛 頂上肉髻相 남무아미타불 髮紺琉璃相 남무아미타불 眉間白毫相 나무아미타불 眉細垂楊相 남무아미타불 眼目清淨相 남무아미타불 耳聞諸聲相 남무아미타불 鼻高圓直相 남무아미타불 舌大法螺相 남무아미타불 身色眞金相 나무아미타불」 창을 하면서 앞에서 한 것과 같이 회선하다 (처용들과 꽃을 받든 무동들만이 환무(歡舞)하고 그외 사람들은 모두 몸을 흔들며 발을 구른다)

본사찬(本師讚)、 관음찬(觀音讚)을 주하기에 이르기까지 모두 우와 같은 방식으로 인도하고 창화하다가 관음찬가(觀音讚歌)에 가서는 여러 기녀가 일제히 소리를 가지런히 하여 노래를 창한다。

본사찬(本師讚)「人天大道師 釋迦世尊、三界道師 석가세존、四生慈父 석가세존、靈山大敎主 석가세존、天中天聖中聖 석가세존、八相始成道 석가세존、降魔轉法輪 석가세존、二明六神通 석가세존、十力四無畏 석가세존、九歸八解脫 석가세존、三十七助道法 석가세존、三十二應 석가세존、八十種好 석가세존、紫磨金色身 석가세존、光明照大千 석가세존、分身百億刹 석가세존、解脫十方界 석가세존、功德莊嚴佛 석가세존」

관음찬(觀音讚)「圓通敎主 觀世音菩薩、補陀大師觀世音菩薩、聞聲濟苦觀世音菩薩、拔苦與樂觀世音菩薩、大慈大悲觀世音菩薩 三十二應 觀世音菩薩 十四無畏 觀世音菩薩 救苦衆生 觀世音菩薩 不取正覺 觀世音菩薩 千手千眼觀世音菩薩、手持魚籃 觀世音菩薩、頂戴彌陀 觀世音菩薩」 관음찬가(觀音讚歌)(원문에는 관음찬 아래에 「歌」자가 없다=역자)「白花ㅣ芬其馨하고 香雲이 彩其光하니 圓通觀世音이 承佛遊十方이샷다 觀相百福嚴하시고 威神이 難莫測이시니 一心若稱名하ᄋᆞ오면 千殃이 卽時滅하나이다 慈雲이 布世界하고 涼雨ㅣ洒昏塵하ᄂᆞ니 悲願이 何曾休ㅣ시리오 功德으로 濟天人이샷다 四生이 多怨害하야 八苦ㅣ相煎迫이어ᄂᆞᆯ 尋聲而濟苦하시며 應念而與樂하시ᄂᆞ니라 無作自在力과 妙應三十二와 無畏로 施衆生하시니 法界皆沾利하나니라 紛綸三摠入하시고 乃獲二殊勝하시니 金剛三昧旭무 菩薩이 獨能爲하시니라 不思議 妙德이여 名遍百億界하시니 淨聖無邊澤이 流波及斯世시니라」 창이 끝나면 각각 차례로 나가고 악이 멎고 그친다。

(주)

三三四 * 령산회상(靈山會相)=악곡명인데 불가에서는 령추산(靈鷲山)을 령산이라 략칭한다。 전등록(傳燈錄)에 석가모니가 령산 우에 제자들을 모아 놓고 설교를 할 때 손으로 꽃 한가지를 집어들고 아무 말이 없이 앉았으니 여러 사람이 그 뜻을 몰라 당황하고 있는 데、가섭(迦葉)이란 제자가 그것을 보고 홀로 빙그레 웃었다。 석가모니는 그가 교리의 진수를 깨달았음을 인정하고 그에게 정법의 전통을 전했다는 이야기를 기록하고 있다。 이령산회상이란

악곡은 이 명산화의 광경을 상상하여 그 평화스럽고도 장엄한 심각한 장면으로 형상화한 데 가악곡이다.」

교방가요(敎坊歌謠)

처음 물어올 때 배렬하는 도표

隊가 謠요 動주 函함 旨부

(鼓) 기기기기기기기기기기
기기기기기기기기기기
기기기기기기기기기기
기기기기기기기기기기
기기기기기기기기기기
(都鼓)도

악공二十五 전부악공(前部樂工) 분립

(拍)박 침향산(沈香山) 청악 백악

기기기기기기기기기기
기기기기기기기기기기
기기기기기기기기기기
기기기기기기기기기기
기기기기기기기기기기

악공二十五 전부악공(前部樂工) 분립

화진벽(花鬪碧)

대가(大鬪) 부대

*침향산(沈香山)、련못 제구를 길 가운데에 설비하고 화전벽(花甎碧)을 침향산 앞에 깔며 여러 기녀 (모두 백명) 가 침향산 좌우 편에 갈라서고 가요함탁(歌謠函卓)을 길 왼편에 설치하며 가요함(歌謠函)을 받든 녀기 (년소기를 택한다) 두 사람이 탁자 좌우 쪽에 선다。왕의 수레가 당도하면 *전부고취(前部鼓吹) 악공이 좌우 쪽으로 여러 기녀 뒤에 갈라 서서 이내 여민악(與民樂) 「령」을 주하고 여러 기녀는 노래를 (노래는 우에 보였다。*후부 고취악은 주하지 않는다) 창하고 박을 치면 *도기(都妓)가 손을 여미고 발을 구르며 앞으로 나와 꿇어 앉으면 가요함을 받든 녀기 두 사람이 손을 여미고 꿇어 앉아 머리를 숙이고 엎드렸다 일어나서 함을 받들고 앞으로 나아가 도기 오른 편에 꿇어 앉는다。도기는 뾰죽한 소매로 가요축을 받들고 발을 구르며 조금 앞으로 나아가 꿇어 앉으면 (가요함을 받든 기녀는 빈 가요함을 도로 탁자 우에 놓고 물러가 기녀 대렬에 들어가 선다) 여러 기녀들도 동시에 함께 꿇어 앉는다。 *승지(承旨)는 도기에게서 가요축을 받아 가지고 꿇어 앉아 드리면 내시(內侍)는 대신 받아서 함에 넣고 앞으로 나가면 도기가 머리를 숙이고 엎드렸다가 일어나 회수무(回手舞)를 추고 뒤로 물러가 자리로 돌아 가는데 여러 기녀도 또 동시에 머리를 숙이고 엎드렸다 일어나 발을 구르면 악이 멋고 하춤과 련화대 정재(蓮花臺呈才)를 보통 의식대로 한다。 또 화전벽(花甎碧) 한벌을 침향산 뒤 십보(十步) 쯤 되는 지점에 깔고 련화대 정재가 끝나기를 기다려 전、후부 고취악이 환궁악(還宮樂)을 주하면 침향산을 화전벽 뒤에로 껄어 물리고 여러 기녀가 뒤걸음질로 금척무(金尺舞)를 추고난 다음 여전히 좌우로 갈라 선다。왕의 수레가 앞으로 나와 머므르면 또 정재를 한다 (정재 가지 수는 미리 임금께 품해서 지시를 받는다)

매 정재가 본 자리로 물려가는 것은 우에서 한 것과 같이 하고 (고취악이 번갈아 별곡—別曲— 풍을 주하면 회수무를 춘다) 왕의 수레 궐문에 이르러야 그친다。 정재가 없으면 다만 여러 기녀들이 늘어서고 악이 *진가요(進歌謠)를 주한 뒤에 동서로 갈라 섰다가 왕의 수레가 지나가면 전, 후부 고취악이 주악하고 왕의 수레가 궐내로 들어가면 악이 멎는다。

(주)

三三七 * 침향산(沉香山)＝산에 붙인 가명。

* 전부고취(前部鼓吹)＝전정전부(殿庭前部)에 설비한 취라악 부대를 가리키는 것。

* 후부고취(後部鼓吹)＝전부고취에 대한 전후에 설치한 취라악 부대。

* 도기(都妓)＝기녀의 두목을 말한 것。

* 승지(承旨)＝임금의 명령 지시를 전달하는 관원。 리조 관제에 정三품 당상관으로 되였다。

三三八 * 진가요(進歌謠)＝리조 향악곡의 이름。

문덕곡(文德曲)

악이 소포구악(小抛毬樂)「령」을 주하고 박을 치면 기녀 한 사람이 발을 구르며 조금 앞으로 나아가 섰다가 악이 멎으면 말로 문덕곡은 문덕(文德)을 찬미하는 노래 곡조이니 태조께서 처음 즉위하셔서 법을 세우고 규률을 만들어 백성들과 더불어 일체를 새롭게 하셨으니 송덕할만 한 것이 만사온데 그중 큰 것을 문변 개언로(開言路)、보공신(保功臣)、정경계(正經界)、정례악(定禮樂)를 입니다 라고 한다。

말을 마치고 박을 치면 앞의 악을 주하고 박을 치면 발을 구르다가 머리를 숙이고 엎드렸다 일어나 춤추며 물러가면 악이 멎고 기녀가 문덕곡의 개언 로장(文德曲開言路章) 을 창한다。 「法宮이 有儼深九重ᄒᆞ시니 一日萬機 紛其叢ᄒᆞ샷다 君王이 要得民情通ᄒᆞ샤 大開言路 達四聰ᄒᆞ시다 開言路 君不見가 我后之德이 與舜同ᄒᆞ샷다。 아오 我后之德이 與舜同하샷다。」 (대의) 「법궁(法宮)이 장엄하야 九중(九重)으로 깊사온데 하로에도 만가지 정무가 다단하시도다 백성들의 하부 정형 알으시라 말할 길 더놓으시고 백성들의 눈과 귀를 자기의 눈과 귀로 만드시다 장하도다 말 길을 여주시이여 우리 임금 *우순(虞舜)의 덕 비길 더라 아、우리 임금의 덕 우순과 비길더라」

(주)

* 우순(虞舜)—고대 중국에 있었다고 하는 어진 임금。 서경 순전(書經舜典)에 「明四目達四聰」이라고 있음에 근거한 말이다。

악이 문덕곡을 주하면 기녀 네 사람이 남쪽에 서서 북향하며 손을 여미고 발을 구르며 보공신장(保功臣章)을 창한다 「聖人受命 乘飛龍ᄒᆞ시니 多士一競起 如雲從ᄒᆞ샷다 謨謀効力이 成厥功ᄒᆞ시니 誓以山河로 保始終ᄒᆞ샷다 保功臣 君不見가 我后之德이 垂無窮ᄒᆞ샷다 我后之德이 垂無窮ᄒᆞ샷다」 (대의) 「성인이 명을 받아 보위(寶位)에 오르시니 四방의 유덕한 사람 구름 같이 모이도다 지혜를 바치고 힘을 다해 사업 성취 공이루시니 산하(山河)두고 맹서하셔 길이 보록 함께하시라네 장하도다 공신(功臣)을 아끼심이여 우리 임금의 덕 잊지 못하리 장하신 임금의 덕 영원토록 잊지 못하리」

창을 마치면 머리를 숙이고 엎드렸다 일어나 물러간 다음 또 기녀 네 사람이 북향하며 춤추며 정경계장(正經界章)을 창한다 「經界壞矣라 久不修ᄒᆞ야 强併弱能ᄒᆞ야 相侵休커늘 我后ㅣ正之ᄒᆞ샤 期甫周ᄒᆞ니 倉廩이京穴ᄒᆞ고 民得休ᄒᆞ두다 正經界 君不見가 於戲樂愷 享千秋ᄒᆞ샷다 아으 於戲樂愷 享千秋ᄒᆞ샷다」 (대의) 「나라 경계(經界) 문어진지 오래 모두 바로잡들 아니하여 힘세면 뺏고 약하면 뺏기여 서로 힘만 자랑터니 우리 임금 경계 찾아 신외로 새 대하시니 창고에 저축이 있고 백성들 휴식을 얻는도다 장하시다 경계를 찾으심이여 유덕하신 닷이아닌가 아, 유덕하신 우리 임금, 천추에 복록 누리시리」

창을 마치면 머리를 숙이고 엎드렸다 일어나 물러가고 장년한 기녀(壯妓) 두 사람, 년소 기녀 두 사람이 북향하여 춤추며 정례악장(定禮樂章)을 창한다。「爲政之要ㅣ在禮樂ᄒᆞ니 近自閨門이오 達邦國ᄒᆞ니라 我后定之ᄒᆞ사 垂典則하시니 秩然以序코 和以懌ᄒᆞ샷다 定禮樂 君不見가 功成治定이 燭無窮ᄒᆞ샷다 아으 功成治定이 燭無窮ᄒᆞ샷다」 (대의) 위정(爲政)하는 요체 예악정비(禮樂整備) 제일이니 가정으로 부터 시작하여 국가 대사에 미치모다 예악을 정비하야 정치를 보이시니 질서 잡혀 정연하고 궁신이 화하야 흡접도다 장하시다 예악을 정비하심 나라 자랑 이아닌가 장하신 임금의 업적 영원히 빛나리라 창을 마치면 악의 절차에 따라 서로 걸으며 춤추고 악을 거두면 손을 여미고 발을 구르면서 물러간다。

악학궤범 권五 끝

악학 궤범 권六

아부악기의 그림과 해설(雅部樂器圖說)

*특종(特鐘)

악기 및 *의물(儀物)에는 *영조척(營造尺)을 쓰고 의복 및 포물(布物)에는 *포백척을 쓴다

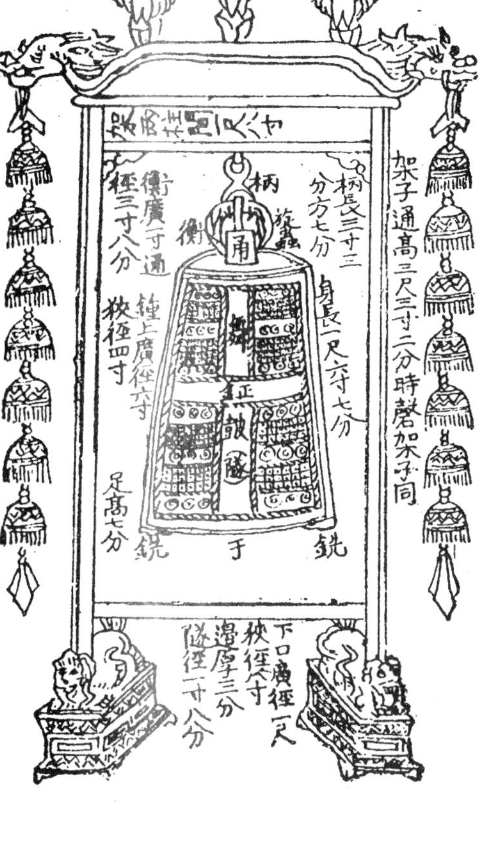

종신(鐘身) 길이 一척六촌七푼
종병(鐘柄) 길이 三촌三푼
　용(甬)은 사방 七푼
　형(衡)은 넓이 一촌
　　직경 三촌八푼
종 상체(鐘上) 넓은 직경 六촌
　좁은 직경 四촌
종 하체(鐘下) 넓은 직경 一척
　좁은 직경 八촌
종 대(鐘帶) 두께 三푼
종 *수(隧) 직경 一촌八푼
종 걸이(鐘架) 전 높이 三척三촌二푼
목경 걸이도 이와 같다。
종 걸이 무 기둥 사이 一척八촌
종 망치는 뿔로 만든다。

*주례도(周禮圖)에 의하면 *례서(禮書)에 *부씨(鳧氏)가 종을 만들었다。 종체(鐘體)를 다섯 부

분으로 나누었으니 선(銑)、우(于)、고(鼓)、정(鉦)、무(舞)가 그것이며 종병(鐘柄|종의 꼭지|역자)은 두 부분으로 구분되여 있으니 통(甬)과 형(衡)이 그것이다. 형 우에는 선이 있고 선의 장식으로는 충(蟲)이라 하는 것이 있고 우와 고와 정과 무 사이에 대(帶)가 끼여 있으며 대 사이에는 *매(枚)가 포치되여 있다』하였다。

선유(先儒)들이 말하기를 『선(銑)은 금속의 광택이 깨끗하기가 닦은 것 같고 우긋하기가 란목(欒木|기둥 우에 놓여 있는 우긋한 뭍보 받침목|역자)같은 것인데 종 아구리의 두 귀를 이르는 것이며 우(于)는 선 사이의 굽은 종 전더구니를 이르는 것이며 고(鼓)는 우(于) 우에 있는데 치는 곳이니 *미(攠)와 수(隧)에로 주(注)내기를 다 치는 곳이라』하였다。 정(鉦)은 고(鼓)와 무(舞)한 가운데 부분이며 무(舞)는 소리가 여기서 진동하는 곳이오、통(甬)은 무 우에 쑥 나온 것이오 형(衡)은 통 우에 가로 놓여 있는 것이오 대(帶)는 전(篆|서체의 하나|역자)과 같으므로 이를 전(篆)이라고도 이르며 젖(乳|종대 가운데의 젖꼭지와 같이 불기한 것|역자)은 한개 한개 수가 있으므로 매(枚)라고 한다』하였다。

상고하건대 특종은 *등가(登歌)에 사용하여 주악을 시작케 하는 것이다。 종은 동철(銅鐵)에 랍철(鑞鐵)을 섞어서 부어 만든다。 순(錞)、탁(鐲)、뇨(鐃)、택(鐸)과 같이 부어 만드는 악기는 다 이와 같다

특종은 소리가 황종에 맞고 편종(編鐘)은 황종에서 청협종까지 도합 열여섯 개가 있는데 길이와 둘레는 다 같고 두께를 가지고 소리의 고하(高下)를 정하니 두꺼우면 소리가 높고 야-면 소리가 낫다。

모든 부어 만드는 악기의 안팎 소토(塑土)(주물(鑄物)의 형을 만드는 흙=역자)는 지금 사람들이 많이 개흙을 쓰지마는 가는 모래와 사기(砂器)를 바순 가루와 질그릇을 굽는 흙 세 가지를 가는 베를 겹쳐 만든 체(篩)에 쳐서 섞어 만드는 것이 가장 좋으니 이와 같이 하면 주물의 험과 티가 없이 된다.

(주)

三四一 * 특종(特鐘)=편종(編鐘)에 대치한 용어로 특종(特鐘) 즉 한개의 종으로 된 금속 타악기.

* 의물(儀物)=일정한 제도로 만들어진 의식에 사용하는 제구(諸具)를 말한 것이니 제기(祭器), 의장물(儀仗物) 등을 통칭한 것.

* 영조척(營造尺)=봉건통치기구의 중앙 행정부서인 六조중 공조(工曹)에 직속한 관서 영조서(營造署=건축물 영조 및 제반 시설을 영위하는 관서)에서 쓰는 표준 도량형기(度量衡器)의 도척(度尺)의 기본 단위이니 황종척(黃鐘尺)의 八, 九九촌, 주척 一, 四八六척에 해당하다 단 주척은 ·六〇六 황종척이오, 황종척은 횡서척(橫黍尺)이다.

* 포백척(布帛尺) 우리 나라에서 포백(布帛)을 재던 자, 一, 三四八황종척에 해당하다.

三四二 * 수(隧)=종(鐘)의 하체 한가운데 치는 곳이니 고(鼓=치는 곳)의 부분으로 광택이 나고 조금 우묵한 곳, 부수(夫隧)같이 광택이 난다고 해서 수라고 한다.

* 주례도(周禮圖)=서명, 명 류적(劉績)의 찬한 三례도의 주례도를 말함인듯, 미상.

* 례서(禮書)=서명, 중국 송대 진상도(陳祥道)의 찬저로 내용이 정확하고 고증이 풍부하다.

* 부씨(鳧氏)=중국 주 나라 때에 금속을 다루는 기술자로서 주로 종을 만드는 기술자의 가호(家號—성)다. 고공기(考工記—중국 전국시대에 기술된 공학(工學)에 관한 저서로 주례 동관(冬官)에 대신 보충되였다).

三四三 * 매(枚)=고공기에 종대(鐘帶)를 전(篆)이라 하고 전 사이의 돌기한 것을 매(枚)라 한다 하였다.

* 미(獮)=고공기에 「우(于)우에 있는 미(獮)를 수(遂)라 한다」 하였다。 미와 수는 모두 동일한 것의 다른 이름으로서 다 종의 치는 곳을 가리키는 말이다。

* 등가(登歌)=제사나 연향할 때에 당상(堂上)에서 주하는 악가(樂歌)로서 조상의 공업(功業)을 찬양하는 노래인데 종、경、생、우 등 악기의 반주는 않는다。

*특경(特磬)

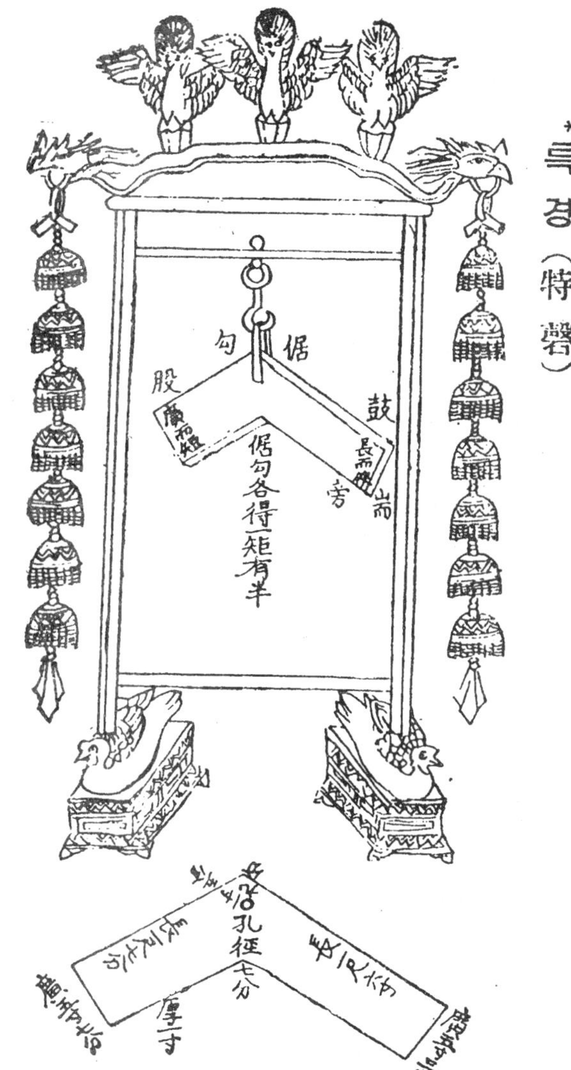

고(股)는 폭이 넓고 길이가 짧으며
고(鼓)는 길이가 길고 폭이 좁다。
*거구(倨句)는 百三十五도 가량
고(股)의 길이 一척七푼
　넓이 五촌七푼
고(鼓)의 길이 一척六촌
　넓이 五촌三푼
구멍의 직경 七푼
구멍에서 고(鼓)변까지 九푼
구멍에서 고(股)변까지 一촌五푼
두께 一촌

주례도(周禮圖)에 『옛적에 경(磬)을 제작하되 형체를 아래로 내려드리우게한 것은 천체(天體)가 서북(西北)쪽으로 기울어지고 우긋하게 아래로 내려 덮은 형상을 본뜬 것이다』하였고 『*경씨(磬氏) 경을 만들되 거구(倨句)는 *일구유반(一矩有半)이다』하였는데 선유(先儒)는 말하기를 『경의 옷 교부라진 부분을 구(鉤)라 하고 아래로 곧게 내리드리운 부분을 거(倨)라 하며 구(勾=鉤와 통한 것으로 해석한 것=역자)는 곧 고(股)요 거(倨)는 곧 고(鼓)다。구(股)는 우에 있어 넓고 고(鼓)

는 아래에 있어 좁고 길다. 긴 것을 짧은 것에 포개보면 고(鼓)가 구(股)보다 길기 반구(半矩)이니 이는 거(倨)즉 고(鼓)가 일구유반(一矩有半)이 되는 것이오 넓은 것을 좁은 것에 포개보면 고(股)가 고(鼓—倨)보다 넓기 또한 반구(半矩)이니 이는 구(『勾』즉 구「股」—역자)가 또한 일구유반(一矩有半)이 되는 것이다.

광협(廣狹)과 장단(長短)은 소리가 률에 맞도록 할 것이나 두께(厚)는 다 두치(二寸)로 할 것이다』라 하고 혹은 말하기를 『돌의 질(質)이 단단하면 비록 두터워도 소리가 청하고 돌의 질이 덜 단단하면 비록 얇아도 소리가 탁하다. ※천구(天球)와 같은 돌은 곧 자연적으로 된 옥경(玉磬)이다. 이 어찌 경씨(磬氏)의 제도(制度)를 가지고 구속할 수 있을 것인가』하였다.

생각컨대 특경(特磬)은 등가(登歌)에 사용하여 주악(奏樂)을 그치게 하는 것이다. 우리 나라의 경(磬)은 남양석(南陽石)을 채취하여 만든다.

특경(特磬)은 소리가 황종에 맞고 편경(編磬)은 황종에서 청협종(淸夾鐘)에 이르기까지 모두 열여섯개인데 장단、광협(長短、廣狹)은 모두 같으나 후박(厚薄)으로써 소리의 고하(高下)를 결정하니 두터우면 소리가 높고 얇으면 소리가 낮다. 무릇 종이나 경이 지나치게 두터워 소리가 높아 본률(本律)에 맞지 않는 것은 갈아서 얇게 하면 소리가 낮아져 그 본률에 맞게 할 수 있는 것이오. 또 지나치게 얇아서 또한 본률에 맞지 않는 것은 아래끝을 갈아 버리면 소리가 높아져 그 본률에 맞게 할 수 있는 것이다. 그러나 길고 짧음이 균형을 얻지 못할지니

차라리 개조함만 같지 못할 것이다。

모든 악기는 다 률관을 가지고 성음을 바로잡는 것이나 종이나 경은 조음(調音)하기에 가장 어려웁다。 가령 황종음의 종이나 경을 많이 만들어 하나 하나 률관으로 바로잡으면 률림이 없을 듯 하나 만일 이것을 서로 쳐보면 대개는 비록 황종률에 맞으나 조금씩 높낮이의 차이가 남을 면치 못한다。 황종만 그런 것이 아니라 다른 률의 것도 모두 그러하다。 이것은 죽(竹)과 금석(金石)의 불고 치는 것이 같지 않기 때문이다。 만일 종이나 경을 만들려면 반드시 먼저 황종 한개를 바로잡아 률관을 불어서 거기에 의빙하고 음률을 잘 아는 사람으로 하여금 살펴들어서 바로잡아 서로 맞도록 노력한 다음에 또 다른 것을 가져다가 먼저 바로잡은 것에 의빙하여 바로 잡으면 거의 률림이 없을 것이니 다른 률의 것도 이와 같이 할 것이다。 이제 각 제사나 조하(朝賀)에서 쓰는 종、경의 각 률(各律)을 따져보면 각각 조금씩 고하(高下)의 률림이 있으니 아마 그때에 다만 률관(律管)만을 가지고 조음한 판계인 듯하다。

(주)

三四五 * 특경(特磬)=편경(編磬)에 대한 특경(特磬)으로 큰 경 한 개로 된 악기。

三四六 * 거구(倨句)=경의 각도(角度)라는 용어。 례기주(禮記註)에 「微曲曰倨、大曲曰句」라 하였음。

* 경씨(磬氏)=옥을 치석하는 기술공으로 경(磬)을 만드는 사람。

三四六 ◦ 一구유반(一矩有伴)＝이에 대한 두 전해가 성립될 수 있으니 즉 거구(倨矩)를 자로도 보아 「一구유반」을 「백三十五도」라는 뜻으로 해하는 것과 또 경의 구(勾—股)와 고(鼓)는 두개의 구형(矩形)의 집속으로 보아 짧은 구형(矩形)이 구(勾—股)가 되고 긴 구형이 고(鼓)가되니 이제 그 길이의 비를 「二 : 三」으로 하면 고(鼓)는 구(勾—股)의 一배반(一倍半)이 되고 또 그 넓이는 구(勾—股가) 「三」, 고(鼓)가 「二」라 하면 구(勾—股)의 넓이가 고(鼓)의 넓이의 一배반이 된다고 보는 것이다。 본서에 인용한 선유의 전해는 후자에 속하는 것으로 다소 불합리한 곳이 있다

三四七 ◦ 천구(天球)＝옥(玉)의 이름。 서경 고명편(書、顧命篇)에 「大玉、夷玉、天球、河圖在東序」라 하였는데 그 소(疏)에 천구(天球)는 옹주(雍州)에서 나는 하늘빛 같은 옥이라 하였다。

편종 (編鐘)

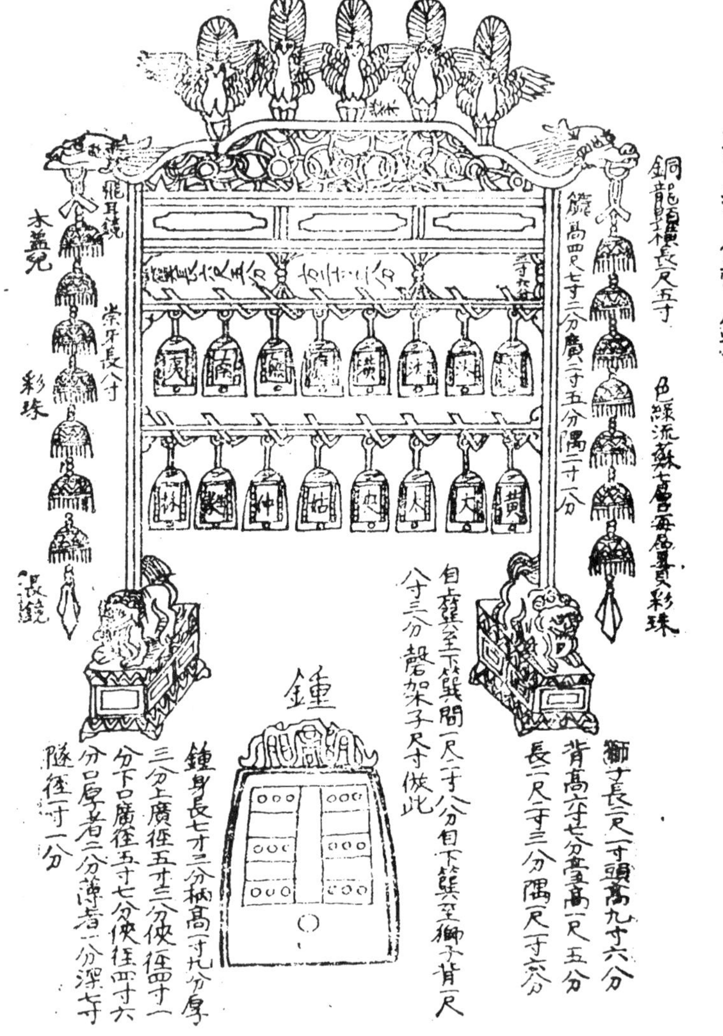
色絲流蘇七層每層貫彩珠
木盖兒
崇牙長八寸
彩珠
自上簨至下簨間一尺二寸八分自下簨至獅子背一尺八寸三分 磬架子尺寸倣此
鍾
鍾身長七寸三分柄高一寸九分厚三分上廣徑五寸二分俠徑四寸一分下口廣徑五寸七分俠徑四寸六分口厚者二分薄者一分深七寸
隧徑一寸一分

종신 길이 七촌三푼
종병 높이 一촌九푼
두께 三푼
종 상제 넓은 직경 五촌三푼
좁은 직경 四촌一푼
종 하구 넓은 직경 五촌七푼
좁은 직경 四촌六푼
주둥이 두꺼운 것이 二푼
얇은 것이 一푼
깊이 七촌 수(隧)의 직경이 一촌一푼
종거(簴) 높이 四척七촌二푼
넓이 二촌五푼
옆 넓이 二촌一푼
가로대(簨) 길이 六척五푼
사방 二촌三푼
상순에서 하순까지의 사이 一척八푼,

하순에서 사자등까지 一척八촌三푼 (경가 춘법모 이와 같다)

사자 길이 二척一촌

머리 높이 九촌六푼

등 높이 六촌七푼

사자대 높이 一척五푼

길이 二척二촌三푼

면넓이 一척一촌六푼

상순에서 조각판까지의 사이 三촌六푼

숭아(崇牙) 길이 八촌

구리 룡두 가로길이 一척五촌

색실 류소(色絲流蘇) 七층。 매 층에 채주(彩珠)를 꿰인다。

*문헌통고(文獻通攷)에 의하면 *주례춘관소서(周禮春官小胥)에 『무릇 다는 종과 경은 그 반(半)을 도(堵)라 하고 전부(全)를 사(肆)라 한다』하고 주(註=정현(鄭玄)의 주=역자)에 이르기를 『종과 경은 편성(編成)하여 다는 것이 여덟개씩 두층 즉 열여섯개가 한 종가(鐘架)에 있는 것을 도(堵)라 하고 「종 一도」(鐘一堵)、경 一도 (磬一堵)를 「사(肆)」라 한다』 하였다。 지금에 쓰는 *대성악(大成樂)은 전대(前代)의 제도를 따라 여시 十六개를 쓰나 十二개는 정종(正鐘)、四개는 청종(淸

鏞—높은 소리 나는 종‖역자)으로 하였다。

『주례도(周禮圖)에 이르기를 「례서(禮書)에 종가(鐘架)의 내리 긋이를 거(簴)라 하고 가로대기를 순(簨)이라 하고 순(簨)우에 *숭아(崇牙)가 있고 거(簴)우에 *업(業)을 두고 업(業)우에 *우(羽)를 세우고 *단(端)이 있으며 *벽삽(璧翣)이 있다。 종거(鐘簴)는 라속(臝屬‖털이 짧은 짐승인데 범같은 것‖역자)으로 장식하니 입술이 두텁고 입이 우묵하고 눈이 툭 뵈여지고 귀가 짧고 가슴이 크고 꽁무니가 작고 몸체가 크고 목이 밭아 소리가 크고 우렁차서 종에 적당하다」한 것이 곧 이것이다』하였다。

생각컨대 편종은 치는 사람이 마주 서는데 아악(雅樂)에서는 황종에서 림종(林鐘)까지 오른손을 쓰고 이측(夷則)에서 청협종(淸夾鐘)까지는 왼손을 쓰고 민간악(俗樂)에서는 두 손으로 편의를 좇아 친다。(편경도 이와 같다) 종은 수(隧)를 치고 경은 고(鼓)를 친다。 종 망치(鐘槌)는 뿔로 만든다。(편경、 특종、 특경、 *탁(鐸)、 *뇨(鐃)의 망치도 모두 뿔로 만든다) 종、 경걸이(鐘磬架)는 *二년목(二年木) 혹은 *추목(楸木)、 *상목(橡木)을 써서 만들고 사자、 범、 오리、 기러기、 룡、 봉(獅、虎、鳧、鳳)들과 조각판(雕刻版)들은 모두 *가목(椵木)을 쓴다。 제향(祭享)때에 쓰는 것은 순수하고 검박하고 질소하게 하여 그 제도를 뢰고걸이(雷鼓架)와 거의 같이 하며 목공작(木孔雀)을 쓰고 *류소 끈(流蘇纓)에는 채색 칠한 나무구슬(木假珠)을 꿰고 조회시(朝會時) 아악의 소용은 극진히 정교(精巧)하도록 하여 공작과 룡봉(龍鳳)、

머리는 모두 동과 주석과 연(鉛)과 철을 섞어 부어 만들고 류소 끝에는 채색 구슬(彩珠)을 꿰고 종걸이(鐘架)에는 색사류소(色絲流蘇)를 쓰고 (제향 소용에는 목면사(木綿絲)를 쓴다) 경걸이(磬架)에는 꿩의 장미, 류소(雉尾流蘇)를 쓴다 (모든 가자(架子) 즉 걸이의 제도는 이에 준한다)

(주)

三五二 * 문헌통고(文獻通攷)=서명, 중국 원대 마 단림(馬端臨)의 찬으로서 통전(通典)을 근거한 부문별 력사적 서술체인 총서인데 모두 三백 八十四권이다.

* 주례춘관소서(周禮春官小胥)=주례의 본 이름은 주관(周官)인데 한대 류 흠(漢, 劉歆)이 주례라고 개칭하였다. 주공(周公)의 저작이라고도 하며 또 류 흠의 위작이라고도 하나 역시 전국시대의 저작이라고 보는 것이 학계의 정견이다. 「소서」(小胥)는 서민(庶民)중 재치있는 자로서 관직에 있는 소리(小吏)를 가르키는 것이다. 여기서는 주례 춘관편 소서 조문(條文)을 가리킨 것이다.

* 대성악(大晟樂)=중국 남송(南宋) 희녕년간(熙寧年間一〇六八—一〇七七년)에 대성부(大晟府)라는 아악료(雅樂寮)를 설치하고 사인(詞人)과 음률가(音律家)를 선발하여 신곡을 많이 만들었다. 이 시대의 아악이 고려로 전래하였고 조선의 아악이 대성악의 체재를 본떴기 때문에 조선 아악을 대성악이라 하였다.

三五三 * 업(業)=종거우에 있는 장식품으로 굽은 가로대기 나무를 가리킨 것. 고금 제도가 다르다.

* 숭아(崇牙)=순(栒—가로대기 나무)우에 톱이 모양(鋸齒形)으로 된 종, 경을 달게 만든것.

* 우(羽)=금류(禽類)의 장식물.

* 단(端)=끝.

* 벽삽(壁翣)=순(栒) 끝에 드리우는 장식품인데 그림 그린 비단에 구슬을 달고 그 끝에 공작미를 느린다.
* 탁(鐲)=설문 금부(說文 金部)에 「탁(鐲)은 정(鉦)이다」하고 주례지관 고인(鼓人)에 『以金鐲節鼓』라 하고, 손이양(孫詒讓)의 정의(正義)에 「탁은 정이니 모양이 작은 종과 같다」하였다.
* 뇨(鐃)=광아석기(廣雅釋器)에 『뇨(鐃)는 종령(鉦鈴)이라 하고 택뇨(鐸鐃)와 탁정(鐲鉦)이 대소는 비록 다르나 모두 종과 비슷한 것이다』하였다.
* 二년목(二年木)=나무 이름이나 미상.
* 주목(櫧木)=나무 이름으로서 속칭 『가나무』이다.
* 상목(橡木)=나무 이름인데 속칭 『상수리나무』, 또는 『참나무』이다.
* 가목(椵木)=나무 이름인데 속칭 『무과 나무』, 가새목이라고도 한다.
* 류소(流蘇)=예전에는 五색 새깃을 내며 드리우는 장식물을 류소라 하였으나 차차 비단과 구슬을 함께 쓰게 되었다.

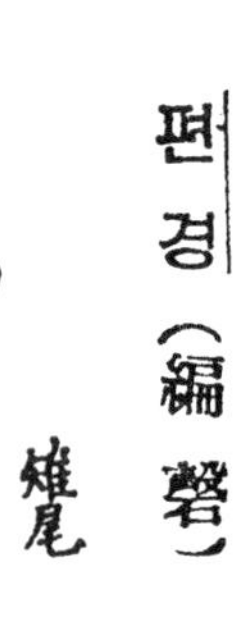

편경(編磬)

雉尾

腢長一尺九寸五分頭高九寸
二分背高八寸二分

黃鍾股長九寸八分廣五寸二分鼓長一尺四寸六分
廣四寸七分厚九分縣間廣六寸五分縣間則他倣

林鍾股長一尺廣五寸鼓長一尺四寸六分廣四
寸八分厚一寸三分

淸夾鍾股長九寸四分廣五寸鼓長一尺二寸八
分廣四寸七分厚一寸八分

황종의 고(股)는 길이 九촌八푼

넓이 五촌二푼

고(鼓)는 길이 一척四촌六푼

넓이 四촌七푼

두께 九푼

경과 경 사이는 모두 六촌五푼으로 꼭같이 한다.

림종의 고(股)는 길이 一척

넓이 五촌

고(鼓)는 길이 一척四촌六푼

넓이 四촌八푼

두께 一촌三푼

청협종의 고(股)는 길이 九촌四푼

넓이 五촌

고(鼓)는 길이 一척二촌八푼

넓이 四촌七푼

두께 一촌八푼

기러기(雁)는 길이 一척九촌五푼、머리 높이 九촌二푼 짐승의 등(背)의 높이는 八촌二푼 해설은 특경 조를 보라。

주례도(周禮圖)에 「경거(磬虡‖경걸이)는 우속(羽屬‖조류―鳥類)로 장식하니 날카로운 주둥이、찢올듯한 입부리、가는 눈、옷득한 모가지、작은 몸뚱이、납짝한 배 이 같이 만들면 그 소리가 맑고 높아서 멀리 들림으로 경(磬)에 적당하다」하였으니 이것이 즉 그것이다。

건고(建鼓)

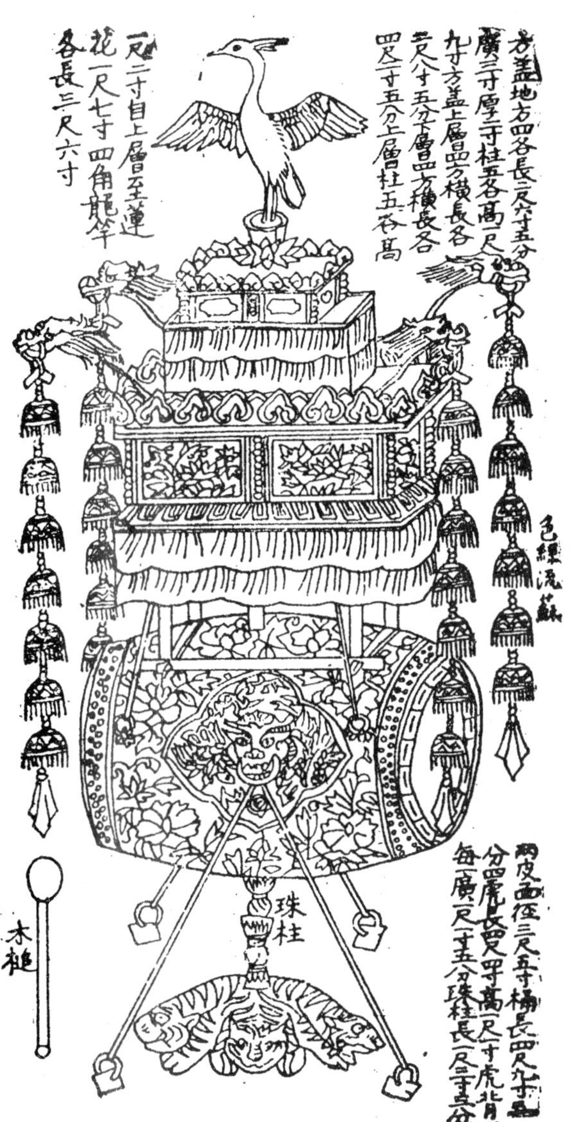

方盖地方四各長三尺六寸五分
廣三寸厚二寸柱五各高一尺八
九寸方盖上層四方横長各
三尺八寸五分下層四方横長各
四尺二寸五分上層柱五各高
一尺二寸自上層至蓮
花一尺七寸四角龍竿
各長三尺六寸
色線流蘇
兩皮面径三尺五寸桶長四尺九寸五
分四虎長四尺四寸高一尺一寸虎背一
每廣一尺一寸五分珠柱長一尺二寸五分
珠柱
木槌

방개지(方蓋地)의 각목(角木) 네개의 길이 각각 二척六촌五푼、넓이 三촌、두께 二촌、다섯개 기둥이 각각 높이 一척九촌

방개(方蓋)는 상층(上層)이 네모 반듯하고 가로 놓인 길이 각각 二척八촌五푼、하층(下層)도 네모 반듯하고 가로 놓인 길이 각각 四척二촌五푼、

상층의 다섯개 기둥 각각 높이 一척二촌이다。

상층에서 련화(蓮花)에 이르기까지 一척七촌、네 귀에 세운 룡간(龍竿)은 각각 길이 三척六촌、

망쪽 피면(皮面)은 직경 三척五촌、룡(甬)은 길이 四척九촌五푼、

사호(四虎)는 길이 四척四촌、높이는 一척一촌、호배(虎背)는 매개 넓이 一척一촌五푼、나사기둥(珠柱)의 길이 二척三촌三푼。

*악서(樂書)의 『*예 명당위(禮明堂位)에 「은(殷) 나라는 영고(楹鼓)라」 하였으니 주관(周官)을 가지고 참고하면 「*대복(大僕)이 로고(路鼓)를 *대침(大寢)의 문밖에 세운다」 하였고 *의례대사의(儀禮大射儀)에 「건고(建鼓)는 *조계(阼階) 서편에 있고 치는 면을 남으로 둔다」 하였으니 그 세운 것은 영고(楹鼓)일 것이다。이는 영고가 기둥이 하나인데 네모진 것이니 북을 그 끝에 꿰인 것이 마치 네 귀에 *전식(瑑飾)한 *환규(桓圭)와 같다。*장자(莊子)에는 「건고(建鼓)를 진다」고 하였으니 건고를 질 수 있다면 기둥으로 꿰여 세운 것을 말한 것이다。시경 상송(商頌)

에 「나의 도고(鞉鼓)를 세우노라」 하였으니 즉 이것이다.

위, 진(魏, 晋)시대 이후 은나라 제도를 복구하여 세웠기 때문에 역시 건고(建鼓)라고 한 것이다. 수, 당(隋, 唐) 시대에 또 날개 치는 해오리(翔鷺)를 방개(方蓋) 우에 앉혔는데 송나라에서 인습하였으니 높이는 六척六촌이며 가운데 기둥을 세우고 *중두방개(重斗方蓋)를 설치하여 주망(珠網=구슬발과 같은 것=역자)을 씌우고 붉은 빛 수놓은 비단보를 덮었고 네 귀에는 *륙룡간(六龍竿)을 꽂고 다 류소(流蘇)와 구슬을 드리우고 오색 채우(彩羽)로 수식을 하였으며 기둥 꼭대기에는 역시 날개치는 해오리를 앉히고 곁에는 또 비고(鼙鼓), 응고(應鼓)의 작은 북 두개를 좌우편에 놓았다. 그러나 시경(詩經)에 「응고(應鼓), 전고(田鼓)는 매여 다는 북이라」 하였으니 즉 주나라 제도(周制)는 응고, 전고가 현고(懸鼓=죽 매다는 북=역자) 곁에 있었고 건고(建鼓) 곁에 있지는 아니하였다』 하였다.

상고해 보면 건고(建鼓)는 전정(殿庭) *헌가악(軒架樂)에 쓰는 것이다. 북(鼓)은 소가죽을 쓰고 북통은 나무로 만들며 칠포(漆布)로 거죽을 싸고 주(朱)로 칠하여 모란(牡丹)을 그린다. (모든 조회(朝會)나 연향(宴享)에 쓰는 북 제도는 이에 준한다. 그러나 제향(祭享)때에 사용하는 것은 순수하고 검박하게 하여 칠포로 싸지 않으며 그대로 주칠만 한다) 못과 고리(釘環)와 수두(獸頭)는 모두 *발랍(汳鑞)을 입히며 북통 량편에 쌍봉(雙鳳)을 그리고 부(趺는 跗와 같은 것으로 발등의 뜻인데 기둥받침을 말한 것=역자)는 네개 범 모양을 만들어 쓰고 한 가운데 나사기둥(珠柱)를 세워 북통 우에 나무로 사개를 짜고 네 기둥을 세워서 주칠(朱漆)을 한다. 방개(方蓋=네모진 뚜껑=역자)를 덮고 붉은 빛과 록색 초단(綃緞)으로 二층 휘장을 만들어 치고 꽃가지를 그린다。*운각(雲閣)과 *부련(覆蓮)과 *각판(刻板)은 모두 채색을 칠하며 네 귀에는 룡간(龍竿)을 꽂는데 룡간에는 각각 채색 구슬을 꿰인 류소(流蘇)를 느리는데 술(總兒)은 오색실(五色絲)로 만든 것을 쓴다。

방개 우에 또 작은 방개(小方盖)를 설치하는데 휘장은 아래 것과 같이 하고 련꽃을 그 우에 놓고 날개 치는 해오리를 맨 우에 앉히며 북 방망이는 나무로 한다 (모든 북방망이는 모두 나무로 한다)

(주)

三六〇 * 악서(樂書)=중국 송대 진 양(陳暘)의 찬한 음악 서적인데 모두 二백권이다。앞의 九十五권은 여러 고전들에서 악을 론한 부분을 인용하여 악론에 관한 견해들을 인거하였고, 뒤의 백五권은 률려본의(律呂本義)와 악기, 악장, 악의 활용하는 도표들을 찬집하였다。인증이 호박하고 고증도 자세히 하였다。

* 례명당위(禮明堂位)=례기의 편명。
* 대복(大僕)=고대 중국의 관직명, 왕의 복식 위의(威儀) 등을 바로잡는 것과 왕의 명령을 전달하는 직분을 맡은 관원이다。진, 한 시대(秦, 漢)에는 주로 왕의 수레와 말(輿, 馬)을 맡는 직분의 관원이였다。
* 대침(大寢)=궁궐의 정침(正寢)이니 정전(正殿)과 같은 말。
* 의례 대사의(儀禮, 大射儀)=의례는 중국 고대 정치적 행사에 관한 절차를 서술한 서적이니 三례(三禮)의 하나로서 대사의(大射儀)는 대사례(大射禮)의 례식을 서술한 편명이다。
* 조계(阼階)=고시에는 정전(正殿)에 오르는 섬돌이 동계(東階)와 서계(西階) 둘 밖에 없었으니 조계는 즉 동편 섬돌로 주계(主階)라 한다。손을 영접하는 처소이다。

三六〇 * 천식(殘飾)=부조(浮雕)로 조각한 장식。

* 환규(桓圭)=규(圭)의 네 귀에 부조(浮雕)를 하여 네 기둥같은 감을 주는 고대 귀족들의 위의를 돋구기 위하여 가지는 집물(執物)。

三六一 * 중무방개(雨와方蓋)=방개를 무게 포갠 것을 말한다。방개는 네모진 뚜껑。

* 六룡간(六龍竿)=룡을 조각한 장대이니 六룡이라 함은 룡의 수를 말한 것이 아니오「六」은 룡의 관사(冠詞)에 불과한 것이다。

* 헌가악(軒架樂)=현가악(懸架樂)과 동일한 뜻으로 전정의 타악기를 주로 하는 전정악 편제로서 헌가악에는 용을 수반한다。

* 반담(泮澹)=뒤 주서물을 윤리는 것。

三六二 * 운각(雲閣)=연(輦)이나 가마(乘輿) 뚜껑의 네 변두리에 난간처럼 높이 五촌가량 되는 횡판(橫板)을 약 四十五도 경사지게 붙이고 판에다 당초(唐草)문이나 운문(雲紋)을 그려 보기에 전각같이 보이게 장식하는 것。

* 부련(覆蓮)=연(輦)이 가마 뚜껑 중앙 정점에 연꽃 모양을 엎은 주서 바판으로 만들어 올려 놓는 장식。

* 각판(刻板)=운각의 조각한 판자를 말하는 것。

삭고 (朔鼓)

火光廣六寸高八寸五分

柱高四尺二寸三分廣二寸八分隅一寸七分

桶長二尺六寸三分中圍六尺二寸三分

兩皮面徑一尺四寸四分

四足長一尺七寸三分高五寸五分

북통 길이 二척六촌三푼
북통 가운데 둘레 六척二촌三푼
양쪽 피면 직경 一척四촌四푼
북걸어 기둥 높이 四척二촌三푼
넓이 二촌一푼
혈 넓이 一촌七푼

사호(四虎) 길이 一척七촌三푼

높이 五촌五푼

무 기둥 사이 二척七촌五푼

*화광(火光) 넓이 六촌

높이 八촌五푼

문헌통고(文獻通攷)에 이르기를 『의례대사례(儀禮大射禮)』에 『전고(建鼓)는 남쪽에 있고 *인고(朄鼓)와 삭비(朔鼙)는 북쪽에 있다』라 하고 시경 주송(詩 周頌篇)에 『웅(應)과 전(田)은 매여다는 북이라』하고 선유(先儒)들이 『전(田)은 인(朄)의 뜻이라』하였다。 그러면 전고나 삭고는 다 작은 북이라 악을 인도할 때에 치기 때문에 인(朄)이라고 하며 악을 시작할 때에 치기 때문에 삭(朔)이라고 한다』하였다。

상고해 보면 삭고(朔鼓)는 또한 삭비(朔鼙)라고도 하여 창시(娼始)하는 북으로서 전정 헌가악(殿庭軒架樂)에 쓴다。

응고(應鼓)

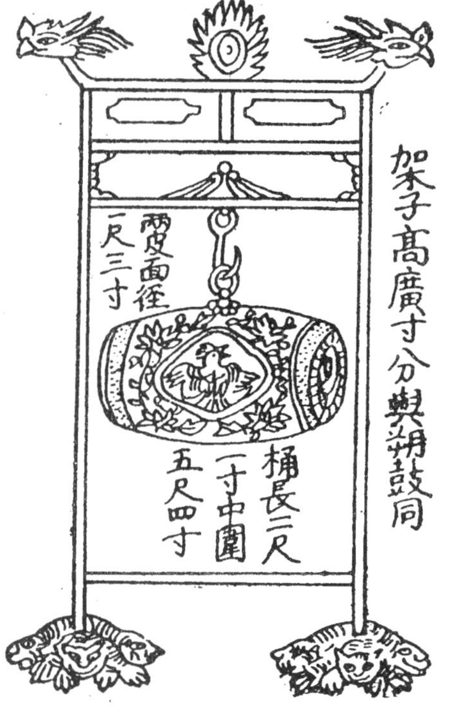

통 길이 二척一촌

가운데 둘레 五척四촌

량쪽 피면 직경 一척三촌

북걸이 높이와 넓이의 촌법은 삭고(朔鼓)와 같다.

사호(四虎)길이 一척七촌三푼

　　높이 五촌五푼

무 기둥 사이 二척七촌五푼

*화광(火光) 넓이 六촌

　　높이 八촌五푼

문헌통고(文獻通攷)에 이르기를 『의례대사례(儀禮大射禮)』에 『건고(建鼓)는 남쪽에 있고 *인고(朄鼓)와 삭비(朔鼙)는 북쪽에 있다』라 하고 시경 주송(詩 周頌篇)에 『응(應)과 전(田)은 매여다는 북이라』하고 선유(先儒)들이 『전(田)은 인(朄)의 뜻이라』 하였다. 그러면 전고나 삭고는 다 작은 북이라 악을 인도할 때에 치기 때문에 인(朄)이라고 하며 악을 시작할 때에 치기 때문에 삭(朔)이라고 한다』 하였다.

상고해 보면 삭고(朔鼓)는 또한 삭비(朔鼙)라고도 하여 창시(倡始)하는 북으로서 전정 헌가악(殿庭軒架樂)에 쓴다.

응고(應鼓)

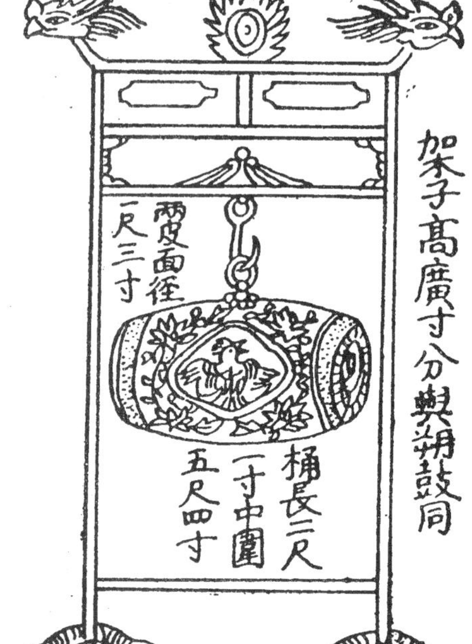

통 길이 二척一촌
가운데 둘레 五척四촌
량쪽 피면 직경 一척三촌
북걸이 높이와 넓이의 촌법은 삭고(朔鼓)와 같다。

악서(樂書)에 이르기를 「예기 예기편(禮記, 禮器篇)에 「다는 북은 서쪽에 있고 응고(應鼓)는 동쪽에 있다」하고 시경(詩經)에는 「응(應)과 전(田)은 다는 북이라」하고 *이아(爾雅)에는 「작은 북(小鼓)을 응(應)이라 한다」」라고 하였다.

상고컨대 응고(應鼓)는 또한 응비(應鼙)라고도 하여 *화종(和終)하는 북으로서 전정헌가악에 쓰는 것이다.

(주)

三六五 * 화광(火光)=광염(光焰)을 상징한 장식품.

* 인고(䩙鼓)=작은 북(小鼓)이니 즉 이 북을 먼저 쳐서 큰 북을 인도하기 때문에 인고(䩙鼓=「䩙」은 「引」과 같다) 라고 한다.

三六七 * 이아(爾雅)=서명. 한대 훈고학자들이 모아 놓은 十종 사물명 사전으로서 지금 十九편이 전하고 있다.

* 화종(和終)=악곡의 끝을 잘 마감한다는 뜻.

뢰고(雷鼓) 검은 칠을 한다

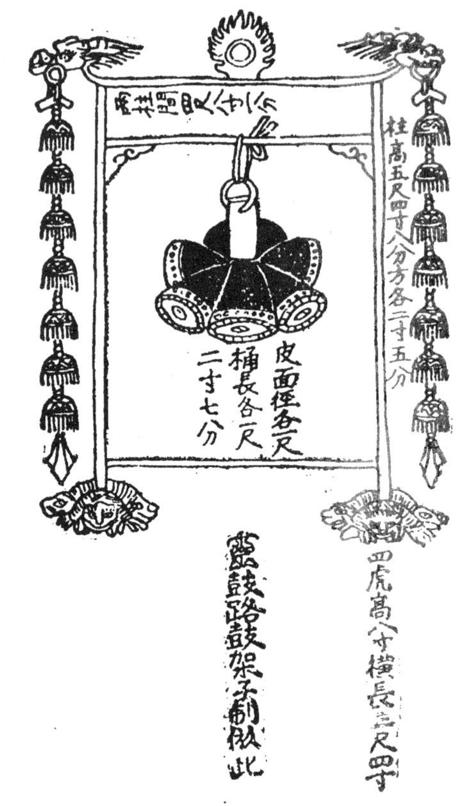

피면 직경 각 一척

통 길이 각 一척二촌七푼

북걸이 기둥 높이 五척四촌八푼

사방모 二촌五푼각

무 기둥 사이 四쳑八촌一푼

사호(四虎) 높이 八촌 가로, 길이 三쳑四촌

령고(靈鼓) 로고(路鼓)의 북걸이 제도는 이에 준한다

령고(靈鼓) 누른칠을한다

로고(路鼓) 붉은칠을 한다

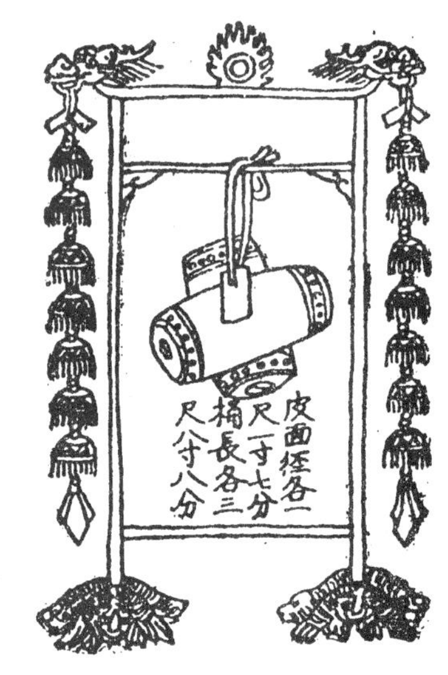

피면 직경 각각 一척一촌七푼

통 길이 각각 三척八촌八푼

진씨악서(陳氏樂書)에 이르기를 『고인(鼓人)이 뢰고(雷鼓)는 신사(神祀)에 치고, 령고는 사직제(社祭)에 치고, 로고는 종묘제(鬼享)에 친다. 우뢰는 하늘 소리며 령(靈)한 것은 땅의 속성이며 로는 사람의 행할 길이다. 천신(天神)에게 드리는 악은 *륙변(六變)하므로 뢰고, 뢰도(雷鼓、雷鼗)는 피면이 여섯인 것이며 지기(地示)에게 드리는 악은 팔변(八變)하므로 령고 령도(靈鼓、靈

鼗)는 치는 면이 여덟이며 사람귀신에게 드리는 악은 구변(九變)하므로 로고、로도(路鼓、路鼗)의 치는 면을 넷으로 하는 것은 금(金)이란 물건이 화(化)하기는 하나 변(變)하지는 못하는 것을 본뜬 것이다。 인귀도 또한 이와 같은 것으로서 금(金)이란 토(土)가 아니면 날 수 없는 것이니 토의 수(土之數)「五」에 금의 수(金之數)「四」를 가하면 「九」가 되므로 이것이 사람귀신에게 드리는 악이 구변(九變)하는 까닭인 것이다』하였다。 그 주(注)에 이르기를 『뢰고는 말가죽으로 하니 그것은 건(乾=하늘)은 말(馬)에 속하는 까닭이며 령고(靈鼓)는 소 가죽으로 하니 그것은 곤(坤=땅)은 소에 속하는 까닭이다』하였다。

생고해 보면 뢰、령、로의 세가지 북은 헌가악에 쓰는데 진고(晉鼓)와 함께 같이 친다。 뢰고는 검은 칠、령고는 누른 칠、로고는 붉은 칠을 하고 뢰도、령도、로도의 세가지 도(鼗)도 같이 한다。

뢰도(雷鼗)

鞭長八寸他同分
柄長鼓下三尺三分
桶長各九寸六分
皮面徑各四寸四分

통 길이 각각 九촌六푼
피면 직경 각각 四촌四푼
채 길이 八촌 다른채도 다 갈다
북자루 길이 북 아래가 三척三푼

령도(靈鼗)

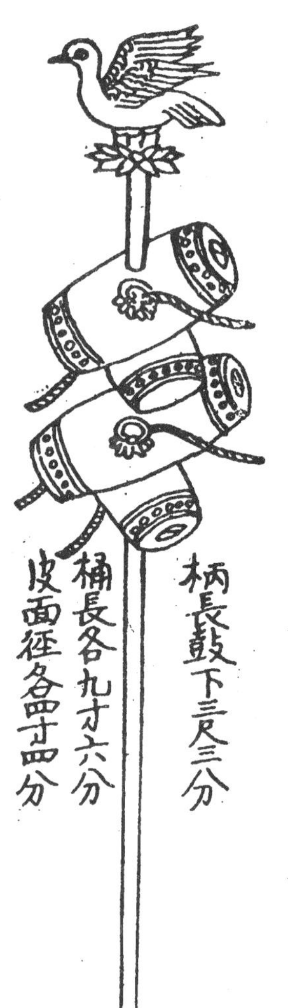

통 길이 각각 九촌六푼
피면직경 각각 四촌四푼

북 자루 길이 북 아래가 三척三푼

로 도(路鼗)

통 길이 각각 一척一촌三푼
피면직경 각각 五촌一푼
북자루 길이 북 아래가 三척六푼

도 (鼗) 지금은 쓰지 않는다

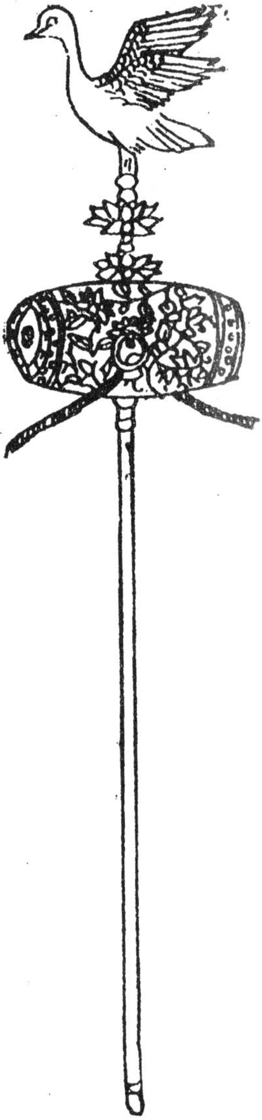

주례 태사악(周禮太師樂)에 『뢰고는 뢰도가 있고 령고는 령도가 있고 로고는 로도가 있다』하였고 악서에 이르기를 『고(鼓)로 악의 마듸를 짓고 도(鼗)로는 악을 시작하는 것이니 주악하는 방식이며 도(鞉)는 주악을 시작하는 북이다 「鞉」와 「鼗」는 같다。』 하였고 문헌통고(文獻通攷)에 이르기를 『도(鼗)는 작은 북이니 나무로 꿰였고 두 귀가 있어 흔들면 제 스스로 치게 되였다。 뢰도는 북이 세개、령도는 북이 네개、로도는 북이 두개이다』하였다。

상고해 보면 세 종류의 도(鼗)는 헌가악에 쓰는 것인데 악이 시작될 처음에 이것을 흔드는 것이다 북 한개만 있는 도(鼗)는 지금 쓰지 않는다

절고(節鼓)

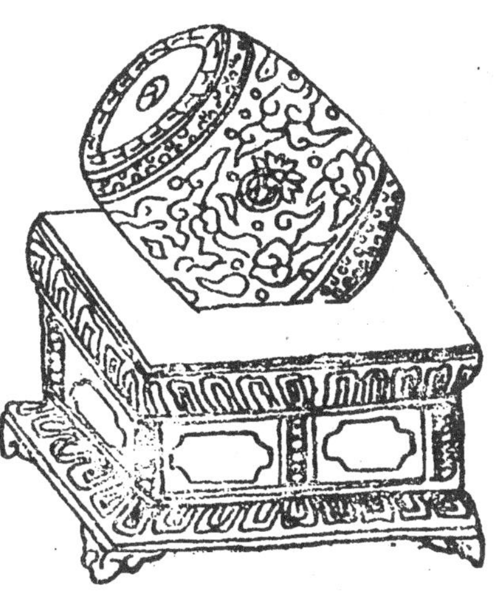

문헌통고에 이르기를 강좌청악(江左淸樂)에 절고(節鼓)라 하는 것이 있는데 형상이 바둑판같고 붉은 칠을 하며 그 우에 그림을 그리고 받침판 가운데 둥근 구멍을 파서 북을 넣기에 알맞게 한다. 이 북을 쳐서 악의 마디를 지어 준다. 당나라(唐)때부터 아악과 노래를 부를 때에 써서 등가악(登歌樂)을 시작하며 그치게 하는 것이다」 하였다。

상고해 보면 절고는 악의 시초와 그칠 때에만 쓰는 것이 아니라 주악할 때에도 사이사이 쳐서 헌가악에서의 진고(晉鼓)와 같이 쓰이는 것이다。

(주)

三七〇 * 륙변(六變)=한 악장을 다 주하고 계속 다음 악장을 주하는 것을 변한다 하고 그리하기를 여섯번하면 六변이라 한다。

三七五 * 강좌청악(江左淸樂)=강좌(江左)는 중국 양자강 최하류의 지방 지금 강소성(江蘇省) 일대를 가리켜 말하고 청악(淸樂)은 즉 청상악(淸商樂)이니 강좌청악이라 하면 강좌지방의 전하는 중원 옛 곡조와 강남지방 오가(吳歌)와 형초지방(荊楚地方)의 민요곡의 총칭이다。 이 청상악은 중국 六조 전란시대에 분산되여 얼마 남지 않은 것을 수 양제(隋煬帝)가 태상시(太常寺)안에 청악서(淸樂署)를 두어 부흥시켰다 한다。 청상곡(淸商曲)은 협종으로 궁을 삼는다。 협종은 태주보다 반음이 높으므로 청상이라 하고 청악 악기로는 종, 경, 금, 슬, 격금(擊琴) 비파, 공후, 축(筑), 쟁, 절고, 생, 적, 소(簫), 지, 훈 등 十五종을 썼다。

진고(晉鼓)

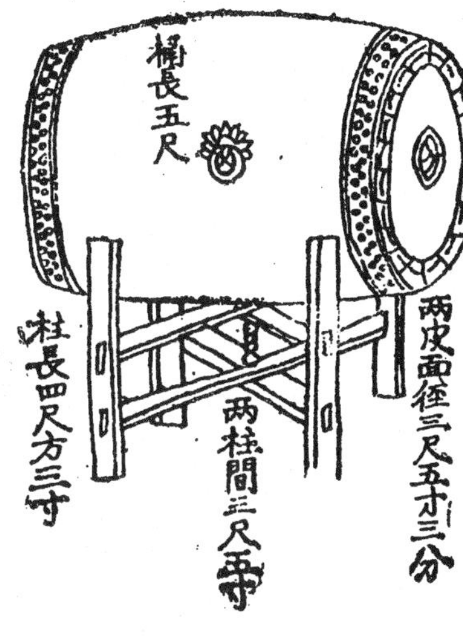

통 길이 五척

두 피면 직경 三척五촌三푼

두 기둥 사이 三척五촌

기둥 길이 四척에 사방 三촌각

문헌통고(文獻通攷)에 이르기를 『진고(晉鼓)는 그 제도가 크고 짧으니 대개 종에 맞춰 치는 북이다。 주례에 「종사(鐘師)는 종과 북을 가지고 *구하(九夏) 곡을 주하며 *박사(鎛師)는 종을 맞춰

수는 북을 말은 악사」라 하였으니 이 북이 진고(晉鼓) 아닌가。」라 하였는데 주(注)에 말하기를 「나무 기둥으로 북을 꿰이고 기둥 아래는 부(趺)가 있고 우에는 *횡순(橫筍)이 있다」 하였다。」

상고하여 보면 지금 쓰는 진고의 북걸이 제도는 네 기둥을 세우고 가로대(橫木)를 꿰여 시렁을 만들어 북을 그 우에 둔다。 진고로 헌자악을 시작하고 그치게 하는 것이며 또는 주악 사이사이에도 친다。 북채는 나무로 한다。

(주)

三七七 * 九하(九夏)=고악의 이름, 즉 왕하(王夏), 사하(肆夏), 소하(昭夏), 납하(納夏), 장하(章夏), 제하(齊夏), 계하(祴夏), 오하(驁夏) 등의 악가명이다。 당 신악보(唐, 新樂譜)에 보九하가(補九夏歌) 九수가 있다。

* 박사(鎛師)=관명인데 주례 춘관에 속하는 악사로서 큰 종에 맞추는 큰 북을 맡은 사람이다。 박(鎛)은 북종 즉 큰 종을 이르는 말이다。

三七八 * 횡순(橫筍)=큰 종을 거는 가로대기를 가리키는 말로서 「筍」은 「簨」에 대용자이다。

축(柷=축은 연향(宴享) 및 조하(朝賀)할 때에 쓴다)

지(止)

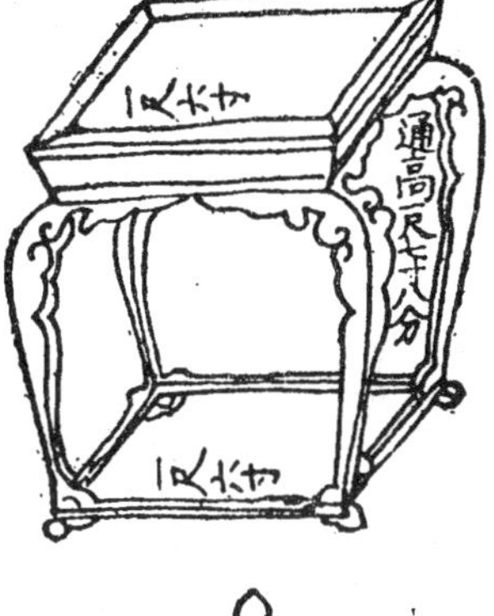

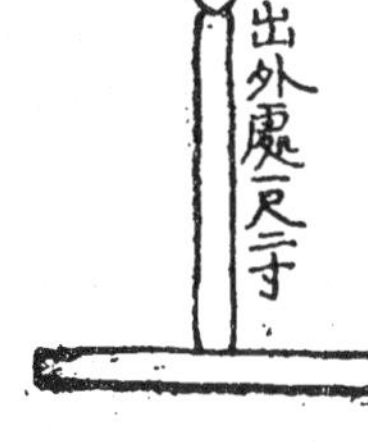

위 사방 一척七촌五푼

높이는 一척三촌三푼

널 무께 一촌

방망이의 밖에 나오는 부분이 一척二촌.

발침대

전체 높이 一척七촌八푼

위 사방 一척六촌

아래 사방 一척六촌

악서에 이르기를『축(柷)의 제도는 사방 二척四촌、깊이 一척八촌、한가운데 방망이가 있어 밑바닥에 닿아 좌우 양편을 치게 한다。음수(陰數)는「二」와「四」를 비롯하여「八」과「十」에 맞히니 음수(陰數)의 중심은「四」와「八」이오 양수(陽數)「一」이 주장케 하니 그러므로 주악할 때에는 다른 여러 악기보다 이 축을 먼저 치는 것이다。축이 악을 이루는 것은 아니지마는 인도하는 역할이 있는 것이니 이것이 축의 궁현(宮縣) 악기중 동(東=수위를 말한 것=역자)에 있어서 봄이 만물생성(萬物生成)의 시작이 된다는 것을 상징한 것이다。

이아석악(爾雅釋樂)에「축을 두드리는 방망이를 지(止)라 한다。축을 중악을 합주할 때에 반드시 두드려 그치기를 바라는 것은 처음부터 지나침이 없기를 경계하는 뜻이다」』하였다。

생각해 보면 축이 당상(堂上)에 있는 것을 강(控)이라고도 하며、지(止)로 세번 쳐 아홉 소리를 내여 주악을 시작하는 것이다(밑바닥에 대여 한번、좌우로 각 한번 합 세 번 치는데 이렇게 세차례 치면 아홉 소리가 된다) 축의 형상은 네모진 것으로 아래가 좀 빠르고 네면에는 산수(山水)를 그리며 맨 웃 면에는 구름 무늬를 그린다。밥침대가 있고 축은 소나무로、대는 모가나무(椵木)로 만든다。

어(敔)

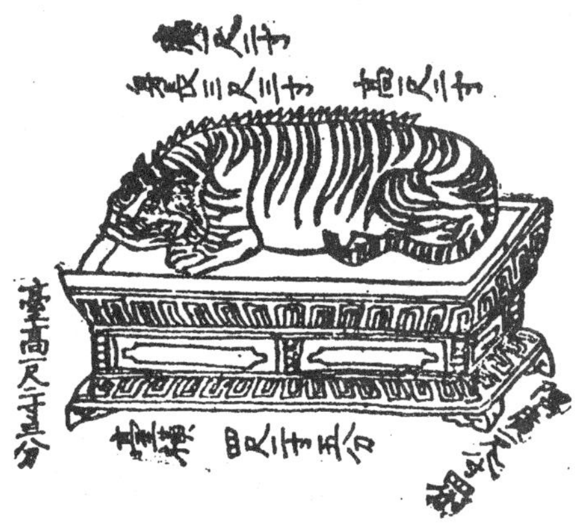

신장(身長) 三척三촌
높이 一척二촌
넓이 一척二촌

진(籈)

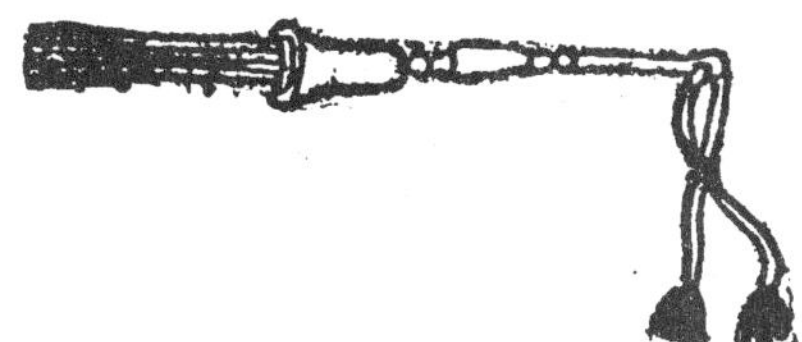

받침대 높이 一척二촌三푼

가로 四척二촌五푼

보 넓이 一척八촌四푼

악서(樂書)에 이르기를『어(敔)의 형상은 엎드린 범과 같으니 범은 서방의 음물(陰物)로서 등에 二十七개의 톱날과 같은 껄쭉이가 있으니 三、九의 수다。 력(櫟—글개、이것을 진(籈)이라고도 한다。—역자)의 길이 一척이니 十의 수다。 양(陽)은 三에서 이루고 九에 변하기 때문에 음수(陰數)의 十으로 제승(制勝)케 한다。 그러므로 악을 그치게 함은 처음에로 돌아가게 함으로써 능히 문채를 이루게 하여 다만 지나치는 데로 흐르지 못하게 할 뿐만 아니라 또는 지나치지 않게끔 하는 보람이 있게 하는 것이다。 어(敔)가 궁현(宮縣) 서쪽에 있는 것은 가을이 만물의 성장을 종말짓는 것을 상징하는 까닭이다』하였고

이아석악(爾雅釋樂)에 『어(敔)를 두드리는 것은 진(籈)이니 어로써 악을 절제하여 그칠 때에 반드시 이를 진(籈)으로 무드리게 하는 것은 뒤를 깨끗하게 함이라』하였다。

생각해 보면 어가 당(堂) 우에 있는 것을 갈(楬)이라고도 하며 진(籈)으로 세 번 거슬려 긁어서 악을 멎게 하는 것이다。 진대(籈竹)는 모두 세개인데 매개의 끝을 쪼개여 세쪽으로 하는 것은 九수가 되며 아홉쪽으로 세 번 긁으면 곧 三、九의 소리가 된다。 어호(敔虎)와 그 받침대는 가목(檟木)으로 하고 등 우의 껄쭉이는 다른 단단한 나무로 만들어 끼운다。

관(管)

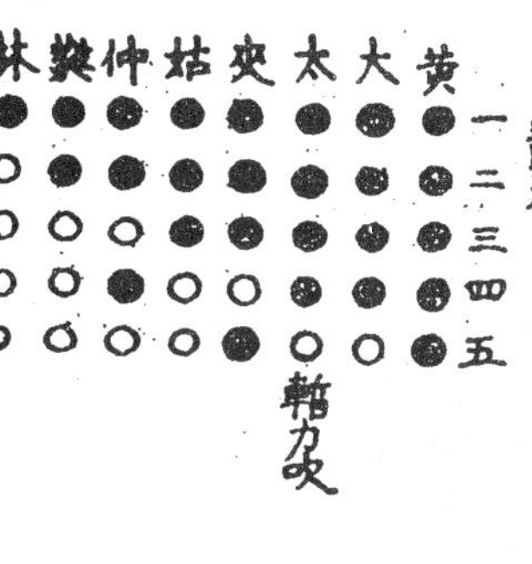

	林	蕤	仲	姑	夾	太	大	黃
一	●	●	●	●	●	●	●	●
二	○	●	●	●	●	●	●	●
三	○	○	○	●	●	●	●	●
四	○	○	●	○	○	●	●	●
五	○	○	○	○	●	○	○	●
						稍力吹		

浹	汰	汏	潢	應	無	南	夷
●	●	●	●	○	○	○	●
○	●	●	●	●	○	●	○
○	○	○	●	●	○	●	●
●	●	●	●	○	●	●	●
○	○	●	●	○	●	●	●
力吹	力吹	力吹	力吹				

管通長一尺寸七分自上端至第一節寸九分
自第一節至第一孔五寸 每孔間各八分
自第五孔至下端寸六分 管內徑二分半
凡竹器尺寸自孔正中量之

관의 전체 길이 一척一촌七푼

웃 끝에서 첫 매듸까지 一촌九푼

첫 매듸에서 첫째 구멍까지 五촌

매 구멍 사이 각 八푼

다섯째 구멍에서 아래 끝까지 一촌六푼

관의 안쪽 직경 二푼반

모든 대로 만든 악기의 촌법은 구멍 한가운데서부터 헤아린다。

첫째 구멍은 왼손 식지(食指)로 누르고

둘째 구멍은 왼손 가운데 손가락으로 누르고

세째 구멍은 오른손 식지로 누르고

네째 구멍은 오른손 가운데 손가락으로 누르고

다섯째 구멍은 오른편 명지(名指)로 누른다。

주례도(周禮圖)에 이르기를 『여섯 구멍은 열두 달의 음(音)이라 무 관을 아울러 본다』 하였고 악서(樂書)에 이르기를 『*선왕(先王)이 관악기를 지음은 음양의 소리를 통달케 함이니 양은 기수(奇數)로서 외롭고 음은 우수(偶數)로서 무리지며 양은 소리가 크고 단순하며 음은 소리가 작고 복잡하다。 양은 소리가 두드러지고 명랑하며 음은 소리가 그윽하고 어둡다。*고죽

(孤竹)으로 만든 관은 천신(天神)을 내리게 하니 그 기수이고 외로움을 취함이며 *손죽(孫竹)으로 만든 관은 지기(地祇)를 나오게 하니 그 작고 복잡함을 취함이며 *음죽(陰竹)으로 만든 관은 인귀(人鬼)를 례경(禮敬)함이니 그 그윽하고 어둠을 취함이다。 주역에 「비교함으로서 같은 류가 모뒤며 물건은 무리로써 나뉘인다」 함은 이런 것을 말하는 것이다』 하였다。

생각해 보면 관을 만드는 법은 오죽(烏竹)을 쓰는데 한쪽 면을 깎아버리고 두개를 합하여 만들어서 쌍성(雙聲)을 나게 한다。 웃끝 첫마듸의 뒤를 후벼파 마듸 간격을 통하게 한다。 누르는 구멍은 모두 다섯인데 우의 두 끝을 우 아래 입술에 의지하여 불면 소리가 뒤 구멍으로부터 나온다。 누른 생사(生絲)를 가지고 대 둘레의 크고 작은 것을 따라 노를 굵게 또는 가늘게 꼬아서 맨다。 기타 대로 만든 악기도 이와 같이 한다

악기는 모두 먼저 전체 형체를 그려 조작하는 제도와 구멍의 차서(次序)와 *현과(絃棵)의 수、구멍을 누르고 현을 누르는 손가락을 쓰는 법들을 보이고 뒤에 다만 산형(散形=펼쳐 놓은 모양=역자)을 그려 누르는 구멍과 현과의 차서에 따라 각각 률명(律名) 및 五음 조현(調絃)하는 법을 써서 관람의 편의를 도모한다。

모든 부는 관 악기의 누르는 구멍은 검게 하고 드는 구멍은 희게 하고 간혹 있는 겸용하는 구멍은 높은 소리를 쓸 때에 힘써 분다。 피리 대평소같은 혀를 쓰는 악기는 설구(舌口)를 단단히 물고 힘써 불고 낮은 소리를 쓸 때에는 늦춰 분다。

대체 관 약(管、籥)의 류는 구멍 사이가 심히 좁기 때문에 따로 산형을 그려 설명을 했다. 기타 악기들도 이와 같다.

약(籥)

散形

一 左食指按
二 右食指按
三 右名指按

	黃	大	太	夾	姑	仲
一	●	●	●	●	●	●
二	●	●	●	●	●	◒
三	●	◐	◐	◐	○	●
		強半竅	半竅	弱半竅		半竅

	蕤	林	夷	南	無	應
一	●	●	◒	○	◒	○
二	○	○	●	●	○	○
三	●	○	○	○	○	○
			半竅		半竅	

籥通長一尺八寸二分
竹孔內上徑八分下徑七分
自上端至第一孔七寸五分
自第一孔至第二孔二寸九分
自第二孔至第三孔二寸三分
自第三孔至下端五寸四分
竹本在上

약의 전체 길이 一척八촌二푼

대 구멍안 우 직경 八푼

아래 직경 七푼

우 끝에서 첫째 구멍까지 七촌五푼

첫째 구멍에서 둘째 구멍까지 二촌九푼

둘째 구멍에서 세째 구멍까지 二촌三푼

세째 구멍에서 아래끝까지 五촌四푼

대 밑동이 우로 간다

첫째 구멍은 왼손 식지로 누르고

둘째 구멍은 오른손 식지로 누른다。

세째 구멍은 오른손 명지로 누른다。

주례도(周禮圖)에 이르기를 『약(籥)은 저(篴)와 같이 세 구멍이며 길이가 짧다。 중성(中聲)을 주로 하여 높이기도 하고 낮추기도 한다』 하였고、

문헌통고에 이르기를 『약(龠)은 약(躍=뛴다)의 뜻이니 기운이 뛰여 나온다는 말이다。 옛적에 동쪽 땅의 대를 취하여 약을 만들었으니 춘분(春分) 절후에 속한 음(音)으로서 만물이 털고 뛰여 나오는 것을 상징한 것이다。 세 구멍의 약은 중성(中聲)을 통하게 하는 것이니 선왕(先王)

의 악이며 일곱 구멍의 약은 二 변성을 갖추게 한 것이니 세속의 악이다。 이제 *태상(太常)에서 쓰는 것은 세 구멍 뿐이니 선왕의 제법을 전한 것이라고 할 것인가」하였다。

생각해 보면 약을 만드는 제법은 누른 대(마른대‖여자)로 만드는데 우 끝을 후벼파 구멍을 만들고 아래 입술로 이 구멍을 의지하여 불면 소리가 구멍으로부터 나온다。

*화(和)

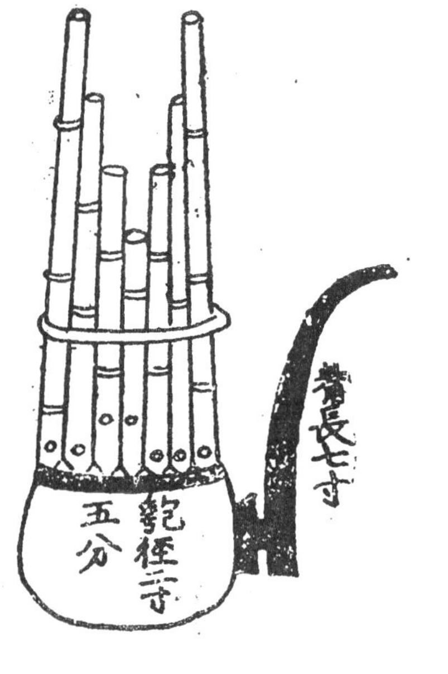

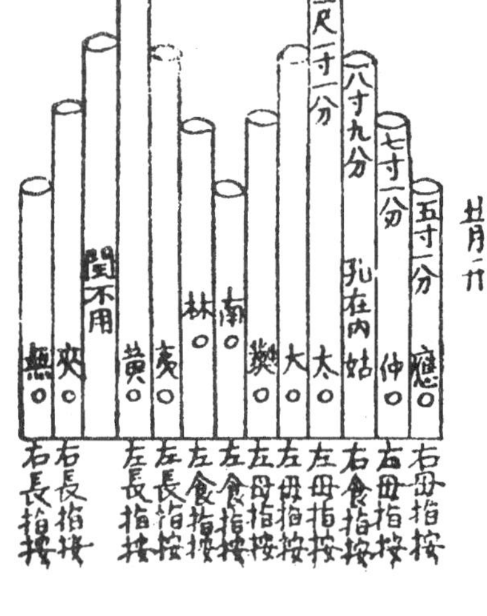

취구(嘴—吹口) 길이 七촌

뒤옹바 직경 二촌五푼

응종 관 길이 五촌一푼 오른손 엄지 가락으로 누른다。

중려 관 길이 七촌一푼 왼손 엄지가락으로 누른다。

고선 관 길이 八촌九푼 오른손 식지로 누른다。 구멍은 안쪽에 있다。

태주 관 길이 一척 一촌 一푼 왼손 엄지 가락으로 누른다。

대려 관 길이 八촌九푼 왼손 엄지 가락으로 누른다。

유빈 관 길이 七촌一푼 왼손 엄지 가락으로 누른다。

남려 관 길이 五촌一푼 왼손 식지로 누른다。

림종 관 길이 七촌一푼 왼손 식지로 누른다。

이측 관 길이 八촌九푼 왼손 장지 가락으로 누른다。

황종 관 길이 一척一촌一푼 왼손 장지 가락으로 누른다。

윤 관(閏管) 길이 八촌九푼(쓰지 않는다)。

협종 관 길이 七촌一푼 오른손 장지 가락으로 누른다。

무역 관 길이 五촌一푼 오른손 장지 가락으로 누른다。

생(笙)

취구 길이 八촌

뒤웅박 직경 二촌七푼

청협종 관 길이 四촌二푼 오른손 엄지 가락으로 누른다。

무건(頭巾)은 록색 명주로 만들고 안은 생포(生布)로 받친다 자색 명주로 만드는 무건도 만드는 제는 같다

방심곡령(方心曲領) 아악 몽가의 묘창([illegible]) 악사 가 쓰는 것

방심곡령(方心曲領)은 흰 명주를 다듬어 궤매 만든다。

록초삼 (綠綃衫)

록초삼은 우방(右坊) 악사의 입는 것이며 강공복 즉 홍초삼은 아악 동가의 도창악사가 입는 것

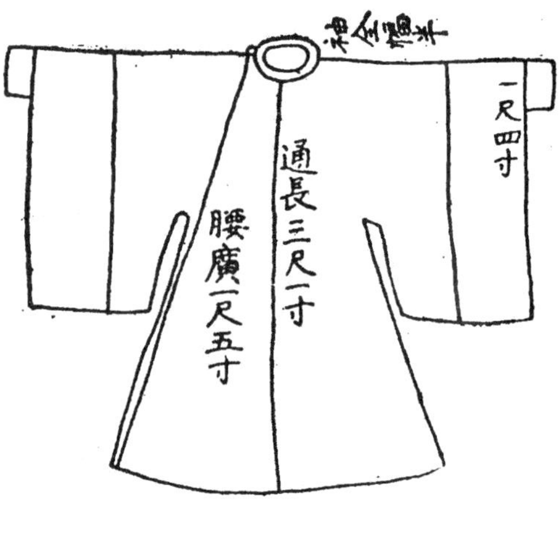

록초삼(綠綃衫)은 록색 초단(綠綃)으로 제매 만든다。 홍초삼 즉 강공복(絳公服)의 만드는 법도 같다

취구 길이 八촌四푼

나무 뒤웅박 직경 二촌九푼

청협종 관 길이 九촌 오른손 엄지 가락으로 누른다。

중려 관 길이 一척一촌 오른손 엄지 가락으로 누른다。

고선 관 길이 一척二촌七푼 오른손 식지로 누른다。 구멍은 안쪽에 있다。

태주 관 길이 一척五촌 오른손 엄지 가락으로 누른다。

대려 관 길이 一척七촌九푼 오른손 엄지 가락으로 누른다。

유빈 관 길이 一척五촌 왼손 엄지 가락으로 누른다。

이측 관 길이 一척二촌七푼 왼손 엄지 가락으로 누른다。

무역 관 길이 一척一촌 왼손 엄지 가락으로 누른다。

응종 관 길이 九촌 왼손 엄지 가락으로 누른다。

남려 관 길이 一척一촌 왼손 식지로 누른다。

림종 관 길이 一척二촌七푼 왼손 식지로 누른다。

청황종 관 길이 一척五촌 왼손 장지로 누른다。

황종 관 길이 一척七촌九푼 왼손 장지로 누른다。

협종 관 길이 一척五촌 왼손 장지로 누른다。

윤 판 길이 一척二촌七푼(쓰지 아니한다)。

청대며 관 길이 一척一촌 오른손 장지로 누른다。

청태주 판 길이 九촌 오른손 장지로 누른다。

데서(禮書)에 이르기를 「생은 관을 뒤웅박 가운데 늘어 놓고 *황(簧)을 관 끝에 꽂는다, 큰 것은 十九관이며 작은 것은 十三관이다。 우(竽)는 三十六관이며 생(笙)은 길이 四척이며 우(竽)는 길이 四척二촌이다。

황(簧)은 금속 박판으로 만드는데 대체 여러 관들이 뒤웅박 가운데 꽂혀 있는 것이 마치 새 둥지 형상같으므로 큰 생을 소(巢)라 하고 큰 것이 먼저 소리를 내면 작은 것은 그에 화답한다。 작은 생을 화(和)라 한다」 하였고

문헌통고에 이르기를 「*송조대악(宋朝大樂)에서 전해 온 생은 모두 十七관인데 예전에는 十七관 외에 二관을 두었으나 두기도 하고 안 두기도 하였으므로 이것을 의관(義管)이다」하였다。 대성악보(大晟樂譜)에 「생은 대(竹)를 모아 만든다」 하였다。 十七관으로 하여 전면에 八황、후면에 九황으로 하는데 고하(高下)에 따라 차서(次序)가 정해 있다。 죽관의 긴 것은 九촌五푼이며 밑둥의(底) 높이 二촌五푼、 전체 높이 一척五촌이다」 하였다。

상고하여 보면 생、우、화(和)를 만드는 법제는 뒤웅박 가운데 따로 나무 기둥을 세우고 그 주위를 비게 하며 상면을 검은 뿔을 대고 갓을 돌며 가며 구멍을 뚫고 관을 세우고 주석으로 며릅

만들어 묶는다。 뒤웅박은 혹은 나무로도 만들며 취구는 구리로 만들어 뒤웅박에 꿎고 입으로 물어 부는데 숨을 내쉬고 들여 쉬는데 따라 모두 소리를 낸다。 관은 검은 대로 만드는데 물에 따라 길고 짧게 하며 또 단단한 나무의 속을 뚫어 둘레와 직경을 관죽과 같이 하고 길이를 一촌六푼으로 하며 관끝에 련해 대고 한 면에 구멍을 뚫어 *황엽(簧鍱)을 대이고 관 내면에 관마다 긴 구멍을 뚫어 소리 기운을 통하게 하며 외면에도 둥근 구멍을 뚫어 누르면 소리가 나고 열어 놓으면 소리가 나지 않는다。

(주)

三八四 * 선왕(先王)=선성(先聖)과 같은 말、즉 문물을 개발한 선조를 예찬하는 말。
* 고죽(孤竹)=주례 춘관 대사악(周禮春官大司樂)에 「고죽지관(孤竹之管)」 주에 고죽은 외 줄기로 나는 대를 말하는 것이니 대 종류에 그런 것이 있다」 하였고 송 나라(宋)때 찬녕(贊寧)의 순보(筍譜)에 「양양(襄陽—호북성 양현=역자)에 있는 해산(薤山) 아래에 고죽(孤竹)이 나는데 三년에 순죽이 나와 그 순어 대가 될 무렵에는 어마대(母竹)는 말라 죽는다」 하였다。

三八五 * 손죽(孫竹)=대 뿌리에서 나온 대를 가리킨 것。
* 음죽(陰竹)=음지(陰地—산 뒤편)에서 나는 대를 말한 것。
* 현와(絃棵)=현악기의 현을 고이는 괴임 기둥。

三八八 * 태상(太常)=관서의 이름이니 의식을 거행하는 차비와 악을 주관했다。

三九四 * 황엽(簧鍱)=관악기 취구에 꿎는 갈대 또는 금속 박판으로 만든 피리。

三九四 * 송조대악(宋朝大樂)ㅣ송 대성악을 가리키는 말。

三九五 * 황엽(簧鍱)ㅣ취구안에 얇은 금속 박판을 대어 진동하여 발성케 하는 것

소(簫)

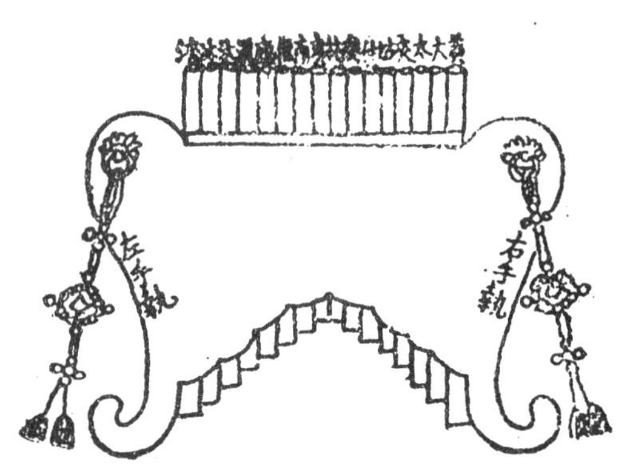

주례도(周禮圖)에 이르기를 *박아(博雅)에 「소의 큰 것은 二十四관이며 밑이 없는데 한(漢)대에 통소(洞簫)라고 일렀다。 작은 것은 十六관으로서 밑이 있으며 형상이 봉새의 날개같고 그 소리는 봉새 소리 같다」 하였고 대성악보(大晟樂譜)에는 「봉소(鳳簫)는 대로 만드니 몸뚱이의 길이는 一척四촌이오 十六관이 있고 넓이는 一척六푼이다。 밀(蜜蠟)로 그 밑을 채우며 시렁(架)은 一척二촌이오 나무로 만든다。

제 一관은 길이 一척二촌五푼
제 二관은 길이 一척二촌一푼
제 三관은 길이 一척一촌三푼
제 四관은 길이 一척〇四푼
제 五관은 길이 九촌八푼
제 六관은 길이 九촌
제 七관은 길이 七촌六푼
제 八관은 길이 六촌七푼

제 十六관에서 제 九관까지는 다시 제 一관에서 제 八관까지의 촌법(寸法)과 같다。 오른손 쪽을 머리로 하여 차제로 불어 왼쪽에 여러 곡(曲)을 이루며 관의 푼 촌을 률에 맞추어 소리를 원활한다」 하였다。

상고하여 보면 소 만드는 제법은 해변에 나는 대로 만들며 주칠(朱漆)을 한다。 이제 *분、촌협률(分、寸協律)하는 법은 황종관으로부터 청협종관에 이르기까지 관 밑에 밀을 채우고 률관(律管)에 좇아 소리를 취한다。 만일 소리가 높은 관이 있으면 밀을 덜고 소리가 낮은 관이 있으면 밀을 더 해서 조절한다。 시렁(架)은 가새목(椵木)으로 만들고 검은 칠을 한다。

(주)

三九七 * 박아(博雅)=서명。 광아(廣雅)의 별칭으로서 중국 三국시대의 위(魏)나라 장읍(張揖)이 찬한 것이니 이아(爾雅)를 확대한 책이다。 수대(隋代)에 이르러 수 양제에 이름을 피하여 박아라고 개칭하였다。

三九八 * 분、촌 협률(分、寸協律)=관의 길이로 가지고 률을 맞추는 방법을 말한 것。

제 (篴)

散形

後一 左中指按
二 左食指按
三 左長指按
四 右食指按
五 右長指按
六 右名指按

	黃	大	太	夾	姑	仲	蕤	林
後一	●	●	●	●	●	●	●	●
二	●	●	●	●	●	●	●	●
三	●	●	●	●	●	●	●	◐
四	●	●	●	●	●	◐	○	○
五	●	●	●	◐	○	○	○	○
六	●	◐	○	○	○	○	○	○
		半竅		半竅		半竅		半竅

夷	南	無	應	潢	汏	汰	浹
●	●	●	◐	○	○	○	●
●	◐	○	○	○	●	●	●
○	○	○	○	○	●	●	○
○	○	○	○	○	●	○	○
○	●	●	●	●	○	○	●
○	●	●	●	●	●	●	●
	半竅		半竅	力吹	力吹	力吹	力吹

篴通長二尺一寸 管內徑七分
竹本在下
自上端至後第一孔七寸六分
自後第一孔至前第二孔一寸五分
每孔間各一寸五分
自第六孔至兩旁孔二寸七分
自兩旁孔至下端三寸五分

전 길이 二척 一촌
관 내직경 七푼

대 밀둥이 아래로 간다。

웃 끝에서 뒤 제 一공까지 七촌六푼

뒤 제 一공에서 제 二공까지 一촌五푼

매 구멍과 구멍 사이 각 一촌五푼

제 六공에서 아래 두 결구멍까지 二촌七푼

두 결 구멍에서 아래끝까지 三촌五푼

(주 법)

뒤 제 一공 왼 손 엄지로

제 二공 왼손 식지로

제 三공 왼손 장지로

제 四공 오른손 식지로

제 五공 오른손 장지로

제 六공 오른손 명지로 각각 누른다。 (배률법(排律法)은 산형도표(散形圖表)에 보라 ‖ 역자)

주례도에 이르기를 「저는 전에는 네 구멍이였으나 *경방(京房)이 한 구멍을 더하여 五음을 갖추게 되였으니 지금의 저가 이것이다」 하였고 송(宋) 나라에서 우리 나라에 보내 온 저는 앞에 다섯 구멍、 뒤에 한 구멍、 아래끝 량 옆에 각각 한 구멍씩 있다.

상고해 보면 저의 제법은 마른 대로 만들고 옷 끝 전면을 후벼 파 구멍을 만들어 아래 입술을 의지해 불면 소리가 구멍으로부터 나온다。 아래끝 마디에 十자형으로 네 구멍을 뚫어 놓는다。 모두 여덟 구멍인데 제 一공은 뒤에 있다。

부(缶)

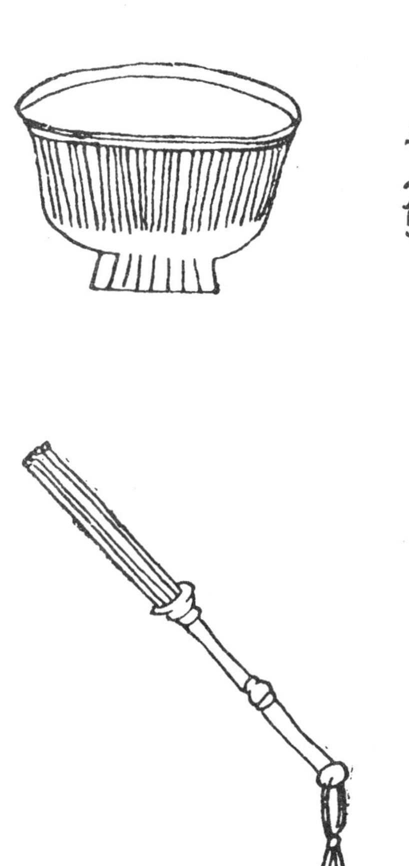

악서에 이르기를 「토음(土音)에 속한 부(缶)는 립추(立秋) 절후의 음이다。 옛적에 앙(盎—瓦

盆—질동의)을 부라 하였으니 부라는 악기의 모양은 가운데가 비여 담기가 좋고 외형은 둥글어서 옹(甕)하기가 좋은 것으로서 *중성(中聲)을 내는 것이다。 *당요(唐堯)시대에 *양(壤)을 치며 노래 부못[illegible] 자 있어 그 후 인해 흰술(醝)로 생가죽을 풀어지게 하여 부에 발라 치게 하였다。 그며므로 주역에 영부(盈缶)란 말이 비패(比卦)에 보이고 용부(用缶)란 말이 감패(坎卦)에 보이고 부를 치며 노래한다는 말이 리패(離卦)에 보이였으며 시경(詩經)에 격부(擊缶)란 말이 완구(宛丘)장(章)에 보이였으니 이것은 부를 악기로 쓴 것이 당우 시대로부터 주(周)대에 이르기까지 변함이 없던 것이다。 옛적에 진(秦)과 조(趙) 두 나라가 *민지(澠池)에서 회합할 제 조왕이 진왕을 위하여 부를 쳤다 하였으니 역시 옛것을 인습한 것일 것이다。(주에 조왕이 진왕으로 하여금 부를 치게 하였다고 하였다。) 이떤 것을 누가 부가 서융(西戎)에서 시작되였다고 할 수 있겠는가 선유(先儒)들의 말이 어찌 이같이 소홀한지 알 수 없다。 *서간(徐幹)이 「황종음을 듣고 부의 섬세함을 알았다」 하였으니、 부의 악기 됨이 섬세한 까닭인가? 그의 주에 이르기를 「혹자는 부의 모양이 굽 달린 동의와 같고 혹자는 부의 모양이 없어 놓은 동의와 같으며 네개의 채가 달린 방망이로 친다」 하였다。

상고해 보면 오늘날의 헌가악도(軒架樂圖)에는 부의 수가 모두 열개인데 매개를 한 사람이 각각 률에 맞춰 치게 되여 있고 악서(樂書)에는 八부가 *황종一균(黃鐘一均)의 소리를 갖추어 상(床)우에 배렬되여 있다 하였다。 그러면 한 사람이 혼자서 十二률을 친 것이 분명하고 조왕(趙

王)이 진왕(秦王)에게 부치기를 청하였던 것으로 보면 부는 한 사람이 치는 것임이 분명하다. 오늘날 열개의 부를 각각 한 사람이 치는 것은 옳지 아니한듯 싶다. 또 황종一균은 응당 七률을 썼을 것인데 부의 수를 여덟개로 한 것과 오늘날의 헌가악도에는 응당 十二부를 써야 할 것인데 十부를 쓴 것도 또한 알 수 없는 일이다.

부는 기와 굽는 흙으로 구어 만들되 그 두께의 후박(厚薄)으로 률을 정한다.

(주)

四〇〇 * 경방(京房)=중국 전한(前漢) 시대의 사람으로서 음률에 밝았다. 본성은 리씨인데 자기가 률수로 추산하여 경씨로 고쳤다 한다.

四〇二 * 중성(中聲)=정성과 같은 뜻이니 즉 불청 불탁한 악음을 말한다.

* 당요(唐堯)=중국 고대 五제의 최종 시대를 말한다.

* 양(壤)=악기명. 양은 양(益)의 동음자이니 부와 같은 악기. 격양가(擊壤歌)의 양도 이것을 가리킨 것이다.

* 민지(澠池)=중국의 지명. 전국시대의 한읍(韓邑)이며 지금 하남성 의양현(河南省 宜陽縣)이다.

* 서 간(徐幹)=중국, 三국시대의 사람. 공 융(孔融)등과 함께 건안 七재자(建安七才子)라 하였는데 중론(中論)이란 저서가 있다.

* 황종一균(黃鍾一均)=황종궁조에서 황종우조에 이르는 一면의 률법(律法). 또는 황종궁의 七성음계를 가리키는 말.

훈(塤)

後

右母指按 左母指按

散形

後 前

黃 大 太 夾 姑 仲

半竅 半竅 半竅

전체 길이 三촌七푼

가운데 둘레는 八촌

前

左食指按 右長指按 右食指按

蕤 林 夷 南 無 應

半竅 半竅

塤通長三寸七分 中圍八寸一

底徑一寸七分

自底至前下孔八分

自前下孔至前上孔一寸一分

自上口至後孔一寸五分

兩孔間一寸三分

大小無定制

밀 직경은 一촌七푼

밀에서 전면 아래구멍까지 八푼

전면 아래 구멍에서 전면 웃 구멍까지 一촌一푼

맨우 취구에서 후면 구멍까지 一촌五푼

두 구멍 사이 一촌三푼

훈의 대소에 대하여는 일정한 것이 없다。

(주법)

훈의 뒷 구멍 하나는 오른손 엄지 가락으로 누르고 하나는 왼손 엄지 가락으로 누른다。

전면 두 웃 구멍의 오른쪽은 오른손 식지로、 왼쪽은 왼손 식지로、 전면 아래 구멍은 오른손 장지로 각각 누른다。 (훈의 배치는 우의 도표를 보라)。

주례도에 이르기를 「훈의 형체는 저울추와 같고 흙으로 만드는데 시경에는 「壎」이라 쓰고 있다」 하였고 악서에는 이르기를 「훈이란 악기는 립추(立秋)에 속한 음이니 밑바닥이 편편하고 六공으로 된 것은 물의 수인 것이며 가운데가 비고 우가 빠른 것은 불의 형태인 것이다。 훈은 수、 화가 서로 합해야만 형체가 이루어지고 수、 화가 서로 조화되어야만 소리를 이루게 된다。 그러므로 큰 것은 소리가 황종과 대려에 합하며 작은 것은 소리가 태주와 협종에 합하니 요는 중성(中聲)의 화(和)에 있을 뿐이다」 하였고 그 주에 이르기를 훈은 六공 인데 우에 하나、 전면에

笙」후면에 물이 있다」 하였다.

상고해 보면 훈은 일정한 제도가 없고 와토(瓦土)로 만든다. 넓고 좁기 적중치 않으며 혹은 구워 만드는데 섞고 이음이 같지 아니하므로 반드시 여러 개를 만들어 가지고 율에 맞추어 쓸 것이다.

지(篪)

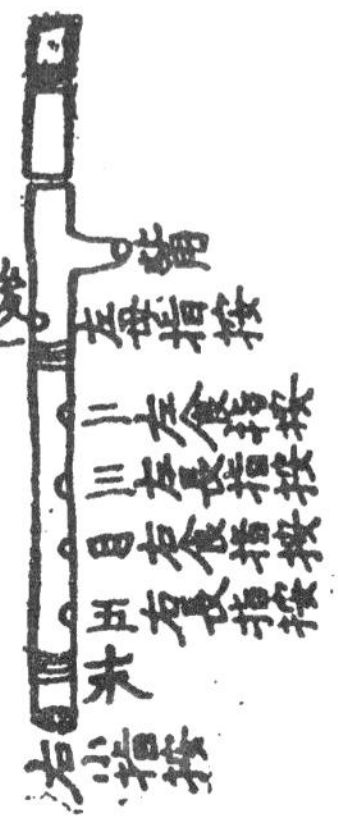

觜
後一
左母指按
二左食指按
三左長指按
四右食指按
五右長指按
末
右小指按

篪通長一尺一寸四分
竹內徑五分
自上端至觜四寸三分
自觜至後孔二寸八分
自後孔至第二孔八分
自第二孔至第三孔四孔各八分
自第四孔至第五孔一寸
自第五孔至端一寸

전 길이 一척一촌四푼

죽관 내면 직경 五푼

상단에서 취구까지 四촌三푼

취구에서 뒤 구멍까지 二촌八푼
뒤 구멍에서 제 二공까지 八푼
제 二공에서 제 三공 제 四공까지 각 七푼
제 四공에서 제 五공까지 一촌
제 五공에서 말단까지 一촌

散形

	黃	大	太	夾	姑	仲	蕤	林
後	●	●	●	●	●	●	●	●
二	●	●	●	●	●	●	●	●
三	●	●	●	●	●	●	●	○
四	●	●	●	●	●	◐	○	○
五	●	●	●	◐	○	○	○	○
末	●	⊕	⊕	⊕	⊕	⊕	⊕	⊕
		半竅		半竅		半竅		

夷	南	無	應	潢	汏	汰	浹
●	●	◒	○	●	●	◓	◒
◐	○	○	○	●	●	●	●
○	○	○	○	●	●	●	●
○	○	○	○	●	●	●	●
○	○	○	○	●	●	●	◐
⊕	⊕	⊕	⊕	●	⊕	⊕	⊕
半竅		半竅		力吹	半竅力吹	半半竅	兩半竅

(주법)

뒤 구멍은 왼 손 엄지로

제 二공은 왼 손 식지로

제 三공은 왼 손 장지로

제 四공은 오른 손 식지로

제 五공은 오른 손 장지로 각각 누르며 맨 말단에 있는 구멍은 오른손 작은 손가락으로 누른다.

(률의 배치는 도표에 보인다)

주례도에 이르기를 대성악서(大晟樂書)에 「훈과 지는 모두 六공인데 다섯 구멍으로 소리를 취한다. 두 악기는 그 구멍을 다 닫으면 황종이 되고 다, 열면 응종이 되니 이것이 훈과 지가 서로 화응하는 까닭이다. 다른 악률도 다 그러 하다」라고 하였다.

상고하여 보면 지를 만드는 제도는 마른 대로 만드는데 취구는 다른 대 끝을 본판에 꽂고 밀로 발라 틈을 막아 공기가 아래 끝 마디에 뚫은 十자형 네 구멍에로 빠지게 한다. 모두 다섯 구멍인데 제 一공은 뒤에 있다.

슬(瑟)

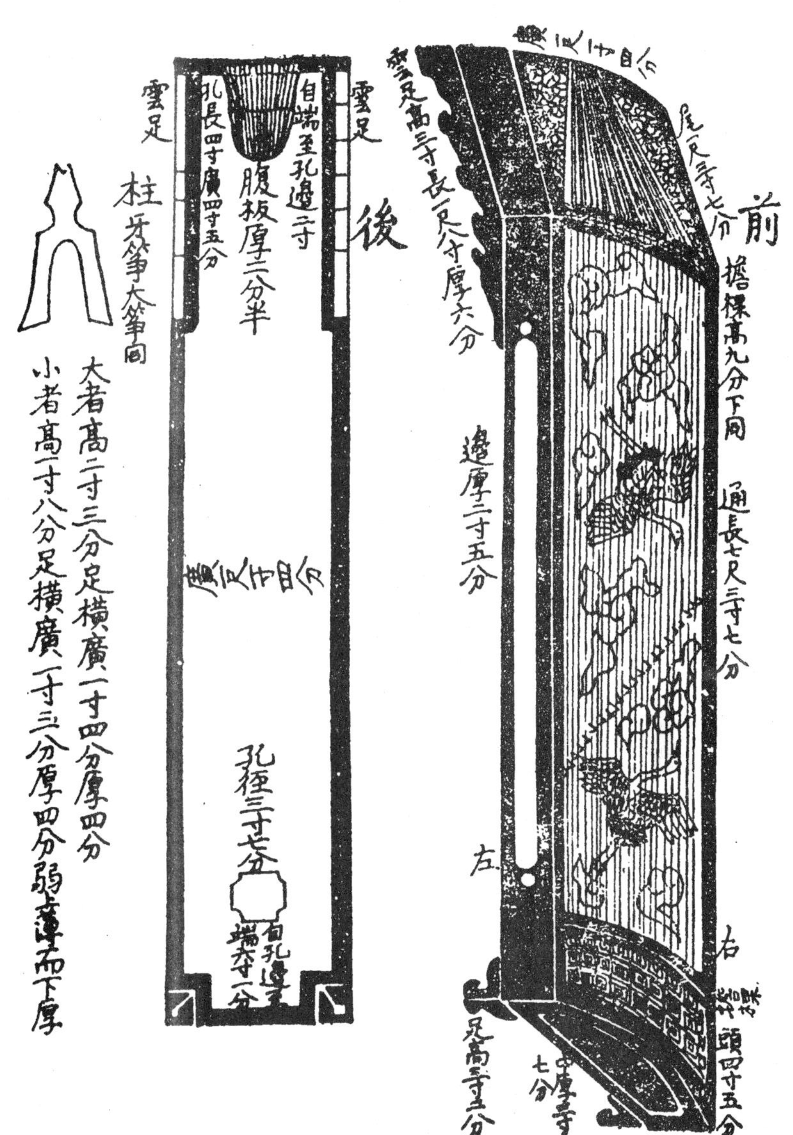

大者高二寸三分足横廣一寸四分厚四分
小者高一寸八分足横廣一寸三分厚四分弱上薄而下厚

散形

柱

一	二	三	四	五	六	七	八	九	十	十一	十二	十三	十四	十五	十六	十七	十八	十九	二十	廿一	廿二	廿三	廿四	廿五
黄	大	太	夾	姑	仲	蕤	林	夷	南	無	應	閏	潢	汏	汰	浹	沽	沖	濊	淋	洟	湳	無	應

전채 길이 七척三촌七푼
넓이 一척一촌四푼
변무리 무께 二촌五푼
머리 가운데 무께 三촌七푼
발 높이 三촌二푼
머리에서 *담파(擔伏)까지 四촌五푼
끄리에서 담파 까지 一척三촌七푼
*운족(雲足) 높이 三촌
　　길이 一척八촌
　　무께 六푼
담파 높이 九푼 (량쪽이 같다)
(후면)
복판(腹板) 두께 二푼반
　　넓이 一척一촌四푼
옷 구멍 직경 三촌七푼
옷 구멍가에서 끝까지 六촌一푼

아래 구멍 길이 四촌

넓이 四촌五푼

아래 끝에서 구멍 가까지 二촌

기둥(아쟁、대쟁도 이와 같다)

큰 것은 높이 二촌三푼

가로와 넓이 각 一촌四푼

두께 四푼

작은 것은 높이 一촌八푼

발의 가로와 넓이 각 一촌三푼

두께 四푼약 우는 얇고 아래는 두텁다。

례서에 기르기를 악기(樂記)에 「*청묘(淸廟)에 쓰는 슬(瑟)은 현(絃)을 주(朱)빛으로 하고 *월(越)을 소통하니 대개 현을 숙련(熟練=쪄서 바래는 것=역자)하지 않으면 빳빳하여 소리가 높고 숙련하면 부드러워서 소리가 낮으며 구멍이 작으면 소리가 급하고 크면 소리가 지완(遲緩)하기 때문에 월을 소통하여 소리를 지완케 하여야 지나치게 급하게 되지 않으며 현을 숙련하여 소리를 낮게 하여야 지나치게 높은 결함이 없게 된다」하였고

아서에 이르기를 슬(瑟)이란 것은 폐색(閉塞)한다는 뜻이니 분(忿)을 몰아내고 욕심

을 막게 하는것이며 사람의 덕을 바르게 하는 것이다。 그러므로 그 기둥을 앞으로 당기면 소리 높고 그 기둥을 뒤로 물리면 소리 낮다」하였고 三례도를 상고해 보면 「*송슬(頌瑟)은 길이 七척二촌、넓이 一척八촌이며 현이 二十五이니 무줄씩 함께 쓴다」하였다。

상고해 보면 슬을 만드는 법은 전면에 오동을 쓰고 후면에는 엄나무를 쓰는데 사면 가에 검은 칠을 하며 전면에는 운학(雲鶴)을 그리고 두 끝에는 금문(錦紋)을 그린다。 황종 줄이 가장 크고 높은 응종에 이를수록 줄이 점차로 가늘어진다。

*윤현(閏絃)은 황종 줄과 같고 모두 같이 붉게 물들인다 (단목「丹木」으로 물들이는데 거문고 줄모 이와 같이 한다) 기둥도 점차로 낮게 (원문에「伭」로 되였으나「低」로 해하였다=역자) 한다。 본률(本律) 十二현은 오른 손으로 쓰고 청성 十二현은 왼 손을 쓰나 모두 식지로 동시에 걸어 당겨 뜯어서 쌍성을 나게 하나 四청성만은 한 줄로 튀긴다。 윤현(閏絃) 기둥은 담과(擔棵)앞에 물려 서 있다。

(주)

四一一 * 담과(擔棵)=슬 량쪽 머리의 줄을 거는 괴임 목

* 운족(雲足)=악기의 발을 운문 모양으로 만들었기 때문에 붙인 이름。」

四一二 * 청묘(淸廟)=옛날 중국의 주 나라(周)에서 문왕(文王)을 제사하는 사당。

* 월(越)=슬의 밑바닥 구멍을 월이라 한다。

四一三 * 송슬(頌瑟)=큰 슬인데 송(頌)은 크다는 뜻。

* 윤현(閏絃)=덧 줄、 보통으로 사용하지 않는 줄。

古琴

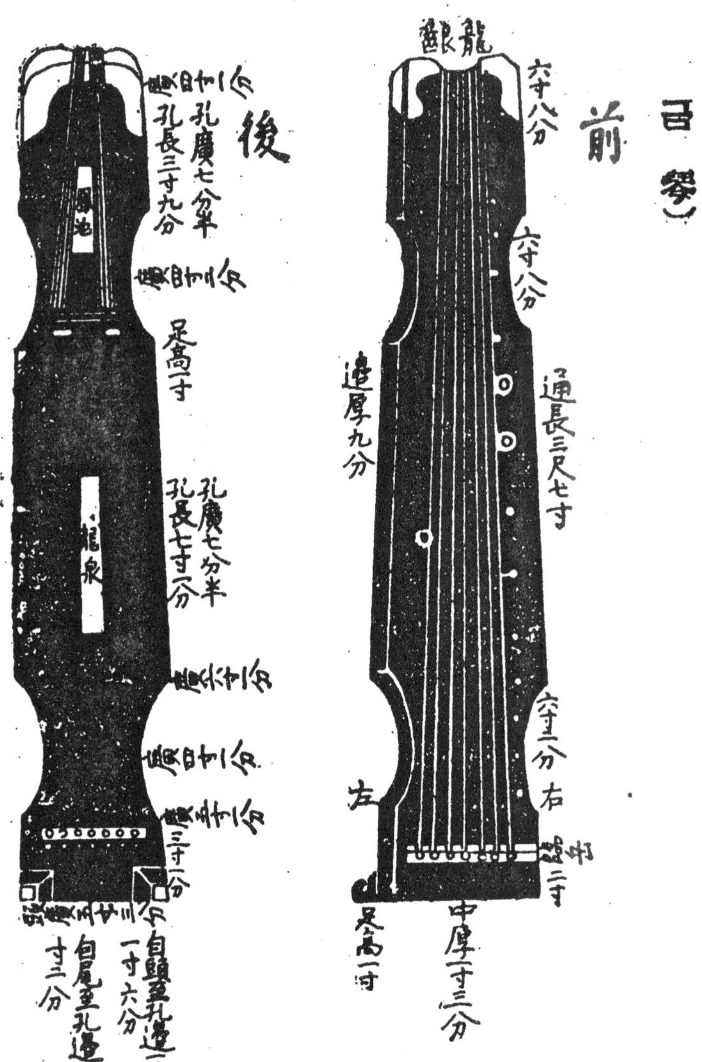

前
龍齦
六寸八分
六寸八分
通長三尺七寸
邊厚九分
六寸三分
右
左
足高一寸
中厚一寸三分
二寸
後
孔廣七分半
孔長三寸九分
鳳沼
足高一寸
孔廣七分半
孔長七寸一分
龍泉
三寸一分
自頭至孔邊一尺一寸六分
自尾至孔邊四寸三分

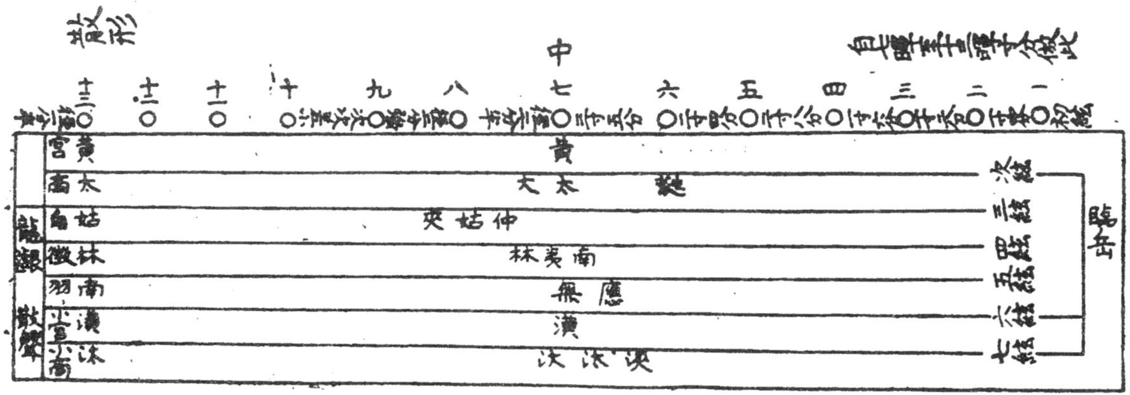

散形

自七暉至十三暉寸分倣此

十三 十二 十一 十 九 八 七 六 五 四 三 二 一

中

○二寸五分 ○二寸四分 ○二寸八分 ○一寸六分 ○二寸[illegible]分 ○一寸[illegible]分 ○初絃

次絃 三絃 四絃 五絃 六絃 七絃

臨岳

(전면)

전 길이 三척七촌

목(項=어깨 우, 이마 아래의 후미어 진 데=여자) 길이 六촌二푼 * 림악(臨岳)에서 머리(頭) 끝까지 길이 二촌.

허리(腰)길이 六촌八푼 허리에서 꼬리 끝까지 길이 六촌八푼

머리(頭) 가운데 두께 一촌三푼

가 두께 九푼

발(足) 높이 一촌

(후면)

머리 넓이 五촌三푼

목ㅣ 악 우 넓이 五촌一푼

목ㅣ 한 가운데 넓이 四촌一푼

어깨 넓이 六촌一푼

허리 한 가운데 넓이 四촌二푼

꼬리 넓이 四촌一푼

어깨 아래 뒤 구멍(머리에서 구멍 가까지 一척一촌六푼)

　넓이 七푼반

　길이 七촌一푼

허리 아래 뒤 구멍(꼬리 끝에서 구멍 가까지 四촌一푼)

　넓이 七푼반

　길이 三촌九푼

제 七휘 직경 二푼五리

제 八휘 직경 二푼강

제 七휘에서 제 一휘까지의 간격은 三촌五푼、二촌四푼、二촌八푼、一촌六푼、一촌二푼、一촌四푼、

제 八휘에서 점차로 적어 제 十三휘는 경 一푼반

악서에 이르기를 길이 三척六촌六푼은 기년(朞年)의 일수(日數)를 상징함어며 넓어 六촌은 *륙합(六合)을 상징함이며、줄(絃)이 다섯으로 된 것은 오행(五行)을 상징함이며、허리 넓이(腰廣)가 四촌으로 된 것은 사시(四時)를 상징함이며、머리가 넓고 아래가 좁은 것은 지위의 존비(尊卑)를 상징함이며 상면이 둥글고 하면이 모난 것은 하늘과 땅을 상징함이며、*휘(暉)가 열 세개가 있는 것은 十二률을 상징한 것이나 하나가 남은 것은 윤월(閏月)을 상징함이다。그 형상이 봉(鳳)과 같은 것은 주조(朱鳥)는 남방(南方)의 새이기 때문에 악의 주장이 된다。그 몸체를 五등분하여 三분은 상신(上身)을 이루고 二분이 하신(下身)을 이루니 이것은 *천三(天三)、*지二(地二)를 상징함이다。*문왕(文王)과 *무왕(武王)이 각각 한줄씩 더하여 문현、무현 이라고 하였으니 이것이 七현으로 된 까닭이다」하였다。

상고해 보면 금(琴)을 만드는 법은 전면은 오동나무를 쓰고 후면은 밤나무를 쓰는데 검은 칠을 하며 휘는 자개로 하여 모두 열셋이다。중휘(中暉)가 제일 크고 중휘에서 제 一휘、제 十三

휘까지는 점차로 좌아지며 줄은 모두 七현인데 초현(初絃)이 굵고 七현으로 갈수록 점차로 가늘어진다.

왼손으로 줄을 누르는데 제三현 고선(姑洗)은 명지(名指)를 세워 가지고 누르고 기타는 모무 엄지를 반쯤 뉘워 가지고 누른다。 모두 살과 손톱을 병용한다。 오른 손으로 타는 법은 제三현 고선은 명지로 걸어 당겨 뜯으며、 이측、 남려、 무역、 응종、 대려、 청태주、 청협종은 식지로 뜯고 기타는 모두 장지로 걸어당겨 뜯는다。 누르지 않고 타는 것을 산성(散聲)이라고 하는데 즉 *허현(虛絃)의 소리다。 다른 현악기도 이와 같다

(주)

四一五 * 림악(臨岳)=금(琴)의 머리에 가까이 있는 현을 거는 괴임 대이니 즉 슬의 담파와 같은 것。

四一七 * 륙합(六合)=상하 四방의 공간 즉 우주를 가리키는 말。

* 휘(暉)=금현의 타는 위치를 표시하기 위하여 자개로 박은 점을 휘라 한다。

* 천三 지二(天三、 地二)=천수는 三、 지수는 二라는 말의 략칭。

* 문왕、 무왕(文王、 武王)=중국 주나라를 창업한 두 임금의 칭호。

四一八 * 허현(虛絃)=누르지 않고 그대로 뜯는 현。

독(纛)

깃대 전 길이 八척六촌

직경 一촌

기 바탕 홍초(紅綃) 一폭을 겹(裌)으로 한다。

・길이 四척一촌五푼

・악서에 이르기를 「군자 *양양(陽陽)하여 왼 손으로 도(翿)를 잡는다」 하였고、(시경 왕풍 장 여자) 시경 완구장(詩宛丘章)에 「*로도(鷺翿)를 세운다」 하였고、이아(爾雅)에 「도」(翿)는 「독」(纛也)이라 하였는데 *곽박(郭璞)은 그를 주하여 「지금의 *우보당(羽葆幢)이라」 하였으니 대개 춤출 때에 세워서 표식을 삼는 것이며 손에 가지는 것은 아니다。송 나라(宋) *태악에서 쓰는 것은 높이 七척이며 깃대의 머리에 나무로 깎은 봉을 앉히고 *모(旄)를 한층(一重)만 달고 올라 가는 봉을 그런 붉은 비단을 모아 련철(連綴)한다。

목ㅣ온 악공 두 사람이 잡고 좌우에 갈라 서서 문무(文舞)를 인도하는 것이니 또한 옛적 유제(遺制)를 본뜬 것이다。

(주)

四一九 * 도도(纛翿)=도우(纛羽)=와 같은 말, 시경 진풍(陳風) 완구장 「値其鷺翿」 주에 「翿」는 해오리 깃으로 만든 예(翳—가리는 것)이라 하였다。

* 곽박(郭璞)=중국 동진(東晋)시대의 사람인데 문학자이며 언어학자로서 이아(爾雅)、산해경(山海經)등 많은 고전을 주내고 연구하였다。

* 우보당(羽葆幢)=새깃을 깃대 머리에 꽂은 기、춤출 때 무사(舞師)가 손에 잡는 것。

* 양양(陽陽)=양양(揚揚)과 같은 말、무의하여 기뻐하는 형용어。

* 대악(太樂)=관서명、태상(太常)에 속하는 악을 맡은 부서의 명칭。

* 피(旇)=깃대 우에 꿩의 장목을 꽂는 것을 정(旌)이라 하고 소꼬리를 드리우는 것을 모(旄)라 한다。

정(旌)

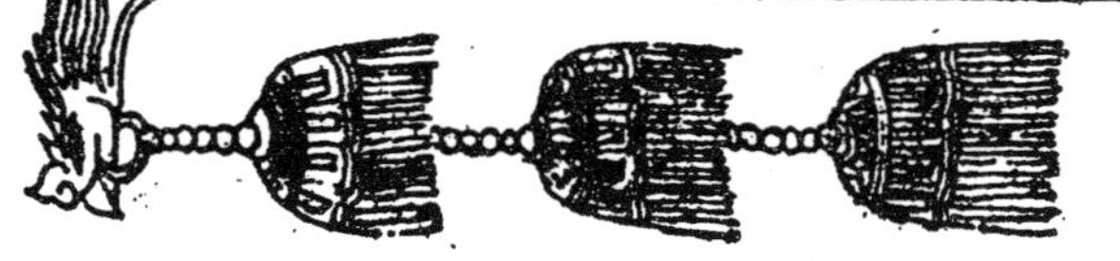

깃대 천 길이 八척六촌

직경 一촌

악서에 춘추 때 송 나라(宋) 사람이 *상림무(桑林舞)를 주어 진후(晉侯)를 향연(享宴)할 때에 무사(舞師)가 *정하(旌夏)로써 표식을 삼았더니 진후가 두려워서 물러가 방으로 들어가기 때문에 정(旌)을 치우고 향연을 마치였다」하였으니 대개 정하(旌夏)는 대정(大旌)으로서 춤추는 사람의 항렬(行列)을 대정으로 표식하는 것이다. *대사의(大射儀)에 「정(旌)을 궁성(宮聲)에 묻고 상성(商聲)에 눕힌다」고 한 것이 또한 그런 것을 말한 것인가 한다. 그러나 무악(武樂)은 성공을 상징하는 것이므로 정을 무열에 참가시킬 수 있을 것이다. 해외에서 쓰는 것은 모(旄)를 삼중(三重)으로 달고 늘어는 독(纛)과 같이 하며 악공 두 사람이 잡고 좌, 우로 분립하여 무무(武舞)를 인도하니 이 역시 옛적 유제를 본뜬 것이다」하였다.

(주)

四二一 * 상림무(桑林舞)＝상림(桑林)은 중국 은대(殷代)의 지명。전하는 바에 의하면 은왕 탕(殷王湯)이 비를 빌던 곳이 상림이라 한다。지명인 동시에 악의 이름이니 상림무는 상림 지방의 악무라고 하는 뜻이다。좌전 양공(襄公) 十년조 참조。

「宋公 享晉侯于楚丘 請以桑林 荀罃辭」라고 있다。여기 상림을 청했다 함은 상림무(桑林舞)를 청한 것이다。

* 정하(旌夏)＝대정(大旌) 즉 정의 장목을 꽂은 큰 기。

* 대사의(大射儀)＝의례 대사의 편(儀禮 大射儀篇) 대사라 하는 것은 봉건시대 영주들이 제사를 지낼 때 군신들에게 활쏘기를 내기하여 많이 맞힌 자들 제사에 참예하게 한 것이라 한다。

휘(麾)

잡을대 길이 八척 七촌 一푼 그중 굽은 쇠(曲鐵)가 二척

잡을 대 끝이

기둥 높이　二척 五촌 五푼

사　방　二촌 四푼

두 기둥 사이　一척 六촌 九푼

기둥 아래 양옆에 대이는 장식물인 꽃의 직경 五촌 一푼

악서에 이르기를 「주례 춘관(春官)에 *건거(巾車)는 목재(木材)를 말고 길에 큰 휘(麾)를 세워 전렵(田獵)하며 *번국(蕃國)을 봉(封)한다」 하였고 *서경에 「왼 손에는 *황월(黃鉞)을 짚고 오른 손에는 백모(白旄)를 잡아 지휘한다」 하였으니 휘(麾)란 것은 주대(周代)에 사용하던 것이다. 후세(後世)에는 *협률랑(協律郞)이 휘(麾)를 잡아 악공을 지휘하였다. 대개 그 제작는 높이 七척이며 깃때 우에 룡의 머리를 장식하고 붉은 빛 나는 비단을 잇달아 거기에 오르는 룡을 그린다. 악이 시작될 때 휘를 들고 그칠 때에는 눕히며 당(堂)우에서는 서계(西階)에, 당하에서는 *악현(樂懸)앞 서편에 세운다. *당악록(唐樂錄)에 *휘간(麾干)이라 한 것이 이것이다」 하였고 대성악보(大晟樂譜)에는 기폭(幡)은 우에 검은 빛 비단으로 五촌을 대고 가운데는 자주빛 비단 三척 六촌을, 아래는 누른빛 비단 五촌으로 된 *부(趺)가 있다」 하였다.

(주

一二三 * 진거(巾車)=진거는 휘장 두른 수레를 말하는 것이나 여기서는 중국 고대의 관직명으로서 주례 춘관(周禮春官)에 속하는 수레를 조달하는 관인을 말한다.

* 번국(蕃國)=외족의 나라 즉 울타리 역할을 하는 린방국가를 이르는 말.

* 서경(書經)=서경 목서편(書、牧誓篇)을 가리킨 것.

* 황월(黃鉞)=금 도끼、대도독(大都督—군사총지휘관)이 가지는 표식.

* 협률랑(協律郎)=관명、음악을 맡은 관인. 중국 후위(後魏) 시대에 처음 생긴 이름、수、당(隋、唐) 이후에도 인용되였다.

* 악현(樂懸)=종、경걸이. 순거(筍簴)를 가리키는 말.

* 당악록(唐樂錄)=서명、당악에 관한 기록. 저자는 미상.

* 휘간(翬干)=꿩의 장목을 꽂은 깃대다. 본문에 「翬干」으로 되였으나 「翬干」의 간으로 인정된다.

* 부(趺)=받동이란 말、여기서는 깃대나 종 경 걸이의 기둥의 밑 바침을 말한 것.

조촉(照燭)

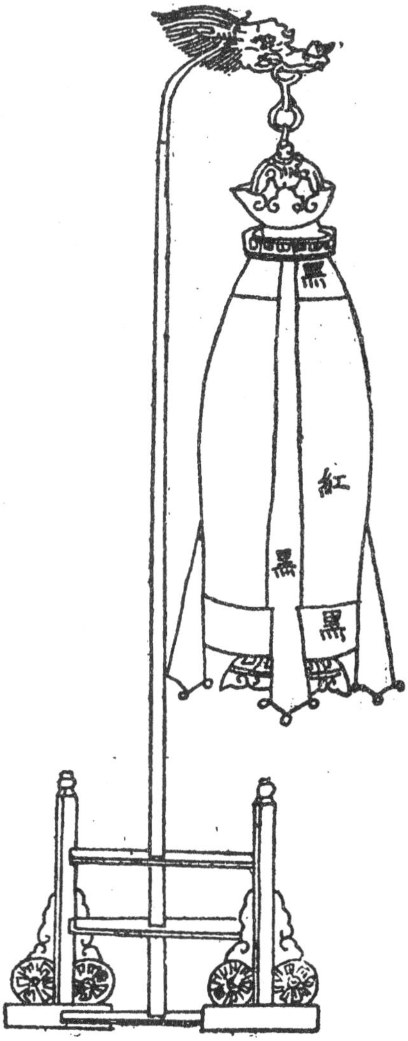

조촉의 제도는 「긴 장대 끝에 붉은 사(紗)로 지은 등롱(燈籠)을 달아 어둔 밤에 촉을 켜 가지고 휘가 멀리서는 분변하기 어려우므로 이것을 들어 악을 시작하고 이것을 눕혀 악을 그치게 한다。

상고해 보면 조촉의 제법은 대로 등롱을 만들고 우 아래는 나무를 갈아 *운두(雲頭)를 새기고 붉은 사(紗)를 씌우는데 우 아래의 끝은 검은 사(紗)로 동을 달며 검은 사로 만든 류소(流蘇)를 세개 우에서 아래까지 현해 단다。 다만 어둔 밤에만 휘(麾)였 계하(階下)에 세워 악이 시작될 때에 휘와 함께 들고 악이 그칠 때에 또한 휘와 함께 눕힌다。

* 운두(雲頭)—구름 무늬의 一종。

순 (錞)

邊厚六分

長八寸

子鈴長二寸六分

口徑二寸二分

口徑七寸一分

아구리 직경 七촌 一푼

가두께 六푼

길이 八촌

자령(子鈴) 길이 二촌 六푼

자령 아구리 직경 二촌 二푼

문헌통고(大獻通攷)에 이르기를 주례에 「고인(鼓人)은 *륙고(六鼓)와 사금(四金)의 성음을 말아 성악을 절제(節制)하니 四금은 순(錞)、탁(鐲)、뇨(鐃)、택(鐸)이라 금순(金錞)으로 북에 화응한다」하였으니 대체 그 형체가 종을 본떴으나 꼭대기가 크고 배가 홀쭉하며 아구리가 깊숙하여 엎드린 짐승의 형상으로 꼭지를 만들고 안에는 작은 방울의 동설(銅舌)을 달아 언제나 악을 시작할 때 흔들어 울게 하여 북과 함께 서로 화응하게 한다 무무(武舞)를 출 때에 악공이 손으로 순(錞)을 가지고 흔들어 춤의 진퇴를 인도한다 하였다。

상고해 보면 이제 순을 쓰는 법은 문무(文舞)가 이미 물러가고 무무가 나올 때 악생(樂生)한 사람이 두 손으로 쇠끈(鐵纓)을 잡고 흔들며 들어와 무인(舞人)의 우에 선다 언제나 ※아악 제 三자(雅樂第三字)에 무인이 몸을 돌일킬 때 이것을 흔들며 재 四자에 이르러 그친다。탁(鐲)、뇨(鐃)、택(鐸)의 쓰는 법도 이와 같으나 탁(鐲)과 뇨(鐃)는 왼 손으로 자루를 잡고 오른 손으로 망치를 잡아 치며 택(鐸)은 두 손으로 그 자루를 잡고 흔든다。

(주)

四二六 * 大고(大鼓)=뇌고(雷鼓)、영고(靈鼓)、로고(路鼓)、분고(鼖鼓)、고고(鼛鼓)、진고(晉鼓)의 六종 북을 가리킨다。

四二七 * 아악 제 三자(雅樂第三字)=자(字)라 한 것은 아절의 순서를 표시하는 말로 해당 것이니 제 三절 四절과 같은 말。

탁(鐲)

길이 七촌 七푼
아구리 직경 六촌 四푼
두께 一푼
자루 길이 三촌 九푼
아구리 직경 一촌 四푼
두께 二푼

아서에 이르기를 *주관(周官)에 「고인(鼓人)은 금탁(金鐲)으로써 북음 절제한다」 하였는데 *정강성(鄭康成)이 주해하기를 「탁(鐲)은 작은 종과 같은 것으로서 군대가 행군할 때 이것을 울려

북에 화하다」 하였다。 대개 그 소리가 탁하기 때문에 이것을 탁이라 하고 그 소리 사람을 깨우쳐 주기 때문에 이것을 정녕(丁寧)이라고도 하며 그 소리 사람을 바르게 하므로 이것을 정(鉦)이라고도 하나 기실은 다 같은 말이다。

(주)

四二八 ＊ 주관(周官)＝원래는 주례의 본명이나 여기서는 주례 지관(周禮地官)을 가리킨 것。

＊ 정 강성(鄭康成)＝중국 후한 시대에 유명한 경학자 정 현(鄭玄)의 자다。 경학자들은 정 중(鄭衆)을 선정(先鄭)이라 하고 정현을 후정(後鄭)이라 하여 구별한다。

뇨(鐃)

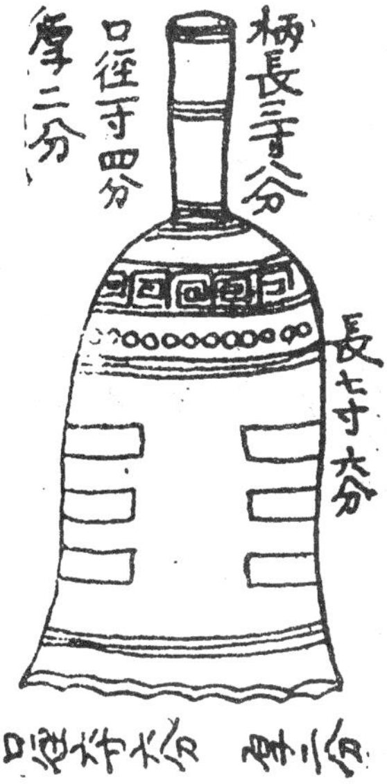

柄長三寸六分

口徑寸四分

長七寸六分

口徑六寸六分

厚二分

길이 七촌 六푼
아구라 직경 六촌 六푼
무게 二푼
자루 길이 三촌 八푼
아구리 직경 一촌 四푼
무게 二푼

악서에 이르기를 주관에 「고인(鼓人)은 금뇨(金鐃)로써 악을 그친다」하였으니 그 소리 *뇨뇨연(鐃鐃然)하기 대문에 뇨라고 이름지었다. *설문(說文)에 「뇨(鐃)는 작은 정(鉦)인데 자루가 운데가 비여 우아래로 통하였다」하였고 한대(漢代) 고취곡(鼓吹曲)에 뇨가(鐃歌)가 있었으니 이것으로 무무(武舞)를 물리는 것이다. 이 또한 주대의 유제가 아닌가 한다. 대체 그 작은 것은 방울과 같아 자루가 있고 혀가 없으며 잡고 울려서 북을 구휘게 하며 큰 것은 종과 비슷하나 형제가 얇고 곁에 二十四개의 *선(銑)이 있다. *궁현(宮懸)에 쓰고 뮤소로 장식하니 대체로 물음에 응해서 악을 조화시키는 것이다.

(주)

뇨뇨연(鐃鐃然)—서로 다투는 소리.

* 설문(說文)=서명인데 설문해자(說文解字)의 약칭이다. 중국 문자학자 허 신(許愼)의 저로서 모두 三〇권이 전한다.
* 선(銑)=조그만 종과 같은 고악기.
* 궁현(宮縣)=종, 경을 설치하는 제도상의 구별. 천자는 궁현, 제후국은 헌현(軒縣)이라 하니 궁현은 四면에 설치하는 것이며 헌현은 三면에만 설치하는 것이다.

택(鐸)

柄長三寸
口徑寸三分
厚二分
長七寸三分
口徑六寸六分
厚一分

길이 七촌 三푼
아구리 직경 六촌 六푼
두께 一푼
자루 길이 三촌
아구리 직경 一촌 三푼
두께 二푼

악서에 이르기를 주관에 「고인(鼓人)이 금택(金鐸)으로 북을 통한다」하였는데 *석명(釋名)에 「택(鐸)은 탁(度=헤아린다=격자)의 뜻으로서 호령의 한도 규정이다. 택은 곧 큰 방울인데 춤추는 사람이 흔들어 군중을 경동시키여 악절을 삼는다」하였으니 이 택을 말한 것이다. 금택은 금속으로 혀를 만들어 무사(武事)를 고무하는 것이니 무무(武舞)를 추는 사람이 잡는 것이다.

(주)

* 석명(釋名)=서명, 중국 한대 류 희(劉熙)의 찬술한 것으로 모두 八권이다. 사물에 대한 고증학, 어원학, 민속학을 겸한 성질의 서적이다. 이아, 설문농과 함께 극히 가치있는 저술이다.

응(應)

길이	三척 九푼
사면 방	五촌 九푼
널 두께	六푼
방망이의 밖에 나온 길이	三촌
방망이 들어 가는 구멍 직경	二촌 三푼

문헌통고(文獻通攷)에 이르기를 「소용(小舂)을 응(應)이라 하니 대용(大舂)이 시작하는 악절에 응하는 것이다」 하였고 주관에는 「응은 통(桶)과 같으나 네모지며 길이 六척 五촌이며 가운데는 축(柷)을 본떠 방망이가 밑까지 닿아 좌우로 서로 쳐서 축(柷)에 응하는 것이라」 하였고 예도(禮圖)에는 그 형체는 우통이 네모지고 방망이가 둥글며 안팎에 다 주칠을 한다」 하였다.

상고해 보면 이제 응을 쓰는 법은 문무(文舞)가 물러가고 무무(武舞)가 나올 때 악생 한 사람이 응을 가지고 들어와 춤추는 사람의 왼편에 선다。 언제나 무무(武舞)를 출 때 진고(晉鼓)를 치면 오른 손으로 방망이를 잡고 북 소리에 맞추어 방망이를 짓찧어 따린다。 아(雅)、상(相)、독(牘)의 쓰는 법도 다 같으나 아(雅)는 두 손으로 허리에 달린 끈을 잡고 땅에 찧으며 상(相)은 왼 손으로 끈을 잡고 오른 손으로 방망이를 잡아 치며 독(牘)은 두 손으로 잡고 땅에 찧는다。

아(雅)

上下皮徑五寸八分

長四尺七寸

中圍二尺六分

길이 四척 七촌

가운데 둘레 二척 六푼

상하 괴면 직경 五촌 八푼

악서에 이르기를 「아(雅)는 법도(法度)의 악기이니 악을 바로 잡는 것이다。 무공(舞工)이 아(雅)를 쓰는 춤의 속도를 내려할 때에 그릇치지 않기 위해서 사용한다。 선유(先儒)들이 이르기를 모양은 칠한 통(桶)과 같고 입이 좁고 속이 넓으며 크기는 두 아름(二圍)이며 길이는 五척 六촌이며 양(羊)의 숙피(韋)로 메이고 곁에 두 끈이 있고 통에는 그림을 그려 수식한다。 무공이 갖여 춤을 절제하는 것이다」 하였고 혹자는 「통 가운데 북 방망이(椎)가 들어 있다고 한다」 하였다。

상(相)

통 길이 二척 四촌 八푼

량 피면 직경 一척 四촌 三푼

문헌통고에 이르기를 「모양은 작은 북(鼛)과 같고 거죽은 숙피(韋)로 메이고 속은 겨(糠)로 채우며 북 등성이 (脊‖원문에 「跗」으로 되여 있으나 「脊」의 「속자」인듯‖역자)는 옻칠(漆)을 하고 손잡이(扃)가 있어 들고 치게 되

였으니 악을 보좌(輔佐)하는 것이다. 악기(樂記＝원문에는 「樂器」로 되어 있으나 오자임이 분명하므로 정정하였다＝역자)에는 「악절 끝에 「상(相)」을 사용한다」 하였고 여러 학자들의 악도(樂圖)에는 대부분 상을 절(節)이라고 하였으니 이것은 상(相)이 악을 보좌하며 또 춤을 절제하는 것이기 때문이다. 지금은 태악(太樂) 무무(武舞)에 쓰는데 두 사람의 악공이 무자(舞者)의 원편에 있어 손으로 땅 끝을 쳐서 무자의 보조(步調)를 맞추어 준다. 이것 역시 상의 전래하는 유제인가 한다」 하였다.

독(牘)

兩穴數徑二寸五分 自上端至穴數八寸五分 通長五尺七寸二分

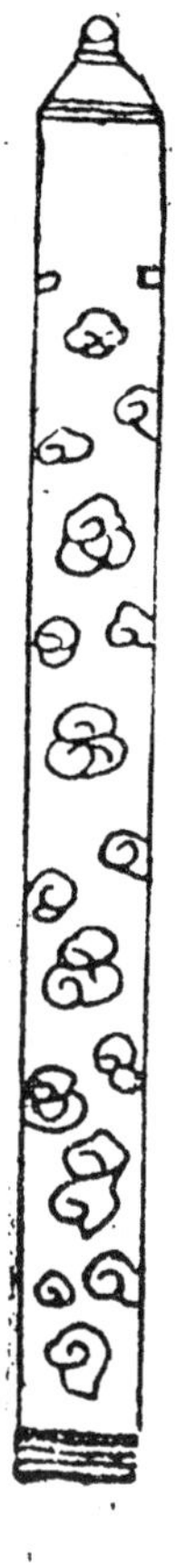

두 구멍 지경	二촌 五푼
우 끝에서 구멍까지	八촌 五푼
전체 길이	五척 七촌 二푼

· 악서에 이르기를 「독은 대로 만들며 굵기는 五촌 언대 그 소리를 감쇄(減殺)하여 적게 하여 악을 절제하는 것이다. 긴 것은 七척 짧은 것은 三척이며 가운데는 비여 통(筩)과 같으나 밑은 없으며 끝에 두 구멍이 있고 검붉게 칠하고 그림을 그렸다. 뭍에 벌려서 두 손으로 땅을 찧어 소리를 낸다」하였고 *주례도(周禮圖)에 *정사농(鄭司農)이 말하기를 「독(牘)은 대로 만들며 굵기는 五、六촌 가량이며 땅에 찧어 소리를 내게 하여 악절을 삼는다」하였다.

적 (翟)

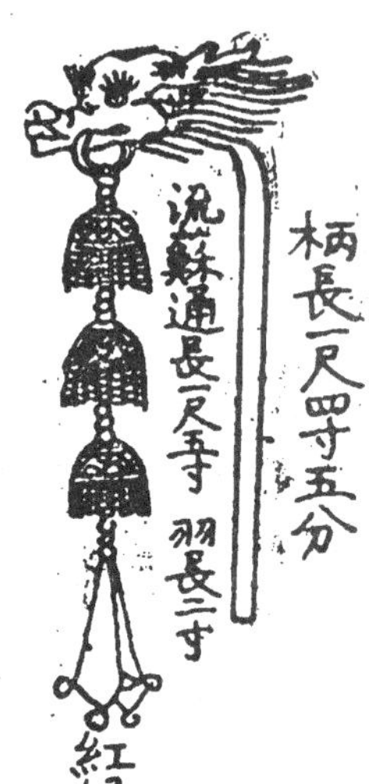

자루 길이 一척 四촌 五푼

유소 전 길이 一척 五촌、깃(羽) 길이 二촌、붉고 록색인 생초 드림이 각 五촌、

약 (籥)

竹長一尺四寸

대 길이 一척 四촌

구멍 三공(우에 십자형 구멍)

문헌통고에 이르기를 「약사(籥師)는 제사(祭祀)때에 추는 우약무(羽籥舞)에 북을 친다」 하였고 시경에 「왼 손에 약(籥)을 잡고 오른 손에 적(翟)을 잡는다」 하였으니 대개 약(籥)은 소리를 내는 것이며 적(翟)은 모양을 위주한 것이다」 라고 하였다。

상고해 보면 약과 적은 문무(文舞)를 추는 사람이 잡는 것이니 이제 보태평(保太平)무에 정재(呈才)하는 여기가 역시 이것들을 잡는다。

간(干)

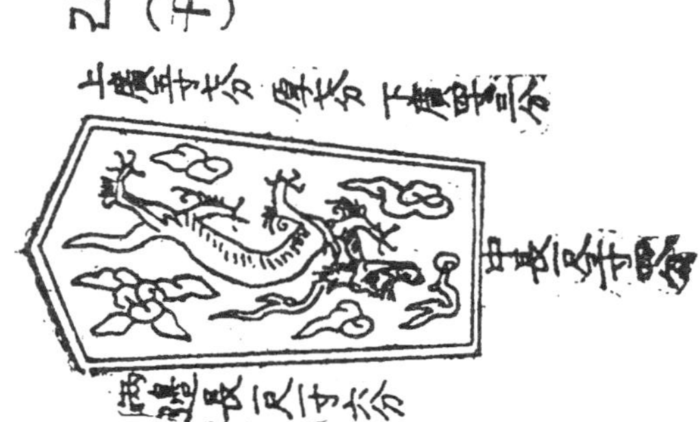

상 광이 五촌 七푼
하 광이 四촌 三푼
량 변 길이 一척 一촌 六푼
가운데 길이 一척 三촌 四푼
두께 七푼

척 (戚)

頭横長四寸七分
柄長一尺六分
廣二寸三分 厚一寸一分

머리 가로 길이 四촌 七푼
자루 길이 一척 六푼
아구리 넓이 二촌 二푼
두께 一촌 一푼

악서에 이르기를 간(干)은 방패(盾)이니 자기의 몸을 가리우는 것이며 척(戚)은 도끼니 대적(待敵)하는 것이다。 방패 만드는 법은 바탕에 주(朱)칠을 하고 봉을 그렸으며 주례에 「*사병(司兵)은 제사(祭祀) 지낼 때에 무자(舞者)에게 병장기(兵仗器)를 준다」 하였는데 *정씨(鄭氏)가 주하기를 「주간(朱干) 옥척(玉戚)의 부치로써 준다」 하였다。

상고해 보면 간척은 무무하는 사람이 잡는 것이니 왼 손에 간을 잡고 오른 손에 척을 잡는 것이다。

(주)

四三七 * 례도(禮圖)=三례도(三禮圖=명대 류 적(劉績)의 저)를 말한 것인가。 미상。
* 정 사농(鄭司農)=후한 시대 저명한 경학자 정 중(鄭衆)이 대사농(大司農) 벼슬을 하였기 때문에 사농이라 한다。 주 학자들이 말한 선정(先鄭)이다。」

四四一 * 사병(司兵)=관명, 주례 하관(夏官)의 속한 관직으로 각종 병기를 관할하는 관청.

* 정씨(鄭氏)=후한시대 학자 정현(鄭玄)을 가리킨다. 권주 참고.

악학궤범 권六 끝

악학궤범 권七

당부 악기 도설 (唐部樂器圖說)

방향 (方響)

가로대기(横木) 四척

범(虎) 높이 四촌

기둥 높이 五척 四촌 사방 二촌 五푼

방향 철(鐵) 길이 六촌二푼

문헌통고에 이르기를 「방향(方響)은 성인이 지은 것인바 그 소리 무량하여 청탁(淸濁)이 고르며 十二율 四청성에 분배되였으니 대략 *당악(唐樂)의 체제인가 하다」 하였다.

상고해 보면 방향을 만드는 제법은 강철로 만드는데 전부 十六장이다. 두꺼우면 소리가 높고

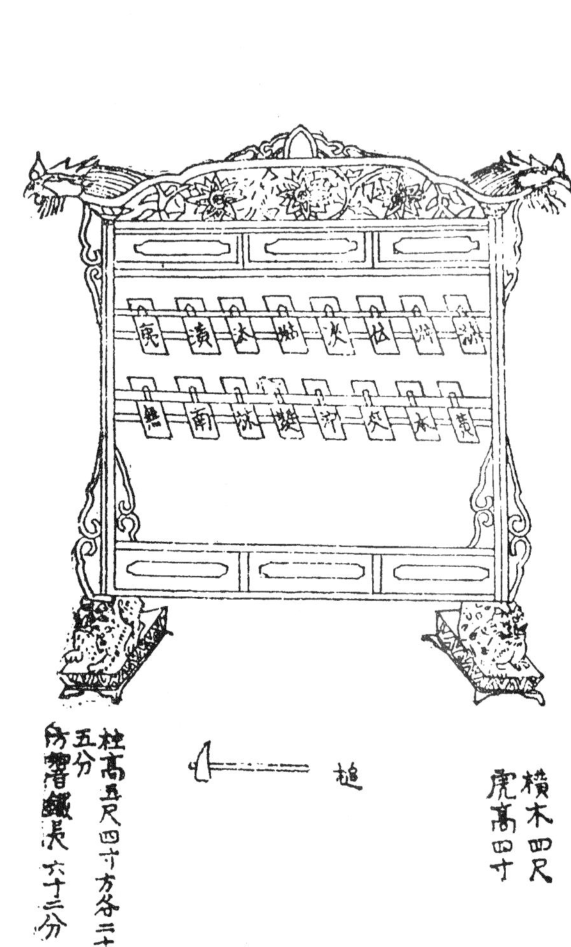

얇으면 소리가 낮다。 철편 우의 끝에 한 구멍을 뚫고 三갑(甲)、진사(眞絲)로 역어 쓰는데 무개의 가로대기 쇠를 설치한다。 걸이(架子)는 종 걸이와 대강 같아 좌우 기둥아래의 안팎에 *초엽(草葉)을 붙이고 또 새끼범(雛虎)을 조각하여 등에 구멍을 파고 두 기둥을 꽂으며 또 방대(方

臺)를 받힌다. 상층과 *편철(編鐵)과의 어간 좌우 기둥에 갈구리쇠(鉤鐵)를 박고 주칠한 마대로 구철(갈구리쇠)에 꿰여 멘다. 이것을 속칭 담지(擔持—멜대)라고 부르니 이것은 소위 고취(鼓吹)할 때에 쓰는 행악(行樂)이며 세향에 쓰는 것은 구칠이 없다.

박(拍)

전 길이 一척 三촌

우의 넓이 一촌 九푼 두께 三푼

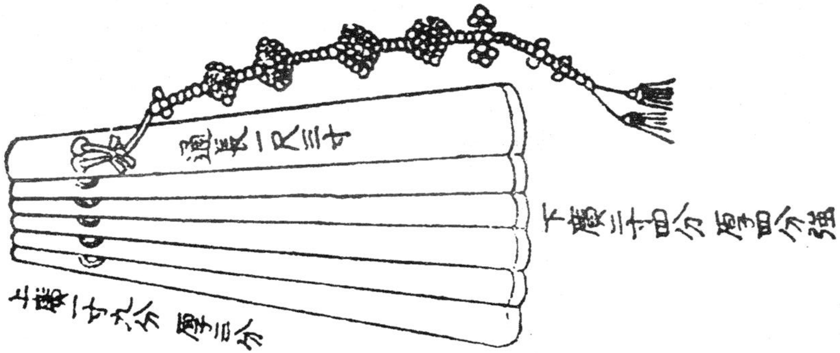

通長一尺三寸

下廣二寸四分 厚四分強

上廣一寸九分 厚三分

아래넓이 二촌 四푼 두께 四푼강

문헌통고에 이르기를 박판(拍板)의 길이와 넓이는 팔목만하며 거듭하기로서 큰 것은 아홉장, 작은 것은 여섯장인데 기름뺀 가죽으로 엮어 쓴다. *호부악(胡部樂)에서 악절(樂節)로 사용하니 대개 손바닥 치는 것에 대신한 것이다. 당인(唐人)은 이것을 *악구(樂句)로 썼으며 송대 교방(敎坊)에서 쓰던 것은 여섯 조각(六板)이며 길이는 一촌으로서 우가 뾰족하고 얇으며 아래는 둥글고 두껍다. 박달나무나 또는 뽕나무로 만드니 혹시 축어(柷敔)의 변체인가 한다」하였다.

상고해 보면 박판을 만드는 제법은 화리(華梨)를 상으로 하고 누른 뽕나무가 그 다음이며 산유자(山柚子), 대추나무가 또 그다음이며 기타 단단하고 빛갈 좋은 나무는 다 쓸 수 있다. 대체 여섯장을 한벌로 하는데 대소는 일정한 체재가 없다. 판 우에 구멍을 두개 뚫고 구멍과 구멍 사이마다 엽전(葉錢)을 대고 록피로 꿰여 끈에 붙들어 매며 끈 끝에 五색 명주실 매듭을 매달아 악절을 따라 치며 또 급히 쳐서 악을 멎게 한다. 모든 악의 장단과 곡절, 시작과 그침에 모두 박판소리를 따라서 한다. 아악과 향악(鄕樂)에 다 사용한다.

(주)

四四三 * 당악체재(唐樂體制)=당대 악(唐代樂)에서 사용하던 악기 체재라는 말이다. 十二律 四청성은 당대에서 발전된 것이므로 방향을 당대에서 발명한 악기에 추정한 것이다.

四四四 * 초엽(草葉)=방향 걸이 기둥의 량측에 하체의 안정된 장식을 위하여 대는 구름무늬로 깎은 보첨 목인데 초엽이라고 명명한 리유는 그것이 마치 풀잎이 줄기를 싼 것과 같은 형체상에서 유래한듯 하다。

四四五 * 편철(編鐵)=편성된 방향의 철편을 가리킨다。

四四六 * 호부악(胡部樂)=당대의 호악은 구자(龜玆—지금 중국 신강성 고거(庫車)、사아(沙雅) 두 현의 중간 지방)、소륵(疏勒—신강성 가사현(伽斯縣)、고창(高昌)、신강 천축(天竺=인도) 제 국의 음악을 말한 것。

* 악구(樂句)=악절(樂節)과 같이 장단을 강조하는 악기의 의미로 사용되였다。

교방고(敎坊鼓)

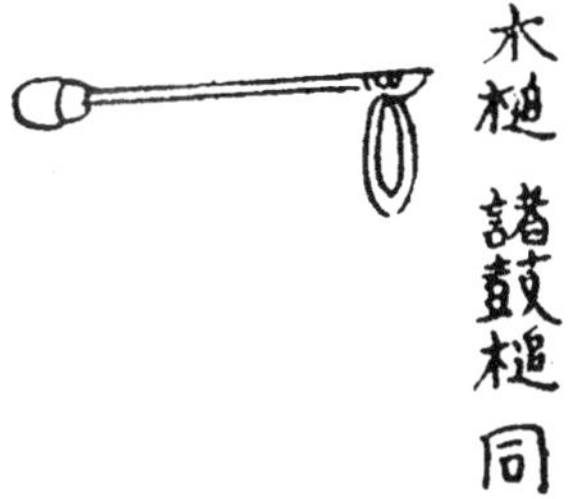

木槌 諸鼓槌同

북채는 나무로 만든다. 모든 북채는 다 이와 같다.

문헌통고에 이르기를 그 제법은 대고(大鼓)와 같고 서린 룡이 공(椌)에 둘려 있으며 걸이(架子)가 있고 발등(趺)도 있다」 하였다. 지금 교방(敎坊)에서 쓰는 북의 제법도 이와 같다

상고해 보면 ※교방고는 악절에 따라 장고(杖鼓)의 북편 소리와 같이 친다. 혹은 무고(舞鼓) 노름에 이것을 친다. 행악고(行樂鼓)는 이와 같으나 조금 작다

월금(月琴)

복판(腹板) 직경 一척 一촌 八푼

복판 갓 두께 一촌 一푼 그중 복판 두께 一푼

복수(腹首) 길이 三촌 六푼

복수 안쪽 길이 二촌 六푼

목(頸) 길이 一척 七촌 五푼

웃목 넓이 九푼

아랫목 넓이 一촌 六푼

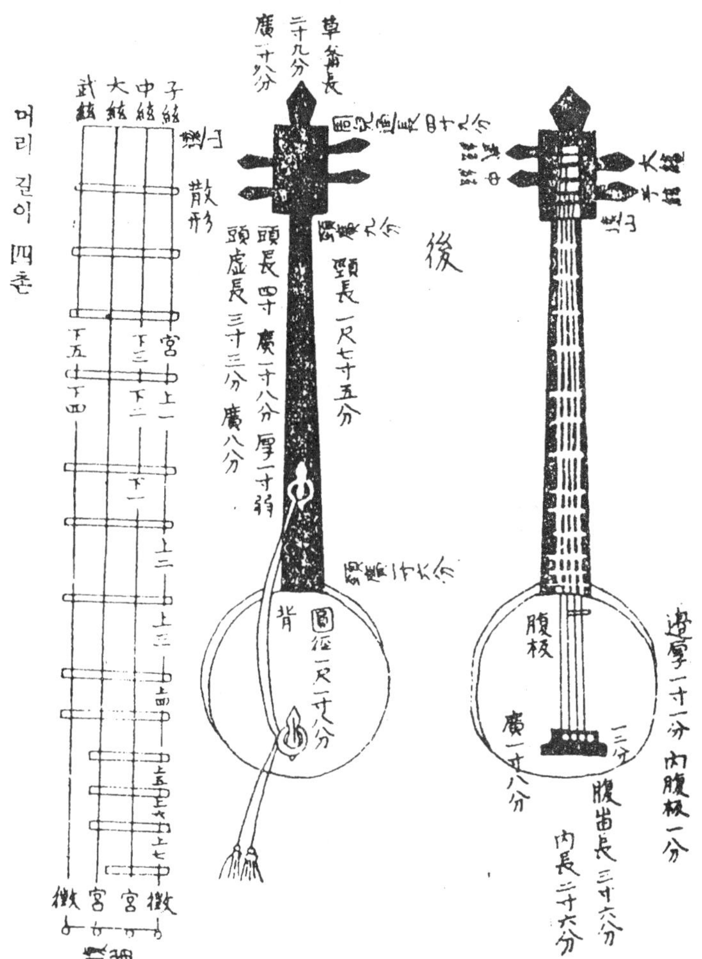

머리 길이 四촌
넓이 一촌八푼
子絃 中絃 大絃 武絃
散形
宮
上一
上二
上三
上四
上五
上六
上七
下一
下二
下三
下四
下五
徵 宮 宮 徵
草葉長二寸九分 廣一寸八分
頭長四寸 廣一寸八分 厚一寸弱
頭虛長三寸三分 廣八分
頸長一尺七寸五分
背
圓徑一尺一寸八分
後
腹板
廣一寸八分
邊厚一寸一分 內腹板一分
腹畄長三寸六分
內長二寸六分

두께 一촌약

머리 구멍 길이 三촌 三푼

넓이 八푼

돌개 전길이 四촌 九푼

초엽(草葉) 길이 二촌九푼

넓이 一촌 八푼

문헌통고에 이르기를 「월금(月琴)의 형상은 둥글고 목은 길다。 우에 四현 *十三품(品)을 안배하였으니 호금(胡琴) 종류이다。 현을 골라서 률에 맞추는 것인데 진대(晉代)의 *완한(阮咸)이 만든 것이다。 당 태종(唐太宗)이 다시 한 줄을 더하고 줄을 금、목·수、화、토(金木水火土)로 명명하였다。 *개원중(開元中=七一三—七四一)부터 아악에 편입하여 썼으니 순(舜) 임금의 유제라고 할 수 있을가」 하였다。

상고해 보면 월금 만드는 법제는 둥 및 복판의 장식품들과 조현(調絃)、안현(按絃)하는 법은 당비파(唐琵琶)와 다 같고 다만 채제만 각각 다를 뿐인데 향악에만 쓴다。

(주)

四四八 * 교방(敎坊)=음악을 교습시키는 사업과 배우에 관한 사무를 맡은 태상(太常)에 속한 관서、중국의 당대 초기 이후

부터 설치하였다.

四五○ * 十三품(品)=월금의 현을 음역에 따라 구분한 간가(間架)를 十三개로 한 것.

〃 * 완 함(阮咸)=중국 六조시대의 진대(晋代) 사람으로 완 적(阮籍=완함의 숙부)과 함께 소위 죽림칠현(竹林七賢)의 한 사람인데 음률을 잘 알았고 후세 사람들이 월금을 완 함이 만든 것이라 하여 월금의 별칭으로 사용한다.

〃 * 개원중(開元中)=당대(唐代=七一三년—七四一년)의 년호를 말한 것.

장 고(杖鼓)

전면(鞭面) 직경 五촌 七푼
위철(圍鐵) 직경 一차 三촌 六푼
고면(鼓面) 직경 六촌 二푼
위철(圍鐵) 직경 一척 六촌 五푼
허리 전 길이 一척八촌八푼
가는 허리 길이 七촌 六푼
직경 二촌 二푼
주위 七촌 二푼
채(鞭) 길이 一척三 촌 八푼

문헌통고에 이르기를 「갈고(羯鼓)、장고(杖鼓)、요고(腰鼓)는 한、위(漢、魏) 때에 썼다。 큰 것은 기와로 만들고 작은 것은 나무 등속으로 만든다。 다 머리가 넓고 허리가 가늘다。 송 나라 *소 사(蕭史)가 말한 세요고(細腰鼓)라고 하는 것이 이것이다。 우편은 채로 치고 좌편은 손으로 두드린다。 후세에 이것을 장고라고 하니 그 소리 부드럽고 웅장하며 절(節)이 있다」 하였다。

상고해 보면 장고 만드는 제법은 허리를 나무 또는 칠포(漆布)로 껍질을 만드는 것이 세일 좋으며 자토(磁土)로 구워 만드는 것이 다음이며 진흙으로 구워 만드는 것은 좋지 않다。 칠은 검은 빛 혹은 붉은 빛으로 하고 두 면은 각각 위철(圍鐵)을 쓰며 큰면은 백색 생마피(生馬皮)

로 메이고 작은 면은 생마피로 메이며 갈구리 쇠는 룡두형(龍頭形)에 은사(銀絲)를 넣고 혹은 주석(豆錫)으로 하다。 조림줄은 붉은 진사(眞絲) 삼겹으로 하거나 혹은 붉은 목면사로도 하며 조림토수(縮綬)는 청색과 자색 ※사피(紫色斜皮)로 만들고 악성의 고하(高下)에 따라 진퇴하여 조절한다。

큰 면은 왼 손으로 치는데 이것을 복편이라 이르며 혹 민간에서 『○』로 표시하고 작은 면은 오른 손으로 채를 치는데 이것을 채편이라 이르며 혹 민간에서 『|』로 표시한다。 (채로 칠때 왼 손으로 복편을 어루만져 채 소리를 청량(淸亮)케 하다。 채편 떨때도 이와 같이 한다) 두편을 같이 치는 것을 『쌍』이라 이르며 혹 민간에서는 이것을 『이』로 표시한다。 (채편 먼저하고 손을 뒤에) 채로 잠간 쳐 떠는 소리를 짓는 것을 떨음(搖)이라 이르고 혹 민간에서 『〻』로 표시한다。 장구는 당악이나 향악에 다 쓴다。

(주)

四五二 ※ 송、소사(宋、蕭史)=인명이나 미상。

四五三 ※ 사피(斜皮)=서피(黍皮)라고도 하는데 초피(貂皮)를 말한 것。

당비파(唐琵琶)

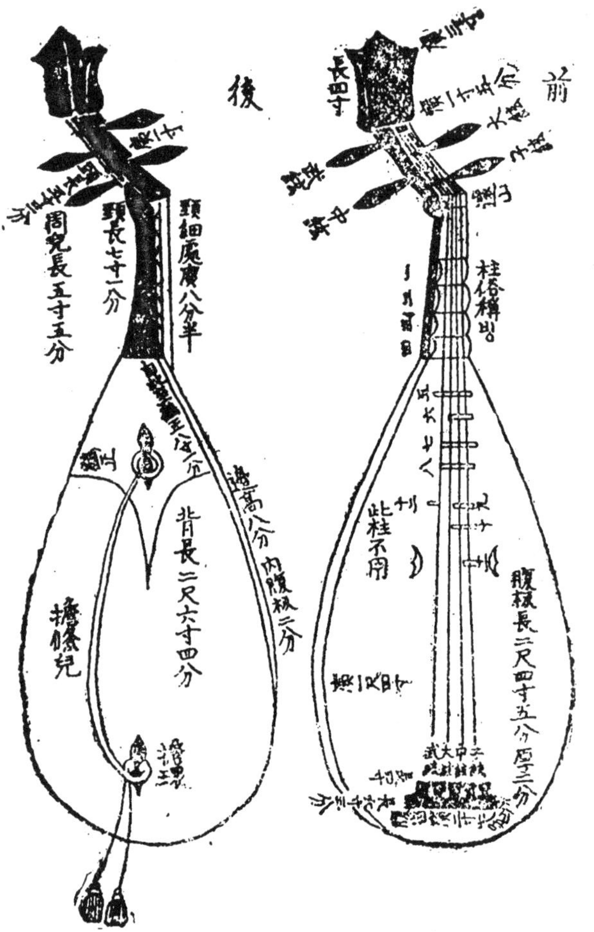
後
前
頸細處廣八分半
頸長七寸二分
周兒長五寸五分
背長二尺六寸四分
擔條兒
過高八分
內腹板二分
此柱不用
柱俗稱 빙
腹板長二尺四寸五分厚二分
武絃
中絃
大絃

복판 전체 길이 二척 四촌 五푼

두께 二푼

넓이 一척 四촌

*복수(腹畄)길이 六촌 三푼

앞 길이 四촌

넓이 二촌 七푼

무께 六푼

*시두(匙頭)길이 四촌

우 넓이 三촌

아래 넓이 一촌 五푼

(후면)

변고 八푼(그중 복판두께 二푼)

뒷등 길이 二척 六촌 四푼

목에서 *학정(鶴正)까지 八촌 一푼

목 길이 七촌 一푼

목 가는 곳 넓이 八푼반

머리 길이 五촌 三푼

넓이 一촌

돔개 길이 五촌 五푼

*발목(撥木) 길이 三촌 五푼

두께 四푼

아래 넓이 二촌 三푼

우 넓이 一촌 八푼

허리 넓이 一촌 三푼

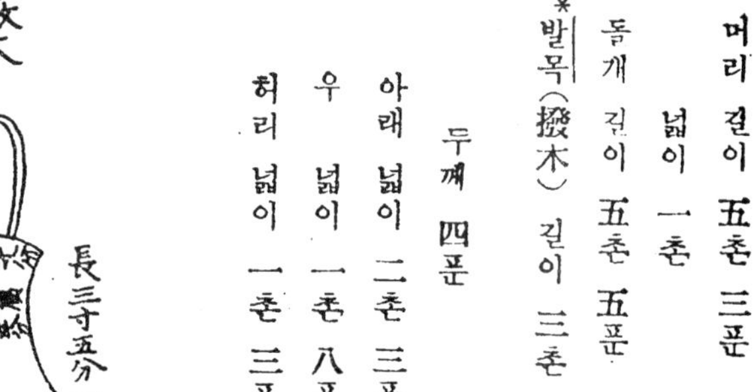

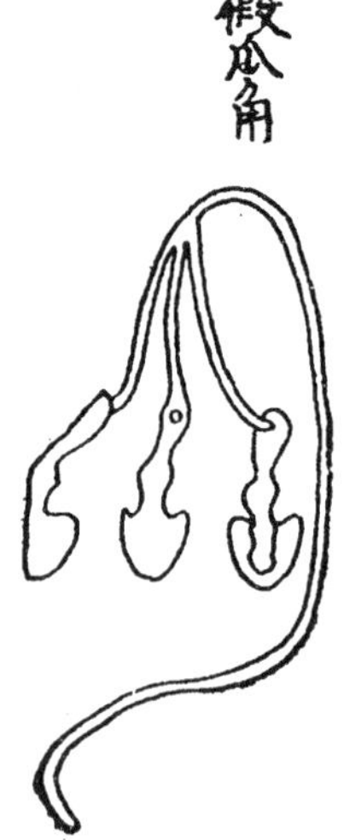

평조(平調)*五조 안의 치조(徵調)다。조현법(調絃法)은 무현(武絃)이 탁치(濁徵)가 되고 대현(大絃) 중현(中絃)이 궁(宮)、자현(子絃)이 치(徵)가 되는데 모두 산성(散聲)이니 향악(鄕樂)에 쓴다

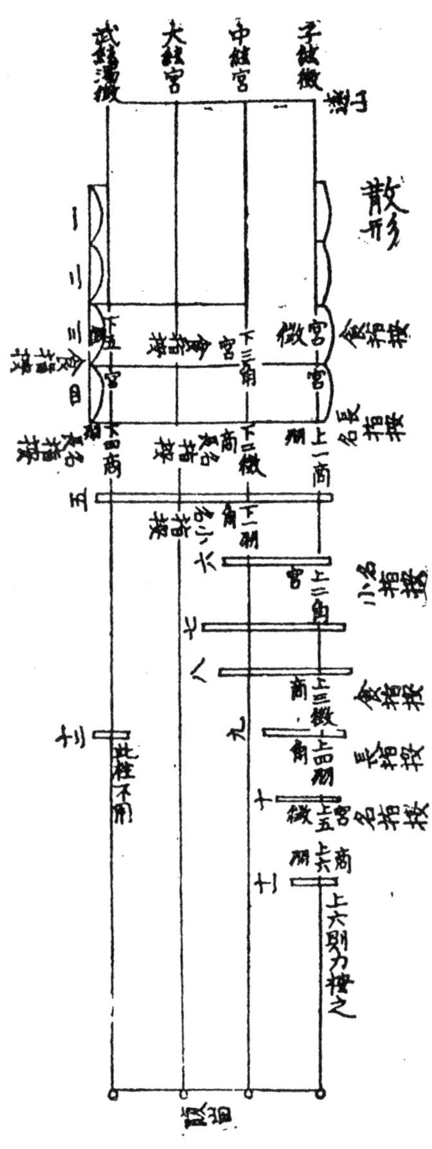

계면조(界面調) 五조 안의 우조(羽調)이다。조현법은 평조와 같고 향악에 쓴다

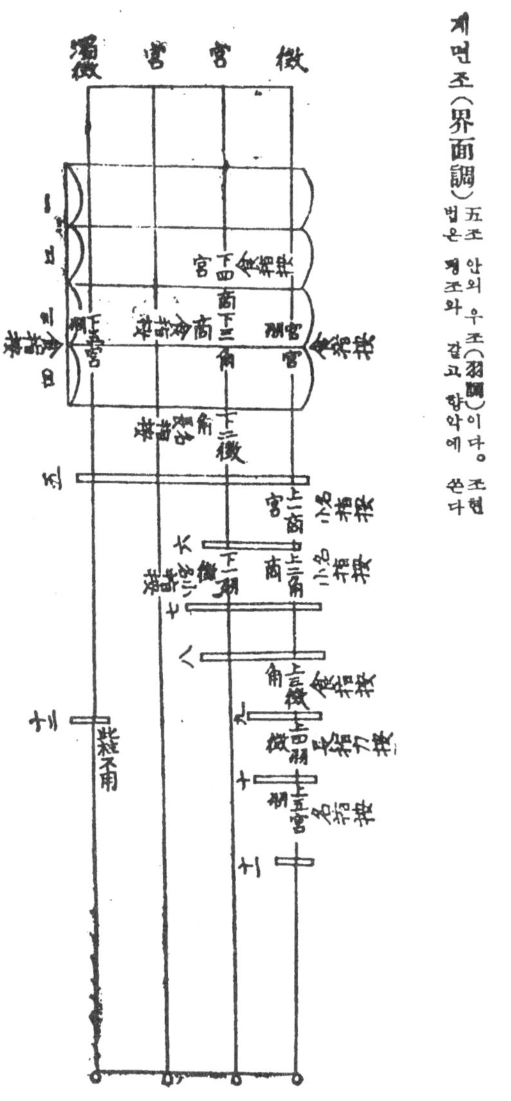

상조(上調)

조현법은 무현이 탁무역(濁無射)이 되고 대현이 협종(夾鐘)이 되고 중현이 탁림종(濁林鐘), 자현이 림종(林鐘)이 되는데 모두 산성이니 당악(唐樂)에만 쓴다

林　濁林　夾　濁無

二　二　上　合

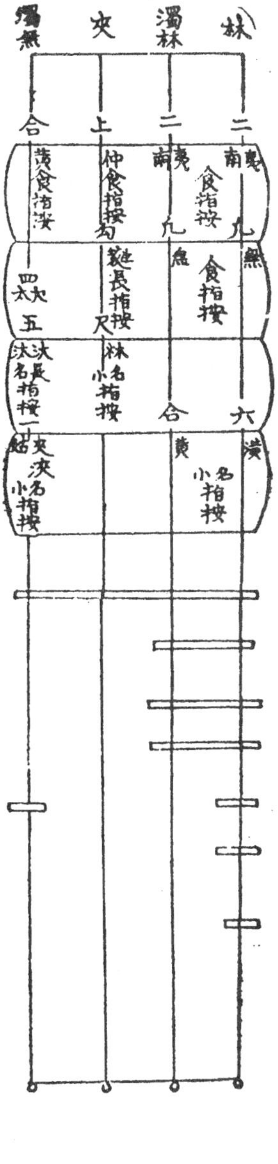

하조(下調)

조현법은 무현이 탁남려(濁南呂)가 되고 대현이 태주(太簇)、중현이 탁림종(濁林鍾)、자현이 림종(林鍾)이 되는데 모두 산성이니 당악에만 쓴다

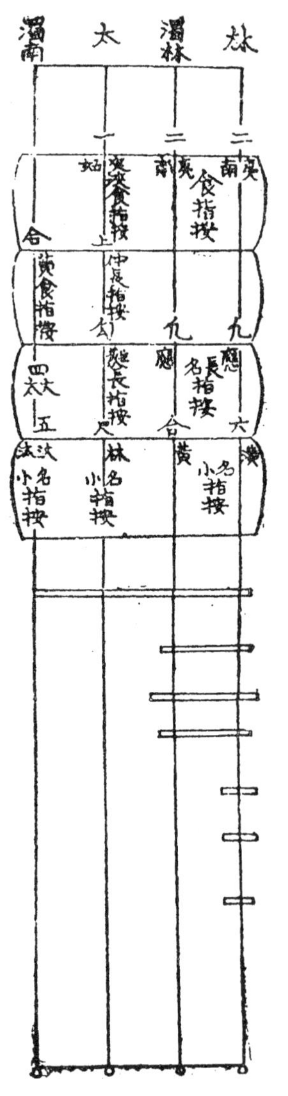

악서에 이르기를 『비파의 재법은 가운데가 비고 밖이 실하니 천지(天地)를 본 뜬 것이며, 박(盤)은 둥굴고 자루는 곧으니 음양의 차별(差別)이며 기둥이 열둘이니 률려에 배합시킨 것이며, 四현은 四시를 본뜬 것이며 길이 三척 五촌인 것은 삼재오행(三才五行)을 본뜬 것이다。 진대(秦代) 말에 백성이 *장성역사(長城之役)에 괴로워 이 악기를 만들어 시름을 위안한 것이다』 하였고, 류희(劉熙)의 석명(釋名)에 『비파는 본시 *호족(胡族)의 마상 악기이니 손을 밀어 나가는 것을 비라 하고 손을 당겨 오는 것을 파라 하여 비파라 이름하였다』하였다。 문헌통고에는 『당악에 크고 작은 비파가 있다。 이제 교방에서 쓰는 것은 곧 그 목이 굽은 것이오 곧은 목은 아니다』 하였다。

상고해 보면 당비파의 재법은 뒷등은 화리가 최상이며 *철양(鐵楊)、 황상(黃桑)、 산유자(山柚子)、 괴목(槐木)、 상수리(橡斯)、 산행(山杏)、 박달(朴達) 나무들과 같은 성질이 강강하고 빛갈이 좋은 나무는 다 쓸 수 있으며 복판은 두충(杜冲‖물쪽나무)이 최상이며 개나무(盧木)、 *엄나무(牙木)와 같은 성질이 부드럽고 결이 곧은 나무가 역시 좋다。 머리와 목 및 모든 장식은 역시 화리나 오매(烏梅)、 숯감나무(炭柿)、 산유자、 등의 나무로 만들며 기둥은 반죽(斑竹)으로 쓰고 밑 고리(擔環)는 은이나 혹은 주석(錫)을 쓰고 메는 끈은 붉은 진사실을 쓴다。 줄은 무현이 가장 굵고 대현 중현이 다음으로 굵고 자현이 가장 가늘다。 안법(按法)은 왼 손 엄지로 그 목을 잡고 나머지 네 손가락으로 빈갈아 누른다。

탄법(彈法)은 당악에선 목발(木撥)로 튀겨 뜯고 향악에선 오른 손 식지 장지 명지의 세 손가락으로 같이 뜯으며 *구현법(勾絃法)을 쓸때는 다만 식지 혹은 장지만을 쓴다。 대채 四현을 그을 때에 엄지를 무현에 붙여 그 소리를 저애하며 무현 소리를 취하랴 하면 엄지로 무현을 튀긴다。 오래 튀기면 손톱이 닳아 헤어지기 때문에 뿔로 가조(假瓜)를 지어 세 손가락에 씌워 그 손톱을 쉬게 한다。 *현법(絃法)은 중현은 중(中)、 자현은 자(子)라 쓰고 무현 대현은 현금(玄琴)과 같다。

*합자법(合字法)은 만일 식지로써 자현의 제 四주를 누르고 순차로 네 현을 그을 때엔 『㨂』로 쓰니 이것을 속칭 『수랭』이라 하는데 실제로 소리가 나는 것은 대현 중현과 누른 현뿐이며 명지 장지 두 손가락으로 중현 제 五주를 누루고 무、대、중 세 현을 그을 때엔 『㨂』으로 쓰고 이것을 속칭 『스렁』 이라 하는데 실제 소리 나는 것은 대현과 누른 현뿐이며 소、명、두 손가락으로 중현 제 六주를 누르고 그 현만을 걸어 당길 때엔 『㨂』으로 쓰고 명、장、두 손가락으로 무현 제 五주를 누르고 무현을 탈때엔 『㨂』로 쓰고 명지로 자현 제 十一주를 누르고 순차로 네 현을 그을 때엔 『㨂』로 쓰고 만일 무、대、중 세 현을 그을 때엔 『㨂』로 쓰는데 이것을 속칭 『홍』이라 하나 실제로 소리가 나는 것은 대 중현 뿐이다 다른 기둥과 다른 현도 이에 따른다 상五의 기둥을 힘껏 누르면 상六이 된다。

당악의 상하 조는 식지로 자、중、두현 『工』 자를 누르고 또 『凡』 자를 누르며 명、소、두 손가락으로는 자, 중, 두현 『六』자, 『合』자를 누른다 (자, 중 두 현을 동시에 함께 누르고, 그은다) 모든 악기의 크고 작음은 일정한 체제가 없는 것이니 크면 소리가 웅장하고 작으면 소리가 빈약하게 되는 것은 리치가 응당 그러할 것이며 혹시 나무 성질의 강유와 제작의 교졸(巧拙)로 인하여 성음이 아주 다르니 대로 만든 것도 역시 그러하다。 조음(調音)에 있어서는 악기의 대 소에 불판하고 현의 완급(緩急)과 관(管)의 장단에 따라 소리의 고하(高下)가 같지 않게 되는 것이니 다 물판에 준하여 바로 잡아야 할 것이다。 그러나 작은 피파와 작은 젓대 같은 것은 그 체제가 지나치게 작으면 여러 악기에 조화되기 어렵다。

(주)

四五五 * 복수(覆手)=당비파 복판 아래 현을 매는 곳의 이름。

* 시두(匙頭)=당비파 머리의 모양이 술(匙) 같이 된것의 이름。

* 학정(鶴頂)=당비파 후면 한 가운데 즉 목과 복판의 중간 부분의 이름。

四五六 * 발목(撥木)=현을 뒤기는 도구 이름。

四五七 * 五조(五調)=궁, 상, 각, 치, 우 五조를 말한다 (권一 악조총의(樂調總義)참조)、

四六一 * 장성지역(長城之役)=기원전 二세기 초에 진 시황(秦始皇)이 장군 몽념(蒙恬)을 시켜 흉노족(凶奴族)을 쳐 물리치고 그들을 방비하기 위하여 소위 만리장성(万里長城)을 중축한 대역사를 가리켜 말한 것、

* 호족(胡族)=여기서는 중국 신강성 내에 근거지를 잡았던 한대의 오손족(烏孫族)을 가리킨 것。

* 철양목(鐵楊木)=나무 이름, 상목 소판목(椬椂 小瀦木)으로 속칭 회양목 즉 황양목(黃楊木)을 말한다。 목디가 지밀하고 단단하여 인판(印版), 인재 등에 많이 사용한다、

四六一 * 잇나무(牙木)=나무 이름, 一명 해동(海桐)이라 한다.

四六二 * 구현법(勾絃法)=현악기 탄법에 술때 끝이 밖으로 향하게 하고 다섯 현을 역으로 긋는 탄법을 가리켜 말한다. 현금 구법 참조.

〃 * 합자법(合字法)=탄법, 지법, 현법을 아울러 합해 가지고 한 음의 탄법 보표를 작성하는 법을 말한다.

〃 * 현법(絃法)=현금, 가야금 등 현악기의 현 이름을 표시하는 보법을 말한다.

해금(奚琴)

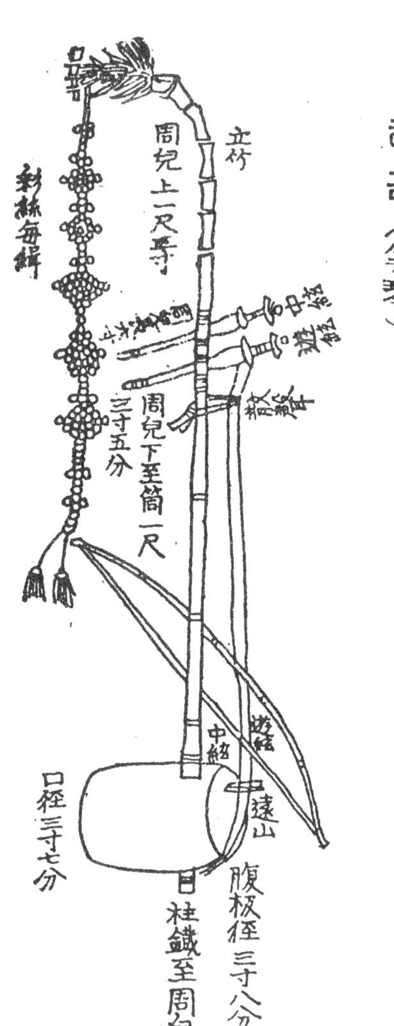

롱 아구리 직경 三촌 七푼

복판 직경 三촌 八푼

설대(立竹) 길이

돌개(凋兒) 우 一척 三촌

돌개 아래에서 롱까지 一척 三촌 五푼

돌개 길이 六촌

주철(柱鐵)은 돌개 아래까지 미치게 한다。 설대 끝에 채색 실매듭을 드리운다。

평조 안법(유현、치、중현 궁)

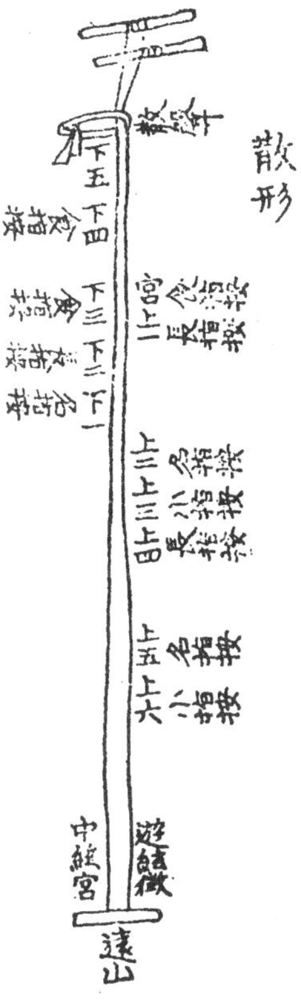

散形

중현의 下一은 명지、下二는 장지、下三은 식지、下四도 식지로 각각 누르고 下五는 산성이다。

유현의 궁은 식지、上一은 장지、上二는 명지、上三은 소지、上四는 장지、上五는 명지、上六은 소지로 각각 누른다。

계면조、안법 유현 지、중현 궁

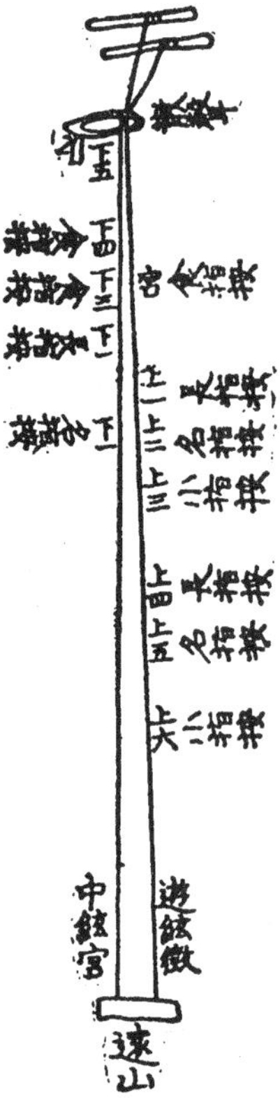

중현의

下一은 명지、下二는 장지、下三은 식지、下四도 식지로 각각 누르며 下五는 산성이다。

유현의

궁은 식지、上一은 장지、上二는 명지、上三은 소지、上四는 장지、上五는 명지、上六은 소지로 각각 누른다。

문헌통고에 이르기를 『해금(奚琴)은 호족 해부(奚部)가 좋아하는 악기인데 현도(絃鼗)에서 파생된 악기로서 형체도 비슷하며 그 제제는 량현 사이에 대쪽을 넣어 그어 당겨 소리가 나게 하는 것이니 민간에서 혹 쓴다』하였다。

상고해 보면 해금을 만드는 법은 통(筒)은 화리、황상(黃桑)、참대(大竹)、산유자와 같은 성질이 강한 나무를 쓰고 *원산(遠山)도 물개와 같다 복판은 두충(杜冲)이나 오동나무를 쓰고 설대(立竹)는 여러해 묵고 마디 많은 오반죽(烏斑竹)을 쓰며 또 주철(柱鐵)을 설대 안에 뚫어 꽂아 통에 내려 세우며 돌개(周兒) 구멍과 돌개 아래 끝은 모두 은 혹은 주석으로 싸고 또는 은 혹은 주석실로 감아 매기도 한다。 중현(中絃)이 조금 굵고、유현(遊絃)이 그 보다 조금 가늘며 가는 가죽이나 채색 노끈으로 돌개 아래 二촌가량 되는 곳에 메여 산성(散聲)을 만드니 그것이 즉 *허현(虛絃)이다。

*출단화나무(黜壇花木) 푸른 껍질을 긁어서 나 혹은 오죽(烏竹)이나 해죽(海竹)으로 만든 활에 말꼬리줄을 메고 송지(松脂)를 먹여 그어 당긴다。 누르기는 왼 손으로 하고 그어 당기기도 오른 손으로 하는데 다만 향악에만 쓴다。

* 원산(遠山)—통우에 있는 현을 걸치게 한 가로 대기 나무의 이름。

대쟁(大箏)

前

尾八寸

雲足

通長 五尺五寸

邊厚一寸八分

每絃間五分

擔棵高 五分

頭三寸二分

足高一寸

中厚二寸九分

後

雲足

自端至孔邊一寸四分

雲足

廣寸八分

足

足

自孔邊至端 五寸八分

(전면) 전 길이 五척 五촌

머리 三촌 三푼

꼬리 八촌

가운데 두께 二촌九푼

가 두께 一촌八푼

발 높이 一촌

담파(擔棵) 높이 五푼

매 현 사이 五푼

(후면)

넓이 七촌八푼

변에서 구멍 가까지 一촌四푼

하단에서 구멍 가까지 五촌八푼

문헌통고에 이르기를『쟁(箏)은 진(秦) 나라의 악기다。 *부현(傅玄)의 쟁부(箏賦) 서문에「위가 높으니 하늘과 같고 아래는 평평하니 땅과 같으며 가운데가 비였으니 *륙합(六合)에 비긴 것이다。 현과 주(絃柱)는 十二월에 대비하였다。 벌며 놓으면 *四상(四象)이 있고 치면 五음이 발하니 이것은 곧 어질고 슬기로운 악기다」하였다』하였고、「석명(釋名)에 쟁은 현을 베풀면 높아 쟁쟁연하며 *병、량(幷、梁) 二주의 쟁은 형상이 슬(瑟)과 같다」하였고、「*풍속통(風俗通)에 「쟁은 본시 五현인데 이제는 十三현이 되였으니 누구의 개작인지 알 수 없다。」하였고、*수서 음

散形（商）

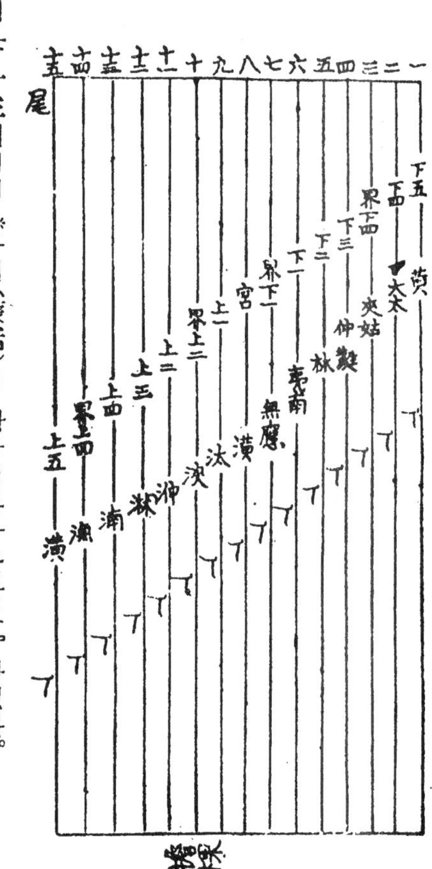

아지(隋書音樂志)에는 「쟁은 十三현이니 *몽념(蒙恬)의 창작이라」 한다고』 하였다。

상고해 보면 대쟁의 체제는 슬(瑟)과 같으나 다만 체가 소(體小)하며 네 가에 검은 나무를 붙였고 그림을 그리지 않으며 모두 十五현이니 제 一현이 조금 굵고 제 十五현에 이르기까지 점차로 가늘어진다。 현의 염미(染尾‖속칭 부들)는 각색 진사를 쓰며 혹은 푸른 색을 물들인 목면실을 쓰기도 한다。 오른손으로 현을 타고 왼손으로 기둥 뒤를 누른다。 다만 당악에만 쓴다。

(주)

四六六 * 해부(奚部)=해(奚)는 종족의 이름인데 본은 동호(東胡)의 종족으로서 수(隋)대에 해(奚)라고 불렀다. 지금 열하성의 一부다.

* 현도(絃鼗)=악기의 이름으로 해금의 전신 악기인 三현(三弦)악기를 말한다. 통고에는 현도라고 하고 진양악서(陳暘樂書)에는 해도(奚鼗)라고 하였으니 현도와 해도가 동일한 것에 대한 명칭의 이동인지 또는 별개인지 알 수 없으나 해금의 전신 악기를 가리킨 것이라고 보는 것이 타당할 것이다.

四六七 * 원산(遠山)=해금의 공명통 우에 있는 현을 고이는 베개목을 가리키는 명칭.

* 허현(虛絃)=현악기 연주에서 누르지 않고 타는 현을 허현이라 한다.

* 춘당화목(鬪橝花木)=장미과 락엽 관목인데 원명은 체당화목(棣棠花)이다. 관상용 정원목으로 애용되는 것으로 춘장화(鬪滿花)라고 불러 온듯 한데 다 체당화의 전음이 아닌가 한다.

* 해죽(海竹)=바닷가 가까운 지방의 소산인 속칭 갈대의 一종,

四六九 * 부현(傅玄)=중국 진대(晋代—三세기경)의 사람인데 문학자이며 음률에 정통한 학자.

* 六합(六合)=상, 하와 동서남북 四방을 륙합이라 하니 대쟁의 속이 비였으므로 상하 四방에 비길 수 있다고 본 것.

* 四상(四象)=로양(老陽), 로음(老陰), 소양(少陽), 소음(少陰), 즉 음양의 변화한 것을 말한다.

* 병, 량二주(幷, 梁二州)=력사적으로 중국의 행정구역의 변천이 있어 꼭 一정하지 않으나 대체로 병주는 지금의 산서성(山西省) 북반부와 섬서성(陝西省) 북부一부 하북성(河北省) 중부一부가 포섭되였고 량주는 四천성 전부와 섬서성(陝西省) 서남부가 포섭되였다.

* 풍속통(風俗通)=서명, 중국 동한 시대(東漢)의 사람 응소(應劭)의 저인데 풍속통의(風俗通義)의 략칭으로 본 三十권, 지금은 十권 부록 一권이 전하고 있다.

四六九 * 수서 음악지(隋書 音樂志)=수서 十지중의 하나, 수서는 당대(唐代)에 편찬되였다. 二十四사의 하나로 세상에서 좋은 력사 서적이라 칭한다.

四七〇 * 몽념(蒙恬)=중국 진(秦) 시대의 명장으로 만리장성을 쌓았다는 기사가 있다.

아쟁(牙箏)

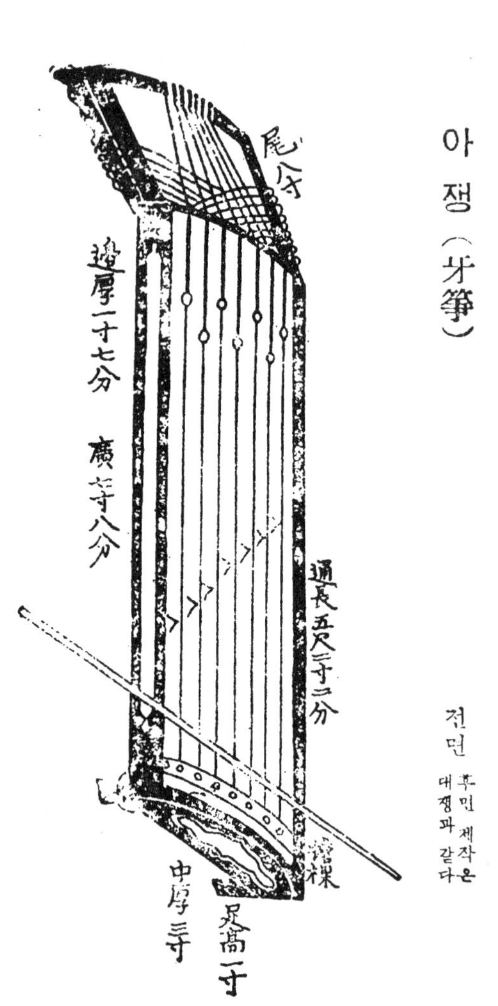

전면 후미 제작은 대쟁과 같다

전 길이 五처 二촌 二푼

가 무께 一촌 七푼

　넓이 七촌 八푼

발 높이 一촌

가운데 무께 三촌

꼬리 길이 八촌

당악조（唐樂調）

尾

散形

一 下五 黃

二 下四 大夾

三 下三 仲蕤

四 上三下二 林

五 下一 南無

大 宮 潢

七 上一上二 汰浹

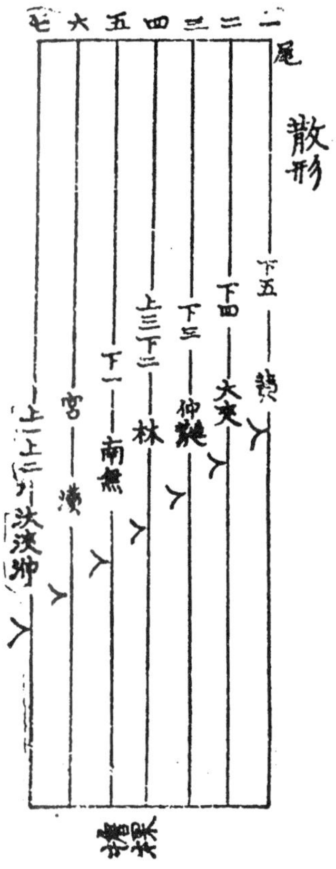

평조（平調）향악

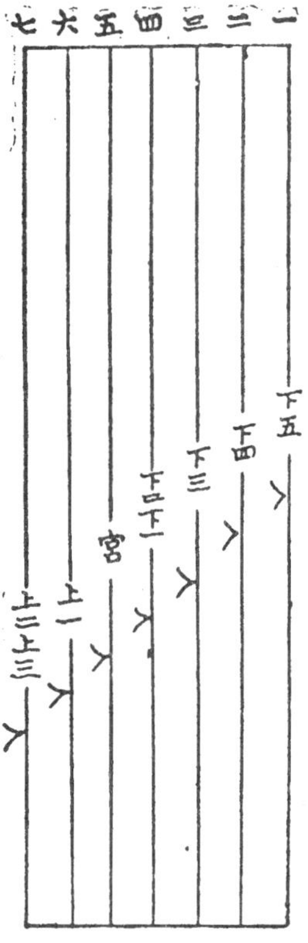

계면조(界面調) 향악

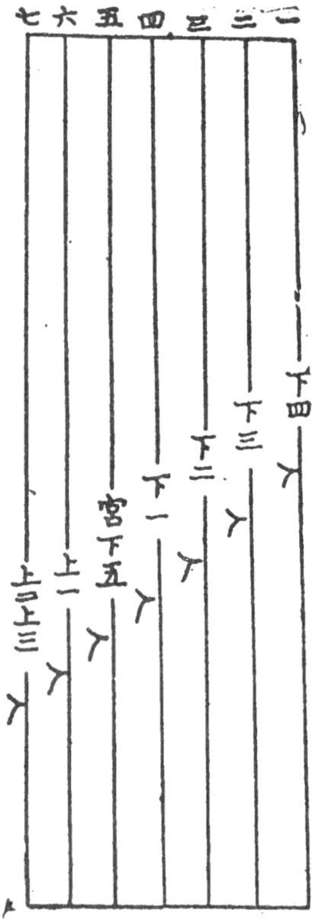

악서에 이르기를「당대에 아쟁(軋箏)이 있었는데 대쪽으로 그 현을 물에 적셔 가지고 그어 당긴다」하였다。

상고해 보면 아쟁을 만드는 제법은 대쟁과 같으나 다만 몸체가 조금 작고 현은 七현이다。 제 一현이 조금 굵고 제 七현에 이를수록 점차로 가늘게 한다。 출단화나무(黜檀花木) 푸른 껍질을 긁고에 송진(松脂)을 발라 가지고 그어 당긴다. 현에는 겸용하는 현이 있으니 만일 본현(本絃)에 높은 소리의 률을 쓰려면 힘써 누르고 오른손으로 그어 당기며 왼손으로 기둥 뒤를 누른다. 옛적에는 당악에만 썼으나 지금엔 향악에도 쓴다.

당저(唐笛)

節上長短無定制

吹孔

一 左食指按
二 左長指按
三 左名指按
四 右食指按
五 右長指按
六 右名指按
七 此孔不按

散形

	一	二	三	四	五	六	七
下五合	●	●	●	●	●	●	○
下四四	●	●	●	●	●	○	○
界下四一	●	●	●	●	○	○	○
下三上勾	●	●	●	○	○	○	○
下二尺	●	●	○	○	○	○	○
下一工	●	○	○	○	○	○	○

	一	二	三	四	五	六	七	
界下一 凡	○	○	○	○	○	○	○	
宮 六	○	●	●	●	●	●	○	力吹
上一 五	●	●	○	○	○	○	○	力吹
界上一	●	●	●	●	○	○	○	力吹
上二	●	○	●	●	○	○	○	力吹
上三	●	●	○	○	○	○	○	雖力吹清聲不出故用濁聲

笛通長一尺四寸八分 上端內徑三分強
下端內徑四分半
自上端至吹孔五寸二分
自吹孔至第一孔三寸六分
自第一孔至第二孔八分
自第二孔至第三孔八分弱
自第三孔至第四孔七分半
自第四孔至第五孔六分半
自第五孔至第六孔六分半強
自第六孔至第七孔七分
自第七孔至下端一寸五分半
吹孔長四分 廣三分半
每孔長二分強 廣二分弱

저의 전 길이 一척 四촌 八푼

상단 안 직경 三푼강

하단 안 직경 四푼반

상단에서 취공(吹孔)까지 五촌 二푼

취공에서 제 一공까지 三촌 六푼

제 一공에서 제 二공까지 八푼

제 二공에서 제 三공까지 八푼약

제 三공에서 제 四공까지 七푼반

제 四공에서 제 五공까지 六푼반

제 五공에서 제 六공까지 六푼반강

제 六공에서 제 七공까지 七푼

제 七공에서 하단까지 一촌 五푼반

취공의 길이는 四푼 넓이 三푼반

매 구멍 길이 三푼강、 넓이 二푼약 젓대 매듸는 두개、 매듸 우의 길이는 정한 촌법이 없다。

안법(按法)

제 一공은 외손 식지로
제 二공은 외손 장지로
제 三공은 외손 명지로
제 四공은 오른손 식지로
제 五공은 오른손 장지로
제 六공은 오른손 명지로 각각 누르고 제 七공은 누르지 않는다。

높은 소리는 힘써 불고 上三은 힘써 불어도 청성이 나지 아니 하므로 탁성을 쓴다。

문헌통고에 이르기를 풍속통(風俗通)에 「적(笛)은 척(滌) 즉 씻는다는 뜻이니 못되고 더러운 것을 씻어서 맑고 바른 것으로 만든다는 뜻이다。 길이는 四촌이며 구멍은 일곱이다。」 하였고 악서에 「적(笛)을 척(滌)이라 함은 못된 기운을 씻어 버리고 바른 소리를 낼 수 있기 때문이다」 하였다。

상고해 보면 당적의 제법은 여러해 묵은 누른 대를 가지고 만드니 전부 여덟 구멍이다。

당피리 (唐觱篥)

觱篥通長七寸九分 舌長二寸

自上端至第一孔二寸二分

自上端至後第二孔二寸六分

自第一孔至第三孔一寸

自第三孔至第四孔八分

自第四孔至第五六七八孔間

各七分漸漸弱

舌

內徑三分

散形

一 後二 三 四 五 六 七 八

下五 合 · 下四 四 · 界下四 一 · 下三上 句 · 下二 尺 · 下一 工

界下一 凡 · 宮 六 · 上一 五 · 界上一 力吹又力吹平上二 · 界上二 力吹 · 上三 力吹

피리의 전 길이 七촌 九푼

혀 길이 二촌

우 끝에서 제 一공까지 二촌 二푼

우 끝에서 뒤에 있는 제 二공까지 二촌 六푼

제 一공에서 제 三공까지 一촌
제 三공에서 제 四공까지 八푼
제 四공에서 제 五、제 六、제 七、제 八공까지의 사이 각각 七푼인데 차제로 조금씩 약하게 하다。

판 안 직경 三푼

(안법)

제 一공은 왼손 식지로
뒤 제 二공은 왼손 엄지로
제 三공은 왼손 장지로
제 四공은 왼손 명지로
제 五공은 오른손 식지로
제 六공은 오른손 장지로
제 七공은 오른손 명지로
제 八공은 오른손 소지로 각각 누른다。

악서에 이르기를 「피리(觱篥)를 비리(悲篥)라 하고 또 가관(笳管)이라고도 하는데 *강족(羌族) 구자(龜玆)의 악기다。 대로 관을 만들고 갈대로 머리를 만들며 형상이 호가(胡笳)와 같은데 구멍이 아홉이다」 하였다。

상고해 보면 당 피리 만드는 법제는 여러해 묵은 누른 대로 만들고 혀는 해죽(海竹)의 껍질을 깎어서 만든다。 상(上＝고선)、구(勾＝유빈)의 두 소리는 같은 구멍에서 나므로 지금은 구(勾) 공은 없이 하고 다만 여덟 구멍만 두며 제 二공은 뒤에 있다。

(주)

四七九 * 강족(羌族)＝종족의 이름。 본시 三묘(三苗)의 후손。 지금 중국 감숙성 림담(臨潭)、민현(岷縣)과 四천성 송반(松潘)、무현(茂縣) 등지에 산거한다。

퉁소(洞簫)

퉁소 원 길이 一척 九촌 二푼(대밑이 아래로 가게 한다)

우 끝에서 뒤 제 一공까지 六촌 七푼반

우 끝에서 청공까지 四촌 五푼

청공에서 제 二공까지 三촌 八푼

제 二공에서 제 三、제 四、五、六공까지의 매 구멍 사이 一촌 二푼

洞簫通長二尺九寸二分 竹本在下
自上端至後第一孔六寸七分半
自上端至清孔四寸五分
自清孔至第二孔三寸八分
自第二孔至第三四五六各孔間一寸二分
自第六孔至兩旁孔二寸六分半
自兩旁孔至下端二寸五分
竹上內徑五分弱
竹下內徑五分弱

散形

	㣿 合	下四 四	累下四 一	下五 㐆	下二 尺	下一 工
後一	●	○	○	●	●	●
二	○	○	●	●	●	●
三	○	○	●	●	●	●
四	○	○	●	●	●	○
五	○	○	●	●	○	○
大	○	○	●	○	○	○

	累下一 凡	宮 六	上一 五	累上一	累上二	上三
後一	●	●	○	○	●	●
二	●	○	○	●	●	●
三	○	○	○	●	○	●
四	○	○	○	●	○	●
五	○	○	○	●	○	○
大	○	○	○	●	●	●
		力吹	力吹	力吹又力吹爲上二	力吹	力吹

제 六공에서 땅 옆 구멍까지 二촌 六푼반
땅 옆구멍에서 아래 끝까지 三촌 五푼
대 우의 안 직경 五푼약
대 아래 안 직경 五푼강
(안협)

뒤 제 一공 왼손 엄지로

제 二공 왼손 식지로

제 三공 왼손 장지로

제 四공 오른손 식지로

제 五공 오른손 장지로

제 六공 오른손 명지로 각각 누른다。

(주법)

제면조 「上一」은 힘써 불고 또 힘써 불면 명조 「上二」가 된다。

석명에 이르기를 「퉁소는 소(簫)의 밑이 없는 것이다」 하였고 *왕 자연(王子淵)의 퉁소부(洞簫賦)에 「퉁(洞)이란 말은 통(通)한다는 뜻이니 밑이 없어우 아래가 서로 통한 것을 이름이니 그러므로 퉁소라고 한 것이다」 하였다。 *고려사 악지(高麗史樂志)에 「퉁소는 구멍이 여덟이라」 하였다。

상고하건대 퉁소 만드는 제법은 여러해 묵은 누른 대로 만들며 옷끝 앞면을 후벼 파서 구멍을 만들고 아래 입술을 대고 불면 소리가 구멍으로부터 나온다。 모두 아홉 구멍인데 옷 끝으로부터 四촌쯤 되는 곳에 한 구멍을 뚫어 갈댓청(葭莩)을 붙여 불면 갈댓청이 진동하여 소리가 맑게 되니 이 구멍을 청공(淸孔)이라 한다。 (*대함(大笒)、중함(中笒)、소함(小笒)도 이와 같이 한다。 갈댓청이란 것은 갈대 안의 엷은 청「精」이다) 누르는 구멍은 모두 여섯인데 제 一공은 뒤에 있고 아래 두 옆에 각각 한 구멍을 뚫는다.

(주)

四八二 * 왕 자연(王子淵)=중국 大조지대 북주(北周)의 사람 왕 포(王褒)의 자가 자연이니 왕 유신(王庾信)과 함께 문장 시인으로 이름이 높았다.

* 고려사 악지(高麗史 樂志)=서명 리조 세종조(世宗朝) 사람 정 린지(鄭麟趾)의 찬저한 고려사에 실린 악지(樂志)를 말한다.

* 대금(大笒)=악기명, 속칭 젓대 당적(唐笛)과 비슷하다. 취공(吹孔) 一, 청공(淸孔) 一, 허공(虛孔) 五개가 있다.

대 평 소 (大平簫)

銅口長 一寸 徑一分弱

蘆舌長 六分

通長 一尺五寸二分

木長 九寸二分

後孔 三 四 五 六 七 八

自上端至第一孔 三寸四分 每孔間一寸

自上端至後孔 三寸八分

銅八郎長 五寸 徑四寸四分

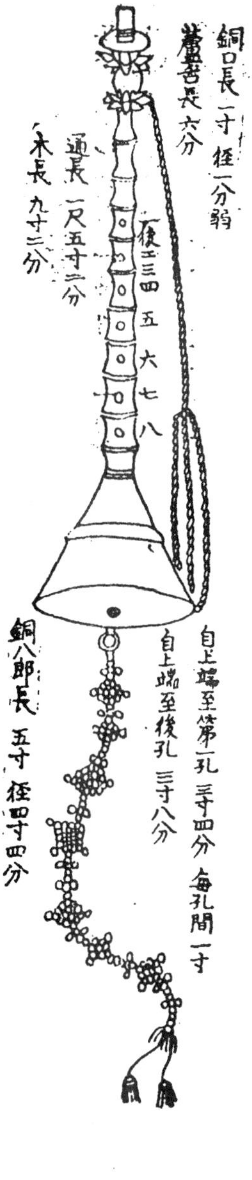

전 길이 一척 五촌 二푼

나무 길이 九촌 二푼

동구(銅口) 길이 一촌 직경 一푼약

갈대 혀 길이 六푼

웃 끝에서 제 一공까지 三촌 四푼

웃 끝에서 뒤 구멍까지 三촌 八푼

매 구멍 사이 一촌

*동팔랑(銅八郞) 길이 五촌 직경 四촌 四푼

상고해 보면 대평소를 만드는 제법은 오매(烏梅)、산유자(山柚子)、대추(大棗)、황상(黃桑)、황양(黃楊) 등 성질이 단단한 나무로 만드는데 그 속을 뚫어 비게 하고 겉쪽은 대 마디와 같이 하고 우 아래 끝은 동(銅)으로 만드나 혀는 덩굴 갈대로 만든다。 모두 여덟 구멍인데 제 二공은 뒤에 있다。 배률법은 향피리와 같으므로 여기서는 그림을 생략한다。 대평소는 본래 군중에서 쓰던 것인데 지금은 *정대업지악(定大業之樂)의、소무(昭武)、분웅(奮雄)、영관(永觀)장 등에 겸해 쓴다。

(주)

四八四 ＊ 동팔랑(銅八郎)=대평소에 붙은 주석 나팔。
＊ 정대업지악(定大業之樂)=리조 아악 곡명(권四 아부악 참조)。

향부 악기 도설(鄕部樂器圖說)

현금(玄琴)

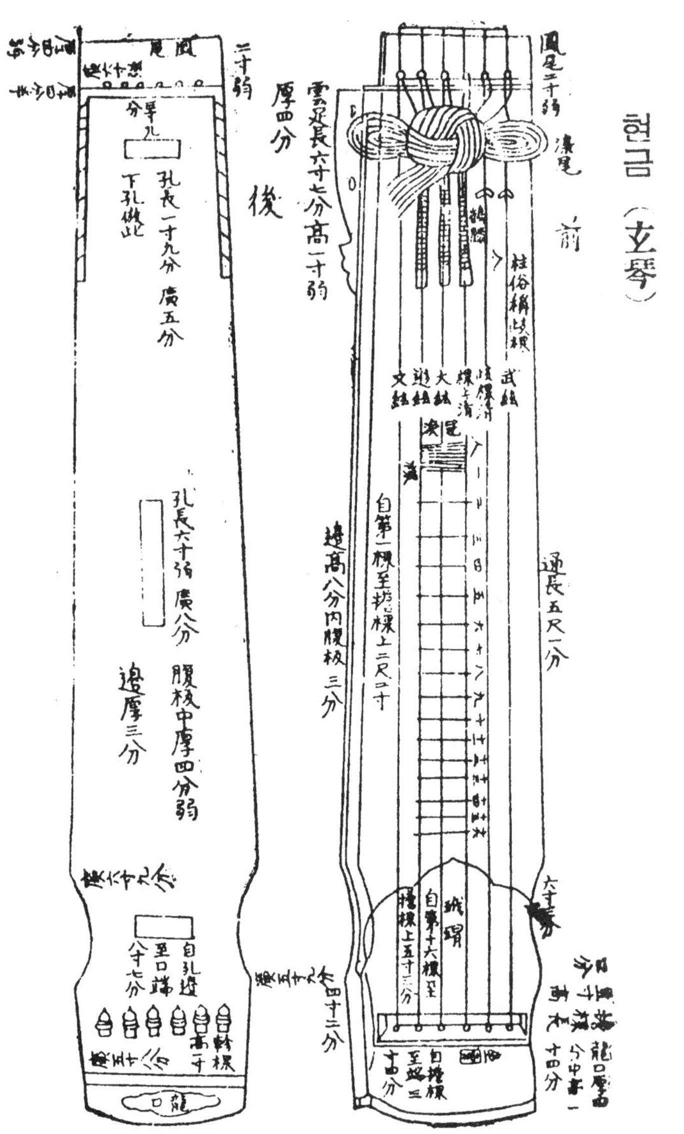

제법 (전면)

전 길이 五척 一푼

담파(擔棵)에서 끝까지 三촌 四푼, 머릿가 끝에서 목에 이르기까지 四촌 二푼

복 길이 六촌三푼

제 十六파(棵)에서 담파 우에까지 五촌 三푼

제 一파(棵)에서 담파 우가지 二척 二촌

봉미(鳳尾) 길이 二촌약

담파(擔棵) 길이 五촌, 높이 三푼

*룡구(龍口) 두께 四푼 (판자 두께를 말한다‖역자)

룡구 한가운데 높이 一촌 四푼

변두리 높이 八푼, 그중 복판 두께 三푼

운족(雲足) 길이 六촌 七푼 높이 一촌약 두께 四푼

(후면)

봉미 넓이 六촌강, 끝 두께 四푼약

운족과 접속된 곳의 두께 四푼강

웃구멍에서 봉미까지 三촌 九푼

옷구멍 길이 一촌 九푼 넓이 五푼 (머디 아랫 구멍도 촌법이 이와 같다)

한가운데 구멍의 길이 六촌약, 넓이 八푼

복판 가운데 두께 四푼약, 가 두께 三푼

어깨 넓이 六촌 九푼

목 우의 넓이 五촌 八푼

머리 아래구멍에서 머리 끝까지 八촌 七푼

*진파(軫欙) 높이 一촌

숙장 *「가파」(岐欙)라 한다

기둥

높이 一촌 八푼, 가로 길이 二촌 二푼, 두께 七푼 (세개가 다 같다)

高一寸八分 [illegible] 一分 厚七分 上下同

第一欙 高二寸四分 中厚三分弱 邊厚二分 廣二寸七分

第十六欙 高四分 中厚一分半 邊厚一分 廣二寸四分

제一과

높이 二촌 四푼 넓이 二촌 七푼

가운데 무께 三푼약, 가 무께 二푼

제十六과

높이 四푼 넓이 二촌 四푼

가운데 무께 一푼반 가 무께 一푼

악시조(樂時調)—평조 평조(平調)는 五조안의 첫조다. 일지(一指)는 협종 고선중이나 조현법(調絃法)은 무현, 당청(기괘청, 괘상청, 당현을 말한 것—역자)과 유현이 황종 고선, 대현이 태주 남려, 문현이 무역, 응종이 되며 각 현이 다 산성(散聲)이다. 뒤에도 이와 동일하다. 이지(二指)는 중려 유빈중이나 무현 당청 유현이 중려 유빈, 대현이 무역, 응종, 문현이 황종이 된다. 삼지(三指)는 협종중이나 무현 당청, 유현이 협종, 대현이 황종, 문현이 대려 태주가 된다. 횡지(橫指)는 아주 남려중이니 무현의 당청, 유현이 배 남려, 대현이 대려 태주, 문현이 협종 고선이 된다. 때마다 현 오른 쪽에 율명(律名) 즉 『合, 四, 一, 上』를 속칭함을 쓰고 밖 가운데 『四, 上一, 上二, 下五, 下四』의 명칭 및 시용(時用) 『궁, 상, 각, 치, 우』를 쓰고 변 ... 調의 『궁, 상, 각, 치, 우』를 쓴다. 뒤에도 이와 동일하다.

散形

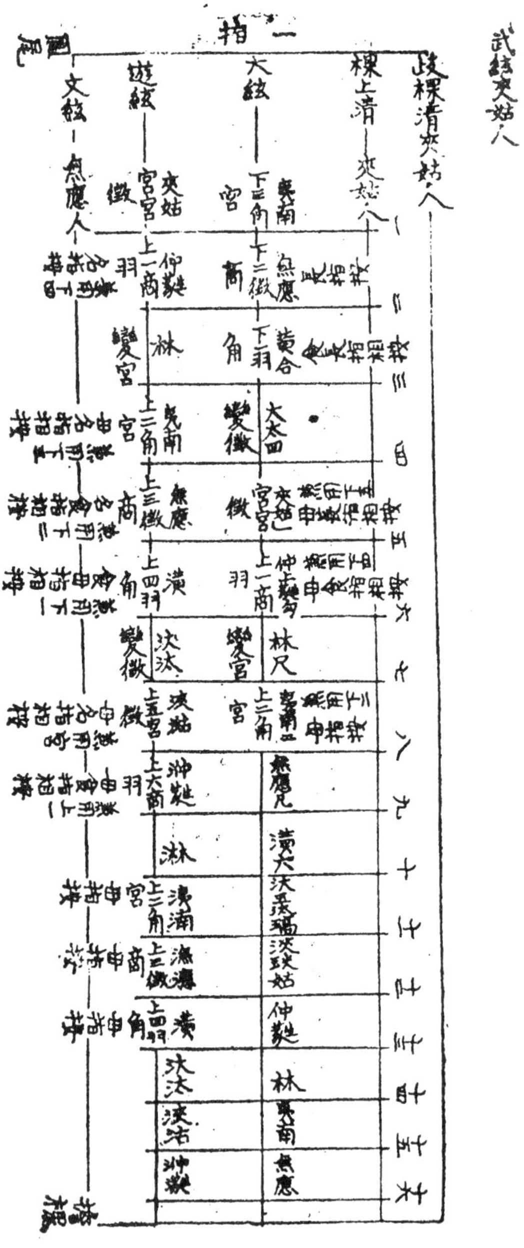

武絃夾姑八

	棵上清	大絃	遊絃	文絃
一拍	夾姑八	夾南 下二角 宮	夾姑 宮宮 徵	無應人
一	林棵	無應 下二徵 商	仲蕤 上一商 羽	無應下四 仁名指撃
二	林棵林	黃合 下羽 角	林 變宮	
三		大太四 變徵	夾南 上二角 宮	無應下五 申名指挑撃
四	無上四 申棵夾	夾姑 宮宮 徵	無應 上三徵 商	無應下二 仁食指挑撃
五	仲上四 申棵仲	仲蕤 上一商 羽	潢 上四羽 角	無應下一 申食指挑撃
六		林尺 變宮	汰汰 變徵	
七	三上四 申棵	夾南 上二角 宮	夾姑 上五宮 徵	無應合 申名指挑撃
八		無應尺	㶂蕤 上六商 羽	無應上一 申食指挑撃
九		潢六	淋	
十		汰汰	[illegible] 上二角 宮	申挑撃
十一		浹姑	潕[illegible] 上三徵 商	申挑
十二		仲蕤	潢 上四羽 角	申挑撃
十三		林	汰汰	
十四		夾南	浹姑	
十五		無應	㳞蕤	
十六				搖撥

圖尾

우조(羽調) — 평조。

횡지는 이측 남려궁이니 조현법은 무현、기패청、대현、문현이 이측 남려가 되고 패상청、유현이 협종 고선이 된다。 락시조 일지를 변조하여 횡지(橫指)를 만드니 횡지는 본래 락시조이나 현이 너무 급하기 때문에 지금은 혹 우조를 만들어서 탄주한다。 우조는 무여 옹종궁이니 무현、기패청、대현、문현이 무역 응종이 되고 패상청 유현이 중려 유빈이 되니 즉 락시조의 이지변조(二指變調)이다。 팔조(八調)는 청황종궁이니 무현 기패청 대현 문현이 황종이 되고 패상청 유현이 협종이 되니 즉 락시조의 삼지변조(三指變調)이다。 락조(邀調)는 청대려、청태주궁이니 무현、기패청、대현、문현이 대려 태주가 되고 패상청 유현이 이측 남려가 되니 즉 락시조의 횡지변조(橫指變調)이다。 이상에서 말한 락시조 우조는 다 五조안의 치조 이다。

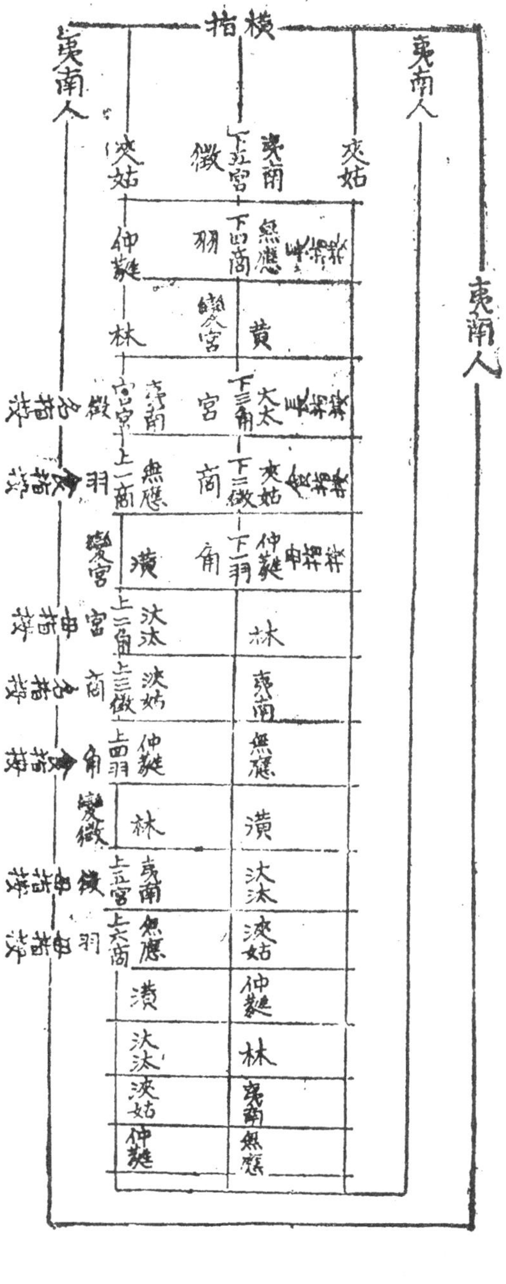

橫指

夷南人	夷南人			夷南人
夾姑	夷南	徵	夾姑	
	無應	羽	仲蕤	
	黃	變宮	林	
	大太	宮	夷南	徵
	夾姑	商	無應	羽
	仲蕤	角	潢	變宮
	林		汏太	宮
	夷南		浹姑	商
	無應		仲蕤	角
	潢		林	變徵
	汏太		夷南	徵
	浹姑		無應	羽
	仲蕤		潢	
	林		汏太	
	夷南		浹姑	
	無應		仲蕤	

(주)

四八七 * 룡구(瀧口)=현금 머리박 우에 뚫은 구멍.

四八八 * 진괘(軫棵)=현금 후면에 있는 나무로 만든 현을 잡아 매는 것.

* 기괘(岐棵)=속칭 「기패」니 현을 고이는 기둥이다.

막시조(계면조—界面調) 五조안의 우조(羽調)다. 일지 아지 삼지 횡지가 있다.

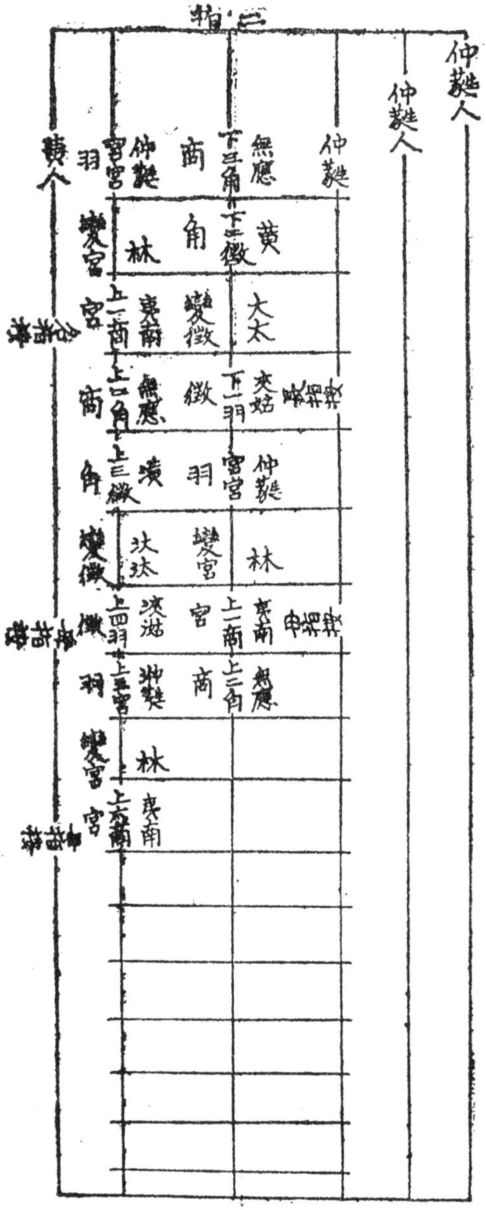

指二

仲蕤人

仲蕤人

仲蕤	無應	下三角	商	仲蕤	宮宮	羽
	黄	下二徵	角	林		變宮
	大太		變徵	東南	上一商	宮
	夾姑	下一羽	徵	無應	上二角	商
	仲蕤	宮宮	羽	潢	上三徵	角
	林		變宮	汰汰		變徵
	東南	上一商	宮	湥潲	上四羽	徵
	無應	上二角	商	汼蕤	上五宮	羽
				林		變宮
				東南	上六商	宮

黄人

우조(계면조)

평지 우조 팔조 막조가 있다。이상에서 말한 타시조 우조는 다 五조안의 우조이다。

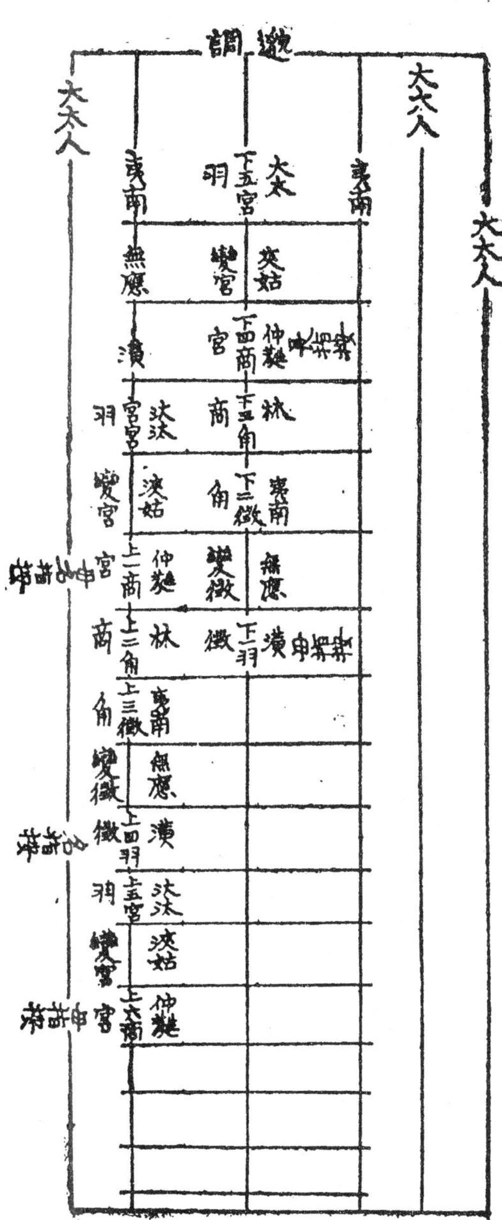

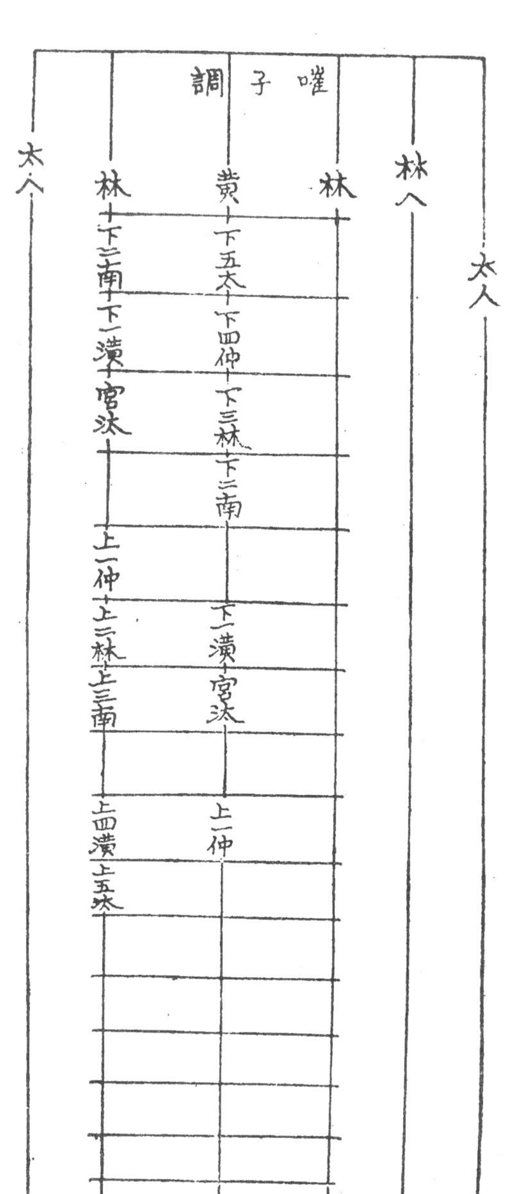

최자조(嗺子調)

태주궁 세면조이다。(조현법은 문현、무현이 태주、량청、유현이 림종、대현이 황종이 되니 즉 속칭 하림조(河臨調)이다。우식조(羽息調)와 동일하다。

락목조(啄木調)

황종궁 평조이다。조현법은 문현、무현、대현이 황종、
당청이 중려、유현이 림종이 되니 즉 속칭 궁조이다。

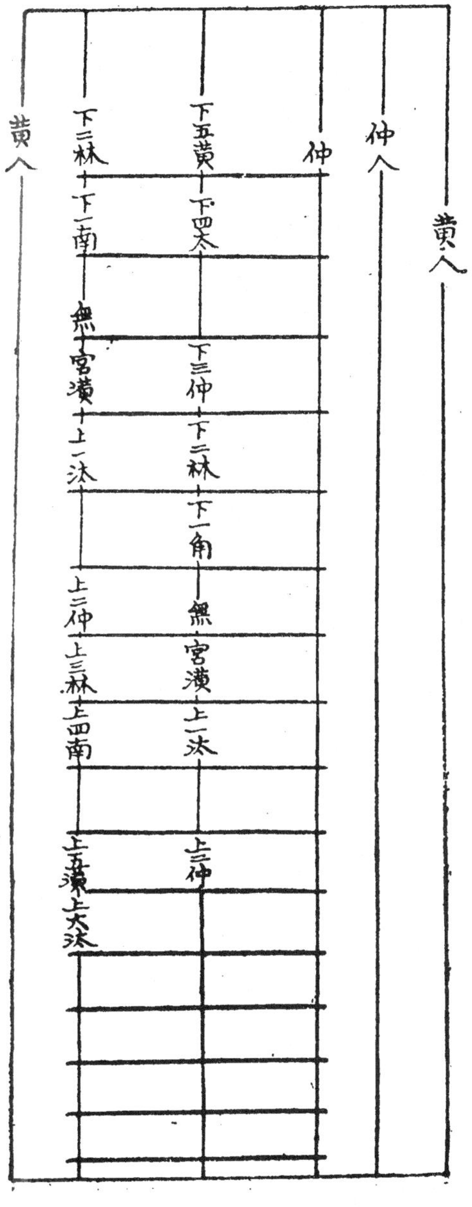

五조(五調)

궁조(宮調) 황종궁이니 다른 調의 안법(按法)도 이와 동일하다。
지금 쓰는 소표구락조(小拋毬樂調)가 이것이다。

律	位	音	律	位	音
黄	下五	宮			
太	下四	商			
姑	下三	角	應		變宮
蕤		變徵	潢	宮	宮
林	下二	徵	汰	上一	商
南	下一	羽	湽	上二	角
			蕤		變徵
			林	上三	徵
			南	上四	羽

상조(商調)

황종궁이니 다른 음도 이와 동일하다.

律名	譜	音	律名	譜	音
黃	下五	商	潢	宮	商
太	下四	角	汰	上一	角
姑		變徵	姑		變徵
仲	下三	徵	仲	上二	徵
林	下二	羽	林	上三	羽
南		變宮	南		變宮
無	下一	宮	無	上四	宮

각조(角調) 황종궁이니 다른 틀 모어와 통일하다.

율	괘	음	율	괘	음
黃	下五	角			
太		變徵			
夾	下四	徵			
仲	下三	羽	潢	宮	角
林		變宮	汰		變徵
夷	下二	宮	浹	上一	徵
無	下一	商	仲	上二	羽
			林		變宮
			夷	上三	宮
			無	上四	商

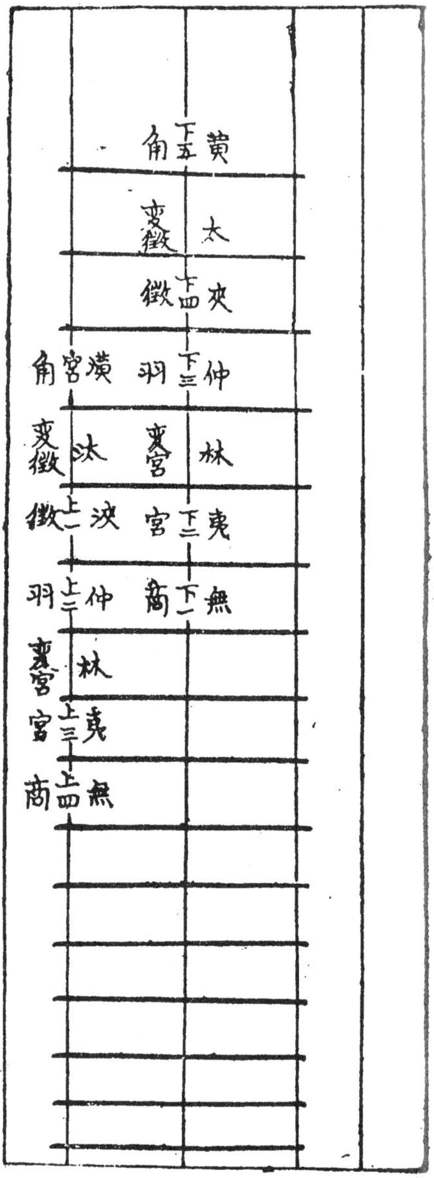

치조(徵調) 시용 평조이니 자세한 것은 앞의 본조 도표를 보라.

우조(羽調) 시용 계면조이니 자세한 것은 우의 본조 도표에 보라.

청풍체(淸風體) 또한 하림조(河臨調)라고 하며 혹은 『잉』(剩)이라고 칭하니 즉 고선궁이다. 조현법은 무현、기괘청、문현이 고선、대현이 태주、괘상청 유현이 남려가 되니 다 산성(散聲)이다.

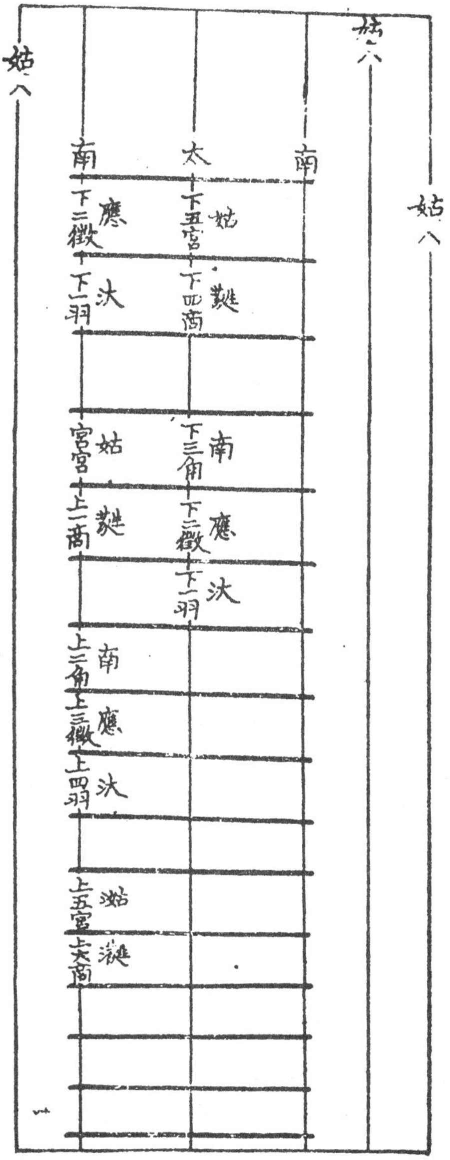

姑八

姑八

南

太
下五宮 姑
下四商 㽔
下三角 南
下二徵 應
下一羽 汰

南
下二徵 應
下一羽 汰
宮 姑
上一商 㽔
上二角 南
上三徵 應
上四羽 汰
上五宮 姑
上六商 㽔

姑八

삼국 사기에 이르기를 『거문고(玄琴)는 중국 아부악기인 「금」(琴)을 본떠서 만든 것인데 신라고기(新羅古記)에 "처음, 진대(晋—二六五—三一七년) 사람이 七현금(七絃琴)을 고구려에 보내였다。 당시 고구려의 제二상(相)인 *왕산악(王山岳)이 그 재법을 고쳐서 만들고 겸하여 곡조를 지어 탄주하니 이에 검은 학이 와서 춤을 추었다。 그리하여 현악금이라 이름을 지었었는데 뒤에 현금이라고 불렀다"』하였다。

상고해 보면 현금의 제법은 전면은 오동나무를 쓴다。 대체 오동나무는 민간에서 석상동(石上桐‖바위우에 난 오동나무‖역자)이라 이르는 것이 제일 좋다。 그러나 석상동이라 한지라도 땅우에서 七、八척쯤 올라가서 옹골통해서 선상문(旋狀紋)이 많은 것은 반드시 목리(木理‖나무결)가 지저분하여 금을 지어도 소리가 맑지 못한 것이니 모름지기 높게 가지가 난、선상문(旋狀紋)이 없고 결이 곧은 것을 택해야만 금을 만들 수 있다。 만일 높게 가지가 난 것을 얻는다면 비록 석상동이 아니라도 역시 좋다。 모든 오동나무로 만드는 악기는 나 이와 같다 후면은 밤나무를 쓰며 파(棵)는 *회나무(檜木)를 쓰고 *종려나무가 다음 간다。 장식품 용구「龍口」、*봉미「鳳尾」、*좌단「坐團」、담과「擔棵」、진과「軫棵一、운족「雲足」、주「(柱)—속칭 기패(岐棵)」 등은 화리 철양(鐵楊)、오매(烏梅)、산유자(山柚子)등 나무를 쓰며 *학슬(鶴膝)은 청형(靑荊‖속칭 청멸애) 을 쓰며 염미(染尾‖속칭 부들) 는 각색 진사나 혹은 푸른 색 물들인 목면사를 쓰고 *귀루(鬼淚)는 홍록색 전사를 쓰며 담과의 안쪽은 대모(빗갈이 누르고 두꺼운 것이 가장 좋다)를 붙인다。

모두 六현인데 대현이 가장 굵고 문현、무현이 다음 가며 괘상청이 조금 가늘고 유현이 다음으로 가는다。 술(匙)은 굵고 단단한 해죽(海竹)을 쓴다。

안법은 항상 왼손 소지를 문현 안쪽에 붙여서 그 소리를 제한하게 하고 소리를 취하려 할때엔 소지를 뗀다。 무명지를 유현에 대고 장지를 대현에 대여 만일 무명지를 누르면 문、대량현이 소리가 없고 만일 장지를 누르면 문、유、량현이 소리가 없기 때문에 실상 소리 나는 것은 누른 현 뿐이다。 대현에는 무명지를 쓰지 않으며 유현에는 장지를 쓰지 않고 오직 엄지 식지만 량현에 통용한다。 그러나 각각 열정하게 누르는 괘가 있으니 처음 배울 때에는 힘써 법식에 맞도록 할 것이며 익숙하여짐에 이르러서는 반드시 일정한 괘에 구애하지 않고 힘껏 예하면 탁시조에서 대현의 『上二』를 쓰려면 대현 제七괘를 힘껏 누르고 우조에서 유현의 『上二』를 쓰려면 유현 제六괘를 힘껏 누르는 것과 같은 것이니 지금 사람들이 이법을 잘 쓴다。 다른 악기에서도 이와 동일하다

눌러 가지고 다음 괘의 소리를 써도 무방하다。

탄법(彈法)은 오른 손으로 술을 잡고 술끝을 안으로 향하게 하고 문현으로부터 다섯 현을 순차로 그어 무현에 가서 그치는 것을 도(挑)라 하여 『乚』으로 표시하고 속칭 『ᄼ랭』이라 한다。 실제로 소리가 나는 것은 량청뿐이다。 술 끝이 밖으로 향하게 하고 무현으로부터 다섯 현을 역으로 그어 문현에 가서 그치는 것을 구(句)라 하여 『亅』으로 표시하고 속칭 『ᄂ랭』이라 한다。 실제로 소리가 나는 것은 량청과 누른 현 뿐이다。 만일 문、유、대、세 현을 뜯으면 술이 괘상청에 가서 그치는데 그것을 『丨』로 표시하고 속칭 『접술』이라 하며 또 괘상 기괘의 량청 현을 뜯으면 술이 무현에 가서 그치고 『一』로 표시하며 다만 한현만 뜯으면 『丶』로 표시하고 다만 한 현을 걸면 『丶』로 표시하고 속칭 『외술』이라 한다。 또 먼저 한 괘를 누르고 그 현을 뜯다가 곧 다른 괘를 갈아 누르고 그대로 먼저 뜯던 소리를 쓰면 도、구점(挑、勾點)이 없다。

*지법(指法)은 엄지는 『亅』、식지는 『ㅅ』、장지는 『ㄴ』、무명지는 『夕』 소지는 『小』로 표시한다。

현법(絃法)은 유현은 『方』、대현은 『大』、괘상청은 『上』、기괘청은 『又』、문현은 『文』、무현은 『止』로 표시한다。

괘명(棵名)은 따로 만들 필요가 없이 一、二、三、四로 표시한다。

합자법(合字法)은 예하면 엄지로 대현 제五괘를 누르고 다섯 현을 순으로 그으면 [illegible] 명지로 유현 제四괘를 누르고 다섯 현을 력으로 그으면 [illegible] 엄지로 유현 제八괘를 누르고 문、유、대、세 현을 동시에 뜯으면 [illegible] 식지로 유현 제六괘를 누르고 다만 그 현만을 뜯으면 [illegible] 장지로 대현 제二괘를 누르고 다만 그 현만을 걸면 [illegible] 엄지로 유현 제八괘를 누르고 그 현을 뜯다가 곧 제九괘를 갈아 누르고 그대로 먼저 뜯던 소리를 쓰면 [illegible] 식지로 대현 제三괘를 누르고 뜯다가 장지로 곧 제二괘를 갈아 누르고 그대로 먼저 뜯던 소리를 쓰면 [illegible] 로 각각 표시한다。 (다른 괘나 다른 현도 다 이와 같이 한다)

예하면 량 청현을 뜯으면 [illegible] 다만 괘상청만을 뜯으면 上 다만 기괘청만은 뜯으면 又 다만 문현만을 뜯으면 文 다만 무현만을 걸면 止 로 표시한다。

보법(譜法)은 강(綱)우에 첩서(疊書)할 경우에 「겹술」(巾匙)를 병용하면 더디고 느려서 강(綱)을 잃게 되므로 반드시 먼저 「겹술」을 쓰고 뒤에 구시(勾匙)를 쓸 것이며 만일 강(綱) 아래에 첩서(疊書)할 경우에는 도시 구시(挑匙·勾匙)를 병용해서 급하고 빠르게 한 것이다。

오른 손으로 술 잡는 그림

술 길이 八촌

술 끝 직경 二푼

왼 손 손가락 이름 그림

왼 손으로 현 누르는 그림

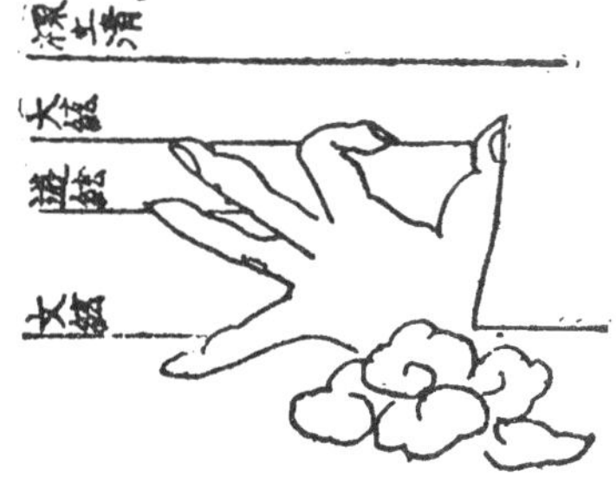

향비파(鄕琵琶)

(전면)

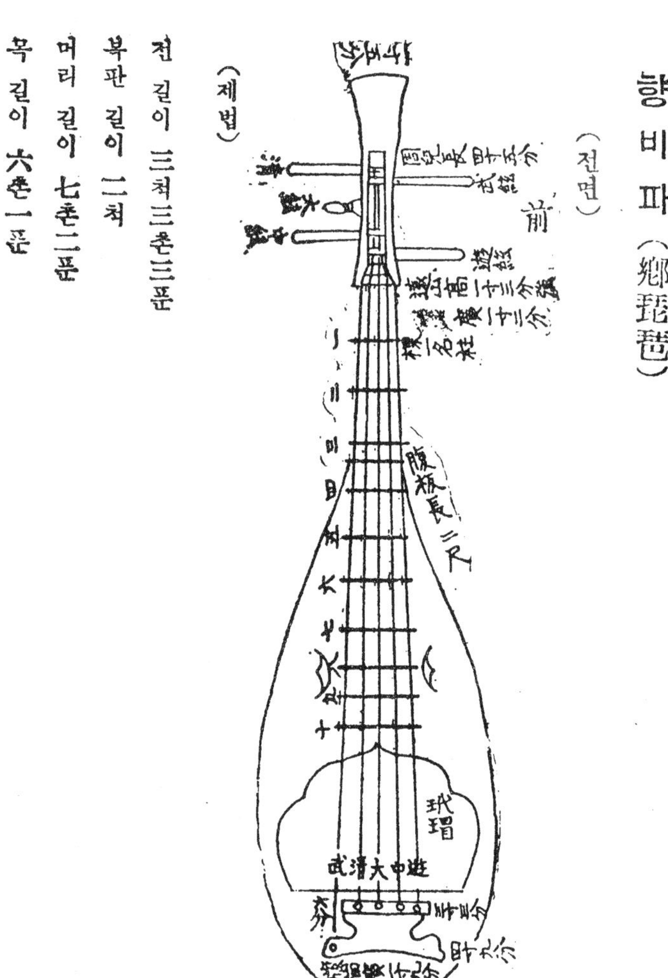

羽調

(제법)

전 길이 三척三촌三푼

복판 길이 二척

머리 길이 七촌二푼

목 길이 六촌一푼

(후면)

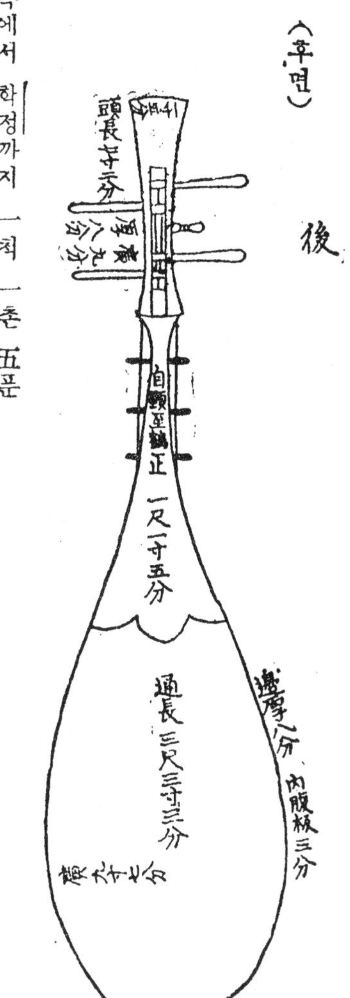

목에서 하정까지 一척 一촌 五푼

복판 넓이 九촌 七푼

머리끝 넓이 一촌 五푼

머리 가장 좁은 데 넓이 九푼

두께 八푼

갓 두께 八푼(그중 복판 三푼)

복수(腹出) 넓이 一촌 九푼

　　길이 四촌 九푼

담마(擔樑) 길이 三촌 三푼

넓이 六푼

돌개(周兒) 길이 四촌 五푼

원산(遠山) 높이 一촌 三푼강

넓이 一촌 二푼

락시조(樂時調) 평조。 계면조도 같다。 자세한 것은 아래의 본 설명을 보라。 우조도 역시 마찬가지다。 일지(一指)는 고선궁이니 고현법은 청현이 고선 중현、 무현이 남려、 유현이 청대려가 되는데 모두 산성(散聲)이다。 다른 조도 이와 같다。 이지(二指)는 중려궁이니 현、 청현이 중려、 중현 무현이 무역、 유현이 청태주가 된다。 삼지(三指)는 림종궁이니 대현、 청현이 림종、 중현 무현이 황종、 유현이 고선이 된다。 횡지(橫指)는 남려궁이니 대현、 청현이 남려、 중현、 무현이 태주、 유현이 유빈이 된다。

(안법)

우조(羽調)

청지(徵指)는 남려궁이니 조현법은 대현、청현이 고선、중현、무현이 남려、유현이 대려가 된다。 우조는 응종궁이니 대현、청현이 유빈、중현、무현이 응종、유현이 고선이 된다。 八조는 청 황종궁조이니 대현 청현이 임종、중현 무현이 황종、유현이 중려가 된다。 막조(邈調)는 청 태주궁이니 대현、청현이 남려、중현、무현이、대주、유현이 임종이 된다。

羽調

姑	應	蕤	蕤	應
	姑 下三角 宮	應 下五宮 徵		
應 宮宮 徵	蕤 下二徵 商	大 下四商 羽		
汰 上二商 羽	夷 下一羽 角	姑 下三角 宮		
姑 上三角 宮	應 宮宮 徵			
蕤 上三徵 商	汰 上一商 羽			
夷 上四羽 角				
應 上五宮 徵				
汰 上六商 羽				

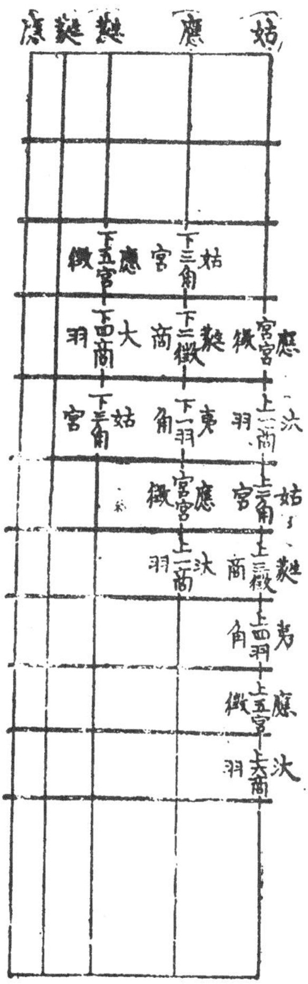

청풍체(淸風體)

또는 하림조(河臨調)라고도 하고 혹은 잉(剩)이라고도 칭하니 즉 고선궁이다。 조현법은 대현、무현이 남려、중현이 대려、청현이 고선、유현이 유빈이 된다。

一指

蕤 大 南 姑 南

南 下三角 宮 姑 下五宮 徵

姑 宮宮 徵 應 下二徵 商 蕤 下四商 羽

蕤 上一商 羽 汰 下一羽 角

南 上三角 宮 姑 宮宮 徵

應 上四徵 商

汰 上四羽 角

潢宮 蕤商 上五 上六 徵 羽

用上六則力按之

삼국사기에 이르기를 『향비파는 당비파의 제도와 대동소이(大同小異)하고 신라 시대에 시작된 것이나 다만 누가 만들었는지 알 수 없다。』 하였다。

상고해 보면 향비파의 제법은 뒤는 밤나무、복판은 오동나무를 쓰고 괘와 및 장식하는 나무는 현금과 같이 한다。 모두 五현인데 대현이 제일 굵고 무현、중현이 조금 가늘고 청현이 그 다음이며 유현이 가장 가늘다。 복판에는 대모(玳瑁)를 붙이고 술은 철뉴목(鐵杻木)을 쓴다。

안법(按法)은 계면조의 『上一』 『上四』 『下一』 『下四』는 본괘에서 힘써 누른다。 (우조 계면도、와 같이한다)

우조의 평조 『下一』은 조금 소리가 높아서 률에 조화되지 않으므로 『下二』 괘를 힘써 눌러서

쓴다。 현법은 청현을 『ツ』로 표시하고 무현、대현、중현、유현은 역시 현금 당비파의 현법과 같이 한다。

합자법(合字法)은 례하면 식지로 유현 제 七괘를 누르고 장지로 대현 중현에 대고 다섯 현을 순으로 그은 것을 [illegible] 으로 표시하여 속칭 『조쟁』이라고 하나 실제 소리나는 것은 무현、청현과 누르는 현 뿐이다。 대체 「조쟁」할 매에 먼저 무현、청현을 두 번 치고 곧 다섯 현을 그으면 그 소리를 칭칭 「조쟁」이라 하나 속칭 『접술』이라 한다

명지로 유현 제 八괘를 누르고 다만 그 현만을 뜯으면 『[illegible]』、장지로 대현 제 六괘를 누르고 다만 그 현만을 뜯으면 『[illegible]』、식지로 중현 제 五괘를 누르고 다만 그 현만을 뜯으면 『[illegible]』로、각각 표시하고 만일 무현、청현을 뜯으면 『[illegible]』로 표시한다。 다른 괘와 다른 현도 이와 같이 한다。 권시 구법(勾法)은 없다

집시도(執匙圖)

술 길이 七촌 五푼

가야금(伽耶琴)

(제법)

전 길이 五척령五푼、넓이 一척

뒷 면 입 길이 三척 九촌 五푼

입 넓이 五촌 九푼

입 변두리 무께 四푼

입에서 상단까지 三촌 四푼

입에서 하단까지 三촌 三푼

입에서 밑판 변두리까지 二촌 一푼

복판 가운데 높이 一촌 三푼

담파 높이 (외측) 七푼

담파 높이 (내측) 五푼

담파 길이 七촌 三푼

담파 넓이 (외측 끝) 一촌

담과에서 끝까지 二촌 九푼

대 협 사이 六푼

양이두(羊耳頭) 가로길이 一치 二촌 八푼

징수리에서 하단까지 四촌 六푼

량 귀 넓이 一촌 六푼

목 길이 二촌 九푼(三푼은 삽입되였다。‖ 역자)

목 넓이 三촌 一푼

기막、(대) 가로길이 二촌

높이 一촌 五푼

가운데 두께 六푼

기패、(소) 가로길이 一촌 四푼

높이 一촌 一푼

가운데 두께 五푼

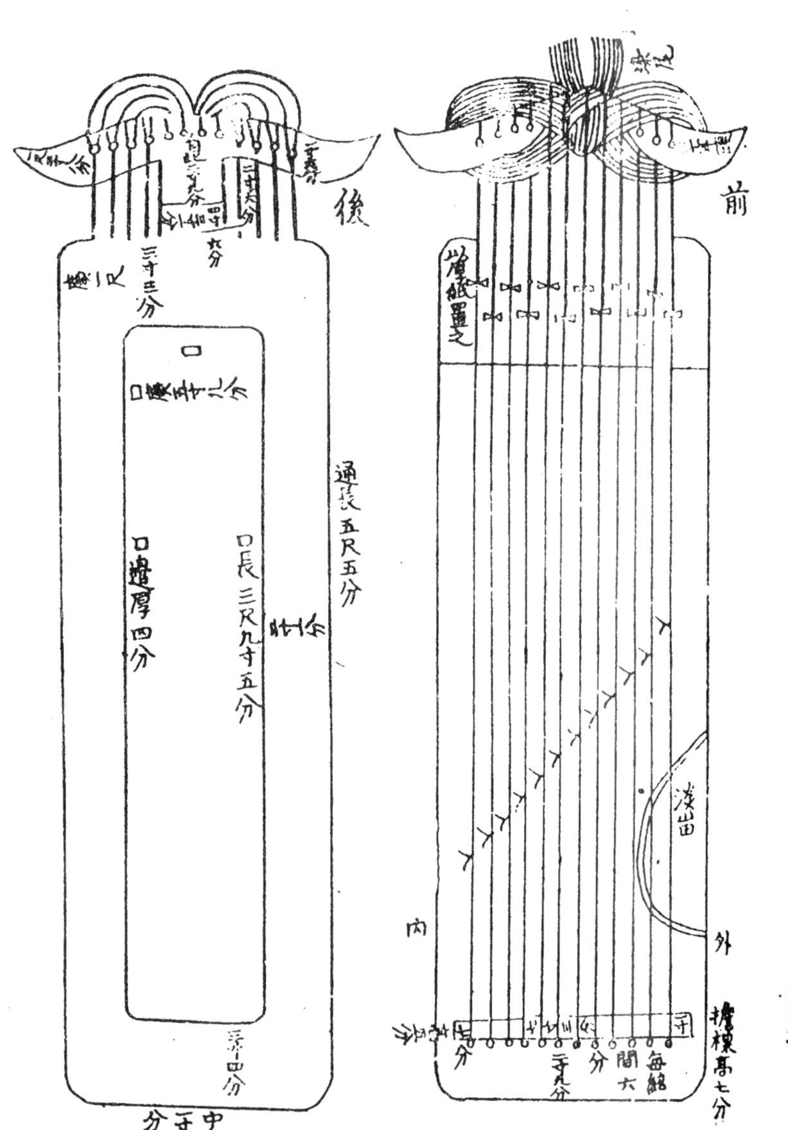

後
前
通長五尺五分
口長三尺九寸五分
口邊厚四分
內
外
每絃間六分
中高一寸三分

中厚六分
大者高一寸五分

小者高一寸一分
横長一寸四分
中厚五分

락시조(樂時調) 평조。

一지는 고선궁이다。 조현법(調絃法)은 제三현이 『下五』、제八현이 『궁』이 되니 모두 고선이며 제四현이 『下四』、제九현이 『上一』이 되니 모두 유빈이며 제五현이 『下三』、제十현이 『上二』가 되니 모두 남려며、제六현이 『下二』、제十一현이 『上三』이 되니 모두 응종이며 제七현이 『下一』、제十二현이 『上四』가 되니 모두 대려며 제一현 역시 남려이니 탁『下三』이며 제二현 역시 응종이니 탁『下二다』。 집써 누르면 『下一』이 되니 다른 조의 률『上、下、一、二』의 법도 다 같다。 二지는 중려궁이니 제三 제八현이 모두 중려며 제四、제九현이 모두 림종이며 제一、제五、제十현이 모두 무역이며 제二、제六、제十一현이 모두 황종이며 제七、제十二현이 모두 태주이다。 三지는 림종궁이니 제三、제八현이 모두 림종이며 제四、제九현이 모두 남려며 제一 제五 제十현이 모두 황종이며 제二、제六、제十一현이 모두 태주며 제七、제十二현이 모두 고선이다。 횡지는 남려궁이니 제三、제八현이 모두 남려며 제四、제九현이 모두 응종이며 제一、제五、제十현이 모두 태주며 제二、제六、제十一현이 모두 고선이며 제七、제十二현이 모두 유빈이다。 단음(短音)을 속칭 『별임』이라 한다。

산형(散形)

일지 도표

散形 商

指

絃		外 → 內
武絃	一	宮—南—下三角—∧
一清	二	商—應—下三徵—∧
二清	三	徵—姑—下五宮—∧
三清	四	羽—蕤—下四商—∧
四清	五	宮—南—下三角—∧
五清	六	商—應—下二徵—∧
遊絃	七	角—大—下一羽—∧
一短音	八	徵—姑—宮宮—∧
二短音	九	羽—蕤—上一商—∧
三短音	十	宮—南—上二角—∧
四短音	十一	商—應—上三徵—∧
五短音	十二	角—大—上四羽—∧

外　內

락시조(樂時調) 계면조。

조현법은 평조와 같다。 다만 「上一、上四、下二、下四」가 평조보다 한 律이 높다。 예하면 三지에서 평조는 「下一」이 고선이 되면 계면조는 「下一」이 중려가 되는 것과 같다。 우조 계면조도 이와 같다。

一指

현				
一	商	南	下三角	人
二	角	應	下二徵	人
三	羽	姑	下五宮	人
四	宮	林	下四商	人
五	商	商	下三角	人
六	角	應	下二徵	人
七	徵	太	下一羽	人
八	羽	姑	宮宮	人
九	宮	林	上一商	人
十	商	南	上二角	人
十一	角	應	上三徵	人
十二	徵	太	上四羽	人

우조(羽調) 평조

횡지(橫指)는 남려궁이다。 조현법은 제一현이 「下五」、제五현이 「궁」、제十현이 「上五」가 되어서 모두 남려며 제二현이 「下二」、제七현이 「上二」、제十二현이 「上七」이 되어 모두 태주며 제三현이 「下二」、제八현이 「上三」이 되어 모두 고선이며 제四현이 「下一」、제九현이 「上四」가 되어 모두 유빈이며 제六현이 「上一」이 되고 겸하여 「下四」에 쓰며 제十一현이 「上六」이 되니 모두 응종이다。 우조(羽調)는 응종이다。 제一、제五、제十현이 모두 응종이며 제二、제七、제十二현이 모두 고선이며 제三、제八현이 모두 유빈이며 제四、제九현이 모두 이칙이며 제六、제十一현이 모두 대려이다。 八조는 청황종궁이다。 제一、제五 제十현이 모두 황종이며 제二、제七、제十二현이 모두 중려이며 제三、제八현이 모두 림종이며 제四、제九현이 모두 남려이며 제六、제十一현이 모두 태주이다。 막조(邈調)는 청태주궁이다。 제一、제五、제十현이 모두 태주며 제二、제七、제十二현이 모두

[illegible]중이며 제三、제八현이 모두 남려며 제四、제九현이 모두 오중이며 제六、제十一현이 모두 고선이다

橫指

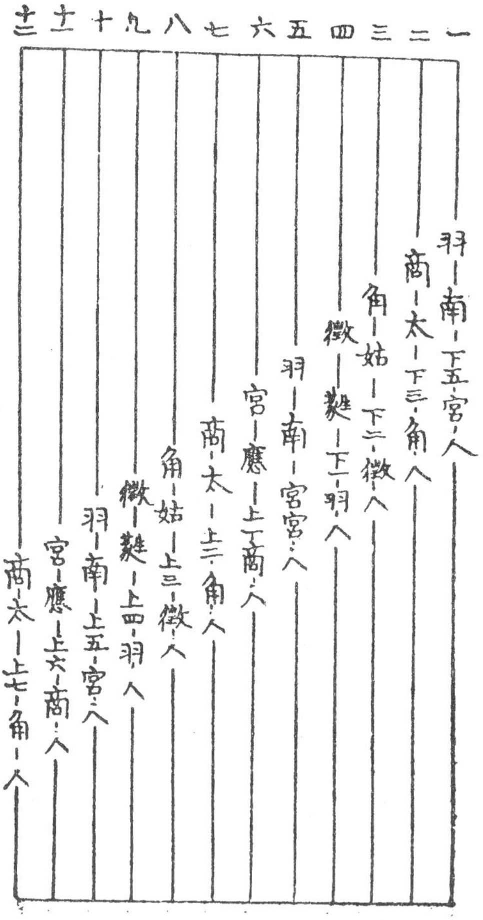

현	음	율	지법	음	
一	羽	南	下五	宮	人
二	商	太	下三	角	人
三	角	姑	下二	徵	人
四	徵	蕤	下一	羽	人
五	羽	南	宮	宮	人
六	宮	應	上一	商	人
七	商	太	上二	角	人
八	角	姑	上三	徵	人
九	徵	蕤	上四	羽	人
十	羽	南	上五	宮	人
十一	宮	應	上六	商	人
十二	商	太	上七	角	人

우조(羽調) 계면조

橫指

현	橫指
一	羽-南-下五宮-人
二	商-太-下三角-人
三	角-姑-下二徵-人
四	徵-林-下一羽-人
五	羽-南-宮宮-人
六	宮-潢-上二商-人
七	商-汰-上三角-人
八	角-姑-上五徵-人
九	徵-林-上四羽-人
十	羽-南-上五宮-人
十一	宮-潢-上六商-人
十二	商-太-上七角-人

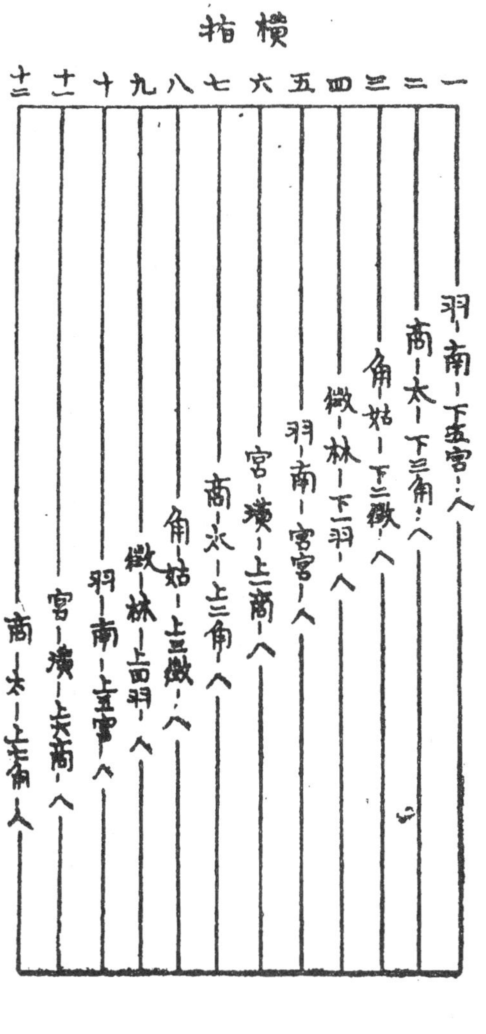

청풍체(淸風體)

하림조(河臨調)라고도 부르고 혹은 앵(鶯)이라고도 칭하니 즉 고선궁이다. 조현법은 제二현이 『下五』、제七현이 『궁』、제十二현이 『上五』가 되어 모두 고선이며 제三현이 『下四』、제八현이 『上一』이 되어 모두 유빈이며 제四현이 『下三』、제九현이 『上二』가 되어 모두 남려며 제一、제五현이 『下二』、제十현이 『上三』이 되어 모두 응종이며 제六현이 『下一』、제十一현이 『上四』가 되어 모두 대려이다

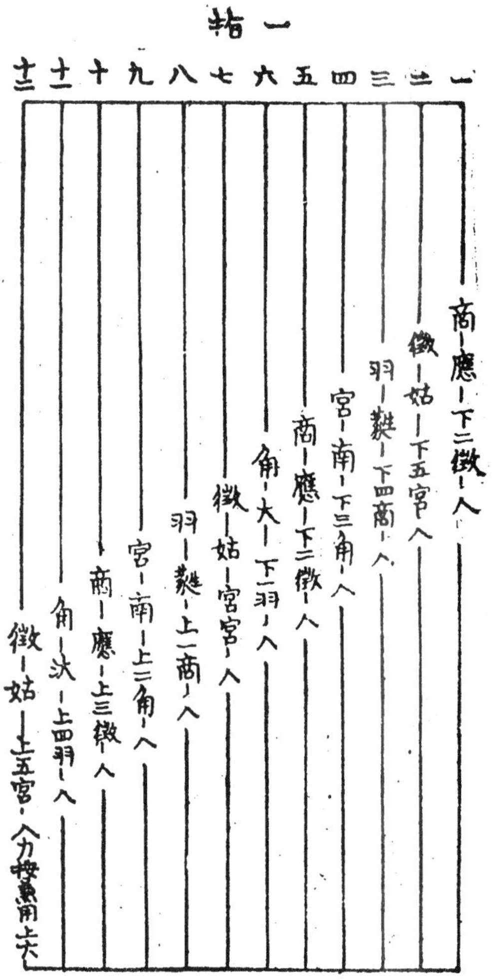

一指

현	
一	商—應—下二徵—人
二	徵—姑—下五宮—人
三	羽—蕤—下四商—人
四	宮—南—下三角—人
五	商—應—下二徵—人
六	角—大—下一羽—人
七	徵—姑—宮宮—人
八	羽—蕤—上一商—人
九	宮—南—上二角—人
十	商—應—上三徵—人
十一	角—汰—上四羽—人
十二	徵—姑—上五宮—人力按兼用上夫

삼국 사기(三國史記)(권三十一 잡지一 악조 참조‖역자)에 이르기를 『가야금(伽耶琴)은 쟁(箏)의 제도와 조금 다르나 대개는 같다』 하였고 신라 고기(新羅古記)에 하였으되 『가야국의 가실왕(嘉實王)이 당 나라 악기를 보고 이것을 만들었다』 하였다.

상고해 보면 가야금 만드는 제법은 오동나무로 만들고 장식목(裝飾木)과 염미(染尾)는 현급과 같이 하며 대개 장식등구는 애교풀을 써서 붙이지 아니한다。 양이두(羊耳頭)는 하단에 꽂고 담괘(擔棵)는 현 끝에 고인다。 모두 十二현인데 무현이 조금 굵고 *五단음(五短音)에 이를수록 점차로 가늘고 기패도 역시 점차로 낮아진다。 탄법(彈法)은 오른 손 엄지、식지、장지의 세 손가락을 번갈아 써서 탄다。

안법은 왼손 식지、장지、명지 세 손가락으로는 걸어 잡고 엄지 소지 두 손가락으로 현을 누르되 쌍현법(雙絃法)을 써서 반드시 같은 률의 현을 아울러 탄다。 례하면 엄지로 궁현을 타면 장지로 「下五」 현을 아울러 타고 엄지로 「上二」 현을 타면 장지로 「下三」 현을 타는 것과 같다。 (먼저 장지를 쓰고 다음 엄지를 쓴다) 현을 타는데 식지、장지 두 손가락을 쓰면 현 밖에서 걸고、엄지를 쓴면 현 안에서 건다。

• 합자법은 제 八현에 엄지를 쓰고 제 三현에 장지를 써 같이 타면 「仨」로 표시하여 속칭 「ㄷ댕」이라 하여 제 九현에 엄지를 쓰고 제 四현에 장지를 써서 같이 타면 「𠆩」로 표시하여 속칭 「ㄷ댕」이라 하며 식지로 다만 제 七현만을 타면 「七」로 표시하고 장지로 다만 제 五현만을 타면 「五」로 표시하며 엄지로 다만 제 十二현만을 타면 「仁」로 표시하고 제 一현에 무명지를 쓰고 제 三현에 식지를 써서 일시에 뜯으면 「夕三」로 표시한다。 (다른 손가락으로 다른 현을 탈때에도 이와 같이 한다)

왼손으로 안혀하는 그림

대함 (大笒)

중함、소함의 재법과 보법도 같다

內徑四分強

吹孔

清孔

一 左食指按

二 左長指按

三 左名指按

四 右食指按

五 右長指按

六 右名指按

此五孔俗云七星孔

內徑六分強

(제법)

대함 길이 二척 七촌 七푼

웃끝에서 취공(吹孔)까지 六촌 三푼

취공에서 청공(淸孔)까지 三촌 九푼

청공에서 제 一공까지 二촌 九푼반

제 一공에서 제 二、三、四、五、六공까지 매 구멍 사이 一촌 二푼강

제 六공에서 칠성 제 一공까지 二촌 九푼

칠성 제 一공에서 제 二공까지 一촌 七푼

칠성 제 二공에서 아래 구멍까지 一촌一푼

아래 구멍에서 아래 끝까지 二촌 七푼

취공의 길이 五푼、넓이 四푼반

매 구멍 길이 三푼 넓이 三푼약

칠성공은 조금 작다。

웃끝안 직경 四푼강、아래끝안 직경 六푼강。

안법(按法)

제 一공 왼손 식지로

제 二공 왼손 장지로
제 三공 왼손 명지로
제 四공 오른손 식지로
제 五공 오른손 장지로
제 六공 오른손 명지로 각각 누른다.

대합
일지 협종 신공 괴

散形

	下五夾姑	下四仲㽔	界下四林	下三夷南	下二無應	下一潢	界下一汰	宮浹湉
一	●	●	●	●	●	○	○	●
二	●	●	●	●	○	○	●	●
三	●	●	●	○	○	○	●	●
四	●	●	○	○	○	○	●	●
五	●	○	○	○	●	●	●	●
六	○	○	○	●	●	●	●	○

上一㳞㽔	界上一淋	上二潢湳	上三㶆潕	上四潢	界上四汰	上五浹湉	上六㳞㽔
●	●	●	●	○	○	●	●
●	●	●	○	○	●	●	●
●	●	○	○	○	●	○	○
●	○	○	○	○	●	○	●
○	○	○	●	●	○	○	●
○	○	●	●	●	○	●	○

竹通長二尺七寸七分
自上端至吹孔六寸三分
自吹孔至清孔三寸九分
自清孔至第一孔二寸九分半
自第一孔至第二三四五六每孔間一寸二分強
自第六孔至七星第一孔二寸九分
自七星第一孔至第二孔一寸七分
自七星第二孔至下孔一寸一分
自下孔至下端二寸七分
吹孔長五分 廣四分半
每孔長三分 廣三分弱
七星孔差小

二 지 궁 중대 유빈

음	1	2	3	4	5	6
下五仲㶋	●	●	●	●	○	○
下四林	●	●	●	○	○	○
界下四夷㶊	●	●	○	○	○	●
下三無㶁	●	○	○	○	●	●
下二黄	○	●	●	○	●	●
下一大太	○	●	●	●	●	●
界下一夾姑	●	●	●	●	●	○
宮㳞㶋	●	●	●	●	○	○

음	1	2	3	4	5	6
上一㵉	●	●	●	○	○	○
界上一潢㶊	●	●	○	○	○	●
上二潕㶁	●	○	○	○	●	●
上三潢	○	○	○	○	●	●
上四汰㳲	○	●	●	●	○	○
界上四浹㴌	●	●	○	○	○	○
上五㳞㶋	●	●	○	●	●	○
上六㵉	●	○	●	○	○	○

林鍾清中清則以右手食指權按清孔力吹乃出其聲後倣此

림둉의 청중청은 오른손 식지로 림시로 청공을 눌디 힘써 불면 곧 그 소리가 난다。 뒤에도 이와 같이 한다。

三지 림종궁

	一	二	三	四	五	六
下五林	●	●	●	○	○	○
下四夷南	●	●	○	○	○	●
界下四無應	●	○	○	○	●	●
下三黃	○	●	●	●	●	●
下二大太	○	●	●	●	●	●
下一夾姑	●	●	●	●	●	○
界下仲蕤	●	●	●	●	○	○
宮淋	●	●	●	○	○	○

上一洟湳	●	●	○	○	○	●
界上一潕應	●	○	○	○	●	●
上二潢	○	○	○	○	●	●
上三汰汰	○	●	●	●	○	○
上四浹㴑	●	●	○	○	○	○
上五淋	●	○	●	○	○	○
上六洟湳	○	○	●	○	○	○

平調則以界面調上一力吹為上二此法今人好用之雖異律法而用之久矣亦無妨若界面調則用本上二橫指羽調倣此

평조는 계면조의 『上一』을 김씨 불어 『上二』로 하니 이 법을 지금 사람들이 잘 쓴다. 비록 율법과는 다르나 쓴지가 오래고 역시 무방하다.

계면조에서는 본래의 『上二』를 쓰며 횡지 우조도 이와 같이 한다.

횡지

궁 이축 남려

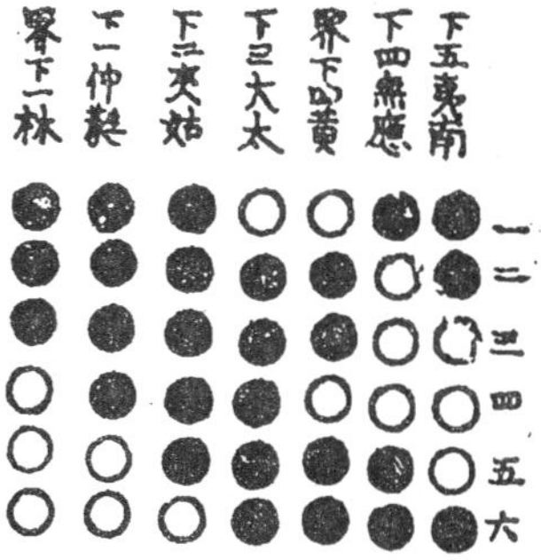

	下五夷南	下四無應	界下四黃	下三大太	下二夾姑	下一仲蕤	界下一林
一	●	●	○	○	●	●	●
二	●	○	●	●	●	●	●
三	○	○	●	●	●	●	●
四	○	○	○	●	●	●	○
五	○	●	●	●	●	○	○
六	●	●	●	●	○	○	○

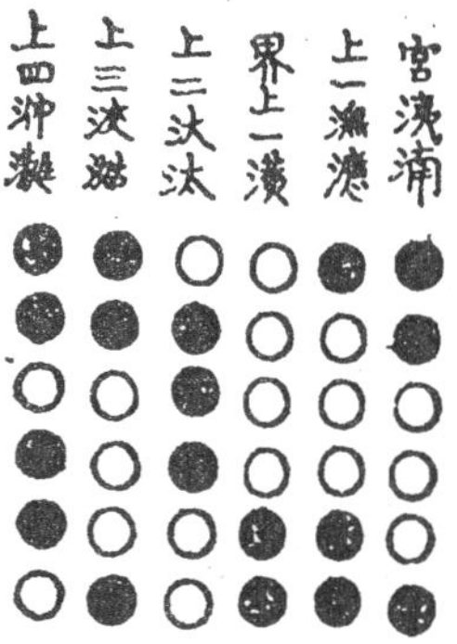

宮潢南	上一㶋應	界上一潢	上二汰太	上三浹姑	上四㶇蕤
●	●	○	○	●	●
●	○	○	●	●	●
○	○	○	●	○	○
○	○	○	●	○	●
○	●	●	○	○	●
●	●	●	○	●	○

우조

궁 무역 응종

	下五無應	下四黃	界下四大太	下三夾姑	下二仲蕤	下一林	界下一夷南
一	●	○	○	●	●	●	●
二	○	●	●	●	●	●	●
三	○	○	●	●	●	●	○
四	○	○	●	●	●	○	○
五	●	●	●	●	○	○	○
六	●	●	●	○	○	○	●

宮潢應	上一潢	界上一汰太	上二浹姑	上三㶇蕤	上四㶋
●	○	○	●	●	●
○	○	●	●	●	○
○	○	●	○	○	●
○	○	●	○	●	○
●	●	○	○	●	○
●	●	○	●	○	○

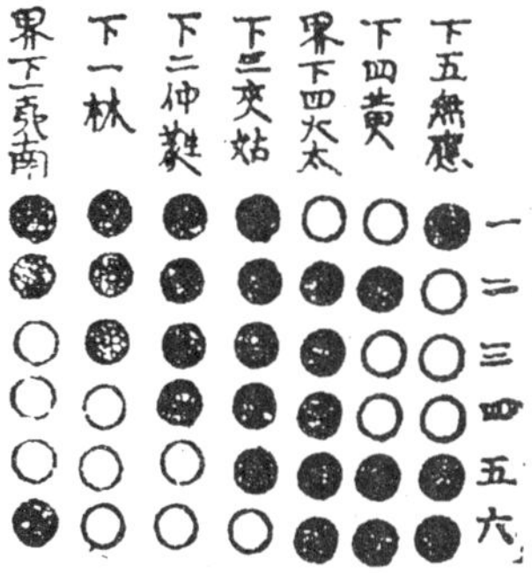

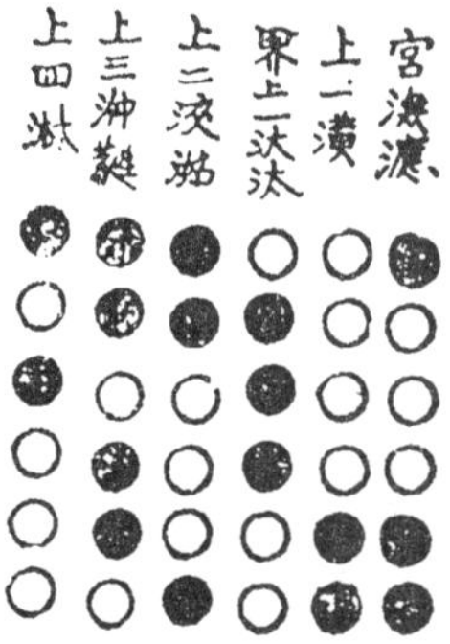

八조 (청 황종궁)

	一	二	三	四	五	六
合下五黄	○	●	●	○	●	●
凡下四大太	○	●	●	●	●	●
一界下四夾姑	●	●	●	●	●	○
上勾下二仲蕤	●	●	●	●	○	○
尺下二林	●	●	●	○	○	○
工下一夷南	●	●	○	○	○	●
凡 界下一無應	●	○	○	○	●	●
六 宮潢	○	○	○	○	●	●
五 上一汰汰	○	●	●	●	○	○
界上一浹湈	●	●	○	○	○	●
上二沖㶁	●	●	○	●	●	○
上三淋	●	○	●	○	○	○

마조(邀調) (청 대려 청 태주궁)

	一	二	三	四	五	六
下五大太	○	●	●	●	●	●
下四夾姑	●	●	●	●	●	○
界下四仲蕤	●	●	●	●	○	○
下三林	●	●	●	○	○	○
下二夷南	●	●	○	○	○	●
下一無應	●	○	○	○	●	●
界下一潢	○	○	○	○	●	●
宮汰汰	○	●	●	●	○	○
上一浹湈	●	●	○	○	○	●
界上一沖㶁	●	●	○	●	●	○
上二淋	●	○	●	○	○	○

삼국 사기에 이르기를「三죽(三竹)은 一이 대함(大笒)、二가 중함(中笒)、三이 소함(小笒)이니 역시 당적(唐笛)을 모방하여 만든 것이다。 이것도 또한 신라 시대에 생긴 것인데 누가 만든 것은 알 수 없다」하였다。

상고해 보면 대함을 만드는 법은 여디해 묵은 누른 대로 만들며 웃마디 아래에 취공(吹孔)을 파고 취공에서 三촌쯤 되는 곳에 청공(淸孔)을 파고 둘째 마디와 세째 마디 사이에 안공(按孔) 여섯을 나누어 판다。 그리고 세째 마디 아래에 허공(虛孔) 다섯을 파니 모두 十三공이다。 안법(按法)은 제 一공을 누르고 제 二、제 三、제 四공을 들기도 하며 혹은 제 一、제 二、제 三、제 四공을 다 들면 제 五、제 六공을 잠간 누르기도 하며 제 一、제 二공을 누르고 제 三、제 四、제 五 공을 들면 잠간 제 六공을 누르기도 하니 대개 롱조(弄操)에 편케 하기 위함이다。 다른 관(管)들도 동일하다。

소관자(小管子)

제법、길이에 있어서는
일정한 체재가 없다

안법、제 一공은 왼손 식지로
제 二공은 왼손 장지로

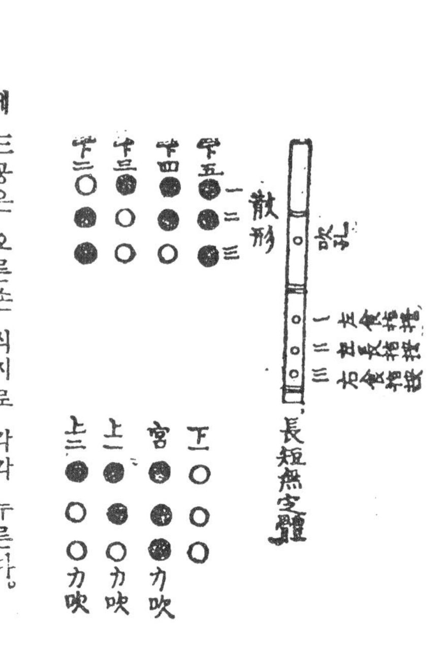

제 三공은 오른손 식지로 각각 누른다.

상고해 보면 소관자(小管子)는 나뭇군 아이들이 만들어 분 데서 나왔다고 생각된다. 연향(宴享)이나 제향(祭享)에서는 쓰는 데가 없으나 다만 그 소리 맑고 명랑하기 때문에 가지고 논다.

만드는 법은 여러해 묵은 누른 대로 만들며 혹은 체대(體大)한 날짐승의 뼈로 만들면 그 소리 더욱 청량하다.

초적 (草笛)

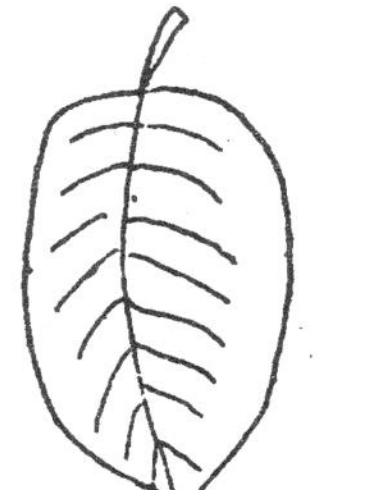

나무잎 그림

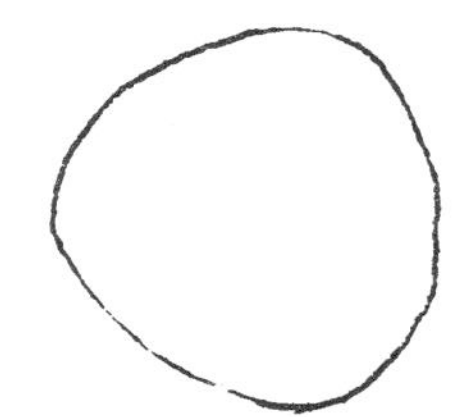

화피(樺皮)

상고해 보면 초적(草笛)은 예전에 복숭아 나무 잎을 말아 부는 법이 있었으니 옛 사람들이 이르기를 「나무 잎을 물어 휘파람 부니 그 소리 맑게 진동하는데 귤(橘) 나무 잎이나 유자(柚) 나무 잎이 더욱 좋다。」 하였고 또 말하기를 「갈대 잎을 말아 만들되 형상을 피리 혀(笳管) 같이 한다」 하였다。 지금 사람들은 화피(樺皮=벗나무 껍질=역자)를 잘 쓴다。 어떤 나무 잎이든지 빳빳하고 두꺼운 것은 다 쓸 수 있다。

나무 잎 상면(반질반질한 겉면=역자)을 말아 입에 물고 불면 소리가 웃입술로부터 나는 것이니 거기에서 나오는 소리가 현이나 관악기와는 달라 다만 불기를 늦추 불고 힘써 부는 데 따라 고、하옮음 내며 혀끝을 흔들어 어금이와 이 사이에 댔다 떼였다 하여 악조(樂調)에 맞게 하는 것이다。 초적을 배우는 데는 스승이 가르쳐 줌을 기다릴 것이 없고 먼저 악절(악곡 멜로디를 말한 것=역자)을 알면 누구나 다 가능할 수 있으니 휘파람노래(嘯歌)가 모든 악기와 소화되는 것과 마찬가지다。

향피리(鄕觱篥)

제법 길이와 굵기와 구멍의 직경은 정한 바 없다

안법 뒤에 있는 제 一공은 왼손 엄지로

제 二공은 왼손 식지로

제 三공은 왼손 장지로

제 四공은 왼손 명지로

제 五공은 오른손 식지로

제 六공은 오른손 장지로

제 七공은 오른손 명지로

제 八공은 오른손 소지로 각각 누른다。

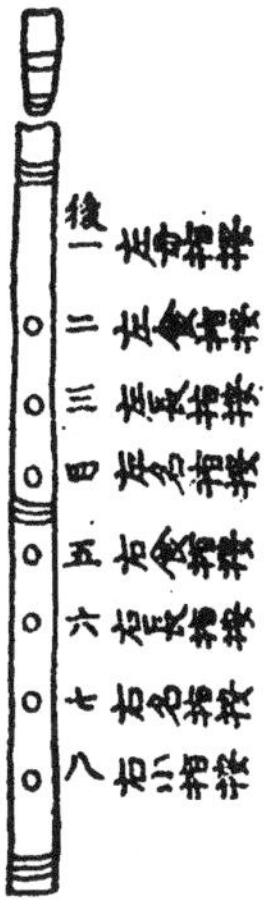

長短徑圓無定體

後一	二	三	四	五	六	七	八
左中指按	左食指按	左長指按	左名指按	右食指按	右長指按	右名指按	右小指按

散形

	後一	二	三	四	五	六	七	八
下五	●	●	●	●	○	○	○	○
下四	●	●	●	○	○	●	○	○
畧下四	●	●	○	●	○	○	○	○
下三	●	●	●	●	●	●	●	●
下二	●	●	●	●	●	●	●	○
下一	●	●	●	●	●	●	○	○
畧下一	●	●	●	●	●	○	○	○

	後一	二	三	四	五	六	七	八
宮	●	●	●	●	○	○	○	○
上一	●	●	●	○	○	●	○	○
畧上一	●	●	○	●	○	○	○	○
上二	●	●	○	○	○	○	○	○
上三	●	○	○	○	○	○	○	○
上四	○	○	○	○	○	○	○	○

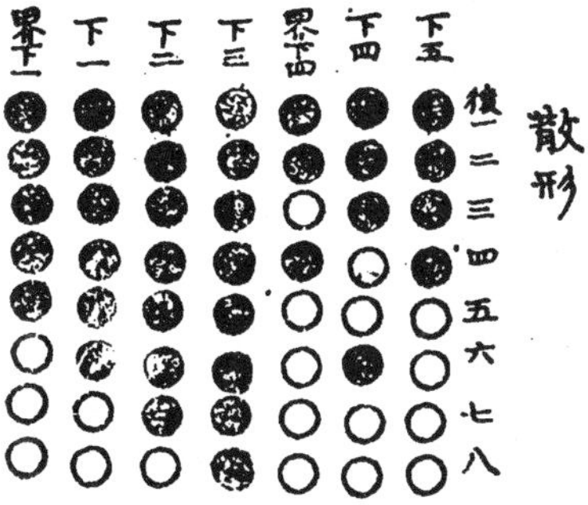

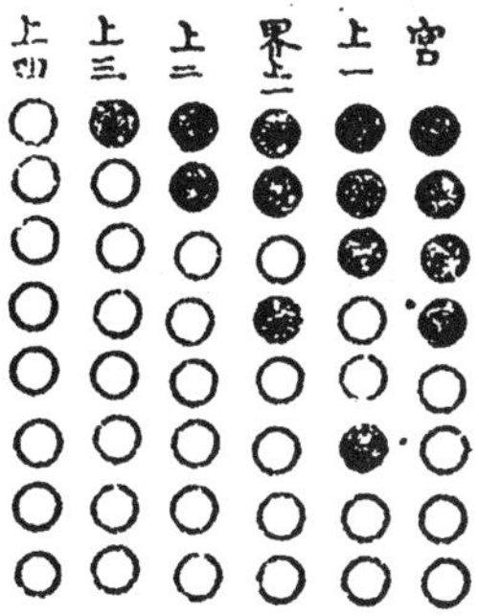

堅含舌口力吹兼用上五上六

『上四』는 저의 설구(舌口)를 단단히 물고 힘써 불어 『上五』『上六』으로 겸용한다。
설명은 앞에 있다。 당 나라의 제를 본받아 만든 것이니 여덟 구멍으로서 제 一공은 뒤에 있다。
『下五』、『下四』는 비록 써 놓기는 하였지마는 이 악기에 탁성이 없기 때문에 청성으로 꼭을 마치게 된다。 평조는 매 물에 제 六공을 잠간 누르며 계면조는 매 물에 제 七공을 잠간 누른다。

(주)

五〇〇 * 회나무(會木)=돼나무 즉 피목(槐木)、一명 느티나무。
* 종려나무(棕櫚)=열대지방 식물로 상록교목(常綠喬木)이다、우리 나라에는 생산하지 않는다。
* 봉미(鳳尾)=현금의 하체 즉 염미(染尾) 이하를 가리키는 이름。
* 좌단(坐團)=현금의 머리 뼈 담배에서 끝까지를 가리키는 이름。
* 학슬(鶴膝)=현금의 염미(染尾)우에 때상청、유현、대현、 밑을 청형(靑荊=청멸애)으로 장식한 부분。
* 귀루(鬼淚)=현금의 제 一괘 상측은 홍、묵색 명주실로 장식한 부분。
五〇一 * 지법(指法)=현금 보표에 손가락 명칭을 표시하는 법을 말한다。
五〇二 * 보법(譜法)=합자법을 가지고 보표를 작성하는 법。
* 강(綱)=금보의 구분선(區分線)을 가리키 말한 것。
* 도시(挑匙)=현금 탄법의 속칭「스랭」을 말하는 것。 즉 술대 끝을 안으로 향하게 하고 문현으로부터 순으로 다
섯 현을 그어 무현에 이르며 그치는 시법(批法)을 말한다。
五〇八 * 철뉴목(鐵杻木)=나무의 이름、싸리나무(樜)의 一종。
五一〇 * 입(口)=가야금 후면에 구형의 네귀를 약간 둥글린듯 한 못을 가리킨다。
五一二 * 양이두(羊耳頭)=가야금 하체의 마치 양의 머리 모양처럼 만들어 이렇게 부르게 된듯 하다。
五一九 * 五단음(五短音)=가야금의 제 八、제 九、제 十、제 十一、제 十二현을 말한다。

악학궤범 권七 끝

악학궤범 권八

당아정재의 의물 도해와 설명 (唐樂呈才 儀物圖說)

죽간자 (竹竿子) 二병

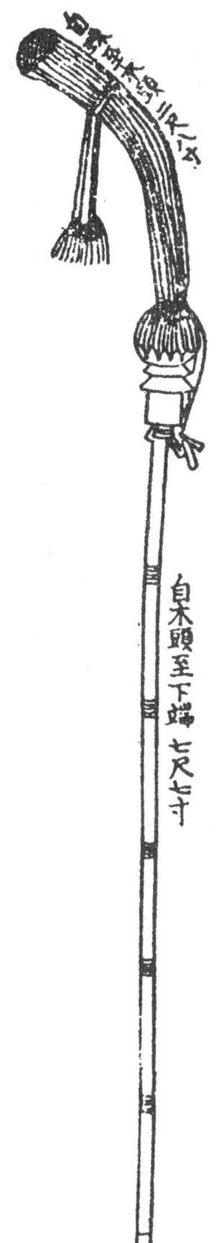

수정주에서 나무 머리까지 二척 八촌 나무 머리에서 아래끝까지 七척 七촌 대 굵기는 경 一촌 (다른 대의 굵기도 길다) 자루는 대로 만들어 주칠을 하고 등쪽(藤片)으로 감아 매며 아래 끝은 랍물입힌 쇠로 장식한다 (대개 의물의 자루들도 다 이렇게 한다) 조각한 나무 머리를 웃끝에 씌우고 또 가는 대 일백개를 모두 주칠을 해가지고 붉은 실로 묶어서 나무 머리 우에 꽂는데 매 대끝마다 한치 가량을 금박지(金箔紙)로 싸고 수정주(水晶珠)를 박는다。

인인장(引人仗) 二병

전 길이 八척 三촌

자루는 대로 만들고 주칠을 하고 꼭지(頂子)는 나무로 만들어 금박(金箔을) 올린다。

룡선(龍扇) 二벌

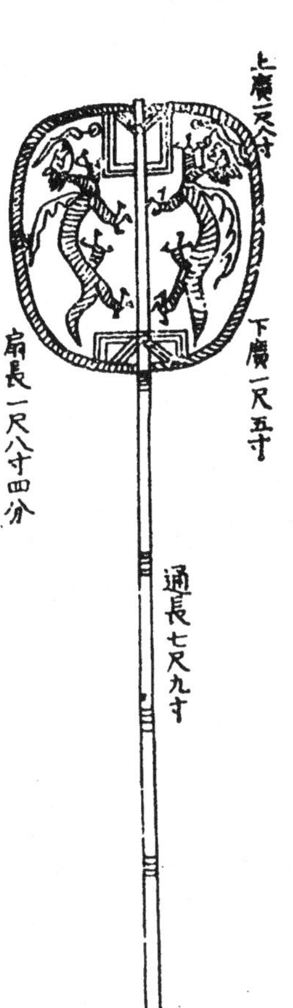

우 넓이 一척 八촌

아래 넓이 一척 五촌

부채길이 一척 八촌 四푼

전 길이 七척 九촌

자루는 대로 만들고 부채의 둘레는 쇠로 만들며 량 면을 홍단으로 싸는데 록색 실로 궤매고 채색으로 금룡(金龍)을 그린다。

봉선(鳳扇) 二병

그 만드는 법은 룡선과 같으나 채색으로 금봉(金鳳)을 량면에 그린다.

정절(旌節) 八병

木盖兒徑六寸

通長八尺許

전 길이 八척 三촌

나무덮개 경 六촌

자루는 대로、 꼭지는 나무로 만들며 모두 주칠을 하고 채색 그림을 그리며 나무덮개를 박는다。 홍、 록、 흑(紅、綠、黑) 三색 비단으로 三단 휘장을 지어 개(蓋)와 비슷하게 하되 작게 한다。 모두 일곱층으로 하는데 층마다 안에 구리방울 각 한개씩 달며 외면에는 삼색단 류소를 각각 세개씩 드리우고 모두 금화문(金花紋)을 박는다。

작선(雀扇) 二병

扇長一尺九寸六分

廣一尺六寸

通長七尺九寸

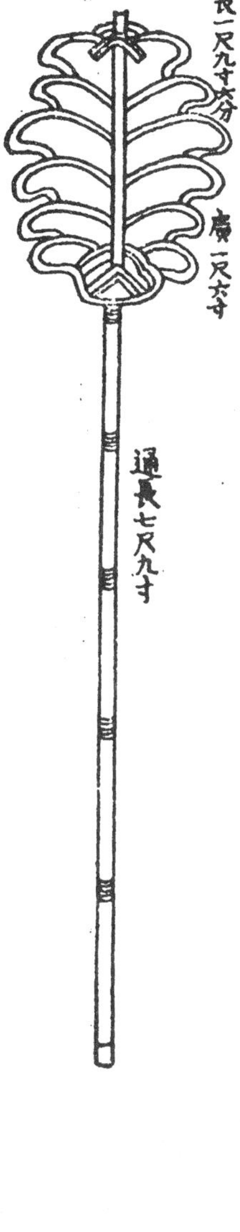

부채 길이 一척 九촌 六푼
넓이 一척 六촌
전 길이 七척 九촌

자루는 대로 하고 선면은 무허운 종이로 붙이는데 참새 날개 모양같이 하며 량면에는 다섯 가지 채색으로 그림 그리고 가장자리는 금박을 붙인다。

미선(尾扇) 二병

扇長二尺一寸
廣一尺六寸
通長七尺九寸

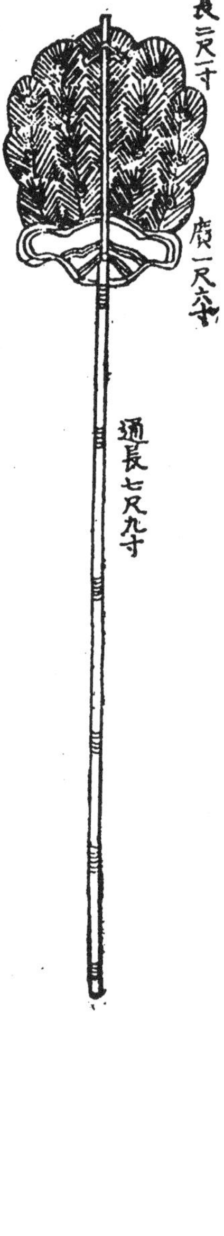

부채 길이 二척 一촌
넓이 一척 六촌

전 길이 七척 九촌

자루는 대로 만들고 두터운 종이로 배접하여 만들어 그 우에 생초(生綃)를 바르고 량면에는 공작미(孔雀尾)를 그린다。

개(蓋) 황색 一、홍색 二、흑색 二병

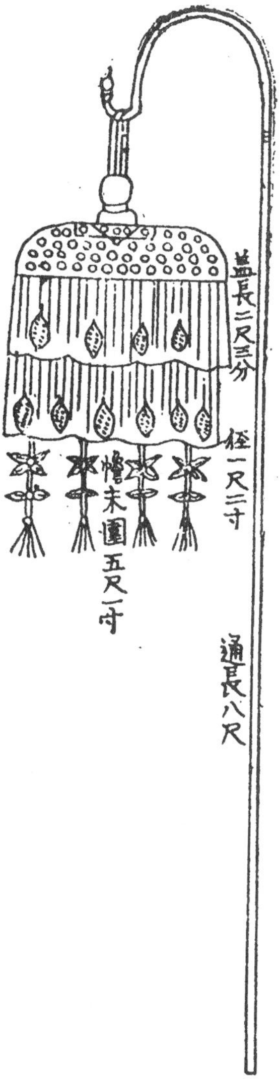

蓋長二尺三分

徑一尺二寸

幨末圓五尺一寸

通長八尺

徑八分

개 길이 二척 三푼

경 一척 二촌

휘장끝 둘레 五척 一촌

천 길이 八척

자루 직경 八푼

자루는 나무로 만들어 주칠을 하고 우에 굽은 쇠를 박아 개(蓋)를 그 끝에 달며 꼭지는 은(銀)으로 만들며 황색 비단으로 三단 휘장을 지어 모두 금봉(金鳳)、 금화문(金花紋)을 박으며 안에는 색실 매듭 술을 네개 드리운다。 홍개、 흑개도 이와 같이 만든다。

포구문(抛毬門) 채구 두개 부속

풍류안(風流眼) 직경 五촌

비인판(飛人板) 넓이 九촌 九푼

기둥 길이 七척 六촌 四푼(사방 一촌 七푼)

풍류안 아래 선에서 지면까지 七척 二촌

두 기둥 사이 三척 二촌

운문(雲紋) 길이 三척 二촌 五푼

운문 한쪽 아래 넓이 五촌 五푼

風流眼徑五寸

飛人板廣九寸九分

柱長七尺六寸四分方各一寸七分

自風流眼下絃至地七尺二寸

兩柱間三尺二寸

雲紋長三尺二寸五分

雲紋一片下廣五寸五分

葵花筒徑六寸五分厚二寸七分

兩筒間五寸

下横木廣三寸厚二寸二分 其餘横木並同柱方寸數

규화 꽃송이(葵花筒) 경 六촌 五푼 규화통 두께 二촌 七푼、두 규화 꽃송이 사이 五촌

두 기둥 아래 가로대기 나무 넓이 三촌、두께 二촌 二푼、그 외 가로대기 나무는 모두 네모。

기둥 치수와 같다。

채구(彩毬) 二개

圍七寸二分
徑二寸

垂纓一邊長九寸六分

공 둘레 七촌 二푼

경 二촌

드리우는 끈 한쪽 길이 九촌 六푼

구문(毬門) 만드는 제법은 아래에 가로대기 나무를 만들고 두 머릿배기에 규화무늬(葵花紋=속칭 「파무늬」라고 하는 문양(紋樣)을 새긴 것=역자) 새긴 둥근 발을 만들어 두 기둥을 그 우에 세우고 기둥 아래 량쪽에는 각각 운문(雲紋)을 새긴 엷은 판자를 세우며 아래 가로대기 나무 우에 또 가로대기 나무 두개를 두고 각각 엷은 판자를 두 사이에 설치하고 아래 판자를 세 간으로 나누어 중간에는 령지초(靈芝草)를 새기고 좌우에는 사자를 새긴다. 웃 판자에는 풍모란(風牧丹=바람 불 때의 모란꽃 모양=역자)과 쌍봉(雙鳳)을 새기며 두 기둥 상단에 가로대기 나무 두개를 설치하여 그 사이에 엷은 판자를 넣고 비인(飛人=나는 사람의 모양

탁자(상상화이 여자)을 새기고 중간에 풍류안(風流眼)을 설치하며 그 우에 가로대기 굽은 나무를 대고 두 끝에 봉두(鳳頭)를 새기며 굽은 나무 량 어깨에 오르는 룡의 모양을 조각해서 장식하고 중간에는 원화광(圓火光)을 설치하고 굽은 나무 아래에 엷은 판자를 끼우고 거기에 빗줄이 서로 얽히여진 모양을 조각하며 기둥과 가로대기 나무들은 모두 주칠을 하고 엷은 판자에는 각색 채색으로 그림 그리며 봉두(鳳頭)와 룡에는 금박을 입히고 또 홍、록색 라단으로 二층 휘장을 만들어 금봉 무늬를 박아 풍류안 아래、빈문 우 빈곳에 두루 달고 휘장 안에는 금화 무늬를 박은 자주빛 명주끈 열개를 드리운다。 두 기둥 아래에는 들 바가 있다。

공은 나무로 갈아 만들어 주칠을 하고 한 가운데 구멍을 뚫어 홍、록색 라단으로 류소(流蘇)를 한개색 만들어 꿰여 단다。

선도반(仙桃盤) 탁자가 따른다

복숭아 길이 六촌

가지 길이 一척 九촌

반(盤) 직경 一척 三촌 발 높이 七푼

탁자 매 모퉁이(每隅) 九촌 五푼

• 반 높이(다리까지) 二척 五촌 六푼

선도반

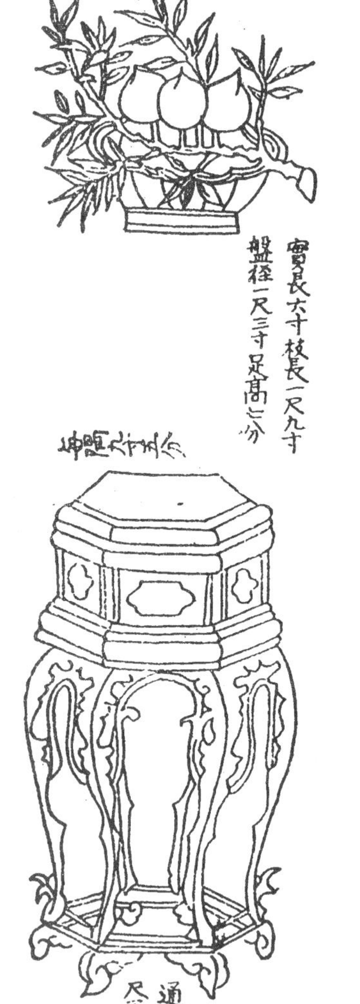

탁자

선도 열매는 나무로 모두 세개를 만들고 가지와 잎은 모두 구리쇠로 만들어서 구리 철사로 매며 가지와 잎은 실물처럼 채색을 칠하여 규화모양으로 만든 은반(銀盤)에 담아 놓는다。 탁자는 나무로 륙모지게 만들고 다리는 굽게 하며 주칠을 한다。

금척(金尺)

해(日) 직경 四푼

해구름 七푼.

자(尺) 길이 九촌 三푼, 넓이 七푼반 두께 一푼반

련방(蓮房) 직경 一촌 四푼

자루 길이 二촌六푼

자루끝 직경 六푼반

자(尺)는 금으로 만들고 자 머리는 구름과 해의 모양을 조각해서 만든다. 자 아래에는 련방(蓮房)과 자루가 달리고 자루 끝에는 고리를 달고 색실 매듭을 드리운다.

족자(簇子)

몽금척、수보록、근천정、수명명、하황은、하성명、성택등 정재에 각각 하나씩 소용된다。

紅綾七寸二分

白綾三寸四分

生綃一尺六寸三分

夢金尺

夢金尺 受 命之祥也 太祖在潛邸 夢見 神人奉金尺自 天而來若曰慶侍中有淸德且老矣崔三司有直名 然戇也謂 太祖資兼文武有 德有 識民望屬焉乃以金尺授之惟 皇鑑之孔明兮 吉慶協于金尺淸者耄兮直 其戇兮 有德焉是適 帝用度吾 心兮俾 均齊于家國 貞我厥 符兮 受 命之 祥傳子及 孫兮彌千千億

廣九寸四分並布帛尺

白綾一寸三分

紅綾三寸六分

軸徑七分

생초(生綃) 一척 六촌 三푼

홍색 릉단(紅綾)우 七촌 二푼

백색 릉단(白綾)우 二촌 四푼

백색 릉단(白綾)아래 一촌 三푼

홍색 릉단(紅綾)아래 三촌 六푼

족자 넓이 九촌 四푼

족자 축 직경 七푼 (이상은 모두 포면척(布帛尺)으로 잰 것)

족자 바탕은 생초(生綃)로 하고 우 아래에 홍、백색 릉단을 잇대여 꾸민다 (홍색 릉단에는 금화무늬를 박인다) 가장자리는 자주빛 생초로 선을 두르고 족자 뒤 배접은 홍초로 된다。 족자 축(軸)은 옥으로 하거나 혹은 화리(華梨)나 오매(烏梅)로 하며 깃대는 나무로 만들고 주칠을 하며 깃대 우에 갈구리가 있고 족자 좌우 쪽에 고리가 있고 고리 아래에는 백색 릉단으로 만든 류소(流蘇)를 늘이며 록색 실끈이 있어 갈구리에 달게 하며 고리 밖에 또 각각 작은 고리가 있어 색실 매듭을 늘인다 (다른 정재 족자도 모두 이와 같이 만드나 넓고 좁은 것은 쓰는 사(詞)의 다소에 따라 만든다)

련화대 복식 (蓮花臺服飾) 二부

합립 (蛤笠)

끈 길이 二척 七촌(영조척) 넓이 二촌 六푼

깊이 三촌 五푼

직경 九촌

홍 황 장미 (紅黃薔薇)

류소(流蘇) 속칭「머리싸기」—首沙只

여덟 가닥‖홍색 라단 매 가닥 길이 二척 一촌 넓이 三푼
전 길이 十六척 八촌

끈—홍초(紅綃) 길이 一척 九촌 넓이 五푼

드리우는 끈—홍초 길이 六촌 넓이 五푼

*결신(結紳) 四개、홍색 마단

纓長三寸五分
廣五分 紅綃
通長一尺一寸 半五寸五分
廣一寸八分 紅羅

전 길이 一척 一촌、반은 五촌 五푼、넓이 一촌 八푼

끈—홍초 길이 三촌 五푼 넓이 五푼

단의(丹衣) 홍색 마단

전면(前面)

깃 넓이 七푼

소매 밑 넓이 七촌、끝 넓이 五촌

소매끝동 백색 초단 四촌 五푼、록색 초단 七푼 길이

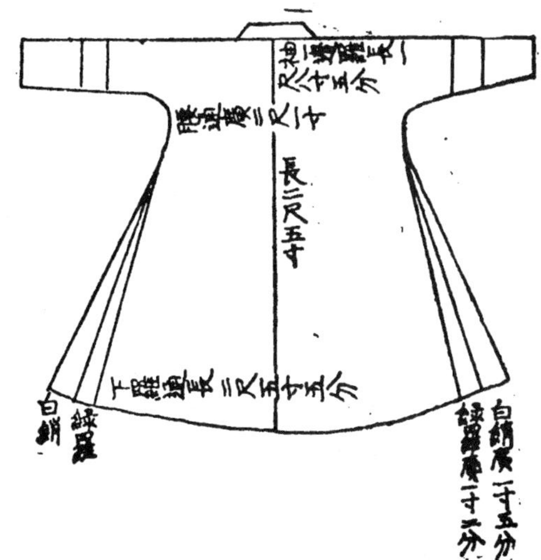

앞자락 길이 一척 二촌

뒷자락 량옆무 백색초단 넓이 二촌 五푼

후면(後面)

소매 한편 라단 길이 一척 八촌 五푼

허리 넓이 二척 一촌
후면 길이 二척 五촌
뒷자락 아래 라단 넓이 二척 五촌 五푼
뒷자락 무 백초 넓이 一촌 五푼、록라 넓이 一촌 二푼

상(裳) 속칭「보로」—甫者

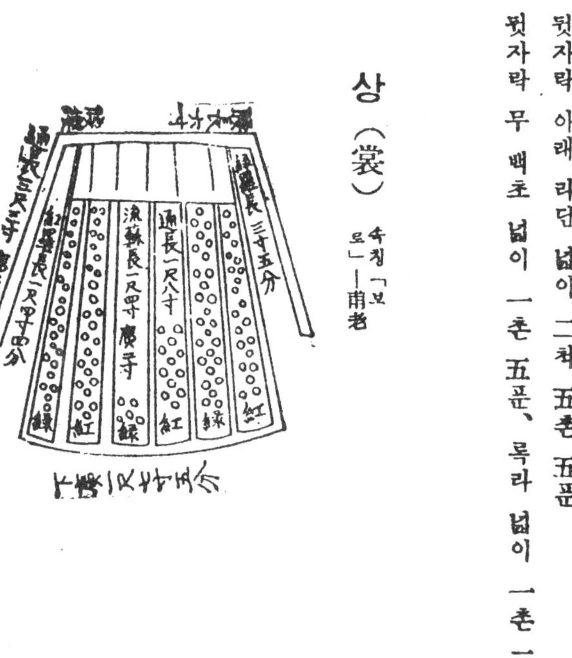

전 길이 一척 八촌

류소 길이 一척 四촌에 넓이 二촌

허리 끈 전 길이 三척 三촌에 넓이 七푼

허리 길이 六촌

목라 길이 三촌 五푼

홍라 길이 一척 四촌 四푼

(류소는 여섯 가닥을 드리우는데 푸르고 붉은 색 다단에 금화문을 박는자ㅣ예전)

말군(抹裙)

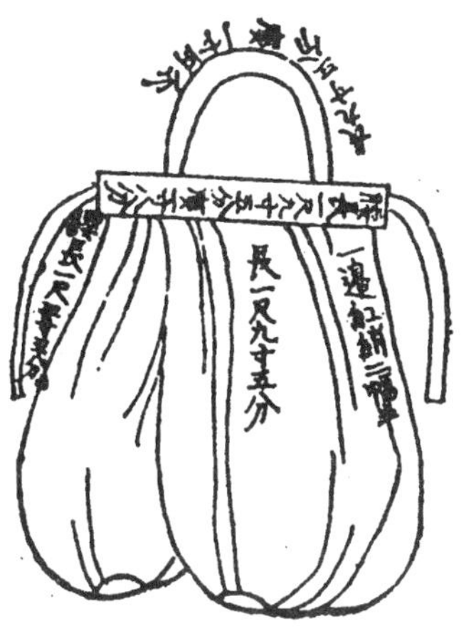

허리 길이 一척 九촌 五푼
　넙이 一촌 八푼
한쪽 가랑이 홍초 二폭반에 길이 一척 九촌 五푼
끈 허리둘레 九촌 三푼에 넙이 一촌 五푼
량쪽 매는 끈 한쪽 一척 三촌 五푼

(주)

五四一 * 규화통(葵花筒)=규화는 속칭「파꽃」。 통(筒)은 꽃송이를 가리키는 말。

五四三 * 원화광(圓火光)=화염(火焰)을 상징한 종、경、고 등 현가악기의 가자(架子) 우에 설치한 장식품。

* 류소(流蘇)=채색 비단 오리를 여러겹 또는 여러 층으로 드리우는 장식품을 총칭 류소라 하여 종류가 일정치 않다。 대체로 물건 종류에 따라 금은 주옥을 함께 사용하기도 한다。

五五〇 * 결신(結紳)=중세 복식의 전면에 대대(大帶)와 함께 드리우는 띠의 一종。

대(帶)

전 길이 四척 六촌 五푼 넙이 一촌 三푼

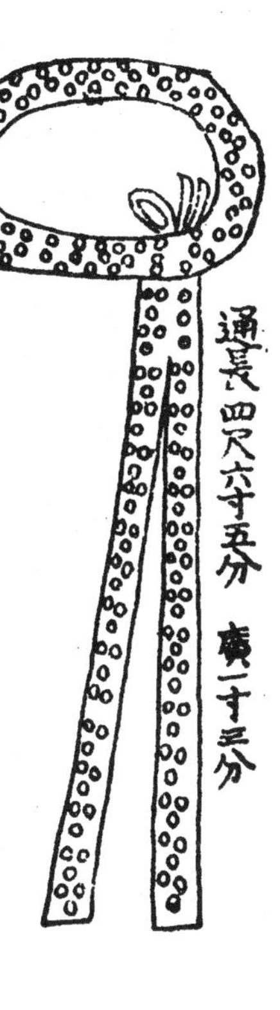

합립(蛤笠)은 가는 대로 결어 만들며 종이를 바르고 거죽은 람초(藍綃)로 싸며 또 홍초(紅綃)로 꼭지(頂子)를 싼다。 꼭지 아래에 홍초와 람초로 꽃송이를 만들어 사면에 붙이고 량(梁)과 갓테는 또 홍초로 붙이고 모두 금화문(金花紋)을 박으며 안에도 홍초로 바르고 좌우 편에는 금방울을 달며 안에 금화문 박인 홍초끈을 단다。

황、 홍색 장미(薔薇)는 백당안(白唐雁)의 날개 깃에 록색 밀을 다며 물들인 잎을 륜시(輪矢)와 같이 만들되 모두 안으로 욱게 하고 우에 라화(羅花)를 앉히되 한 개는 황색 한 개는 홍색으로 한다。

류소와 결신은 홍 라단으로 만들고 금화문을 박이며 끈은 홍초로 한다。

단의(丹衣)는 홍 라단으로 만드는데 전면은 짧고 후면은 길게 하며 량옆과 소매 끝은 록라와 백초를 보철(補綴)한다。

상(裳)은 홍 라단으로 만들고 거죽에 홍、목색 라단 류소를 드리우고 금화문을 박으며 옷끝을 목색 라단으로 잇대고 허리와 끈은 홍초로 한다。

*말군(抹裙)은 홍초로 만든다。

대(帶)는 홍라로 만들고 금화문을 박는다。

정대업정재의물 도해와 설명(定大業呈才儀物圖說)

오색단갑(五色段甲) 황갑 二十三착이며、청、홍、흑、백갑 각 十二착

앞자락 허리통 넓이 바대까지 六촌 七푼、앞자락 한쪽 아래 넓이 一척 七푼

깃(衿) 길이 九촌 六푼、넓이 八푼

바대(八的) 길이 四촌 二푼、넓이 一촌

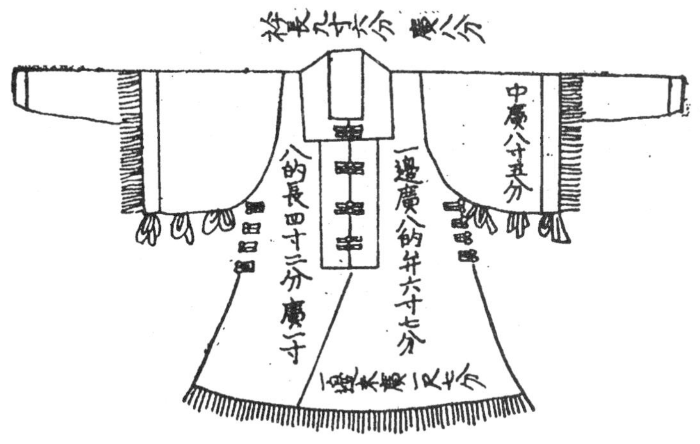
衿長九寸六分 廣八分
中廣八寸五分
八分的長四寸二分 廣一寸
一邊末廣一尺七分

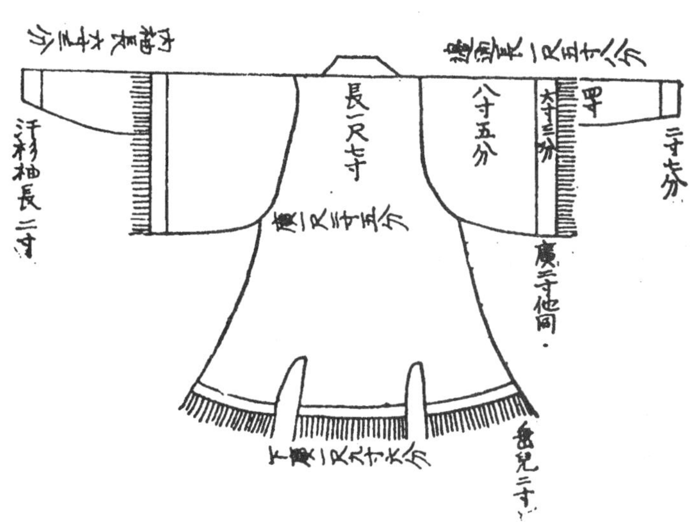
長一尺七寸
八寸五分
六寸三分
二寸七分
汗衫袖長二寸
廣一尺三寸五分
廣二寸他同
下廣一尺九寸六分

소매 한쪽 길이 一척 五촌 八푼 (一척六촌八푼의 오인가?·역자)
겉소매 길이 八촌 五푼
안소매 六촌 三푼
겉 소매 끝동 넓이 二촌
안소매 끝동 넓이 二촌
겉소매 통 六촌 三푼
안소매 통 四촌 소매끝통 二촌 七푼
갑 길이 一척 七촌
허리품 一척 二촌 五푼
뒤아래 넓이 一척 九촌 六푼
끝술 二촌씩

갑은 청, 황, 홍, 흑, 백색 단(緞)으로 짓고 모두 개금(開襟‖속칭「돕지」)으로 한다。 앞 가슴파 량 옆구리에 달마기(紐子)를 각각 四개씩 달고 앞깃(前襟)아래 폭파 량쪽 소매 아래에 모두 자주빛 명주 끈을 각각 三개씩 달아 매고, 량 소매는 모두 달마기를 걸어 련결시킨다」 청, 흑갑(靑, 黑甲)에는 분홍색단(粉紅色緞)으로, 홍갑(紅甲)에는 록색단(綠緞)으로, 황, 백갑(黃, 白甲)에는 홍단(紅緞)으로 갓을 두르며 갓 선 아래에는 모두 五색실 술을 달고 안은 백 생초로 받친다。

투구(冑) 七十一

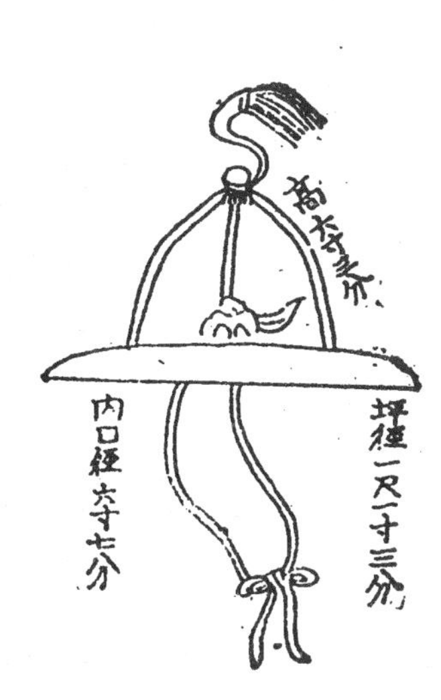

높이 六촌 三푼

벌(坪) 직경 一척 一촌 三푼

안 아구리 직경 六촌 七푼

투구(冑)는 베(布)를 배접하여 짓고 거죽은 흑단(黑緞)으로 싸고 금정자(金頂子‖곡지)、홍상모(紅象毛)를 달고 좌우 편에 금 *운월(金、雲月)을 붙인다。

안은 홍초(紅綃)로 받치며 벌 안(坪裏)은 홍단(紅緞)을 받치며 자주색 명주 끈을 단다。

검 (劍) 十二자무

通長 二尺二寸一分

刃長 一尺七寸六分 上廣八分 下廣一寸

厚三分

長二寸一分
廣一寸一分
厚三分

柄長 五寸

廣八分

厚五分

雲頭長廣各一寸三分

전 길이 二척 二촌 一푼

칼날 길이 一척 七촌 六푼

칼날 우 넓이 八푼에 아래 넓이 一촌 두께 三푼

*양마치(陽馬) 길이 二촌 一푼에 넓이 一촌 두께 三푼

자루 길이 三촌에 넓이 八푼 두께 五푼

운두(雲頭) 장, 광 각 一촌 三푼

검은 나무로 만들되 칼 날에는 은박(銀箔=貼銀)을 올리고 자루는 어피(魚皮)로 싸며 양마치(陽亇)와 자루끝 운두(雲頭)에는 금박(金箔)을 올리고 끈은 붉은 실끈에 목색 술을 단다。 제향(祭享) 소용에는 금은(金銀)을 쓰지 않고 모두 채색을 칠한다。

(주)

五五六 * 말군(襪裙)=백색 마단 또는 초단으로 짓고 상단에 허리 띠를 겹쳐 다는 군의(裙)의 一종。

五五九 * 금 운월(金、鐵月)=무구(門)의 장식으로서 좌우 양측에 붙이는 금색 운월(鐵月)형의 문양인데 동(銅)으로 만든 것도 있다。

五六〇 * 양마치(陽亇)=칼 자루와 칼 날을 구분하여 놓은 장치。

창(槍) 十二자루

刃長四寸 廣五分 象毛長二寸 通長三尺二分

柄圍一寸九分

날 길이 四촌에 넓이 五푼

상모 길이 二촌

전체 길이 三척 二푼

자루 둘레 一촌 九푼

창은 나무로 만들어 주칠한 자루를 맞추고 자루 아래 끝은 록각(鹿角)으로 장식하고 날은 은박(銀箔)을 올리며 날 아래에는 홍상모(紅象毛)를 작은 독기(纛旗) 모양과 같이 드리운다。 제향(祭享) 때에 쓰는 것은 날에 은박(銀箔)을 붙이는 대신 분칠을 하고 자루 끝에는 쇠로 장식한다。

활(弓) 十二장、살(矢) 十二매

弦長 二尺八寸

通長 二尺三寸二分

활 시위(弓絃) 길이 二척 八촌

살 전체 길이 二척 三촌 二푼

활은 보통 것과 같이 만드나 다만 각재(角材)를 쓰지 않고 대(竹)를 쓰며 화피(樺皮)를 입히고 활 고지(高佐)는 주칠을 하고 금실을 감는다。 재향 때에 쓰는 것은 금실을 감지 않는다。

살(矢)은 보통 것과 같으나 평깃(維羽) 사이에 주칠을 하고 활 촉(矢鏃)은 나무로 만들어 은박(銀箔)을 올린다。 재향 때에 쓰는 것은 은박을 올리지 않고 분칠을 한다。

대각(大角)

대자 一、소자 五개 제도도 같다

通長 二尺六寸

口外徑一寸三分孔徑五分

小角通長 二尺四分 廣口徑三寸七分口外徑一寸孔徑五分

대각 전체 길이 二척 六촌

나팔 아가리(大口) 직경 四촌 五푼

취구(吹口) 외위(外圍) 직경 一촌 三푼、취구 구멍 직경 五푼

소각(小角) 전체 길이 二척 四푼

나팔 아가리(大口) 직경 三촌 七푼

취구 외위(外圍) 직경 五푼

대각은 은(銀)을 두드려 만들고 나팔 아가리(大口)에는 각색 실 매듭을 달고 또 작은 방경(方鏡) 一개와 원경(圓鏡) 二개를 만들어 매듭 가운데에 둔다。 제향 때에 쓰는 것은 나무로 만들고 주칠을 한다。

홍대독(紅大纛)

十병부 소묵(黑蓐纛) 五병도 제도는 같다

刃長七寸
蓋兒徑
象毛長九寸
通長六尺七寸
柄圍三寸五分
黑小纛纛通長五尺四寸刃長四寸
毛長七寸蓋兒徑四寸

전체 길이 六척 七촌

날 길이 七촌
덮개(蓋兒) 직경, 五촌 五푼
상모(象毛) 길이 九촌
자무 물레 二촌 五푼

흑 소독(黑小纛)

전체 길이 五척 四촌
날 길이 四촌
상모 길이 七촌
덮개 직경 四촌

목기(纛)는 홍상모를 달고 나무 자루에 주칠을 하며 아래 끝은 쇠로 장식한다. 덮개는 상모를 달고 구리에 도금(鍍金)을 하여 만들어 규화 무늬(葵花紋)를 놓는다. 날에는 은박을 올린다. 그러나 흑독(黑纛)에는 흑상모(黑象毛)를 단다.

제향에는 도금과 은박을 하지 않고 분칠(粉漆)을 한다.

라(螺) 一개

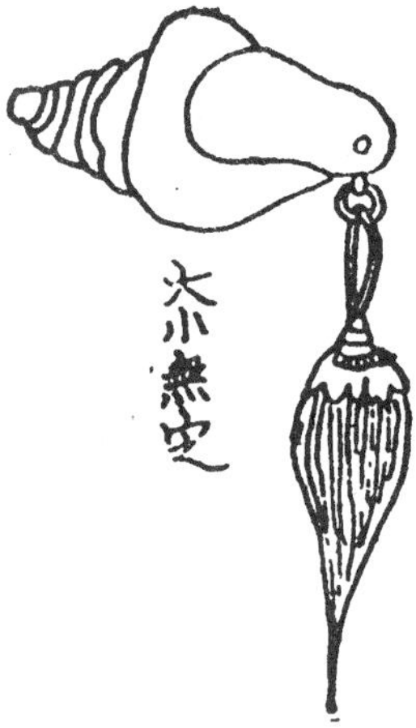

大小無定

대소는 일정차지 않다。 라(螺)는 참 소라 껍질로 만들고 아래에는 홍상모 술을 단다。 재향에 쓰는 것도 같다。

대 고(大鼓) 一개

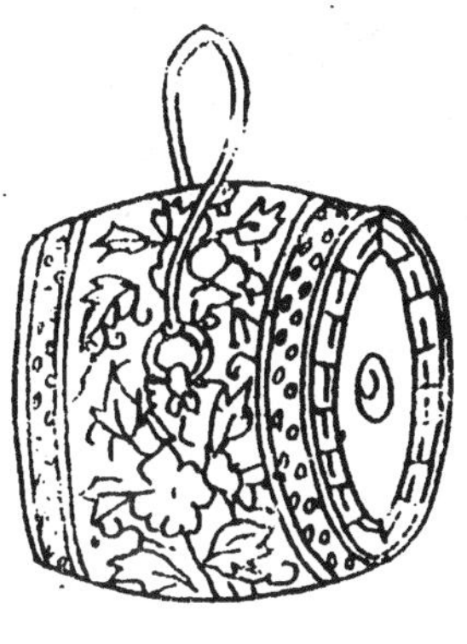

소 고(小鼓) 五개 — 제도는 대고와 같다

피면 직경 五촌 五푼

통 길이 四촌

북은 소 가죽을 쓰고 통은 나무로 만들어 베(布)로 싸고 칠을 한 다음에 주칠로 모란꽃을 그리며 머리에 박는 못(釘)과 고리는 모두 도금을 하며 홍색 진자(眞絲)로 끈을 한다.

재향 때에 쓰는 것은 도금을 하지 않는다.

대 금(大金) 그

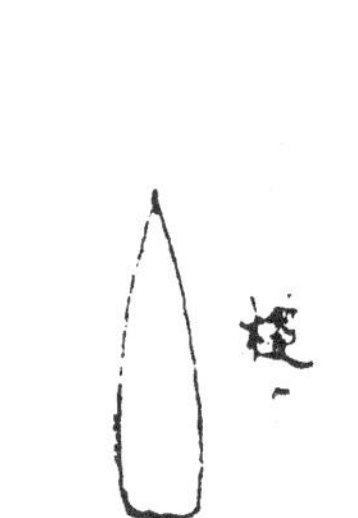

소 금(小金) 그 채도

대금은 놋쇠로 만들고 끈은 붉은 실로 만들며 망치〔채〕는 나무에 록피(鹿皮)를 감아 만든다. 소금은 특별이 채색룡의 머리 달린 주칠한 자루를 쓰며 채는 나무로 만든다. 저한 때에 쓰는 것도 이와 같다.

황룡대기 (黃龍大旗)

上長二尺七寸五分
下長一尺八寸
廣一尺三寸五分
襟甲二寸
竿長十尺五寸

상 길이 二척七촌 五푼

하 길이 一척 八촌

넓이 一척 三촌 五푼

금갑(襟甲) 二촌

깃대 길이 十척 五촌

주작(朱雀)、 백호(白虎)、 현무(玄武)기의 장、 광과 깃대 길이도 이와 같게 한다。

청룡기 (靑龍旗)

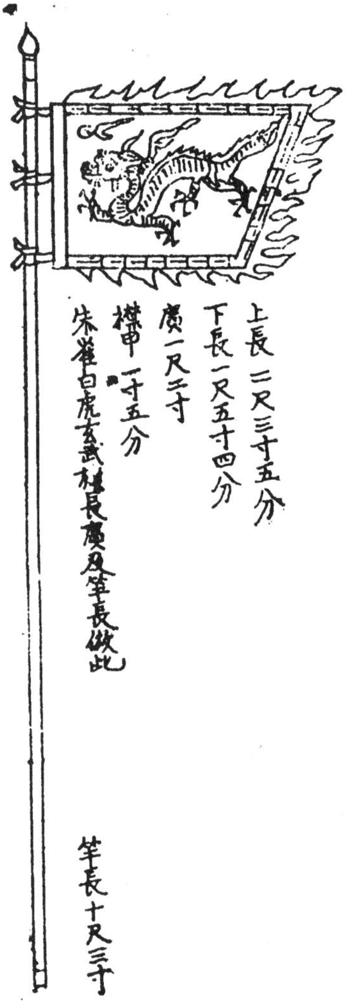

上長二尺三寸五分
下長一尺五寸四分
廣一尺二寸
襟巾一寸五分
朱雀白虎玄武旗長廣及竿長倣此

竿長十尺三寸

상 길이 二척 三촌 五푼
하 길이 一척 五촌 四푼
넓이 一척 二촌
※금장 一촌 五푼
깃대 길이 十척 三촌

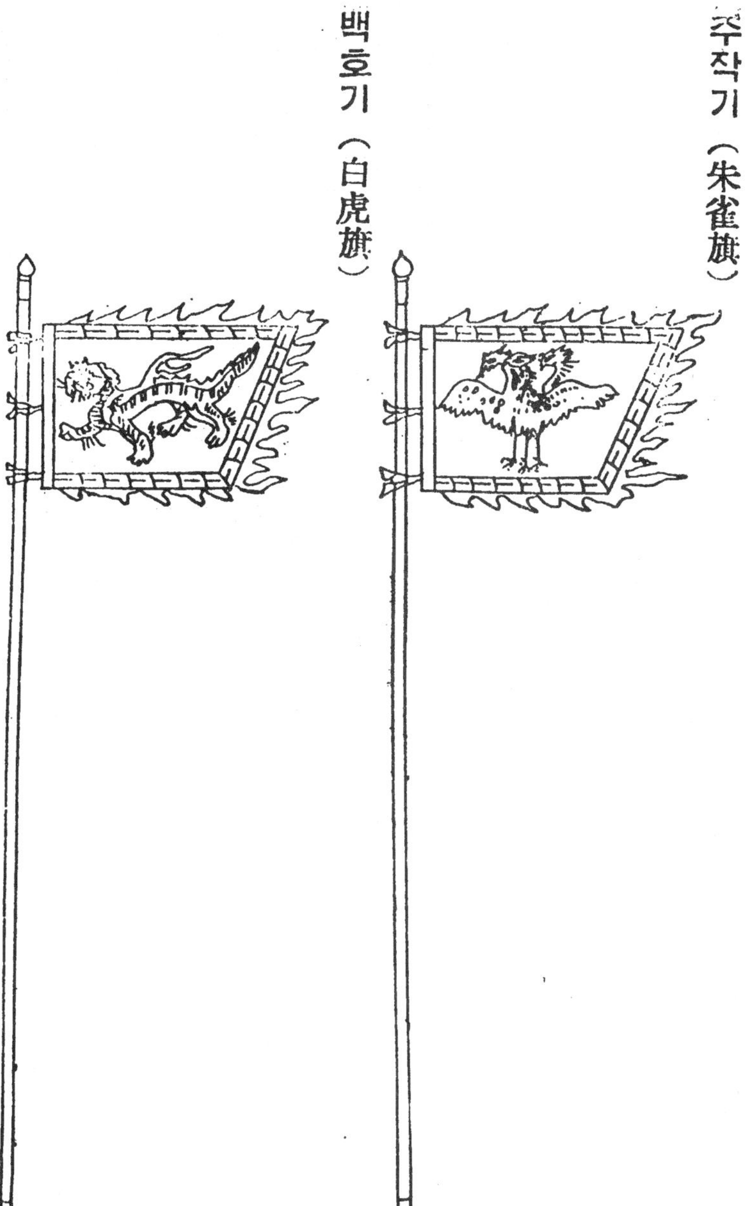

주작기 (朱雀旗)

백호기 (白虎旗)

현무기 (玄武旗)

백기 (白旗)

청、흑、적、황기의 제도는 모두 같다

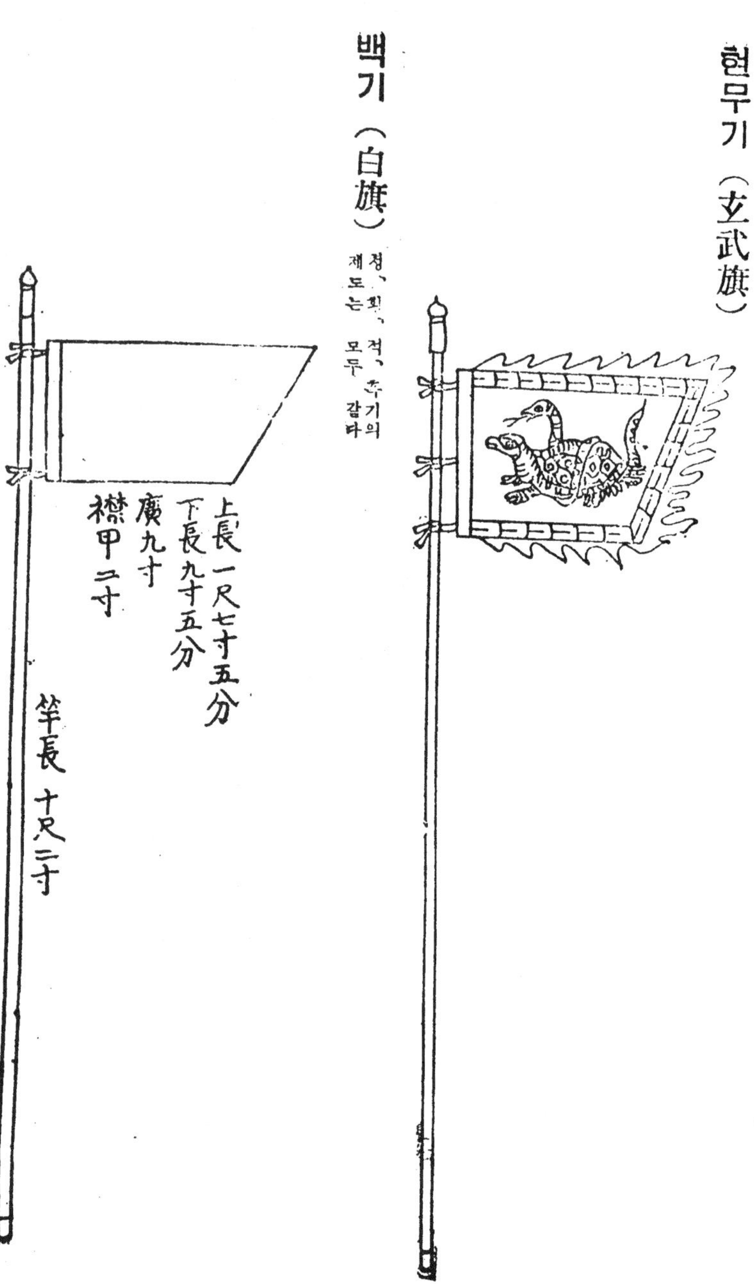

상 길이 一척 七촌 五푼

하 길이 九촌 五푼

넓이 九촌

금갑 二촌

깃대 길이 十척 二촌

깃대는 나무로 만들어 꼭대기에는 둥근 머리를 두되 칠한 베로싸고 주칠을 하며 아래 끝은 쇠로 장식한다。 황룡대기와 청룡、 백호、 주작、 현무기는 모두 재 방위의 빛을 따라 황、 청、 적、 백、 흑색의 초(綃)로 만들며 *화염(火焰)과 깃과 끈(襟、纓)도 초(綃)로 한다。 황룡、 청룡、 백호、 주작、 귀、 사(黃龍、靑龍、白虎、朱雀、龜、蛇)를 그리고 깃(襟甲)은 초를 접으로 꿰매여 만들며 작은 기(小旗)도 역시 五색초로 만드는데 제향 때에 쓰는 것은 깃대를 대(竹)로 하고 주토(朱土)로 칠한다。

五七〇 * 주、 금갑(襟甲)=기폭의 화염이 달리는 부분을 가리켜 말하는 것。

(주)

五七三 * 화염(火焰)=기의 전더구니를 큰 톱날 같이 만들어 댄 기의 단인데 이것은 불꽃을 상징한 것이므로 화염이라 한 것이다。 종교적인 의미를 가진 장식。

향악 정재 악기의 도해와 설명 (鄕樂呈才樂器圖說)

아박 (牙拍) 二개

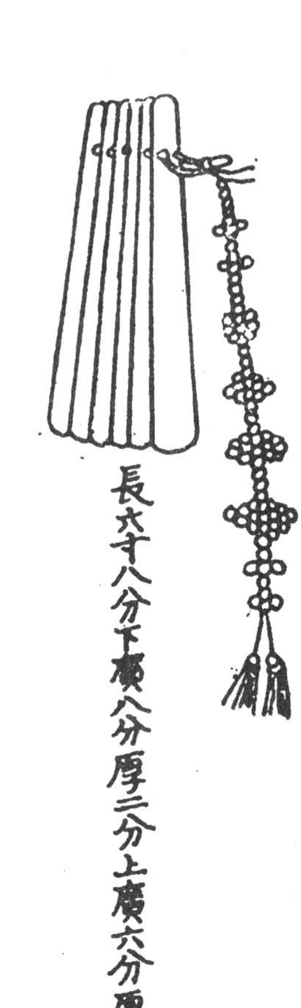

長六寸八分下廣八分厚二分上廣六分厚一分半

길이 六촌 八푼, 아래 넓이 八푼, 두께 二푼, 우 넓이 六푼, 두께 一푼반

아박(牙拍)은 상아(象牙)로 만드는데 혹은 고래뼈, 소뼈, 사슴뿔 등속으로 대용하기도 한다. 모두 여섯 쪼각인데 록피로 꿰고 五색 매듭을 드리운다.

향발(響鈸) 매一인 무쌍씩

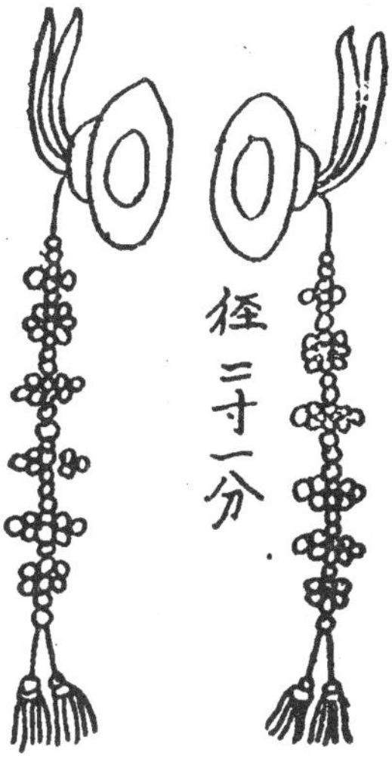

徑二寸一分

직경 二촌 一푼

향발은 놋쇠로 만들기는 동발(銅鈸)과 같으나 작을 뿐이다. 후면에 목피 끈을 달고 五색 매듭을 드리운다.

무고(舞鼓) 八면

기둥 높이 二척 四촌 六푼

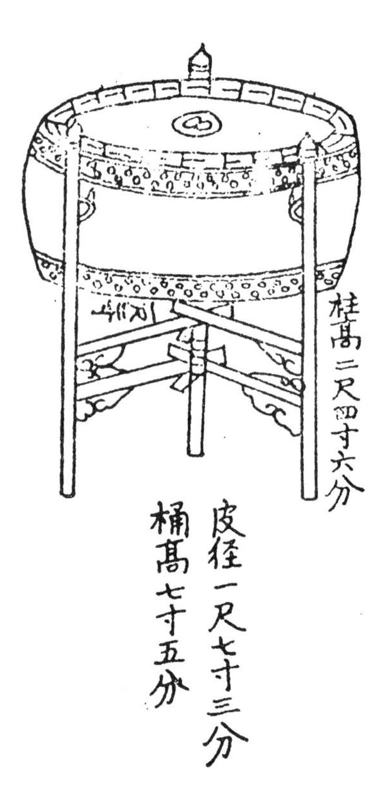

피면 직경 一척 七촌 三푼

통(桶) 높이 七촌 五푼

북 제법은 우에서 말했다.

모두 북은 여덟인데 북 마다 두면에는 청, 홍, 백, 흑색을 가지고 *원광(圓光)을 그려 四방 북의 표식으로 하고 북통에는 둥근 고리 세 개를 설치한다。 북걸이(架子)는 세 기둥을 세우고 기둥 안쪽에 갈구리쇠(鉤鐵)를 박아 북을 건다. 매 기둥마다 가로대(橫木) 두개씩을 박고 가로대 안 끝에 라선 기둥(螺柱)을 께여 혹은 접치고 혹은 펴게 하며 나무에 주칠을 한다.

동발(銅鈸)

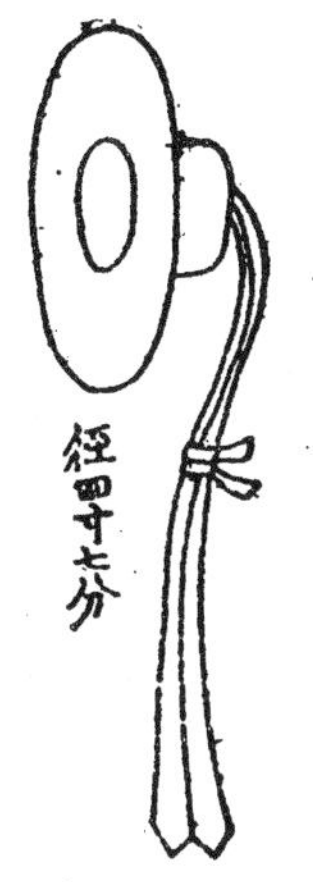

지경 四촌 七푼

동발(銅鈸)은 놋쇠(鍮鐵)로 만들어 절의 바라(哱鈸)와 같으나 작을 뿐이다。 후면에 록피 끈을 달고 홍색 라단 끈을 드리운다。

학(鶴) 청학 백학 각 一수

학(鶴)을 만드는 제도는 몸뚱이는 참대로 만들어 종이를 바르고 목(頸)은 둥근 참대를 굽어 벼어 외면에 흰 베(白布)를 바르고 안에 목 길이만한 나무를 넣는다。 또 숙마 바(熟麻)를 아래 부리에 매여 잡아 당기면 돌아 보고 쩍어 먹는 모양을 할 수 있게 하며 백당안(白唐雁)의 깃(羽)을 붙인다 [청학에는 청색 털한 깃을 붙인다] 날개는 황새(鸛) 날개 깃을 쓰며 꽁지는 검은 닭 꽁지를 쓴다 [청학에는 입부리를 록색으로 한다]、 무 무릎에는 홍상(紅裳)、 홍말(紅襪)、 붉은 나무 발(紅木足)을 [청학은 청상、 청말 록목족을] 작용케 하고 흰 베(白布)로 배 아래에 드리우게 하여 무릎을 가리우게 하고 [청학은 청포로 한다] 가슴 앞과 무 날개 아래에 작은 구멍을 두어 내다 볼 수 있게 한다。

침향산(沉香山)

침향산을 만드는 법은 나무 판자를 가지고 산 형상을 만들고 앞 뒤면에 가나무(椵木)로 봉우리와 후미진 골을 조각하여 붙이고 절(寺)、탑(塔)、중과 부처(僧、佛)、사슴(麋鹿) 등 여러 모형을 만들어 파고 넣으며 모두 채색으로 칠한다。 전면에는 연못(池塘) 란간을 설치하고 좌、우 쪽에 화병(花甁)을 놓아 온 포기의 모란 꽃(라단으로 만든 것)을 꽂고 그 안에 큰 련꽃 송이를 만들어 놓으며 지당판 아래에 수레바퀴를 붙여 끌게 한다。

지당판(池塘板)

지당판을 만드는 법제는 침상(寢床)과 같이 만들어 채색을 칠하고 주위에 련꽃과 잎을 꽂고 또 화병 七개를 설치하고 온 꼬기 모란 꽃을 (종이로 만든 것) 꽂고 전면에는 장대를 세워 七보롱롱(七寶燈籠)을 달고 좌우쪽에 큰 련꽃 송이를 놓는다.

독제에 쓰는 기물

활、살

弦長四尺九寸

弓長五尺一寸三分廣一寸五分

활 시위(弦) 길이 四척 九촌

살 길이 一척 七촌 七푼

활 길이 五척 一촌 三푼 넓이 一촌五푼

주칠한 대 활(竹弓)、나무 살(木矢)에 살 대에 깃과 살축을 붙이지 않고 깃과 살축 모양으로 만들어 활에 꿴다.

검(劍)

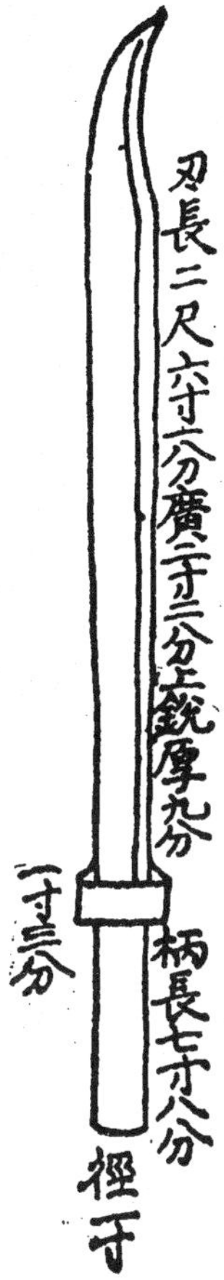

刃長二尺六寸八分廣二寸三分上鋭厚九分

一寸三分

柄長七寸八分

徑寸

칼날 길이 二척 六촌 一푼

넙이 二촌 二푼

우는 날카롭게 만드는데 두께는 九푼

자루 길이는 七촌 八푼

직경 一촌

양마치 높이 一촌 三푼

칼은 나무로 만들고 청칠을 한다.

창(槍)

刃長九寸二分

柄長五尺八寸七分

徑一寸

칼날 九촌 二푼

자루 길이 五척 八촌 七푼 직경 一촌

창은 二년목(二年木)으로 만들어 주칠을 하고 칼날에는 분칠을 한다.

간、척(干、戚)은 우에 말하였다.

의학궤범 권八 끝

악학궤범 권九

관복 도해와 설명 (冠服圖說)

복 두 (幞頭)

우방(右坊)악사 악공과 아악등가(雅樂登歌)의 도창악사(導唱樂師)가 착용하는 것

복두(幞頭)는 종이를 배접하여 만드는데 안에는 가는 베를 바르고 검은 칠을 하며 양쪽에 뿔이 있다. 악공이 쓰는 것은 앞 뒤와 양쪽 뿔에 채색으로 꽃을 그린다.

개적(介幘)

아、속악 자비 공인들이 쓰는 것

개적(介幘)은 송(宋) 나라에서는 가죽으로 만들고 검은 칠을 하였으나 지금 쓰는 것은 종이를 배접하여 만들고、변두리에는 철사를 넣고 안에는 가는 베를 바르며 검은 칠을 한다。 그리고 자황(雌黃)으로 가늘게 그림을 그리며 청색 명주 끈을 단다。

진현관(進賢冠)

아악, 속악 문무(文舞) 공인과 무기(舞旗) 자비 공인들이 쓰는 것

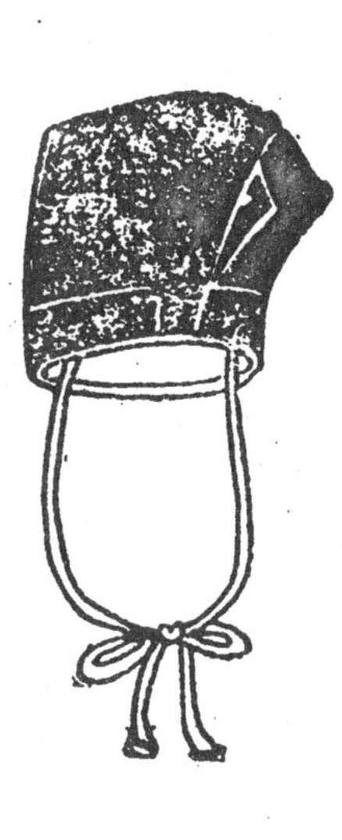

진현관(進賢冠) 만드는 법식은 개적(介幘) 만드는 법과 같으나 단 제재가 다를 뿐이다.

피변(皮弁)

아악의 무무(武舞) 공인과 정절(旌節) 자비와 속악의 무무(武舞) 공인과 의물(儀物) 자비 공인들이 쓰는 것

피변(皮弁)의 제법은 예전에는 옻칠한 베로 껍데기를 만들었으나 지금은 종이를 배접하여 만들고

안에는 가는 베를 바르며 검은 칠을 하고 밖은 모피(毛皮) 형상을 그려 마치 반문(斑紋) 있는 노루 가죽 같이 하고 좌우 쪽에는 동(銅)으로 운월(雲月) 형을 만들어 붙이고 청색 명주 끈을 단다。

무변(武弁)

또는「모추」(毋追)라고 부른다。 아악의 순(錞)、 라(鑼)、 노(鐃)、 탁(鐸)、 옹(甕)、 아(雅)、 사(相)、 독(牘) 자비 공인들이 쓰는 것

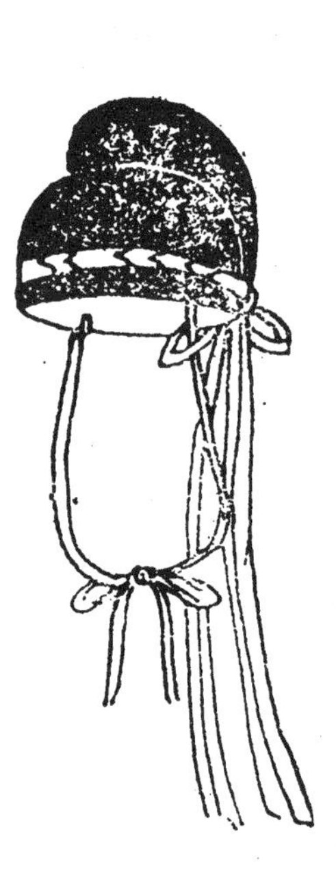

무변(武弁)의 제법은 송(宋) 나라에서는 칠포(漆布)로 껍데기를 만들고 치포(緇布)로 그 우를 계매였다 하였으며 원사(元史)에는「숙피로 만들고 *말액(抹額)을 더 붙인다」하였다。 그러나 지금은 종이를 배접하여 만들고 안에 가는 베를 바르고 검은 칠을 하며 청색 명주 끈을 달고 밖은 말액(抹額)을 매인다。

(주)

五八六 *자황(雌黃)=광물명。 계관석(鷄冠石)의 一명, 황색 염료, 또는 화약 재료로 쓴다。

五八八 *말액(抹額)=미리에 쓰는 관 같은 것의 하나에 가는 띠를 한줄 두르는 것。

오관(烏冠)

*문소전(文昭殿) 차비 공인들이 쓰는 것인데 연은전(延恩殿)、*소경전(昭敬殿) 차비 공인들도 쓴다

오관(烏冠)의 제법은 옛날에는 칠포(漆布)로 껍데기를 만들고 검은 칠을 하고 말액(抹額)을 매붙이며 채색 라화(羅花)를 꽂았다 한다。 그러나 지금은 종이를 배접하여 만들고 안에 가는 베를 바른다。 전면에 다만 잎을 그리고 따로 붉은 모시베(苧布)로 꽃을 만들어 구멍에 꽂았으나 우에는 꽃과 잎만을 그리고 붉은 말액(紅抹額)을 매인다。

초립 (草笠)

가동(歌童)이 융복(戎服) 입을 때 쓰는 것

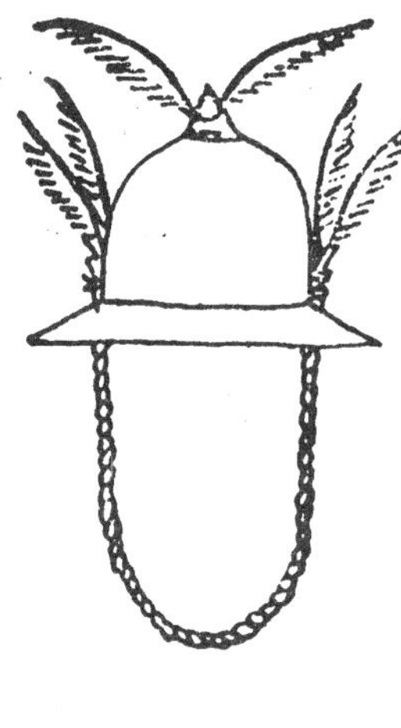

초립(草笠)은 주황(朱黃) 색을 물들인 풀로 결어 만들고 끈이 있다。

두건 (頭巾)

흑색 명주로 만든 것은 사신동궁연(使臣東宮宴) 이하 각종 연회와 왜(倭)、야인(野人)을 관대하는 연회와 모든 사악(賜樂)하는 잔치에서 악공과 관현맹인(管絃盲人)들이 쓰고、자색 명주로 만든 것은 가동(歌童)의 예복에 쓴다。

비란삼(緋鸞衫)

아악(雅樂) 자비와 순·탁·뇨·택·응·아·상·목·저절 자비 공인들이 입는 것이나 검은 명주로 만든 란삼(皁紬鸞衫)은 아악의 문·무무 공인과 독기 자비 공인이 입는 것

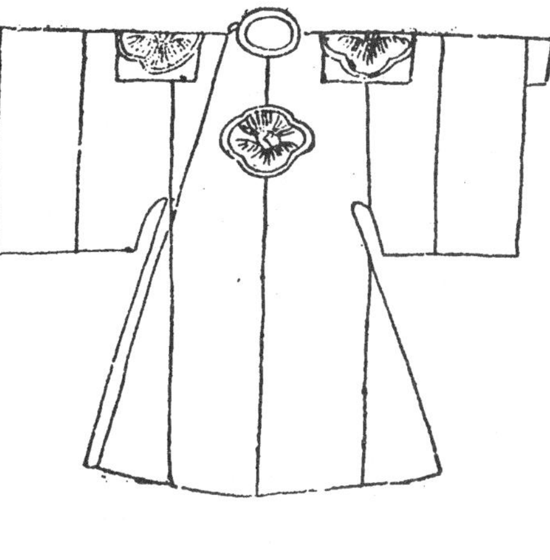

란삼(鸞衫)은 홍색 명주로 꿰매 만들고 란봉(鸞鳳)을 앞뒤 면과 좌우쪽 어깨에 그려 흉배(胸背) 모양과 같이 한다.

검은 명주로 만든 삼(皁紬衫)과 악공들의 조하(朝賀)시에 입는 홍주삼도 만드는 법은 같다. 악공의 입는 삼에는 다만 흉배에 작은 꽃을 그린다

홍、록색 주의(紅、綠袖衣)

문소전(文昭殿) 자비 공인이 입는 것인데 연은적(延恩殿)、소경전(昭敬殿) 자비 공인들도 입는다

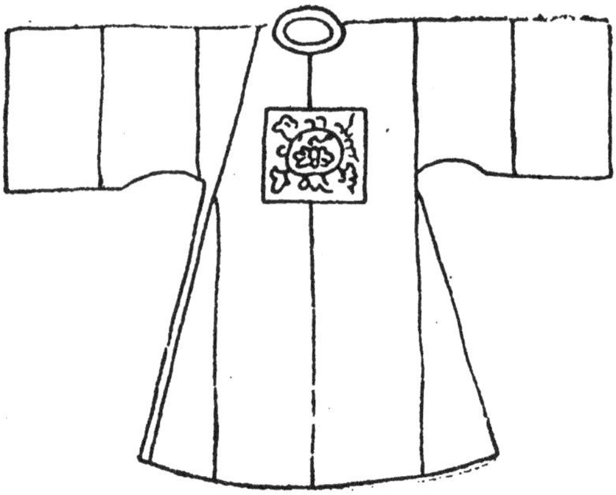

이 옷은 홍、록색 명주로 꿰매 만들고 가슴과 등에 모란 꽃을 그린다 록의에는 붉은 흉배를、홍의에는 록색 흉배를 단다

(주)

五八九 * 문소전(文昭殿)、연은전(延恩殿)、소경전(昭敬殿)=리조 종묘의 전각 이름들、영전(影殿)의 설명은 앞에 보였다。

백주중단(白紬中單) 아악등가의 도창 악사와 차비공인 문무 공인、순、탁、노、택、옹、아、상、독、정절、독기 차비공인들이 입는 것

중단은 흰 명주를 다듬어 쾌매 만들고 홍색 명주로 선을 두른다.

홍금비구(紅錦臂韝)

아악의 순、탁、뇨、택、옹、아、상、목 차비공인들이 입는 것

길이 六촌、넓이 三촌五푼

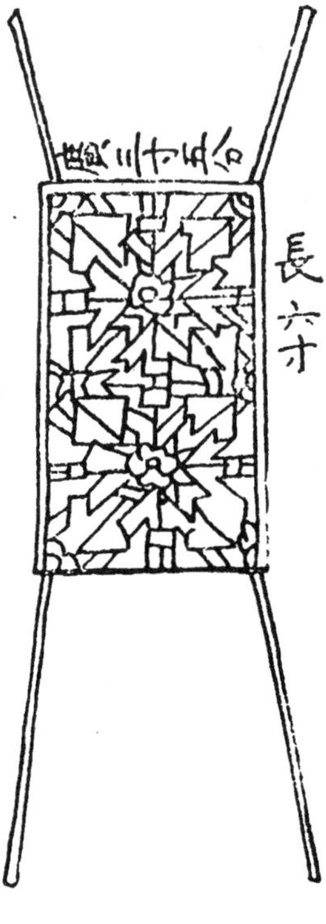

팔찌(臂韝)는 흰 명주를 다듬어 쾌매 만들고 비단 무늬를 그리고 안은 붉은 명주로 받치며 속에 양모전(羊毛氈)을 넣고 네 귀에 홍색 명주 끈을 단다.

비백대대(緋白大帶)

아악여 몽가 또창
악사가 ,입는 것.

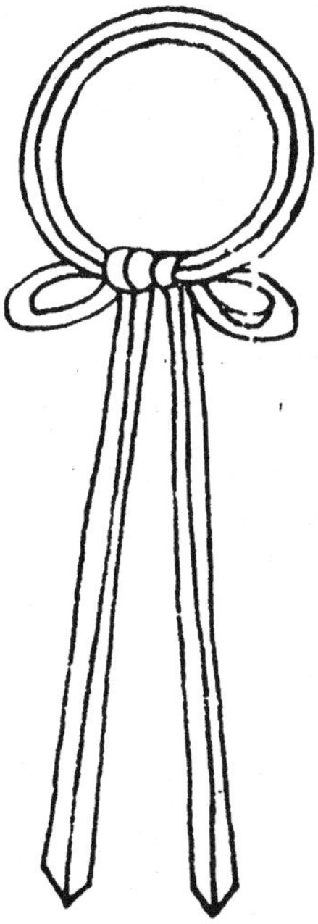

큰 띄(大帶)는 홍색 명주、백색 명주를 다듬어 합해 꿰매 만든다。

람주의 (藍紬衣)

속악 문、무무 공인과 의장
물 차비 공인들이 입는 것

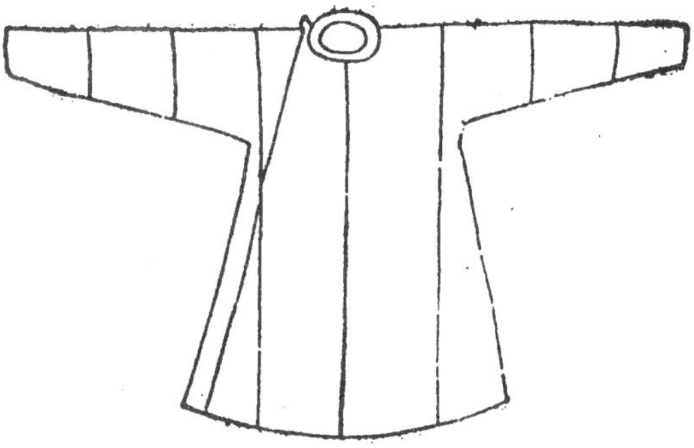

람색(藍色) 명주로 꿰매 만든다。

백주고(白紬袴)

아악의 등가 도창 악사와 차비 공인들、문、무무의 순、탁、노、탁、응、아、상、독 차비、정절、독기 차비 공인들이 입는 것

고의(袴)는 흰 명주를 다듬어 꿰매 만드나 두 다리가 버선(襪)과 련결되게 만든다。

적상（赤裳）

속악의 문무 공인과 외
물 차비 공인들이 입는 것

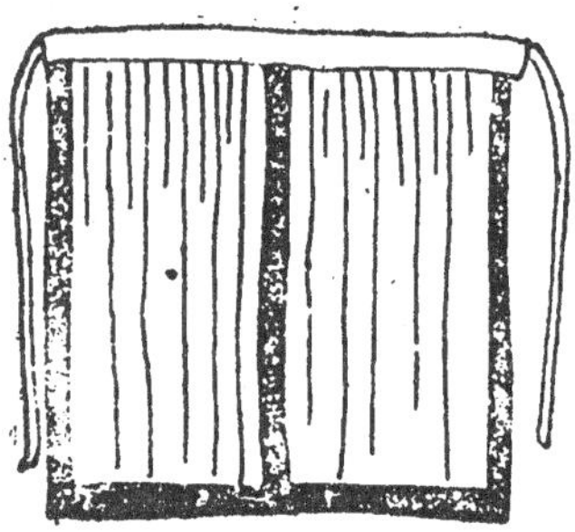

상（裳—치마）은 홍색 명주로 째매 만들고 검은 명주（皂紬）로 선을 두른다.

흑 단령(黑團領)

례복에 입는 것

사신、동궁연(使臣、東宮宴) 이하 각 연회의 풍인분의 입는 것이나 압무록(鴨頭綠)색으로 선을 무은 것은 관현맹인의 입는 것이며 목색은 가 몽

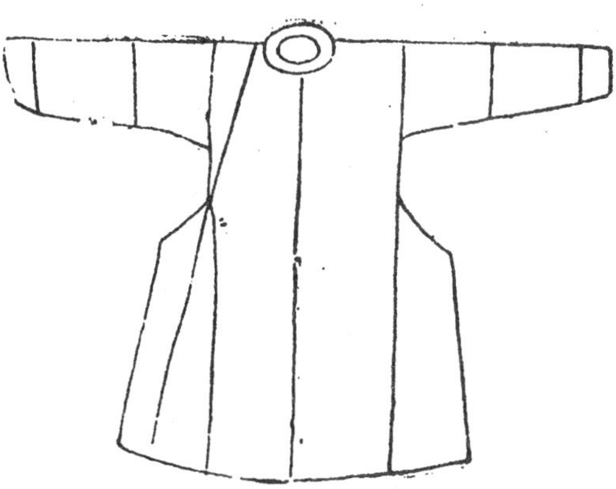

단령(團領)은 흑색 면포(綿布)로 꿰매 만든다 압무록(鴨頭綠)색 면포단령과 목색 명주 단령의 재법도 갈다

홑 첩리(單帖裏)

가용 융복에 입는 것

홑 첩리는 토홍색(土紅色)으로 물들인 면포로 꿰매 만든것

백주 말대 (白紬抹帶)

아악의 각 자비 공인들과 순, 탁, 노, 택, 옹, 아, 상, 목의 공인들이 띠는 것이며 적 말대(赤抹帶)는 속악의 문, 무무 공인과 의물 자비 공인들이 띠는 것

말대(抹帶)는 흰 명주를 다듬어 제매 만든다 홍주(紅紬)말대의 제법도 같다

금동 록혁대 (金銅綠革帶)

아악의 문 무무 공인들과 정절, 목기 자비 공인들 및 공식 연회의 무동, 가면무동(假面舞童)들이 띠는 것이며 홍정대(紅鞓帶)는 회례연(會禮宴)의 무동과 관현맹인들이 띠는 것

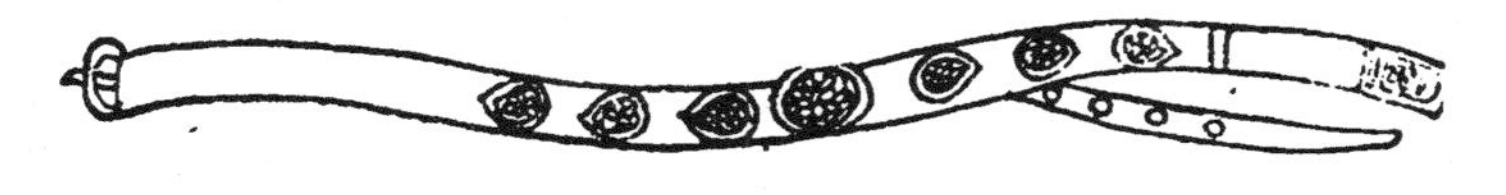

록색혁대(綠革帶)는 황동(黃銅=주석)으로 갈구리를 만든다. 홍정대(紅鞓帶)의 제법도 이와 같다.

오정대 *(烏鞓帶) 우방(右坊)악사와 공인물이 띠는 것

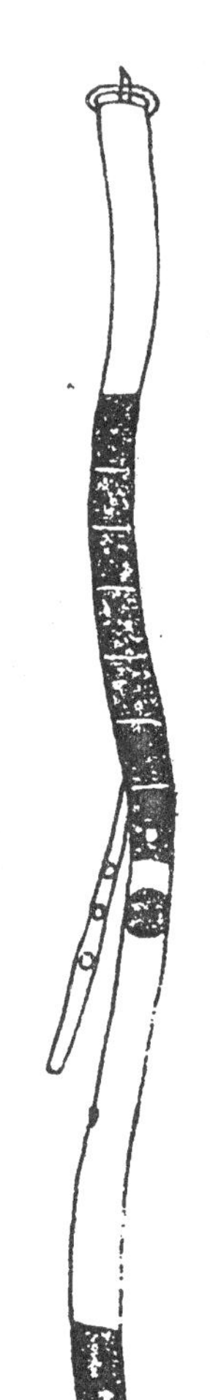

오정대(烏鞓帶)는 나무로 갈구리를 만들고 검은 칠을 한다.

광다회대 *(廣多繪帶) 가동 예복에 띠는 것

대(帶)는 붉은 명주실로 짜서 만든다。

백포말(白布襪) 아악의 등가 묘창 악사와 각 차비 공인과 속악 및 종묘 영녕전(宗廟永寧殿)문 무무 공인들과 외물 자비 공인들과 처용(處容)이 착용하는 것

버선(襪)은 흰 베로 꿰매 만들고 안은 세포(細布)로 댄다。

(주)

六〇四 * 오정대(烏鞓帶)＝우방(右坊) 악사의 띠는 검은 빛 나는 정대(鞓帶)。

* 광다회대(廣多繪帶)＝가동(歌童)의 띠는 오색 술 무늬를 박은 띠。

흑피화 (黑皮靴)

우방(右坊) 악사와 가몽들이 착용하는 것

화(靴)는 흑색 가죽으로 만든다.

오피리 (烏皮履)

아악의 몽가의 모창 악사와 각 차비 공인들 속악 및 종묘 영녕전 문 무무 공인들과 외들 차비 공인들이 착용하는 것미(履)는 흑색 가죽으로 만들고 끈이 있다.

황화갑(黃畵甲) 세종조(世宗朝) 회례연(會禮宴)에 쓰는 아악의 무무(武舞) 공인들이 입는 것

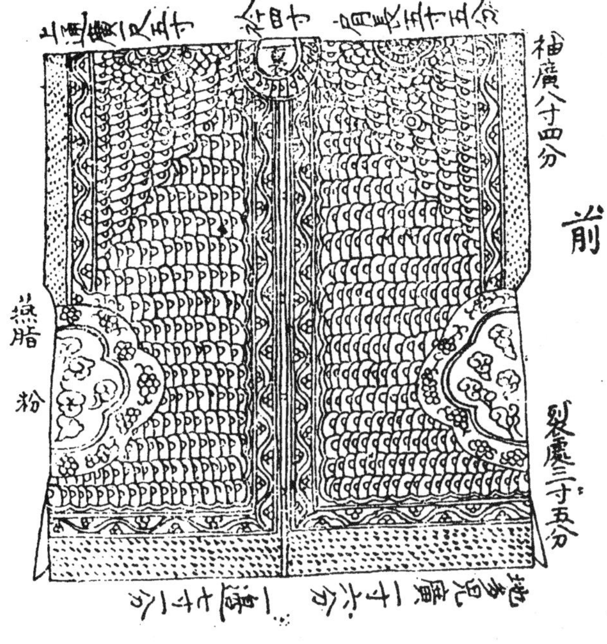

(전면)

상 전 넓이 一척 五촌

깃 길이 四촌

어깨 길이 五촌 五푼

소매 넓이 八촌四푼

하 앞자락 한쪽 넓이 七촌 一푼 앞 자락 아래 전*(地多兒=지달(地多兒)=황화갑(黃畫甲)=앞뒤 자락 하단에 따로 대인 전을 가리키는 이름=여자)

넓이 一촌 六푼

양옆 아래 터진 곳 길이 三촌 五푼

(후면)

양쪽 소매 전(地多兒) 넓이 七푼

허리 통 넓이 一척 四촌 五푼

전 길이 一척七촌二푼

뒷자락 통 넓이 一척 五촌

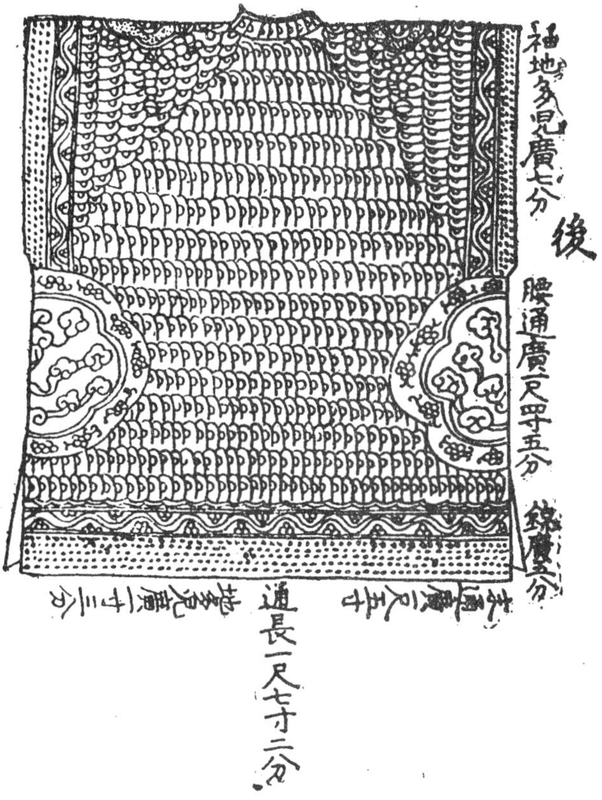
袖地多兒廣七分
後
腰通廣一尺四寸五分
緣廣五分
末端廣一尺五寸
通長一尺七寸二分
地多兒廣一寸三分

뒷자락 아래 전(地多兒) 넓이 一촌 三푼 지달(地多兒) 우에 대는 비단 넓이 五푼

갑옷은 황색 초단(黃綃)을 다듬어 만들고 채색으로 갑옷 모양을 그리며 향 겨드랑이 아래에 구

름 무늬(雲紋)를 그리고 안은 붉은 명주로 받치며 가슴에 자색 명주로 달마기 五개를 만들어 단다。

표문 대구고 (豹紋大口袴)

「고」라 하는 것은 정강이를 덮는 옷이다。세종조 회례연(會禮宴)에서 아악의 무무 공인들이 입는 것

허리 길이 二척 二촌 五푼、넓이 一촌 五푼
바지 가랑이 한쪽 四폭 길이 一척 七촌

표의(褾衣)는 흰 명주를 다듬어 만들고 무릎 아래에 표피(豹皮)의 반문(斑紋)을 그리고 아래 끝이 버선과 련결되였다。

기량대 (起梁帶) 세종크 회례연에 쓰는 아악의 무무 공인들이 띄는 것

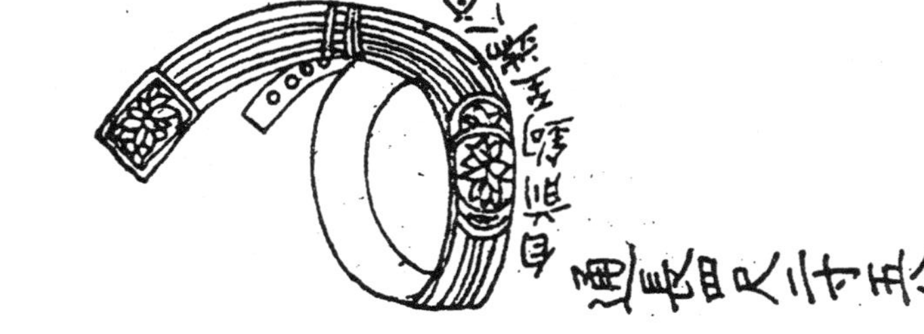

앞 갈구리에서 끝까지 八촌

전 길이 四척 二촌 五푼

넓이 一촌一푼

기량대(起梁帶)는 검은 띄 바탕을 쓰며 량쪽 가와 가운데에 쌍 줄다리(雙梁)를 만들고 전면

파 한쪽 끝에 황동 갈구리가 있다. (기량대(起梁帶)는 가죽 띠에 솔처럼 끝을 낸 띠—역자)

처용의 복식(處容冠服)

사모(紗帽)

가면(假面), 모란 꽃(牡丹花), 복숭아 열매 달린 가지(桃實枝), 귀고리가 부속한다

사모(紗帽)는 대로 그물처럼 결어 만들고 다른 것과 마찬가지로 종이를 바르고 채색으로 꽃을

그런다。 가면(假面)은 모시 베(苧布)로 만들거나 혹은 칠한 베(漆布)로 지메기를 만들며 채색을 칠하며 두 귀에는 주석 고리와 방(纓)구슬을 달고 모자 우에 꽂는 모란 꽃과 복숭아 가지는 가는 모시 베로 만들며 복숭아 열매는 나무를 깎아 만든다。

상의

(전면)

깃(領) 넓이 二촌 五푼

가슴 깃바대 길이 九촌, 넓이 二촌, 섶 넓이 五푼

소매 한쪽 길이 二척 七촌 五푼 (二척 四촌의 오기가? 여자)

본색 단 길이 一척 四촌

끝동 단 길이 二촌 五푼

　　넓이 四촌 九푼

6 초(綃) 길이 七촌 五푼

소매 부리 넓이 四촌 八푼

앞자락 길이 三척

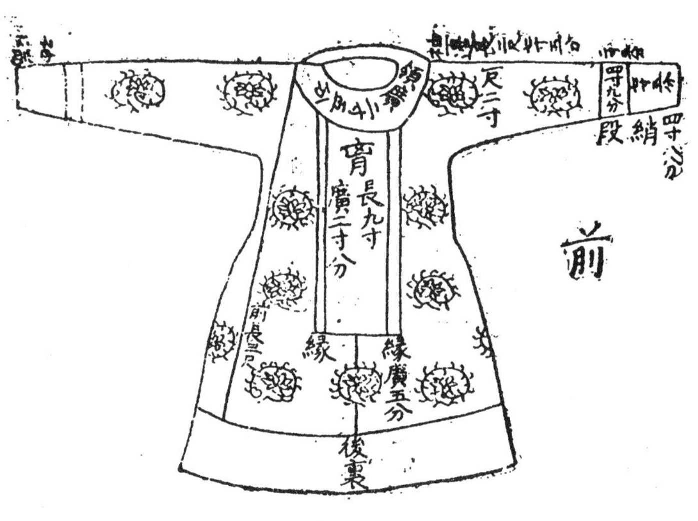
領
尺二寸
段
綃
長九寸
廣二寸分
緣
緣廣五分
後裏
前

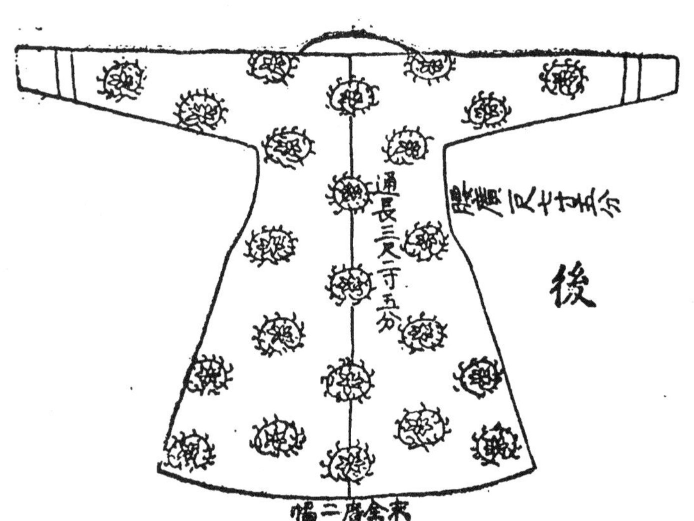
通長三尺二寸五分
後

(후면)

허리 롱 넓이 一척 七촌 五푼

옷 길이 三척 二촌 五푼

뒷자락 아래 끝 넓이 二폭

상의는 동、중、남、서、북 五방의 빛에 따라 청、황、홍、백、흑색 단으로 만드는데 전면은 짧고 후면은 길며 깃은 둥글고 넓으며 가슴은 네모지고 길게 한다。전면、후면과 량쪽 소매에는 련꽃(蓮花)을 그리되 동방 청의에는 람색(藍色)을 쓰고、깃과 가슴에는 붉은 바탕에 금선(金線)을 놓으며 가슴 량쪽 가에 선을 록색단(綠緞)으로 대이며 (서、북、중의의 깃과 가슴과 가슴의 갓선은 동방 청의와 같이 한다) 소매 끝에 흑단과 황초를 잇대고 (서、남의 소매 끝도 이와 같이 한다) 안은 홍초로 받친다 (서、북방의 안도 홍초로 받친다)

서방 백의와 남방 홍의의 깃과 가슴에는 록색 바탕에 금선을 놓으며 가슴의 갓선은 람단(藍緞)을 대이고 안은 람초(藍綃)로 받친다 (중앙 황의의 안도 람초로 받친다)

북방 흑의의 소매 끝은 록단 황초로 잇대며 중앙 황의의 소매 끝은 흑단 홍초로 잇댄다。

(동방 청의 조에 서、북、중앙의 깃 가슴、가슴 갓선은 동방과 같이 한다 하고 서방 백의 조에 다시「깃과 가슴에 록 금선을 쓰고 가슴의 갓선에는 람단을 댄다」고 한 것은 서로 상치된다。혹시 동방 청의 조의 서방 옷의 깃과 가슴 갓선이 동방과 같다 한 것이 연문으로 된 것이 아닌가 의심한다=역자)

천의(天衣)

表

裏

通長八尺四寸五分廣五寸六分

전체 길이 八척 四촌 五푼

넓이 五촌 六푼

천의(天衣)는 록색 단으로 만들고 넌출꽃을 그리며 안은 홍색 명주로 받친다. 오방 처용의 째외가 다 같다

길경(吉慶)

전 길이 十二척(끝단 길이 一촌五푼)

넓이 二촌

*길경(吉慶)의 거죽과 안은 모두 홍초로 만들고 양(兩)쪽 끝에 녹색 단을 잇댄다. 동, 서, 북, 중앙 모두 녹색 단을 잇대나 남(南)은 옥초를 잇댄다

상(裳)

허리에 대는 홍초 길이 二척 四촌 五푼 넓이 二촌 二푼

황초 전 넓이 길이 二척

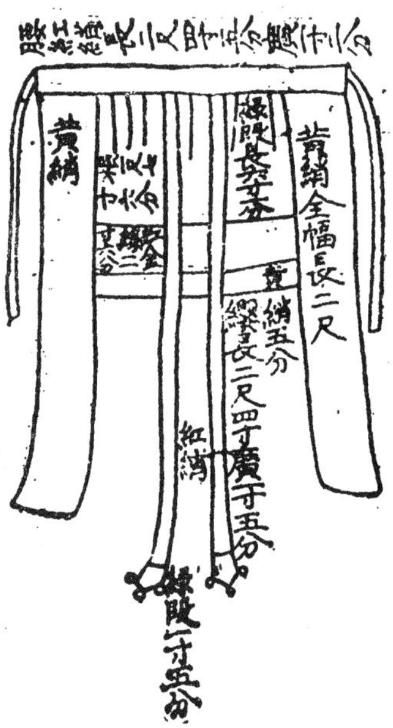

목단 길이 六촌 一푼

황초 가로 대기 넓이 五푼

끈 길이 二척 四촌에 넓이 一촌 五푼、끝 목단 길이 一촌 五푼

홍금선 가로대기 넓이 二촌 六푼

홍금선 가로대기 길이 一척 七촌 六푼

상(裳)은 황초로 만들되 상 가운데 록단으로 앞 가리개(幨)를 만들고 가리개 아래에 홍금선 황초로써 홍、목단을 잇대며 홍초 끈 두개의 끝에는 목단을 잇대인다 五방의 첫고 다 같다

군(裙)

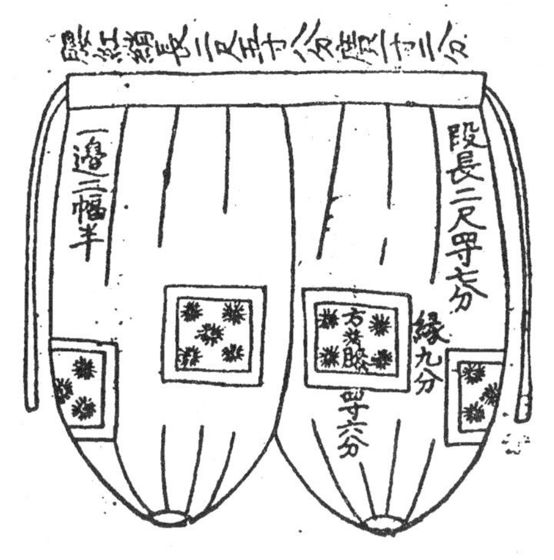

가랑이 걸이 二치 四촌 七푼

가랑이 한쪽 二폭 반

허리 홍초 길이 二척 五촌 八푼에 넓이 一촌 二푼

방승(方勝) 四촌六푼 선 九푼

군(裙)은 동、북방 처용의 것은 홍단으로 만드는데 방승(方勝)은 흑단으로 하고 녹단으로 선을 무르며 서、남방 처용의 것은 흑단으로 만드는데 방승은 홍단으로 하고 녹단으로 선을 무르며 중앙 처용의 군은 람단으로 만드는데 방승은 홍단으로 하고 녹단으로 선을 무른다.

한삼(汗衫)

한쪽 소매 길이 四척 五촌

깃 길이 二척 八푼에 넓이 三촌

한삼 길이 一척 三촌

*한삼(汗衫)은 백초(白綃)를 다듬어 만든다 또방승 모두 같이 한다

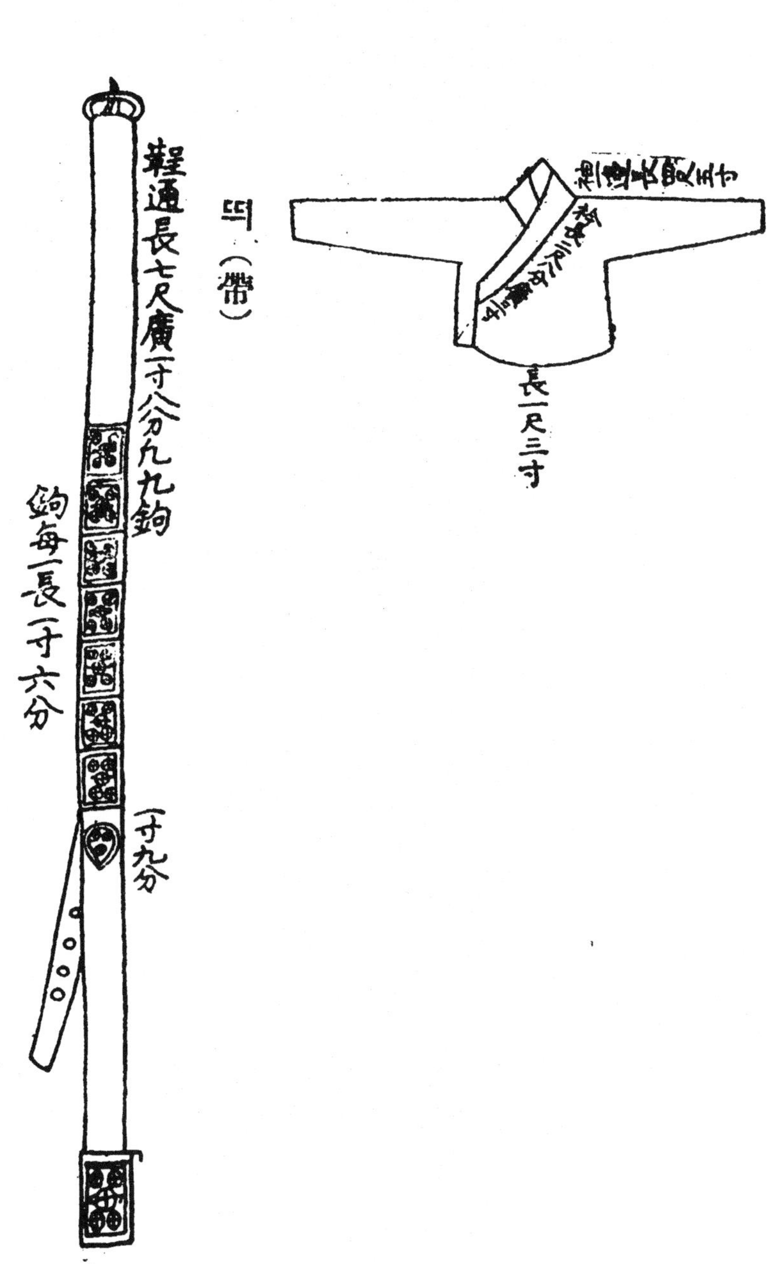
띠
(帶)
鞓通長七尺廣一寸八分九九鉤
鉤每一長一寸六分
一寸九分
長一尺三寸

띄의 전 길이 七척

넓이 一촌 八푼

갈구리는 모두 九개

매 갈구리 길이 一촌 六푼

띄 장식 길이 一촌 九푼

띄(帶)는 붉은 가죽 바탕(紅鞓)으로 만들고 나무로 갈구리를 만들어 례지(荔枝) 무늬를 새기고 금박을 붙인다 (五방의 것도 모두 같이 한다)

혜(鞋)

혜(鞋)는 흰 가죽으로 만들고 끈이 있다. 五방의 것모 모무 같이 한다.

무동 관복(舞童冠服)

동련화관(銅蓮花冠)

가면(假面)이 첨부된다. 관 처용놀이(處容)에 쓰며

동련화관(銅蓮花冠)은 구리쇠 박판(薄板)으로 만드는데 우에는 련꽃을 새기고 아래에는 련잎을 새겨 드리운다.

가면(假面)은 칠포(漆布)로 껍데기를 만들고 채색을 칠한다.

회례연서에 쓰는 부용관(芙蓉冠)

세종조(世宗朝)에 쓰던 것인데 무용 정재를 혁파한 뒤에 태워 버리고 쓰지 않다가 경오(庚午—一四五〇년 세종 말년) 무동 정재를 다시 놀게 한 뒤에 다시 쓰게 되었다

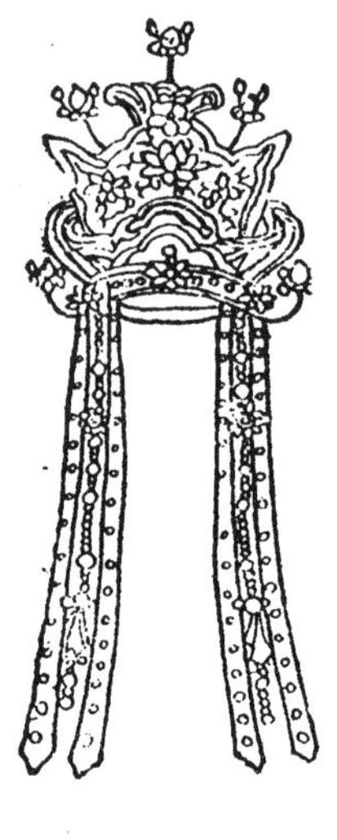

부용관(芙蓉冠)은 종이를 배접하여 만들고 안은 칠포로 싸며, 외면에는 금, 은, 각색 채색으로 부용을 그리고, 좌우 쪽에 채색 구슬 끈과 또 자색 초단으로 만든 드림 끈(纓子)에 자황색(紫黃色)으로 도들 무늬(都多益)를 박여 드리운다.

공연시 부용관(公宴時 芙蓉冠)

경오년 무동 정재를 다시 놀게 된 뒤 공연(公宴)시에 쓰는 것

이 부용관은 종이를 배접하여 만들고 안에는 칠포로 싸며, 외면에는 금, 은, 각색 채색으로 부용 꽃을 그리며 모란꽃을 꽂고 좌, 우 쪽에 채색 구슬 끈과 또 분홍색 초단 드림 끈(纓子)에다 자황색 도들 무늬(都多益)를 박여 드리우나, 회례연에 쓰는 부용관과 체재를 달리 한다.

화(靴)

화(靴)는 흑색 곰 가죽으로 만들고 청, 자 *사피(靑、紫 斜皮)로 꽃을 만들어 붙이고 우, 아래 선을 청사피(靑斜皮)로 두른다.

(주)

六一七 * 길경(吉慶)=춤 복식, 옷소매 안으로부터 소매끝에 길게 드리는 장식품. 마치 천의(天衣)를 좁게 만든 것과 같다.

六二〇 * 한삼(汗衫)=옷 저고리의 一종 군(裙)에 받혀 입는 것.

六二六 * 청, 자 사피(靑、紫 斜皮)=족제비 가죽을 청색, 자색으로 물들인 것.

상의(上衣)

세종조에서 쓰던 중단과 같다. 경오년 무용 정재를 복구한 뒤 무용의 상의(上衣)는 자색 초단으로 만들어 절화(折花)무늬를 가득 그리고 안은 흑색 주로 받친다. 하절용(夏節用)은 흑색 마포로 만든다

(친면)

소매 한쪽 길이 一척 六촌 六푼

소매 부리 넓이 三촌 三푼

소매 겨드랑이 넓이 四촌六푼

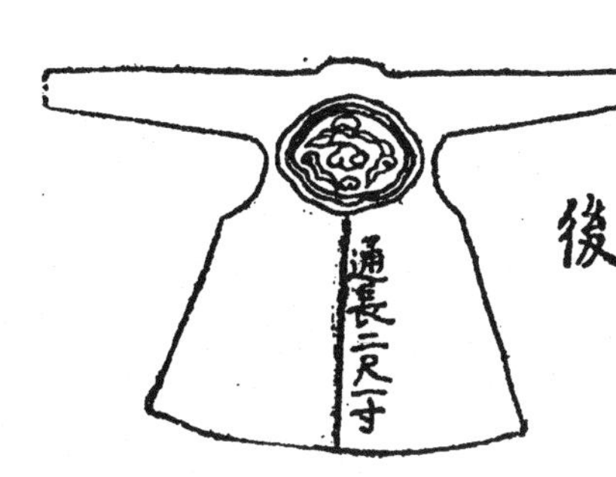

허리 넓이 八촌三푼

흉배 횡 五촌 五푼 종 四촌 五푼

(후면)

전 길이 二척 一촌

상의(上衣)는 황、 록、 자、 람、 도홍(桃紅)색의 비단으로 만드는데 안은 홍초로 받치며 흉배는 람색 바탕에 금선(金線)으로 넌출꽃(蔓花)혹은 구름 무늬를 짜 놓은 것으로 하고 홍배 안은 백초로 받치고 갓은 람색 실로 꿰매 꾸민다。

중단(中單)

경오년에 복구한 정재 무동의 중단(中單)은 미색 명주로 만들고 선은 흑색 명주로 두른다。 여름 철에는 흰 모시베로 만들고 선은 흑색 모시베로 두른다

腰廣一尺

通長二尺二寸三分

소매 한 쪽 길이 二척

소매 겨드랑이 넓이 六촌 八푼

소매 부리 넓이 三촌 六푼

비단 깃 길이 一척 三촌 五푼、넓이 一촌 八푼

선 넓이 一촌 四푼

허리 넓이 一척

옷 길이 二척 二촌 三푼

중단(中單)은 백초(白綃)를 다듬어 만들고、깃은 황、록、자、람、도홍색의 비단으로 달고、선은 흑초를 두른다。

상(裳)

경오년에 복구한 무동 정재의 상(裳)은 홍초로 만들고、절화문(折花紋)을 가득 그리며、안은 흑색 명주로 받치고 선은 흑초에 자황(紫黃)색 도금 무늬를 박아 두른다。하절에는 흰모시배로 만들고 선은 검은 모시로 두른다

허리에 대는 홍초 길이 二척 六푼 넓이 一촌 四푼

상(裳)의 길이 一척 四촌 五푼

선 넓이 一촌 五푼

상(裳)은 홍단으로 만들고 선은 흑단으로 두르며 안은 홍초로 받친다.

독제(纛祭)에 입는 의복

방의(防衣)

독제(纛祭)의 궁시무(弓矢舞)와 간척무(干戚舞) 공인이 입는 것

방의(防衣)는 홍색 면포(綿布), 청색 면포로 만들고 안은 황색 면포로 받친다.

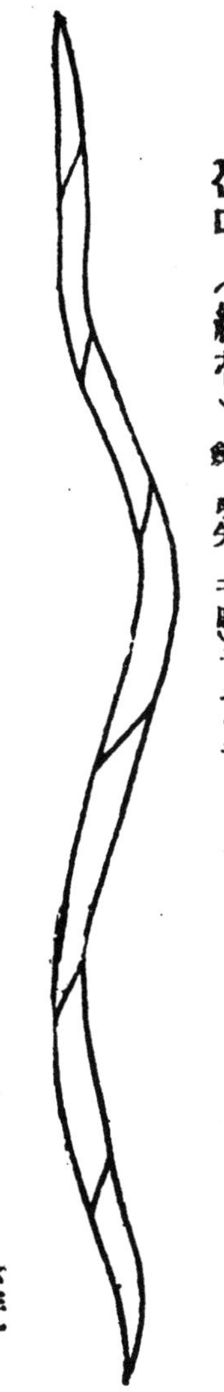

전대 (纏帶) 뚝제(纛祭)의 창, 검, 궁시, 간척(槍, 劍, 弓矢, 干戚)무 공인들이 띠는 것

전대(纏帶)는 흰 모시로 만든다。

*회 렴 (回斂)

독제(纛祭)창、검、궁시、간척무 공인들이 착용하는 것

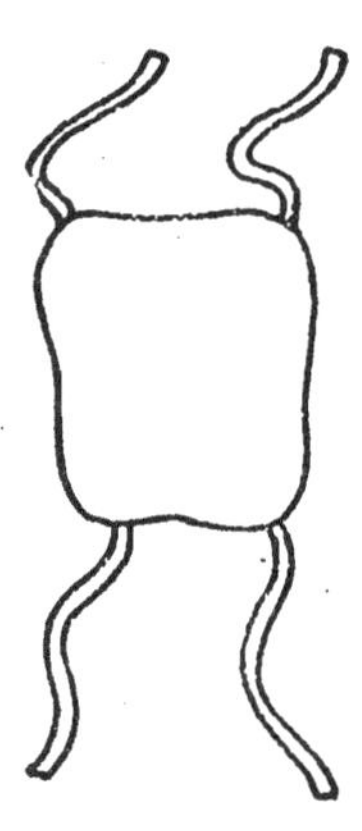

회렴(回斂)은 흑색 면포로 거죽을 하고 흰 베로 안을 댄다。

* 회렴(回斂)=독제의 창、검、궁시、간척무 공인들이 착용하는 것으로서 비구(臂韝)의 一종。

운혜(雲鞋)

목재([illegible])의 창、검、궁시、간척무 공인들이 신는 것

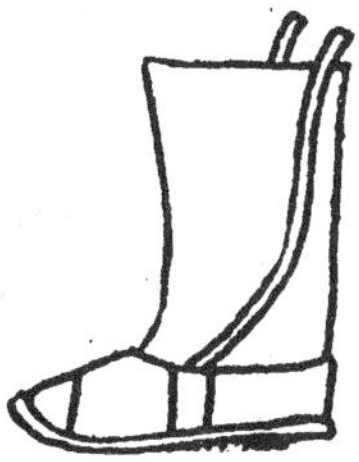

혜(鞋)는 흰 베로 버선(襪)을 만들고 안에는 청색 면포를 대고 앞뒤와 양 쪽 가에는 홍색 면포를 대고 신창(履)은 가죽으로 하고 끈을 단다.

녀기 복식 (女妓服飾)

잠 (簪)

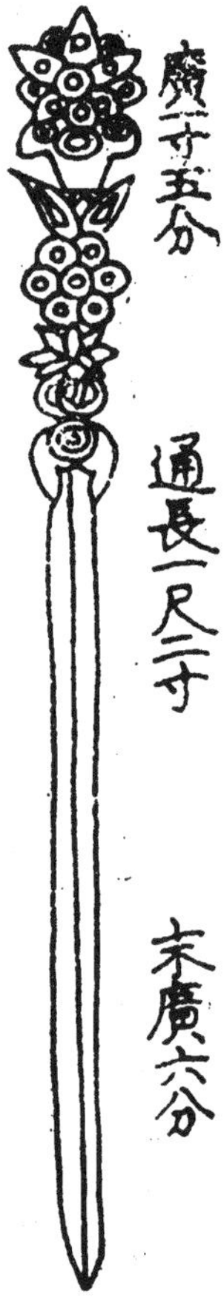

廣一寸五分

通長一尺二寸

末廣六分

전체 길이 一척 二촌

머리 넓이 一촌 五푼

끝 넓이 六푼

잠(簪)은 금, 혹은 도금(鍍金)으로 만들고 진주(眞珠)와 잡색 보석으로 장식하는데 혹은 가주(假珠)를 대용한다.

류소(流蘇) 속칭 머리싸기(首沙只)

每箇長二尺九寸廣三分

매 가닥 길이 二척 九촌

넓이 三푼

류소(流蘇)는 자색 초단으로 만들고 금화문(金花紋)을 박는데 모두 여덟 가닥이다.

차(釵)

長二寸六分廣四分

길이 二촌六푼

차(釵)는 금 혹은 도금으로 만들고 진주(眞珠)로 꾸민다。 머리 올린 기녀의 수식(首飾)품이다

대요(臺腰)와 수화(首花)

꽃 직경 一촌 三푼

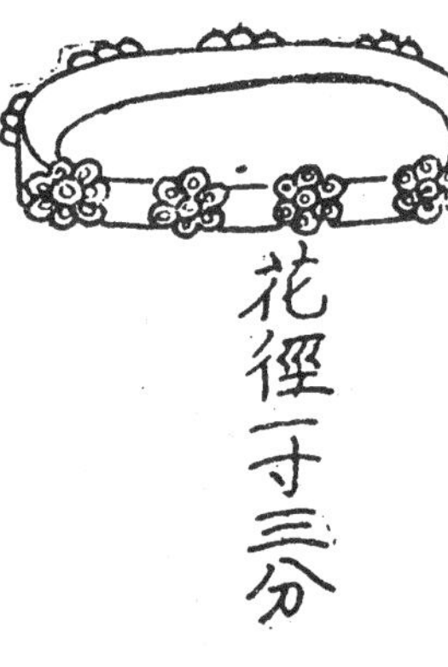

대요(臺腰)는 금 혹은 도금으로 만들고 꽃은 九개 혹은 七개로 하여 진주와 잡색 보석으로 꾸미며 혹은 가주(假珠)를 쓰기도 한다。 검은 비단으로 떠를 만들어 거기다 꽃을 붙인다。 머리 올린 기녀의 수식(首飾)물이다。 꽃과 잎은 가는 모시베를 만들고 봉접(蜂、蝶)은 채색 실로 수놓는다。

단의(丹衣)

(전면)

소매 한 쪽 길이 一척 八촌 五푼

전면 길이 一척五촌

허리 넓이 二척

소매 끝동 백초 길이 六촌、넓이 五촌

소매 가운데동 람단 길이 四촌、넓이 六촌

소매 웃동 홍라 길이 八촌 五푼、넓이 八촌

(후면)

뒤 길이 二척 八촌 五푼

맞 옆 백초 넓이 六푼

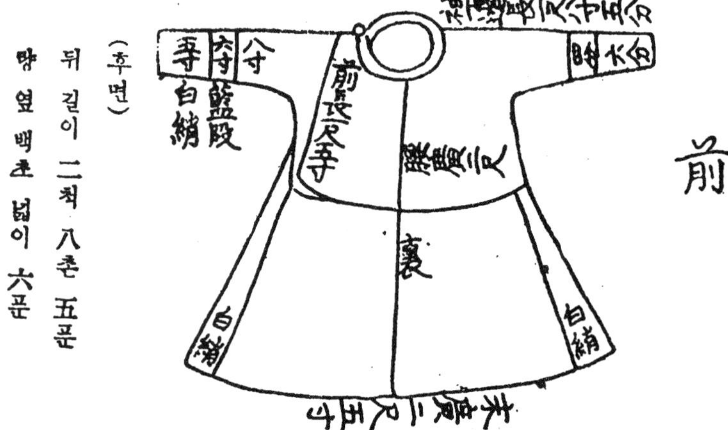

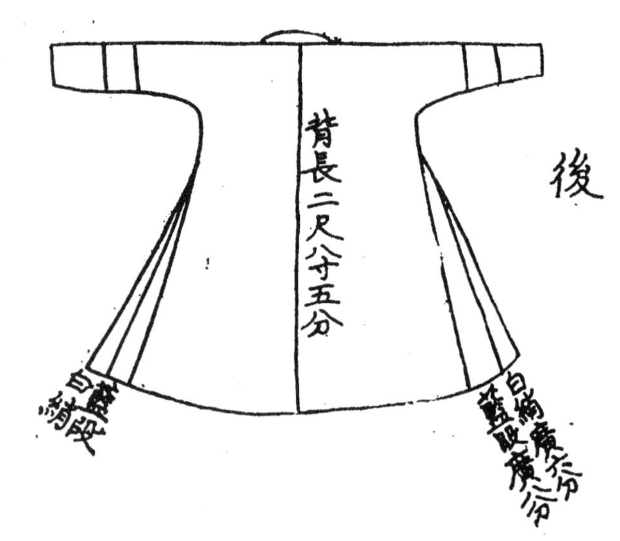

망 엽 람단 넓이 八푼

단의(丹衣)는 홍색 라단이나 혹은 홍색 사(紗)로 만들고 안은 람색 초(綃)나 혹은 백색 초록, 받치며 소매는 백초 람단 동을 달고 망 엽에는 람단 백초로 엽 무룰 댄다.

상(裳) 속칭「보료」라 한다

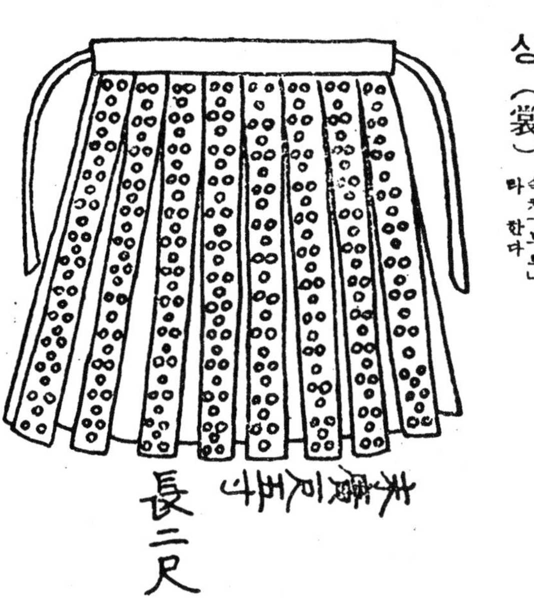

길이 二척、아래 끝 넓이 一척五촌

상(裳)은 홍단(紅緞)으로 만들고、거죽에 잡색단(雜色緞)으로 만든 끈(纓子) 여덟 가닥을 드리우고 금화문(金花紋)을 박는다。

띄 (帶)

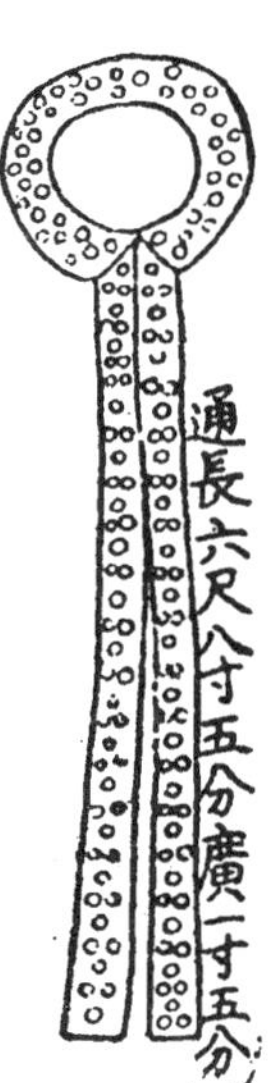

전체 길이 六척 八촌 五푼

넓이 一촌五푼

대(帶)는 홍초로 만들고 금화문을 박인다。

흑 장삼 (黑長衫)

흑단으로 짓고 소매 끝은 람초를 댄다

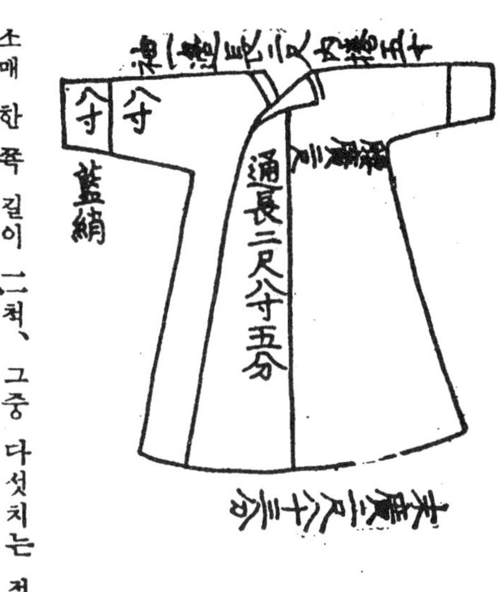

소매 한 쪽 길이 二척、 그중 다섯치는 접는다。

소매 람초 끌동 넓이 八촌、 소매 넓이 八촌

허리 넓이 二척

옷 길이 二척 八촌 五푼

옷 아래 넓이 二척 八촌 三푼

혜 (鞋) 무늬 있는 홍단
오로 만든다

말군 (襪裙) 대라 매는 데
초로 만든다

허리 백초 길이 二척 五촌、넓이 一촌 二푼

한 가랑이 二폭 반、길이 二척 四촌 七푼

람저고리 (藍赤古里)

람색 초로 만들고 안은
백색 주로 받친다

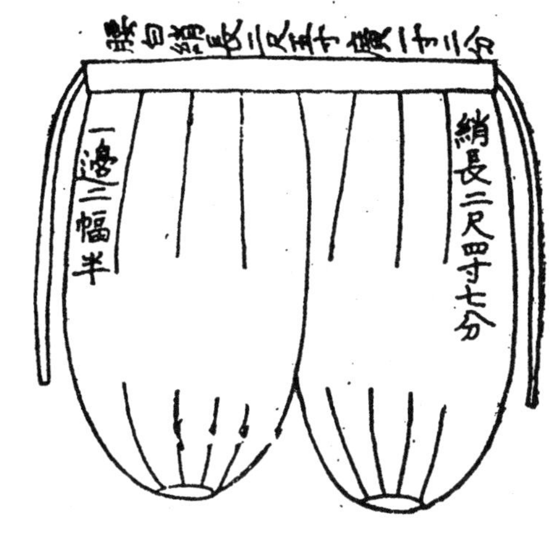

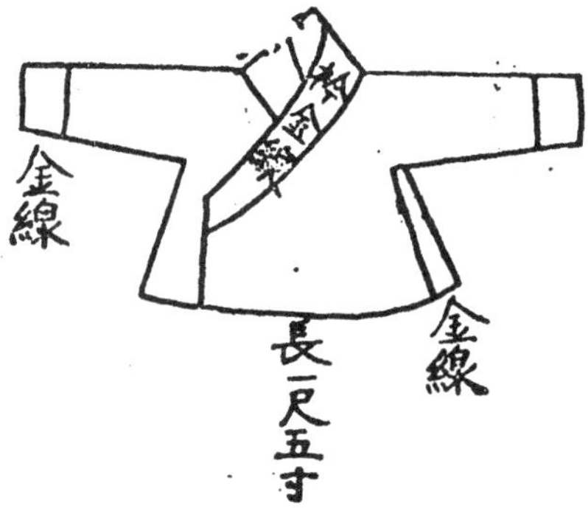

金線

長一尺五寸

金線

깃은 금선을 놓으며 옷 아래가와 소매끝동에도 금선을 놓는다

옷 길이 一척 五촌

악학궤범 권九 끝

악학궤범 발문

하늘과 땅 사이에는 자연의 기운이 있고 기운으로 소리가 되고 소리로 률이 이루어지는 것이니 황제 헌원씨(黃帝軒轅氏)가 대를 곤륜산(崑崙山)에서 베여 온 것이 악기 발생의 시초가 되여 한 조대(朝代)가 흥기하면 각각 한 조대의 악이 생기게 되였다。

우리 나라의 음악은 처음에는 아주 유치하고 몽매한 정도를 면치 못하였으나 우리 나라가 개국한 후 명 나라의 악기를 수입하여 비로소 악기가 대강 갖추어지게 되였다。

우리 세종 대왕께서 탁월하신 자질을 가지시고 제도 문물(制度文物)을 경장(更張)하시는 때를 당하여 기장을 가져다 률관을 창제하시고 돌을 채취하여 경을 만드시고 국어로 노래를 짓고 노래에 따라 보표를 만드시니 八음(八音)이 갖추게 되고 아、송(雅、頌=왕조예찬의 노래=여자)이 옳게 바로 잡아졌고 종묘의 제사드리는 악장과 조하、연향의 가곡들이 대마다 늘게 되여 례악의 정비됨이 가히 성황을 이루었다 할 수 있었다。

성종 대왕께서 이에 악을 주관하고 례를 맡은 신하에게 이 책을 찬술하여 모든 의물(儀物)과 제도를 실리게 하셨으니 이 책이 편찬됨으로써 음악의 길이 크게 천명되였다。

그러나 성하면 쇠하는 것인가! 임진(壬辰) 병화에 예전 악기와 의물들이 남은 것이 없이 되였으나 오직 다행히 이 책이 불길에 휩쓸리지 않아 불타고 썩은 유물 속에서 건져 내였다。

성상(聖上=광해왕을 가리켜 말한 것=역자)께서 보위(寶位)를 이으신 후 없어진 문화 시설들을 복구시키시매 팔일(八佾)의 춤과 종묘 제악이 점차로 옛 모습을 갖추어 태평 시대의 문물을 다시 볼 수 있게 되였다。

드디여 장악원(掌樂院)에 명하여 이 책을 다시 교열하여 간행케 하시고 그 사무소를 장악원 내에 두고 이에 쓰이는 一체 재료와 비용은 장악원에서 판출케 하였다。

이해 정월에 착수하여 六개월을 지나 이에 대한 공작이 완료되였다。

돌이켜 생각해 보면 저 간고하고 참담하던 전쟁 당시에야 어찌 다시 오늘 날과 같은 영광스러운 날이 있을 것을 기대할 것이며 또한 이 책이 없었다면 *공손 랑(公孫娘)이 죽지 않고 *리 귀년(李龜年)이 살아 있다한들 진퇴무도하는 절차와 악기와 의물의 형체와 제작하는 법의 상세한 것을 어찌 책을 보는 것과 같이 환하게 알 수 있어 조금도 의문이 없을 수 있으랴?

이렇게 생각하면 이 책의 음악 예술에 판계됨이 크다고 아니할 수 없는 것이다。 책 가운데에는 비록 방언과 속어들이 섞이여져 있다 할지라도 사람의 착한 마음을 감발시키고 안일한 생각을 경계하여 능히 고무하며 절제하는 거울이 될 수 있을 것이니 참으로 능히 이 책으로 말미암아 모든 것은 률(律)에 준하여 측정되고 노래는 소리를 화하게 하는 묘리를 료해하여 중화정대(中和

正大)한 기운이 정치와 더불어 상통하여 주악하고 귀거슬리는 소리가 마음을 어지럽게 하지 않는다면 하늘과 땅 귀신에 교향(郊享)하고 종묘(宗廟)에 제사할 제 천신 인귀가 다 흔연히 흠향(歆享)할 것이니 하늘과 사람이 다 같이 대정(大政)에 찬동케 하는 공이 이 책에 있지 않다고 하지 못할 것이다.

숭정대부 행 예조판서 겸 홍문관 대제학 예문관 대제학 지 성균관사 세자우빈객 동지경연 춘추관사 신 리정귀 삼가 책 끝에 씀.

(崇政大夫 行禮曹判書 兼弘文館大提學 藝文館大提學 知成均館事 世子右賓客 同知經筵 春秋館事 臣 李廷龜 謹跋)

監造官 朝奉大夫行兼掌樂院主簿 臣 黃穎男

監校朝散大夫左坊典樂 臣 韓德弘

監校中直大夫右坊典樂 臣 林 植

만력(萬曆) 三十八년 경술(庚戌) 중추(仲秋)일

교감표에 대하여

번역하는 과정에서 원문에 다음 표에 보인 바와 같은 오자 탈자 또는 연문(衍文)이라 생각되는 부분이 있는 것을 발견하였다。 지금 독자의 참고에 편케 하기 위하여 교감표를 작성하여 붙인다。

一九五六년 六월 일

역 자

樂學軌範原本 校勘表

No.	卷數	張數	前後	行	文別	誤	正	備考
1	一	2	前	4	序	鈌。	缺	
2	〃	〃	〃	7	〃	臣。黍	秬黍	
3	〃	〃	〃	1	目	迎。恩殿	延恩殿	此外數箇所
4	〃	7	後	4	本	其卦坤之六。二。	其卦坤之 初六	
5	〃	8	〃	5	〃	含洪。	含弘	卷二、17張十一行注參照
6	〃	10	前	7	〃	以七百二十九乘		七字衍文
7	〃	〃	後	〃	注	俠。處	狹處	此外多數
8	〃	11	〃		圖	仲呂二。寸三。分奇	仲呂三寸二分奇	
9	〃	13	前	11	本	三分損	三分損一。	一字缺
10	〃	17	後	2	〃	渭。四淸聲也	謂四淸聲也	
11	〃	〃	〃	4	〃	周禮曰	周禮	曰字衍文

12	〃	〃	〃	10	〃	九磬之舞	九磬之舞	
13	〃	19	前	8	〃	用。人之制	周人之制	
14	〃	〃	後	10	〃	乙庚八	乙庚八丙。辛。七。	三字脫落
15	〃	21	〃	2	〃	朔月。月半	朔日月半	
16	〃	〃	〃	7	〃	郊廟。廟享	郊社廟享	
17	〃	23	〃	9	〃	又時。重	又特重	
18	二	3	〃	1	〃	皷祝。	鼓柷	卷二、6張後面二行本文
19	〃	18	前	10	注	非。磬	非磬	
20	〃	20	前	11	注	千萬穓	千萬禩	
21	〃	21	〃	6	〃	褏榆	褏榆	
22	〃	21	後	7	本	王妃。	王妃	
23	〃	〃	〃	8	注	墻。	嬙	
24	〃	22	前	6	本	憶吹嘯。	憶吹簫	

No.	卷數	張數	前後	行	文別	誤	正	備考
25	〃		後	2	注	谷○樂	俗樂	
26	〃	29	前	8	〃	彼○取○凶殘	取彼凶殘	文字位置相違
27	三	1	〃	6	本	引人丈○	引人仗	此外數箇所
28	〃		後	2	〃	元霄○	元宵	此外多數
29	〃	2	〃	8	〃	慢嗺子	嗺子	慢字衍文
30	〃	2	〃	9	〃	北暴東頏○	北暴東頑	
31	〃	3	〃	7	〃	破字○令	破子令	此外數箇所
32	〃	5	〃	3	〃	汙○漫之遊	汗漫之遊	
33	〃	〃	〃	5	〃	立于南	立于南樂○官○	樂官二字脫落
34	〃	6	前	2	〃	樂宮○	樂官	此外數箇所
35	〃	〃	後	1	〃	褸○	鏤	
36	〃	〃	〃	4	〃	綵○竿	絲竿	此外多數

악학궤범 목차

권 一

권 二

(一) 아악 진설(陳設) 도표와 해설

(二) 속악 진설 도표와 해설

권 三

권 四

(一) 시용 당악정재 의식의 도표와 절차

권 五

시용 향악정재 도표와 의식

악학궤범

인쇄일: 2025년 4월 15일
발행일: 2025년 4월 30일
지은이: 성현.유자광
발행인: 윤영수
발행처: 한국학자료원
서울시 구로구 개봉본동 170-30
전화: 02-3159-8050 팩스: 02-3159-8051
문의: 010-4799-9729
등록번호: 제312-1999-074호

잘못된 책은 교환해 드립니다.

정가 90,000원